W0383738

La France libérée

Michel Winock

La France libérée

1944-1947

PERRIN

© Perrin, un département de Place des Éditeurs, 2021

92, avenue de France
75013 Paris
Tél. : 01 44 16 08 00

ISBN : 978-2-262-07973-4
Dépôt légal : août 2021

Mise en pages : Nord Compo

Le Code de la propriété intellectuelle interdit les copies ou reproductions destinées à une utilisation collective. Toute représentation ou reproduction intégrale ou partielle faite par quelque procédé que ce soit, sans le consentement de l'Auteur ou de ses ayants cause, est illicite et constitue une contrefaçon sanctionnée par les articles L 335-2 et suivants du Code de la propriété intellectuelle.

Introduction

Le 21 août 1944, quatre jours avant la libération de Paris, Albert Camus publie dans *Combat*, sorti de la clandestinité, un éditorial dont le titre résonne comme un programme-manifeste, « De la Résistance à la Révolution » : « Nous voulons obtenir immédiatement la mise en œuvre d'une Constitution où la liberté et la justice recouvrent toutes les garanties, les réformes de structure profondes sans lesquelles une politique de liberté est une duperie, la destruction impitoyable des trusts et des puissances d'argent, la définition d'une politique étrangère basée sur l'honneur et la fidélité à tous nos alliés sans exception. Dans l'état actuel des choses, cela s'appelle une révolution. »

Les trois années qui ont suivi la libération du territoire français ont été chargées d'espérance. Une nouvelle république devait naître, dont les traits avaient été fixés par le programme du CNR, le Comité national de la Résistance rassemblé en 1943 par Jean Moulin au nom du général de Gaulle. Le 15 mars 1944, les représentants des organisations de résistance, des centrales syndicales et des partis politiques ou tendances politiques groupés au sein du CNR ont projeté, outre un plan d'action immédiate contre l'occupant, les « mesures destinées à instaurer, dès la libération du territoire, un ordre social plus juste » – cette révolution voulue précisément par Camus, au nom de la Résistance.

Ce programme vise non seulement à rétablir l'État de droit républicain, les libertés fondamentales et le suffrage universel ; il contient le projet ambitieux d'instaurer une véritable démocratie économique et sociale, par l'organisation rationnelle de l'économie, la nationalisation des grands moyens de production, le soutien aux coopératives de production et de vente, la sécurité de l'emploi, la garantie d'un pouvoir d'achat national, la reconstitution d'un syndicalisme indépendant doté de larges pouvoirs dans l'organisation de la vie économique et sociale, un plan complet de sécurité sociale, une politique agricole favorable aux travailleurs de la terre, une retraite pour les vieux travailleurs digne de ce nom, l'instruction pour tous et l'accès pour tous aux fonctions les plus hautes, afin de promouvoir une « élite véritable, non de naissance mais de mérite ». Le programme préconise aussi l'extension des droits politiques aux colonies.

Une partie de ce programme a effectivement été réalisée dans les trois années de reconstruction, qui connurent dans une certaine mesure les premiers pas d'une république sociale : création de la Sécurité sociale, création du salaire minimum vital, rétablissement de la gratuité dans l'enseignement secondaire, lois sur les comités d'entreprise, loi sur les conventions collectives, loi sur les délégués du personnel, rétablissement des 40 heures, loi sur les prestations familiales, loi sur l'assurance vieillesse, loi sur le statut de la fonction publique et création de l'ENA... En économie, nationalisation de la Banque de France, des grandes banques de crédit et des grandes compagnies d'assurances, du gaz et de l'électricité, création des Charbonnages de France, lancement de la planification avec le plan Monnet... La France n'avait jamais connu, même au temps du Front populaire, un pareil feu d'artifice législatif en la matière.

Ce trio d'années connaît aussi une efflorescence culturelle, après l'étouffement de l'Occupation et du régime de Vichy – qui a fait régner la censure et l'ordre moral. Les écrivains de la Résistance, les chevronnés et les nouvelles pousses, publient alors des œuvres majeures : Aragon, Paul Éluard, Julien Gracq, Raymond Queneau, Henri Michaux, Roger Vailland, Georges Bataille, Jean-Paul Sartre, Simone de Beauvoir, Albert Camus, Georges Bernanos, Paul Claudel, Jean Cocteau, François Mauriac, André Malraux, André Breton, Romain Gary, Joseph Kessel, Claude Simon, Francis Ponge, René Char, Jacques Prévert, Paul Valéry, Julien Green, Michel Leiris, Antonin Artaud, Boris Vian, Philippe Jaccottet, et André Gide qui obtient le prix Nobel de littérature en 1947... Cette liste très sélective donne l'idée d'une continuité avec la production littéraire d'avant guerre par-delà Vichy et aussi d'un renouvellement jaillissant des lettres. C'est aussi les belles heures d'un théâtre libéré où, à côté des auteurs étrangers, sont présentées les pièces des Anouilh, Beauvoir, Sartre, Camus, Audiberti, Clavel, Salacrou, Genet, Pichette, alors que Jean Vilar pose à Avignon les premiers jalons du futur Théâtre national populaire. Même le cinéma, lourdement handicapé par les difficultés financières, offre, en parallèle à la production américaine revenue en masse, une belle panoplie de réalisateurs français qui emplissent les salles : Marcel Carné, Jacques Becker, Yves Allégret, Robert Bresson, Jean Dréville, Christian-Jaque, Jean Delannoy, René Clément, André Cayatte, Julien Duvivier, Marcel L'Herbier, Jean Cocteau, Jean Renoir, René Clair, Claude Autant-Lara, Henri-Georges Clouzot, Maurice Cloche… Pour la musique, les Concerts Colonne, les Concerts Pasdeloup, les Concerts de la Pléiade sont très suivis, tandis qu'Henri Dutilleux, Darius Milhaud, Arthur Honegger, Marcel Landowski, Francis Poulenc, Olivier Messiaen conquièrent un large public.

À cet égard, la France des trois années d'après guerre connaît un grand souffle de création. Lois sociales et floraison culturelle sont sans contredit les deux secteurs marquants d'une parenthèse qui, pour le reste, ne répond pas exactement aux espoirs nés de la Résistance. Certes, il n'y avait pas à attendre de la paix un effet magique, le retour à la prospérité, la reconstruction rapide d'un pays mutilé en proie à toutes les pénuries, l'accouchement sans douleur d'une république moderne soutenue par le suffrage populaire…

L'échec des années de la Libération est avant tout politique, dans la difficulté non surmontée de fonder un nouveau régime qui, tout en se référant aux principes républicains hérités du passé, satisfasse la nécessité d'équilibre entre les pouvoirs ; il tient aussi aux déchirements partisans que les débuts de la guerre froide en 1947 ne feront qu'aviver. Le grand espoir caressé par beaucoup d'un grand parti de la Résistance, à même d'appliquer dans la durée le programme du CNR, s'est cassé sur la reprise des querelles partisanes. Le général de Gaulle, chef de la France libre et chef du gouvernement provisoire dans la France libérée, dont le dessein constitutionnel est de doter la démocratie républicaine d'un pouvoir exécutif fort et indépendant du pouvoir législatif, se heurte à la majorité formée par les partis de gauche à l'Assemblée constituante et doit démissionner. Le régime d'assemblée, malgré la fragilité et l'instabilité démontrées sous la IIIe République, est repoussé dans un premier temps par le peuple souverain ; dans sa seconde mouture, il n'est approuvé que par 36 % des électeurs inscrits. La IVe République était d'autant plus mal partie que le Parti communiste français, devenu le premier parti politique en France, par ses adhérents, par ses électeurs, par le nombre de ses députés, s'est marginalisé avec le surgissement de la guerre froide. La coopération des partis issus de la Résistance est finie. Trouver une majorité gouvernementale va devenir un casse-tête jamais résolu – alors que la France doit achever sa reconstruction.

L'échec politique est aggravé par les lourds problèmes d'une décolonisation impossible : l'Algérie, l'Indochine, Madagascar, autant de drames, d'insurrections, de répressions qui briseront finalement le régime. Pour l'heure, les bonnes volontés, les esprits progressistes, les politiques conscients des nécessaires évolutions affrontent sans succès les partisans du maintien de l'ordre et de la répression. Dès ses débuts, la IVe République s'enlise dans ses conflits coloniaux, au détriment de ses idéaux d'émancipation.

On le voit : ces trois années et demie, qui vont de la libération de Paris à la fin des grèves dites « insurrectionnelles » de 1947, sont d'une richesse historique profuse. Ce ne sont pas, ce ne sont plus des « années noires » – hormis, certes, pour les condamnés de l'épuration –, mais pas davantage des années roses. Sauf pour les amoureux, comme dans la chanson d'Édith Piaf, sauf pour tous les survivants qui ont conscience d'être sortis du cauchemar hitlérien (mais d'aucuns ne s'en remettront jamais) et, comme toujours, sauf pour les entrepreneurs, les bâtisseurs et les militants qui croient en un avenir prometteur. Le regard de l'historien ne peut rendre compte de millions d'existences individuelles ; il doit généraliser, schématiser, simplifier, sachant que tous ceux qui ont vécu cette époque ne partagent pas la même mémoire. En raison de cette difficulté, j'ai cherché à faire entendre dans ce récit des voix singulières, des réactions subjectives puisées dans des journaux et des œuvres littéraires de l'époque. Bref, partir de la diversité pour dessiner une chronique globale, aussi vivante que possible, afin de rester fidèle à l'esprit de cette époque injustement méconnue.

1

La libération de Paris

Ils ont débarqué ! Ce que les Français, dans leur immense majorité, attendaient depuis longtemps s'est réalisé le 6 juin 1944. Américains, Britanniques, Canadiens, combattants de la France libre ont entamé la bataille de Normandie et font reculer les Allemands. À ce moment-là, la France de l'armistice a un gouvernement officiel, l'État français du maréchal Pétain installé à Vichy. Elle a un gouvernement de combat, le gouvernement provisoire de la République française, constitué à Alger le 3 juin par le chef de la France libre, le général de Gaulle. Dans la réalité, les Allemands restent les maîtres de l'Hexagone, mais ils tremblent sur leurs bases. L'occupation à croix gammée recule partout en Europe. À l'Ouest, la Corse a été libérée en septembre 1943 ; la République y a été rétablie. En Italie, les armées alliées, débarquées en Sicile en juillet 1943, remontent difficilement vers Rome qui sera prise aux Allemands le 4 juin 1944. Sur le front de l'Est, l'avance des Soviétiques est continue, en Pologne, en Ukraine, en Roumanie. Le Reich hitlérien se tient désormais sur la défensive.

Le 7 juin, des affiches signées du maréchal Pétain, de Pierre Laval, chef du gouvernement, et de Joseph Darnand, secrétaire général au Maintien de l'ordre et chef de la Milice, mettent en garde les Français, qu'ils appellent à la « discipline ». La presse parisienne, toute servile, entièrement collaborationniste, s'efforce, au lendemain du débarquement, d'en minimiser la portée. Ces journaux, eux aussi, qualifient d'« ennemies » les forces alliées qui ont mis le pied en Normandie. Le 9 juin, le Groupement corporatif de la presse parisienne se croit tenu de préciser qu'« au lieu d'employer les diverses appellations usitées depuis l'armistice, le mot ENNEMI [sera] utilisé pour désigner les puissances anglo-américaines, ainsi que les criminelles opérations auxquelles ces puissances se livrent volontairement et directement contre la France ».

Tout au long de la bataille qui suit, ces journaux insistent sur les revers des Américains et sur la résistance des Allemands ; ils chiffrent les avions alliés abattus ; ils établissent des bilans tout en faveur des occupants. Mais les bulletins de victoire successifs ne peuvent occulter le rapprochement de Paris par les armées de la Libération, comme l'apprennent les Français chaque soir l'oreille tendue vers la BBC. Après avoir redouté un échec du débarquement, comme à Dieppe en 1942, ils prennent pleinement confiance dans l'opération engagée en apprenant la prise de Bayeux le 8 juin. Il n'empêche, l'ennemi, le véritable ennemi, celui qu'on appelle encore les Boches, les Fritz ou les Fridolins, se bat avec ténacité, repousse les assaillants à Caen, à Cherbourg. L'inquiétude s'estompe quand on apprend la prise de Cherbourg le 17 juin et l'entrée à Caen le 9 juillet.

De son côté, la Résistance intérieure mobilise ses troupes, mais elle manque d'une direction unique. Le gouvernement d'Alger a fait d'Alexandre Parodi, fidèle gaulliste, le chef de sa Délégation générale en France, qui coiffe le CNR (Conseil national de la Résistance), présidé par Georges Bidault, et son Comité d'action militaire (le COMAC), où les communistes sont en force. L'état-major des FFI (Forces françaises de l'intérieur, fondées en décembre 1943 et regroupant différents groupes de résistance armés) a pour chef le communiste Rol-Tanguy. Existent aussi la Délégation militaire régionale et le comité parisien de libération que dirige le syndicaliste André Tollet. De manière autonome, de nombreux comités de libération, locaux, communaux, cantonaux, se constituent ou vont se constituer. Il en existe ainsi une quarantaine à Paris au moment de l'insurrection.

Ultimes manœuvres

L'approche des Alliés a créé un mélange de peur et d'agitation chez les collabos. Le 8 juin, Joseph Darnand, le chef de la Milice, a lancé un appel aux armes contre les « ennemis de la France », les

Francs-tireurs et partisans, les « membres de la prétendue armée secrète et ceux des groupements de résistance ». Marcel Déat et Jacques Doriot, les chefs politiques de la collaboration, vitupèrent les « tueurs des maquis » alliés aux « assassins de l'air » qui bombardent le pays, « les canailles de l'Armée secrète et les soldats d'Eisenhower ». Les propagandistes se déchaînent. Jean Hérold-Paquis, chroniqueur de Radio-Paris rendu célèbre par son cri de guerre : « Comme Carthage, l'Angleterre sera détruite ! », reste silencieux sur les revers allemands en Normandie, mais exalte la nouvelle bataille d'Angleterre déclenchée par les tirs des V1 et V2 allemands. Philippe Henriot, secrétaire d'État à l'Information et à la Propagande depuis janvier 1944, très écouté sur les ondes de Radio-Paris, ne cesse d'appeler à aider les Allemands contre l'« envahisseur ». Au petit matin du 28 juin, la voix de son maître s'éteint : un commando de la Résistance parvient à forcer les portes de son ministère de l'Information et ne lui laisse aucune chance de survie. Le 22 juillet, Jean Luchaire, directeur du quotidien *Les Nouveaux Temps*, enjoint aux Allemands de livrer une lutte sans merci aux résistants.

Les conditions d'existence des Parisiens s'aggravent. Les bombardements alliés incessants ont coupé des routes, des voies ferrées, nombre d'accès aux villes. Les transports de voyageurs sur les grandes lignes sont supprimés ; la poste fonctionne au ralenti ; le gaz est coupé à des intervalles rapprochés ; l'électricité n'est fournie à partir d'août que de 22 h 30 à 5 heures ; le ravitaillement devient une hantise, une idée fixe, une obsession de tous. Les prix s'envolent. Les boulangeries manquent de farine ou de bois. Les files d'attente s'allongent sur les trottoirs, devant des magasins dépourvus qui ferment avant l'heure. Les plus hardis se hasardent à prendre leur vélo pour gagner une ferme à plusieurs dizaines de kilomètres de la capitale, au risque de finir sous les bombes. Malgré leurs embarras quotidiens, les Parisiens continuent à vivre comme si de rien n'était, avec une insouciance délibérée. Dans son *Journal pendant l'Occupation*, Jean Galtier-Boissière, le très parisien directeur du *Crapouillot*, note, à la date du 15 août, que les berges de la Seine sont noires de monde : « Des milliers de Parisiens se baignent en pleine eau tandis que la bataille fait rage à soixante kilomètres. »

Les Allemands, hantés par les attentats de l'« armée de l'ombre », redoublent de représailles. Les Juifs encore présents à Paris en sont les premières victimes. Les rafles se succèdent en juillet, notamment dans les orphelinats de Montreuil, de La Varenne, de Neuilly. Le 31 juillet, quatre cents enfants enlevés sont déportés de Drancy. Ce ne sont pas les Allemands, mais des miliciens français qui, sur l'ordre de Darnand, viennent saisir l'ancien ministre juif Georges Mandel, emprisonné à la Santé après sa détention à Buchenwald. Poussé violemment dans une auto, il est assassiné au pistolet-mitrailleur. La version officielle imputera sa mort à un avion britannique.

Les Parisiens apprennent le 21 juillet que, la veille, un complot tramé contre Hitler a eu lieu. Dans la nuit, le Führer en personne a annoncé de sa voix rauque l'échec de l'attentat qui le visait, préparé par des généraux exaspérés par son jusqu'au-boutisme suicidaire, perpétré par le lieutenant-colonel Claus von Stauffenberg. À Paris, Carl-Heinrich von Stülpnagel, commandant militaire en France, était complice. Il a fait arrêter les chefs de la Gestapo, Oberg et Knochen, gardés à vue à l'hôtel Continental, ainsi que 1 200 membres de la Sûreté allemande de Paris qui sont emprisonnés. Coup de théâtre : Hitler est toujours vivant. Stülpnagel est rappelé à Berlin où, après avoir tenté de se suicider, il sera pendu le 31 août. À Paris, le gouvernement militaire de la ville est affecté au général von Choltitz.

Du côté de Vichy, les manœuvres vont bon train. Le roué Pierre Laval, chef du gouvernement de l'État français, conçoit l'idée, au moment où la défaite allemande devient inéluctable, d'une transition politique sous la tutelle des Américains. Le 9 août, il arrive de Châteldon, sa résidence familiale, à Paris, où il tente son ultime manigance : convoquer l'Assemblée nationale sous la présidence d'Édouard Herriot et prendre langue avec les Américains, aux fins d'interdire au général de Gaulle le monopole du pouvoir. Le chef historique du Parti radical vit pour l'heure en résidence surveillée à Maréville, près de Nancy. Laval soumet son idée à l'ambassadeur Abetz qui lui donne carte blanche. Le 12 août, le voilà qui file à Nancy et en ramène Herriot. Celui-ci veut bien souscrire au projet de Laval, mais à la condition que Jules Jeanneney, ancien président du Sénat, soit de la partie lui aussi. Or Jeanneney est à Grenoble. La manœuvre est cependant ébruitée car, sur les murs de la ville, des affiches dénoncent les « louches manœuvres qui se trament au cœur de la capitale ». En fait, Ribbentrop, ministre des Affaires étrangères du Reich, a désavoué Abetz et annulé expressément la convocation de l'Assemblée nationale. Le 16 août, la Gestapo arrête Herriot à l'Hôtel de Ville où Laval l'a installé. Finalement, le stratagème du maquignon Laval a échoué ; il doit quitter Paris pour Nancy le lendemain, tandis qu'Herriot réintègre Maréville.

Entre-temps, la capitale commence à respirer un air d'insurrection. On sait par la radio anglaise que les Américains avancent vers Chartres et Dreux. Le 10 août, le signal d'alarme paraît lancé par la grève des cheminots, tandis qu'on assiste au départ de nombreux occupants. Tout s'accélère le 15 août ; c'est au tour de la police d'être en grève, et le métro ne roule plus. Trente-cinq jeunes gens appartenant à la Résistance sont exécutés près de la cascade du bois de Boulogne. C'est aussi ce jour de l'Assomption que se produit le débarquement franco-américain en Provence. Le 17 août, Radio-Paris cesse d'émettre. Galtier-Boissière note dans son journal les scènes de l'exode allemand :

« Sur toutes les voies des dizaines, des centaines de camions, de cars bondés, de canons portés, d'ambulances chargées de blessés couchés se suivent, se dépassent, se croisent. Au carrefour Strasbourg-Saint-Denis et devant les gares, des feldgendarmes à chaînes d'huissier règlent la circulation avec leurs disques [...]. Rue La Fayette, venant des somptueux hôtels du quartier de l'Étoile, passent dans d'étincelantes torpédos des généraux amarante, monoclés, accompagnés de femmes blondes, élégamment habillées, qui semblent partir pour quelque plage à la mode. »

Dans certaines régions, la débâcle allemande multiplie les crimes de guerre. Les SS de la division Das Reich, en particulier, sèment la terreur sur leur parcours à travers le Massif central. À Vassieux, des femmes et des fillettes sont abattues, des hommes pendus ou carbonisés ; à Tulle, quatre-vingt-dix-neuf otages sont pendus ; à Oradour-sur-Glane, un village entier, près de six cent cinquante habitants, est massacré. Un peu partout en France, les formations SS et Waffen-SS se livrent depuis le lendemain du Débarquement à de véritables tueries.

À Paris, le 18 août, les syndicats CGT et CFTC appellent à la grève générale. Mais cela n'est-il pas prématuré ? Le général Chaban-Delmas, envoyé personnel du général de Gaulle, qui fait la liaison entre l'état-major des FFI et le Comité d'action militaire, revient de Londres le 16 août ; il annonce qu'il faudra attendre encore plusieurs jours pour que les Alliés soient aux portes de Paris. Les Parisiens ignorent que le général Eisenhower, commandant en chef des troupes alliées, envisage, non pas d'entrer dans Paris, mais de contourner la capitale par le nord et le sud. De Gaulle réagit ; de Rennes, où il se trouve, il demande par lettre à Eisenhower de marcher sur Paris, la 2e division blindée française commandée par Leclerc en tête. Il fait valoir à Eisenhower qu'on se bat déjà dans la Ville lumière et que celle-ci n'attend plus que l'arrivée des Alliés. En fin de compte, de Gaulle le convainc. À vrai dire, ce n'était pas Eisenhower, mais la politique de Washington, toujours soupçonneuse envers l'homme du 18 Juin et complaisante envers Vichy, qui était à l'origine des atermoiements. Sitôt lue la lettre de De Gaulle, Eisenhower donne l'ordre à la 2e DB de marcher sur la ville ; elle sera épaulée par la 4e division d'infanterie américaine.

L'appel aux armes

Dans ce Paris fébrile, énervé, effervescent, où les grèves se sont généralisées, où les groupes francs, les milices patriotiques, les policiers résistants attendent le signal avec impatience, le colonel Rol-Tanguy, chef des FFI, lance le 18 août l'appel aux armes : « Groupez-vous par maison, par quartier. Assommez les Boches pour arracher leurs armes. Libérez le Grand Paris, berceau de la France. Vengez vos fils et vos frères martyrisés. Vengez les héros tombés pour l'indépendance et la liberté de la patrie. Hâtez par votre action la fin de la guerre. Ayez pour mot d'ordre : “Chacun son Boche.” Pas de quartier aux assassins. En avant pour que vive la France ! » Le lendemain, 19 août, le CNR délibère sous la présidence de Parodi. Les échanges sont passionnés. Chaban réitère son appel à la prudence. Le communiste Villon lui lance brutalement : « C'est la première fois que je vois un général français aussi lâche. » Finalement, sur l'intervention d'Alexandre Parodi, la réunion se rallie à l'ordre d'insurrection. Le soulèvement avait commencé ; il n'était plus question d'y faire obstacle. L'impatience d'en découdre, la volonté de chasser l'occupant, de ramener la croix gammée qui flotte sur les bâtiments, l'orgueil de se libérer soi-même précipitent la décision.

Un millier de policiers en grève, qui ont reçu des ordres dans la nuit, ont investi la préfecture de police, en face du parvis de Notre-Dame. Le préfet en place Bussière, qui voudrait se rallier, est consigné dans ses appartements ; par ordre du gouvernement provisoire, il est remplacé quelques heures plus tard par Charles Luizet, résistant de la première heure, arrivé dans une voiture à cocarde. Le drapeau tricolore a été hissé sur la préfecture et sur les tours de la cathédrale ; on chante *La Marseillaise*. Le colonel Rol-Tanguy arrive, constate, donne des ordres de défense, puis repart en voiture en direction de la place Denfert-Rochereau où se tient son PC dans les souterrains. La moitié des policiers sont envoyés vers les commissariats et les postes de police de la capitale, dont ils arrachent la direction à leurs collègues restés obéissants à Vichy.

Les Allemands réagissent, donnent l'ordre d'un couvre-feu qui commencera à 14 heures et promettent d'abattre ceux qui refuseront de s'y soumettre. Camions avec mitrailleuses et canons légers de la Wehrmacht convergent vers la préfecture. Puis, dans l'après-midi, ce sont des chars. Ils sont accueillis à coups de grenade. Des SS tentent de s'infiltrer, mais, sous le feu des tireurs aux fenêtres, ils doivent battre en retraite ; des Allemands sont faits prisonniers. Les combats sont intenses, les assiégés tiennent bon mais un commencement d'incendie se produit. Des renforts accourent, y compris des sapeurs-pompiers. C'est alors que, vers 20 heures, un message parvient à la préfecture en provenance du consul général de Suède, Raoul Nordling, qui annonce une trêve.

Que s'est-il passé ? Il semble que Nordling lui-même ait fait une démarche auprès de Choltitz pour faire cesser les combats et les destructions. Le bureau du CNR approuve la trêve, mais celle-ci n'est pas au goût de tous les combattants – SS ou résistants. La situation est confuse, de violents engagements s'éternisent. L'Hôtel de Ville est pris par un groupe de résistants conduits par Roger Stéphane et où figure le jeune comédien Gérard Philipe dans la nuit du 19 au 20 août[1]. Le préfet de la Seine, René Bouffet, et le président du conseil municipal, Pierre Taittinger, sont destitués. Vers 9 heures du matin, Parodi et cinq membres du bureau du

1. Voir sur l'épisode Olivier Philipponnat et Patrick Lienhardt, *Roger Stéphane. Enquête sur l'aventurier*, Paris, Grasset, 2004, p. 311-349. Et Raoul Nordling, *Sauver Paris. Mémoires du consul de Suède*, Bruxelles, Éditions Complexe, 2002.

CNR viennent discuter le prolongement de la trêve au consulat général de Suède. Éviter la destruction des ponts de Paris ordonnée par Hitler et sauver les prisonniers aux mains de l'occupant font partie des motivations en faveur de la trêve. Un accord est conclu : les Allemands reconnaissent les FFI comme des combattants réguliers ; ils acceptent les occupations de la préfecture de police, de l'Hôtel de Ville, des mairies et des commissariats investis ; ils se réservent une zone de libre circulation autour de l'hôtel Meurice et obtiennent l'assurance de pouvoir évacuer par les boulevards extérieurs. Mais la suspension d'armes est contestée par l'état-major des FFI et le comité parisien de libération. Le lundi 21 août, le CNR, après des heures de discussion, décide de mettre fin à la trêve. Chaban l'a défendue, conscient du temps qu'il faudra encore aux Américains et à Leclerc pour parvenir aux portes de la capitale. Une arrière-pensée le guide sans doute aussi : la victoire de l'insurrection devançant l'arrivée de l'armée régulière risque de donner l'avantage aux communistes. D'un autre côté, la libération de la capitale par les Parisiens eux-mêmes renforcerait la position de De Gaulle face aux Alliés. Alexandre Parodi assume la reprise des combats ; on lancera demain un nouvel appel aux armes. Dans la soirée du 21, les Parisiens élèvent des barricades. Le matin déjà, un événement a frappé les habitants de la ville : après que, depuis trois jours, la presse collaborationniste a cessé sa diffusion, les journaux de la Résistance sortent de leur clandestinité et paraissent au grand jour. « Aujourd'hui 21 août, lit-on dans *Combat*, au moment où nous paraissons, la libération de Paris s'achève. Après cinquante mois d'occupation, de luttes et de sacrifices, Paris renaît au sentiment de la liberté, malgré les coups de feu qui, soudain, éclatent à un coin de rue. » *Le Populaire* peut écrire : « Paris est libre, il n'y a plus un seul Allemand qui foule les pavés de notre capitale. » À quoi *L'Humanité* répond : « Non, Paris n'est pas libéré : le Boche souille toujours notre sol. »

Le mardi 22, Paris n'est plus qu'un champ de bataille. Les Allemands s'appuient sur leurs points forts : l'hôtel Meurice, l'École militaire, la Chambre des députés, le Sénat et le Luxembourg, le musée de la Marine, l'Opéra, la place de la République..., tout en faisant circuler leurs chars Tigre et Panther qui tirent sur les barricades qui se sont multipliées. Les Parisiens renouent spontanément avec leur mémoire collective : les barricades de 1830, de

1848, les barricades de Gavroche, les barricades de la Commune de 1871. « Gavroche est à nouveau responsable du pavé de Paris, écrit le précieux observateur Edmond Dubois. On renverse des véhicules abandonnés, on les tapisse de sacs de sable récupérés sur les réserves de la Défense passive, on amoncelle n'importe quoi [...] et, armé d'un revolver et d'une mitraillette, on monte la garde sur ce fragile édifice qu'un tank pulvériserait d'un seul coup de canon. » Stratégiquement, la barricade est on ne peut plus discutable, mais elle a force de symbole, celui du peuple soulevé, insurgé, combattant pour sa délivrance, lavant dans le sang de la gloire retrouvée la flétrissure de 1940. Chacun s'y met à cœur joie, femmes et enfants compris, vidant les caves des vieux meubles, des planches, des poutrelles et des vieux sommiers, arrachant les pavés, coupant des arbres. Quelques-unes de ces barricades sont de vrais fortins, telle celle du boulevard Saint-Michel, au carrefour du boulevard Saint-Germain. Sur celle de la rue Saint-Jacques, les barricadiers ont dressé les portraits géants de Hitler, de Goering et de Mussolini, « pour que les Boches criblent leurs grands hommes de mitraille ».

Paris se libère

Ce n'est pas un combat frontal, mais une bataille dispersée, chaotique, confuse. Les insurgés se reconnaissent à des brassards FFI ou FTP, à des brassards tricolores à croix de Lorraine, ou simplement à des brassards nus. Beaucoup *jouent* à la guerre, s'attifent en grand capitaine, prennent des poses, se photographient : le moment est historique. Au départ, ils ne disposent que de peu d'armes, mais au cours des affrontements ils en prennent aux Allemands tués ou prisonniers. Certains d'entre eux ont appris à confectionner des cocktails Molotov ou sont allés en prendre au Collège de France où ils sont fabriqués. La recette se répand : « Dans une bouteille, mélanger pétrole et essence, enrober d'un chiffon imbibé de chlorhydrate de potasse, enflammer le goulot et lancer d'une main sûre. » Avec témérité, ils s'élancent sur les chars bouteille à la main. C'est dans la soirée du 22 que le général Eisenhower finit par accepter de lancer la division Leclerc sur Paris.

Le mercredi 23 août, le Grand Palais est en flammes. Choltitz a décidé de faire un exemple et de prendre d'assaut le grand bâtiment qui avait été une des fiertés de l'Exposition universelle de 1900. Des tanks s'y sont portés à côté d'une artillerie motorisée qui tire avec des bombes incendiaires. Les pompiers accourus sont repoussés. Les balles sifflent dans le reste de la capitale. Le soir, on s'étonne d'apprendre par la radio anglaise que Paris est libéré ! Les ondes devancent la réalité.

Déjà, la vindicte populaire se met en action. On arrête ceux qui ont entretenu un commerce trop visible avec l'occupant, tel Sacha Guitry, pour avoir trop joué « devant des parterres allemands ». On arrête celles qui ont eu des relations coupables avec l'ennemi, prostituées, gigolettes ou amantes ; elles sont tondues, promenées dans les rues derrière des pancartes infamantes ; certains crachent sur elles, d'autres veulent les frapper. Souvent ce sont des résistants de la dernière heure qui se livrent aux arrestations, aux expéditions punitives, pour exhiber un patriotisme tardif à moindres frais. Ivresse et métamorphose du *peuple* en *foule* : contraste très fort entre gestes héroïques, actions téméraires et vengeances populacières, justice dite populaire. Des autorités condamnent : « Par ordre du comité local de libération du XVIe arrondissement, il est formellement interdit de se livrer à des actes arbitraires (coupe de cheveux, arrestations, voies de faits, etc.) sur des coupables présumés. Le comité réprimera ces gestes avec la plus extrême rigueur. » Mais on passe outre. Toute la ville est aux barricades ; la nouvelle presse imprime les photos des combattants, *Combat*, *Ce soir*, *Défense de la France*, *L'Humanité*, *La France libre*, *Libération*, *Le Parisien libéré*, *Le Franc-Tireur*, *L'Aube*, *Le Figaro*, *Le Populaire*... Faute de papier, ces journaux n'ont qu'une page recto verso ; on se les arrache.

Le 24 août, vers 17 heures, survolant Paris à basse altitude, un avion de reconnaissance à la cocarde tricolore lance un message : « Tenez bon, nous arrivons. Leclerc. » À 9 heures du soir, la radio annonce l'entrée imminente dans Paris des troupes françaises. Les combats n'ont pas cessé, mais le chef de la 2e DB a lancé deux colonnes, l'une commandée par le général Billotte, l'autre par le général Langlade. Suivant deux itinéraires différents, l'une pénètre dans Paris par la porte d'Orléans, l'autre par la porte de Saint-Cloud. Vers 21 h 30, trois chars français et des Jeep atteignent l'Hôtel de Ville. Tandis que les mitraillades se prolongent aux abords des places défendues par les Allemands, le bourdon de Notre-Dame et toutes les cloches des églises sonnent à toute volée ; un feu d'artifice s'élève de l'Hôtel de Ville. Les combats continuent dans la nuit. Au matin du 25 août, les balcons et les fenêtres pavoisent, cependant que les chars, les automitrailleuses, les voitures blindées de la division Leclerc pénètrent dans Paris, suivent l'avenue d'Italie, l'avenue Montsouris, l'avenue d'Orléans, l'avenue du Maine, le boulevard Brune... Les Parisiens se pressent, entourent les libérateurs, les jeunes filles leur jettent des bouquets, des hommes leur tendent des bouteilles, on crie, on rit, on pleure, on s'embrasse.

Le témoin Galtier-Boissière rend compte :

« Rue Saint-Jacques, vision inoubliable : une foule vibrante entoure les chars d'assaut français hérissés de drapeaux et parsemés de bouquets. Sur chaque tank, sur chaque automitrailleuse, à côté des servants en tenue kaki de mécanos et coiffés de petits calots roses, des grappes de jeunes filles, de femmes, de gamins, de "fifis" à brassard. Le peuple qui fait la haie applaudit, envoie des baisers, donne des poignées de main au passage, crie au vainqueur sa joie de la libération ! »

Qui n'a vu cette kermesse immense aura peine à imaginer cette joie-là, cette délivrance mêlée de gratitude à l'égard de ces jeunes hommes venus de loin et déjà couverts de gloire. C'est une fête sans pareille, l'effet d'un bonheur pur, une allégresse jusqu'ici inconnue. Cependant, des miliciens tirent des toits. Les chars visent les étages supérieurs des immeubles et atteignent parfois des habitants. Les bastions allemands tombent ; le Sénat brûle ; place de la Concorde, place de la République, au Luxembourg, au Palais-Bourbon, les coups de feu crépitent. Le général Billotte a lancé un ultimatum à Choltitz, par l'intermédiaire du consulat de Suède. Le gouverneur allemand de Paris siège avec son PC à l'hôtel Meurice solidement défendu. Il faudra deux heures pour l'amener à résipiscence. Il est emmené en Jeep à la préfecture de police. Au Châtelet, reconnu par la foule, il est près d'être lynché. Leclerc reçoit sa capitulation, mais c'est à la gare Montparnasse, son PC, qu'est signé l'acte officiel de la reddition, en présence du colonel Rol-Tanguy qui a obtenu d'apposer sa signature. Au total, la libération de Paris se sera faite au prix de 1 500 morts environ et de 3 400 blessés – total auquel il faut ajouter 45 soldats de la 2e DB morts et 140 blessés.

À 16 heures, le général de Gaulle fait son entrée à Paris par la porte d'Orléans. Où se dirige-t-il ? Chez lui tout est calculé. Il s'en explique dans ses Mémoires : « Le 25 août, rien ne va manquer de ce qui est décidé. J'ai moi-même, par avance, fixé ce que je dois faire dans la capitale libérée. Cela consiste à rassembler les âmes en un seul élan national, mais aussi à faire paraître tout de suite la figure et l'autorité de l'État. » Autrement dit, la première étape de l'entrée du Général ne sera pas l'Hôtel de Ville, où Georges Bidault, président du CNR, et André Tollet, dirigeant du comité parisien de libération, vont l'attendre ; ce sera le ministère de la Guerre, rue Saint-Dominique, où il eut son bureau en 1940. « Rien n'y manque, écrira-t-il, excepté l'État. Il m'appartient de l'y remettre. » C'est seulement un peu après 19 heures qu'il se rend, via la préfecture de police, à l'Hôtel de Ville. Là se situe un moment hautement symbolique. L'Hôtel de Ville, c'est le lieu où, au cœur d'une insurrection parisienne, le 21 février 1848 et le 4 septembre 1870, ont été proclamées les IIe et IIIe Républiques. De Gaulle entend bien ne pas paraître comme le résultat d'un mouvement insurrectionnel, mais en tant que chef du pouvoir légitime. Ainsi, lorsque Bidault lui souffle de proclamer au balcon le rétablissement de la République, le Général refuse d'obtempérer : « La République n'a jamais cessé d'être. Moi-même je suis le président du gouvernement de la République. Pourquoi irais-je la proclamer ? » Bien que ce ne soit pas à la rue et à ses barricades qu'il doive sa légitimité, cette rue et ces barricades, ce peuple autolibéré servent de suprême argument à sa volonté farouche de faire jeu égal avec les Alliés. Il prononce une allocution improvisée qui restera mémorable :

« Paris ! Paris outragé ! Paris brisé ! Paris martyrisé ! mais Paris libéré ! libéré par lui-même, libéré par son peuple avec le concours des armées de la France, avec l'appui et le concours de la France tout entière, de la France qui se bat, de la seule France, de la vraie France, de la France éternelle. »

Morceau de bravoure nationaliste, que l'hommage adressé plus loin à nos « admirables alliés » nuance à peine. Mais de Gaulle qui, durant les années de guerre, du début à cet instant, a défendu bec et ongles l'honneur de la France, l'autonomie de sa politique, le refus d'alignement, et qui veut que son pays soit placé au rang des vainqueurs, de Gaulle n'hésite pas à célébrer la libération de Paris comme l'œuvre apparemment exclusive des Français, les résistants et les hommes de Leclerc. Il veut aussi en convaincre ses compatriotes, transformer les vaincus en vainqueurs, pour qu'ils croient à nouveau en eux-mêmes : « Nous autres, qui aurons vécu les plus grandes heures de notre Histoire, nous n'avons pas à vouloir autre chose que de nous montrer, jusqu'à la fin, dignes de la France. »

Le lendemain, 26 août, tandis que des coups de feu s'attardent encore, le Général et les chefs de la Résistance, après avoir ranimé la flamme sous l'Arc de triomphe, descendent à pied l'avenue des Champs-Élysées, sous les vivats d'une foule en liesse. « Ah ! C'est la mer ! écrira de Gaulle dans ses Mémoires. [...] Des grappes humaines sont accrochées à des échelles, des mâts, des réverbères. Si loin que porte ma vue, ce n'est qu'une houle vivante, dans le soleil, sous le tricolore. » L'image demeure la plus célèbre de la Libération. « Il se passe, en ce moment, écrit encore le Général, un de ces miracles de la conscience nationale, un de ces gestes de la France, qui, parfois, au long des siècles, viennent illuminer notre Histoire. » Arrivé place de la Concorde, alors que des rafales tirées on ne sait d'où atteignent les spectateurs, de Gaulle et sa suite partent en voiture pour la cérémonie à Notre-Dame. On a discrètement consigné à l'archevêché le cardinal Suhard, le prélat parisien qui avait reçu solennellement quatre mois plus tôt le maréchal Pétain. Là, à peine entrés et installés, et tandis que le *Magnificat* s'élève, les libérateurs sont accueillis par des tirs provenant des galeries supérieures de la cathédrale. On se couche, de Gaulle reste debout, imperturbable sous la fusillade.

Au soir du 26 août, Paris est bombardé par des avions allemands, causant dans les quartiers de l'Est des dizaines de morts et de blessés ; des immeubles sont incendiés. Hitler veut anéantir Paris ; Choltitz n'a eu ni les moyens, ni le temps, ni la volonté de mettre son projet à exécution, mais le Führer n'a pas encore renoncé à détruire la capitale française. Le 8 septembre, les premiers tirs de fusées V2 atteignent Maisons-Alfort et causent six morts et de nombreux blessés. Par la suite, les V2 seront surtout lancés sur Londres et Anvers.

Le 26 août 1944, Paris est libéré, mais la guerre n'est pas finie.

2

Sortie de guerre

Le 9 septembre 1944, le gouvernement provisoire de la République française a été mis en place. Le général de Gaulle qui le préside a nommé vingt-deux ministres, dont Jules Jeanneney, dernier président du Sénat, ministre d'État ; Georges Bidault, président du CNR, ministre des Affaires étrangères ; le communiste Charles Tillon, chef des Francs-tireurs et partisans, ministre de l'Air. En tout deux communistes, quatre socialistes SFIO, trois MRP, trois radicaux et un modéré, auxquels s'ajoutent neuf ministres sans étiquette. Un gouvernement qui dispose à peu près de tous les pouvoirs, en attendant l'élection d'une Assemblée nationale promise par de Gaulle. Il pourra compter sur les avis d'une Assemblée consultative qui, depuis Alger, a été élargie aux représentants des groupes de résistance auxquels s'ajoutent soixante des quatre-vingts parlementaires qui ont refusé de voter en juillet 1940 les pleins pouvoirs à Philippe Pétain.

Par ailleurs, ont été institués dès avant la libération de Paris les commissaires de la République[1], chargés de rétablir la légalité républicaine dans dix-huit régions désignées par leur chef-lieu et d'empêcher la vacance du pouvoir. Tous sont des résistants. Leur mission est étendue, maintenir ou restaurer l'ordre, rétablir les rouages de l'État, procéder rapidement à l'épuration des administrations et des services, faire fonctionner ces mêmes services publics « avec toute l'efficacité qu'exigera la poursuite de l'effort de guerre », neutraliser les excès des autorités issues de la Résistance,

1. *Journal officiel*, Alger, 6 juillet 1944.

comme les comités de libération départementaux et locaux. Dans les rangs de ces commissaires, quelques-uns seront promis à une carrière politique, comme Michel Debré, mais la plupart resteront inconnus, sauf dans les régions qu'ils auront administrées. Leur rôle n'en demeure pas moins capital dans la transition républicaine et démocratique, jusqu'à la fin de leur mission, en mars 1946[2].

Le 12 septembre 1944, le général de Gaulle prend la parole au palais de Chaillot. Moment solennel, moment d'émotion. Son discours prononcé, « sur un fond de draperies aux couleurs sacrées » (Mauriac), devant les membres du gouvernement, du CNR et des grands corps de l'État, ainsi que des représentants des mouvements de résistance, est diffusé en direct par la radio. Dans Paris, dix-huit emplacements sonorisés ont été installés pour permettre à la foule d'écouter le Général. Ce n'est plus la voix chevrotante du géronte de Vichy, mais une voix vivante, ferme, qui entraîne et dirige.

Pour lui, l'important est d'abord d'associer la France à la victoire qui se dessine. Il donne des chiffres pour prouver la part insigne prise par les forces françaises à la libération du territoire. Et cela, dit-il en substance, nous donne le droit de faire valoir nos intérêts dans le prochain règlement de la paix : « Décider sans la France quoi que ce soit qui concerne l'Europe serait une grave erreur. » Elle doit retourner à sa vocation, la liberté et la grandeur. Il croit discerner au milieu des épreuves, ou du moins il le dit, une « extraordinaire unanimité nationale ». Pour refaire une France nouvelle, réformer, reconstruire la République, il faudra que chaque Français prenne sa part. Pour l'heure, on est et on restera dans le provisoire tant qu'une Assemblée nationale ne sera pas élue, et à cette fin il faut attendre le retour des prisonniers et des déportés. Jusque-là, les lois républicaines seront rétablies et appliquées. Mais la guerre n'est pas finie ; l'ennemi est encore puissant et résolu. Il faut avant tout rebâtir l'armée, faire en sorte qu'à l'image de la nation elle ne soit plus qu'une et indivisible. De Gaulle a conscience des difficultés, des problèmes d'approvisionnement, des restrictions nécessaires ; il sait que « l'amélioration sera lente ». Mais il exhorte les citoyens à dépasser leurs intérêts particuliers, à prendre part au

---

2. Voir Francis-Louis Closon, *Commissaire de la République du général de Gaulle*, Paris, Julliard, 1980.

« vaste et courageux effort national ». Le programme économique n'est qu'esquissé, mais le dirigisme sera nécessaire pour passer le cap, et il fait allusion aux nationalisations sans que le mot soit prononcé.

« Cette guerre, dit-il en conclusion, où nous vaincrons l'ennemi qui prétendait nous asservir, va se prolonger dans la lutte contre tous les éléments qui s'opposent à notre progrès. Et vous, hommes et femmes de la Résistance française, vous tous croisés à la croix de Lorraine, vous qui êtes le ferment de la nation dans son combat pour l'honneur et pour la liberté, il vous appartient demain de l'entraîner, pour son bien, vers l'effort et vers la grandeur. C'est alors, et alors seulement, que sera remportée la grande victoire de la France ! »

La gravité du propos, le verbe fascinant du Général, la dimension collective qu'il donne à son projet de refondation, l'unité de la nation qu'il a su recréer, tout désigne l'homme du 18 Juin comme le guide nécessaire. Mais quel chantier en perspective !

L'hypothèque communiste

Pour de Gaulle, la principale inquiétude qu'il peut nourrir en politique intérieure dans les jours et les semaines qui suivent la Libération est de garder la maîtrise de la situation face au parti communiste. Fort des succès remportés par l'Armée rouge depuis Stalingrad, celui-ci a accru sensiblement ses forces et ses effectifs depuis l'avant-guerre, disposant d'un énorme appareil de propagande à Paris comme dans les départements et noyautant pratiquement tous les organismes issus de la Résistance, jusqu'à se poser en représentant principal de celle-ci. « Les communistes, écrit de Gaulle dans ses *Mémoires de guerre*, habiles et cohérents, revêtant des étiquettes variées, utilisant les sympathies et les camaraderies que beaucoup d'entre eux avaient, au cours de la lutte, acquises dans tous les milieux, ne manquaient pas de susciter et d'inspirer ces organismes appuyés par des groupes armés. » Un double pouvoir s'instaure. D'un côté, le gouvernement provisoire du général de Gaulle et son administration ; de l'autre, les communistes contrôlant une grande partie des comités départementaux de libération, le CNR, le Front national et la CGT dont ils ont gagné la majorité. Certains comparent l'existence de ce redoutable contre-pouvoir à celui des bolcheviks au lendemain de la révolution de Février en Russie : le contre-pouvoir risquait de devenir le vrai pouvoir.

Les 7 et 8 octobre, se réunissent à Avignon des « états généraux », à l'initiative de trente-sept CDL de la France méridionale, qui revendiquent une démocratie directe, économique et sociale. La menace d'une révolution communiste se profile. Le PCF soutient explicitement l'assemblée d'Avignon, dans laquelle il a été si bien représenté : « La légalité nouvelle est issue de la collaboration du gouvernement provisoire de la République et de la Résistance qui, en tant qu'expression de la volonté du peuple français, a donné une base légale au gouvernement provisoire de la République française. »

Le 14 octobre, dans un discours radiodiffusé, de Gaulle met les points sur les i : « Il est nécessaire que l'effort national se déploie dans l'ordre national, c'est-à-dire que ceux qui, du haut en bas, sont légalement responsables assument pleinement leurs responsabilités et que cessent absolument toutes improvisations d'autorité [...]. La charge de gouverner incombe au gouvernement. Il en doit et il en rendra compte à la souveraineté nationale dès que celle-ci aura pu s'exprimer en élisant ses représentants par le suffrage universel. Le devoir d'administrer est l'apanage des administrateurs que le gouvernement a nommés. Le droit de commander quelque force armée que ce soit appartient uniquement aux chefs désignés par les ministres responsables. » Du gouvernement provisoire ou de la révolution en gésine, qui l'emportera ?

Le Général peut se prévaloir de l'accueil chaleureux qu'il reçoit au cours de ses voyages dans le pays. La reconnaissance officielle de son gouvernement par les Alliés, le 23 octobre, le dote d'une légitimité supplémentaire. Il doit cependant faire face à une force armée rivale, les FFI et les milices patriotiques constituées au moment du Débarquement (à Paris, leurs effectifs s'élèvent à 70 000 en novembre). Pour de Gaulle, c'est un défi lancé à l'ordre légal, un danger de subversion. Le 28 octobre 1944, le Conseil des ministres qu'il préside prononce la dissolution des milices ; simultanément, il annonce la grâce amnistiante de Maurice Thorez, le chef historique du PCF, qui avait déserté l'armée en 1939 pour Moscou. Les milices, qui dépendent du CNR, refusent d'obtempérer. Le 2 novembre, on peut lire dans *L'Humanité* un manifeste en leur faveur signé d'écrivains connus, Vercors, Armand Salacrou, Pierre Emmanuel… Le lendemain, le même journal enfonce le clou : « Une fois de plus le président du gouvernement a pris la responsabilité de traiter comme quantité négligeable la Résistance française, ce qui sera cruellement ressenti non seulement par le CNR, mais aussi par les comités départementaux et locaux de la Libération. »

Toutefois, quelles que soient les velléités révolutionnaires du Parti communiste français, celui-ci continue de dépendre étroitement de l'Union soviétique, c'est-à-dire de Staline. Ce dernier a sa politique à lui, qui n'est pas, présentement, le triomphe de la révolution prolétarienne en France. La guerre n'est pas finie ; une révolution lancée sur les arrières des armées alliées ne peut que retarder la fin du conflit. L'important, pour le chef du Kremlin, est de tirer le meilleur profit de la victoire, prendre pied durablement dans les régions d'Europe que l'Armée rouge occupe, créer pour l'avenir un glacis d'États frères aux frontières de l'URSS. Lors de sa rencontre avec Churchill à Moscou, le 10 octobre 1944, les deux hommes d'État ont déterminé des zones d'influence entre l'Ouest et l'Est, et la France, trop occidentale, ne fait pas partie des desseins du « tsar rouge ». À ses yeux, le Parti communiste français doit s'allier aux autres forces de gauche, éviter tout isolement, favoriser la mise sur pied d'une grande armée. C'est ce que Staline explique à Thorez, au cours d'un entretien avec lui le 19 novembre, en présence de ses fidèles Molotov et Beria. Thorez devra être l'instrument de cette politique, et celui-ci, impatient de rentrer en France, ne se fait pas prier. Le secrétaire général du PCF et les siens quittent Moscou le 20 novembre 1944 et arrivent à Paris, aéroport du Bourget, le 27 novembre, après un long périple dû aux aléas de la guerre. Le PCF a retrouvé son chef, qui s'installe dans une villa cossue de Choisy-le-Roi. Le 30 novembre, il est au Vél' d'Hiv archicomble, accueilli par une foule de militants enthousiastes, sous un portrait géant de l'orateur et introduit par Marcel Cachin, le doyen du Parti. On crie : « Thorez au pouvoir ! »

Nombre d'entre eux vont déchanter – ils y croyaient –, car voici que Maurice, obéissant comme toujours à Staline, fait prendre à son parti un tournant qui est digne de celui de 1934, au moment de la formation du Rassemblement populaire. Il n'est plus question de révolution : « S'unir, combattre, travailler ! tels seront les mots d'ordre de notre parti pour la période à venir. » Comme toujours, le Parti a toujours raison, et Cachin de justifier la nouvelle ligne qu'il annonce via une reconstruction imaginaire de l'histoire dont les dirigeants du PCF ont le secret. Thorez, dans son discours, insiste sur la nécessité de mettre sur pied une armée puissante. La situation économique doit être redressée par l'union : « La cinquième colonne et les munichois essaient de diviser les patriotes. Contre cela, il faut s'unir. » Sur la politique extérieure, il se félicite du prochain voyage du général de Gaulle en URSS en vue d'une alliance franco-soviétique, garante de la paix. Il parle de renaissance, d'une « France libre, forte et heureuse ». Pour ne pas fâcher, il ne dit mot des milices patriotiques, qui restent la pomme de discorde entre les communistes et le gouvernement.

Le 6 décembre, Thorez établit clairement que les comités de libération « n'entendent aucunement se substituer aux pouvoirs élus, aux organismes gouvernementaux et administratifs ». La normalisation va bon train. Le 2 décembre, de Gaulle arrive à Moscou où il va séjourner huit jours, au cours desquels Staline tente, à grand renfort de banquets et de toasts, de le rallier à sa politique polonaise : faire du Comité de Lublin, procommuniste, le représentant de la Pologne[3]. De Gaulle ne cède pas ; il signe finalement le 10 décembre un pacte d'alliance et d'assistance mutuelle franco-soviétique : les deux parties poursuivront la guerre jusqu'à la victoire finale, elles ne concluront pas de paix séparée avec l'Allemagne et, ultérieurement, prendront en commun toutes les mesures destinées à s'opposer à une nouvelle menace allemande. Le pacte vaut un ralliement précieux des communistes de France au gouvernement provisoire. Le Comité central du Parti, qui se réunit à Ivry du 21 au 23 janvier 1945, entérine un rapport du secrétaire

3. Voir le récit haut en couleur du général de Gaulle dans ses *Mémoires de guerre* : « Staline tenait des propos directs et simples. Il se donnait l'air d'un rustique, d'une culture rudimentaire, appliquant aux plus vastes problèmes les jugements d'un fruste bon sens. Il mangeait copieusement de tout et se servait force rasades d'une bouteille de vin de Crimée qu'on renouvelait devant lui. Mais, sous ces apparences débonnaires, on discernait le champion engagé dans une lutte sans merci. » *Mémoires*, Paris, Gallimard, coll. « Bibliothèque de la Pléiade », 2000, p. 660.

général (« S'unir, combattre, travailler »). Il n'y aura qu'une armée ; il n'y aura qu'une police – ce qui implique la dissolution des milices patriotiques. Thorez insiste sur la *mission nationale* du PCF, appuyé par Marty et Duclos qui déclinent les mêmes thèmes. Désarmement des gardes patriotiques (autre nom des milices), retour à la légalité, effacement des comités de libération, le virage à 180° est pris. Certains s'en attristent ; d'autres ironisent sur l'enseignement de l'histoire selon Thorez : « Cette politique nationale, dit-il sans sourire, nous l'avons poursuivie pendant toute la "drôle de guerre", contre ceux qui avaient interdit notre grand parti, qui l'avaient contraint à mener l'action clandestine pour sauver la France et la République. » La légende d'un Parti communiste français entré dans la Résistance à la première heure, alors qu'à la suite du pacte germano-soviétique il dénonçait dans *L'Humanité clandestine* la « guerre impérialiste », cette légende devient une vérité de parti que les militants auront à défendre avec obstination. Qu'importe ! La marche arrière du PCF favorise l'action du général de Gaulle et de son gouvernement.

Les autres forces politiques

Une grande idée avait parcouru les rangs des combattants dans la clandestinité et au lendemain de la Libération : unifier les résistants dans une grande formation qui succéderait aux partis traditionnels unanimement disqualifiés. On retrouvait cette idée dans la presse redevenue libre, comme dans le journal *Combat*. « Il nous semble, écrivait Albert Camus le 23 novembre 1944, qu'on peut, du moins, distinguer, dans les pensées politiques qui essayent de s'exprimer en ce moment, deux sortes de socialisme : un socialisme marxiste de forme traditionnelle, représenté par les anciens partis, et un socialisme libéral, mal formulé quoique généreux, qui se traduit dans les mouvements et les personnalités issus de la Résistance. » Certains dénommaient cet idéal un travaillisme à la française ; nous dirions plutôt une social-démocratie qui accueillît dans ses rangs aussi bien les chrétiens que les libres-penseurs, ceux qui croyaient au ciel et ceux qui n'y croyaient pas.

Les deux grandes fédérations de la Résistance qui rivalisent en 1944, le MLN (Mouvement de libération nationale) et le Front national, aspirent à l'unité, mais sur des bases différentes. Le congrès du MLN, du 23 au 28 janvier 1945, aboutit à une scission, celle des minoritaires, favorables à une fusion avec le FN. Pierre Hervé, Albert Bayet, Emmanuel d'Astier rejoignent le Front national. Celui-ci, dominé par les communistes, tient son propre congrès du 30 janvier au 3 février et constate l'échec de la fusion à sa manière – entendons sous sa férule – qu'il proposait.

Pierre Hervé, directeur communiste d'*Action*, dénonce le projet d'un « travaillisme » qui laisserait de côté la majorité de la classe ouvrière incarnée par le PCF : « On nous parle de socialisme humaniste. D'accord s'il est entendu que le marxisme est un humanisme et que le mouvement communiste est à tous égards une manifestation sur le plan social et politique de ce grand courant de pensée que l'on nomme humanisme. » Philippe Viannay, de la majorité du MLN, ne veut pas être dupe. Le « grand parti des travailleurs » souhaité par Hervé, c'est le parti communiste hégémonique. « La seule voie qui reste à la Résistance, dit-il, c'est la voie démocratique. Du jour même où elle refusait [la Résistance], par respect pour le général de Gaulle et son action, de prendre le pouvoir, de ce fait même elle s'engageait dans la voie démocratique. Elle s'y est engagée, il lui faut donc la respecter. » La révolution désirée se fera par la voie politique, c'est-à-dire par la voie électorale et par la loi.

De ces velléités d'union politique de la Résistance ne sortit finalement qu'un parti, l'UDSR (Union démocratique et socialiste de la Résistance), officialisé en juin 1946. Il ne sera – et le restera – qu'un petit parti charnière, car les socialistes qui auraient pu en devenir le cœur préférèrent maintenir leur « vieille maison », la SFIO.

La SFIO était elle-même profondément partagée. Léon Blum avait écrit au cours de son incarcération une réflexion en profondeur sur les causes de la défaite de 1940 et sur le rôle du parti socialiste. Sous le titre *À l'échelle humaine*, le livre est publié en 1945, précédé d'une préface du vieux socialiste Bracke. Faisant de la bourgeoisie la responsable de l'effondrement national devant Hitler, il en conclut la fin de son rôle historique. Cependant, si la restauration de la démocratie politique, si l'instauration de la démocratie sociale restent l'idéal du socialisme, celui-ci ne doit plus être le marxisme de la lutte des classes mais un socialisme humaniste qui n'est pas si éloigné des principes chrétiens. C'est un « au-delà du marxisme » pour un parti ouvert qu'il préconise.

La SFIO est à refonder, d'autant qu'une majorité de ses parlementaires ont voté les pleins pouvoirs à Pétain le 10 juillet 1940. Daniel Mayer avait été la cheville ouvrière de la réorganisation pendant la guerre d'un parti divisé, déchiré, éparpillé. La SFIO tient son premier congrès de l'après-guerre du 9 au 12 novembre 1944. Léon Blum ne rentrera de déportation qu'en mai 1945. Rien n'est tranché, mais le parti socialiste représente pour bien des Français l'espoir d'un renouveau émancipé du communisme. Albert Camus le note dans *Combat* : « Il faut se persuader que si les socialistes sont capables, renonçant à des hommes et à des méthodes aujourd'hui discrédités et dépassés, de refaire un grand parti, ils seront la grande force française de demain et ils pourront réunir autour d'eux la plus grande partie des énergies issues de la Résistance. Mais [...] ils ont à vaincre [...] des habitudes. Ils ont un langage à recréer, une inspiration à retrouver dans sa pureté. » La stratégie est encore incertaine : rapprochement avec le PCF ou regroupement de toute la gauche non communiste, on n'a pas encore décidé. Pour le moment, on s'accorde à soutenir de Gaulle et à lutter contre la « démagogie résistante ». Mais l'espoir d'un renouveau est réel ; les adhésions reprennent, les grands bastions du Nord-Pas-de-Calais, des Bouches-du-Rhône et du Sud-Ouest se reconstituent. Pour l'heure, il s'agit, avec lui, de pousser de Gaulle vers les grandes réformes dont le pays a besoin.

Plus à droite, la naissance du Mouvement républicain populaire marque la vraie nouveauté de cet après-Libération. Sans le nom, mal approprié dans une République laïque et fière de l'être, la démocratie chrétienne avait déjà une longue histoire depuis la fin du XIXe siècle. Le Sillon de Marc Sangnier, le lancement du magazine *La Vie catholique* par Francisque Gay, la fondation du Parti démocrate populaire en 1925, qui comptait une douzaine de députés en 1932, la Jeune République qui avait eu quatre députés en 1936, le journal *L'Aube* qui sort en janvier 1932, et dont, à partir de 1934, Georges Bidault, membre du PDP et professeur d'histoire au lycée Louis-le-Grand, devient l'éditorialiste... cette nébuleuse témoignait d'un renouveau chez les catholiques, même si une grande majorité d'entre eux adhèrent ou votent avant la guerre pour des partis de droite. La grande épreuve a tout changé. Sans doute la hiérarchie a-t-elle été, à peu d'exceptions près, fidèle au maréchal Pétain et à son nouvel ordre moral. Toutefois, nombre de catholiques ont participé aux mouvements de résistance. Le chef de la France libre allait à la messe, et c'est Georges Bidault qui a succédé à Jean Moulin à la présidence du CNR. Sous la IIIe République, la légitimité républicaine avait pour nom laïcité ; sous la IVe naissante, c'est la participation à la Résistance qui accrédite le républicanisme. Maurice Schumann, la voix de Londres, Pierre-Henri Teitgen, François de Menthon sont les noms les plus en vue avec celui de Georges Bidault. Le 26 novembre, se tient le congrès constitutif du MRP. Sa chance réside dans l'effondrement des partis de droite. Une bonne part de la clientèle catholique suivra le MRP, d'autant que celui-ci peut passer pour le parti le plus proche du général de Gaulle. De surcroît, le vote des femmes, plus pratiquantes que les hommes, ne peut que l'avantager. Ajoutons encore que la CFTC, datant de 1919, lui apporte une caution populaire qui n'est pas négligeable. En conséquence, le MRP peut nourrir l'ambition de supplanter la SFIO face au géant communiste.

Réformer

Au lendemain de la Libération, la société française, qui pendant quatre années d'occupation avait vécu dans le dénuement ou l'indigence, voit ses conditions d'existence encore aggravées par les conséquences de la guerre sur son sol. Les transports connaissent les plus graves difficultés. À Paris, après une longue interruption, le métro roule de nouveau avec un nombre de rames diminué, tandis que la Société des transports en commun de la région parisienne (STCRP), qui disposait en 1939 de 3 500 autobus, ne compte plus que 250 voitures en état de marche. Le réseau du chemin de fer est ravagé : pas une gare n'est intacte, plus de 5 000 kilomètres de voies ont été détruits, 2 500 aiguillages sont hors service, 2 000 ouvrages d'art (ponts, tunnels, viaducs) sont en ruine ; en 1939, on comptait 17 800 locomotives, en mars 1945, 7 265. Maurice Garçon raconte dans son journal que, parti de Poitiers le 14 septembre 1944 pour se rendre à Paris, il veut traverser la Loire à Langeais, où se trouve le seul bac disponible. Là, il tombe sur une file d'une cinquantaine de voitures, et on lui dit qu'il aura son tour… le surlendemain. En conséquence, il reflue sur Tours, où il n'attendra le bac que trois heures. Il faudra patienter jusqu'à novembre pour que les trains franchissent de nouveau la Loire.

De nombreuses villes ont été détruites, en particulier celles de Normandie, Caen, Avranches, Lisieux, Saint-Lô, mais aussi les ports, Toulon, Saint-Nazaire, Brest, Dunkerque, Le Havre, les villes sur les grands axes de circulation comme Orléans ou Chalon-sur-Saône. Si le téléphone est rétabli au début de novembre 1944, l'électricité est coupée par intermittence. L'acheminement du courrier est devenu aléatoire. Le ravitaillement est défectueux. Le pays compte 600 000 chômeurs. Le pain manque, nombre de boulangeries sont fermées et les autres prises d'assaut par des queues interminables. Paul Léautaud, qui se contente pourtant de peu, note à la mi-décembre :

« Le pain redevient mauvais. Les pâtes sont de la colle. Les légumes secs sont à sécher. Le sucre ne fond pas. Le fromage est introuvable. La viande en bois. L'huile ignorée. Le tabac toujours restreint. Le café et le chocolat ne sont plus denrées publiques. L'éclairage extérieur toujours absent. Faire laver son linge n'existe plus. On ne peut rien acheter, ni lingerie, ni vêtements, ni bonneterie, ni chaussures, à moins de passer par des prix ! Le pétrole n'a pas reparu. Le charbon a disparu. Même les pierres à briquet sont devenues introuvables. »

Ce contexte de pénurie et de rationnement favorise le marché noir. Des malins quittent la capitale à vélo, gagnent les fermes des environs et, tout comme pendant l'Occupation, en reviennent avec du beurre et de la viande, qu'ils revendent au prix fort. Les nantis peuvent toujours fréquenter les restaurants de marché noir, tout comme en 1870, pendant le siège de Paris : l'inégalité fait loi. Chacun s'accorde à dire que la situation est pire que sous l'Occupation. Aux barrages des policiers il faut ouvrir son sac comme naguère, mais cette fois ce n'est plus pour traquer des armes, mais du beurre ou du gigot. Début 1945, la France connaît un froid intense. « Depuis huit jours, note Maurice Garçon le 18 janvier, le froid est affreux. Nous entrons cette fois dans la guerre pour de bon. On manque de tout. Plus de bois, plus de charbon, plus d'électricité ni de gaz ou presque. Pour la première fois de ma vie, je souffre sérieusement du froid. [...] Nous sommes tous réunis dans une seule pièce devant un maigre feu. »

La France est ruinée, rongée par une inflation galopante. La hausse des prix de détail est continue : 27 % en 1944, 38 % en 1945, 63 % en 1946, 60 % en 1947. Le déficit public s'aggrave, la dépréciation du franc s'accélère.

Pourtant, dans cette France qui grelotte et meurt de faim, dans cette France toujours en guerre, le gouvernement provisoire prend des initiatives de réforme de longue portée, avec l'appui de l'Assemblée consultative réunie le 7 novembre. Outre l'ordonnance qui confirme le 5 octobre le droit de vote des femmes, le gouvernement rétablit la gratuité de l'enseignement secondaire ; il procède à des nationalisations, soit pour des raisons économiques, soit au chapitre de l'épuration : les Houillères du bassin du Nord et du Pas-de-Calais (14 décembre), les usines Renault (16 janvier), Gnome et Rhône et Air France (9 avril). En juin, ce sera la création de l'École nationale d'administration (ENA), dont l'objectif est de créer cette élite républicaine fondée sur le mérite, comme le souhaitait le programme du CNR. L'une des réformes les plus importantes de la période consiste en la création des comités d'entreprise (dans les entreprises de plus de cinquante salariés), qui, élus par le personnel, prendront en main la gestion des œuvres sociales et recevront par ailleurs de larges possibilités d'information sur la marche de leur société.

Le gouvernement a accepté de procéder à la hausse des salaires. En moyenne ceux-ci sont élevés de 50 %, de même que les allocations familiales. Pierre Mendès France, ministre de l'Économie nationale – un nouveau poste –, est aux prises avec l'inflation ; le blocage des prix est transgressé. Mendès France s'oppose à René Pleven, ministre des Finances. Sa politique de rigueur se heurte à la demande libérale. En février, leur affrontement se manifeste au Conseil des ministres à propos des billets de banque arrivés d'Angleterre et des États-Unis, dont Mendès exige le blocage et entend fixer un plafond temporaire aux dépenses individuelles. René Pleven défend, lui, un échange franc pour franc, sans blocage, et l'emporte sur Mendès France, très isolé, qui démissionne le 5 avril 1945 : « Est-ce en ménageant les égoïstes, les parvenus, les cupides, en nous appuyant inconsciemment sur eux, est-ce en bafouant ceux qui ont cru que nous voulions une république pure et dure, que nous referons la France ? » De Gaulle lui répond : « Le pays est malade et blessé. Je tiens donc pour préférable de ne pas, en ce moment, bouleverser sa subsistance et son activité, d'autant que les mois à venir vont, par la force des choses, améliorer sa condition. » Vaste débat entre le court et le moyen terme, la liberté et l'État. L'avenir dira que Mendès France avait raison, mais dans l'immédiat il se heurtait aussi bien aux communistes qu'à de Gaulle.

La guerre est finie

La libération de Paris n'était pas celle de la France. Il fallut encore plusieurs mois pour chasser les Allemands du territoire. C'est le 23 novembre que la 2e DB, soutenue par les Américains, entre dans Strasbourg. Le serment de Koufra, par lequel Leclerc, le 1er mars 1941, avait lancé son défi, est tenu, et lui-même entre dans la légende. Un autre général français, Jean-Marie de Lattre de Tassigny, s'illustre au sud de l'Alsace ; Mulhouse est libérée dans la nuit du 25 au 26 novembre. Cependant, à partir du 16 décembre, le maréchal von Rundstedt lance la dernière grande contre-offensive allemande qui progresse rapidement et s'empare de Bastogne. Certains à Paris, pris de panique, préparent déjà leurs valises. La poussée ennemie est arrêtée dans les Ardennes par l'armée de Patton. Bastogne est libérée le 27 décembre. Cependant, au début de janvier, les Allemands menacent Strasbourg ; Eisenhower envisage d'évacuer la capitale alsacienne, le genéral de Gaulle s'y refuse. Le 16 janvier, la Wehrmacht est brisée pour de bon par les troupes américaines. Le 2 février, le 1re armée française du général de Lattre pénètre dans Colmar. Dix jours plus tard, le général de Gaulle se rend dans l'Alsace libérée.

Le chef du gouvernement provisoire pouvait manifester une légitime satisfaction. L'une des difficultés de cette fin de guerre avait été de réaliser l'amalgame entre les FFI et l'armée régulière. Au lendemain de la libération de Paris, environ 300 000 hommes, mal équipés et mal armés, dépendaient des forces de l'intérieur. Le 23 septembre, le gouvernement avait décrété l'incorporation des FFI dans l'armée. Ce n'était pas chose facile. Le CNR, dominé alors par les communistes, entendait préserver l'autonomie des forces issues des maquis. Le conflit avait cependant été progressivement résolu, soit par les engagements individuels, soit par les départs de combattants, soit par l'embrigadement collectif de certaines unités. Ce sont donc 190 000 volontaires, selon le chiffre officiel, qui rejoignirent ainsi les armées, sous le commandement d'officiers d'active. L'amalgame – on l'a dit – avait été rendu possible par le tournant politique du PCF au retour de Thorez.

La participation victorieuse des soldats français à la guerre pouvait justifier la prétention du gouvernement à participer aux décisions des Alliés sur le sort de l'Allemagne. Un premier résultat, de grande importance, fut obtenu par la mise en place de l'Organisation des Nations unies à Dumbarton Oaks, du 21 au 28 septembre 1944. La France n'était pas représentée, le gouvernement provisoire n'étant reconnu que le 23 octobre. Cependant, elle fut admise comme membre permanent au Conseil de sécurité, à la demande des Anglo-Saxons, aux côtés des autres pays vainqueurs. La décision devint effective au lendemain de la victoire, le 16 mai 1945. En décembre 1944, on le sait, le général de Gaulle, accompagné du ministre des Affaires étrangères, Georges Bidault, s'était rendu à Moscou, où après avoir eu plusieurs entretiens avec Staline et Molotov il signa le 10 décembre un pacte d'alliance et d'assistance mutuelle franco-soviétique. De Gaulle reprenait la vieille alliance nouée jadis en 1892 et naguère en 1935 : il s'agissait de faire obstacle à la « volonté germanique de domination », dont la France avait fait les frais à trois reprises depuis 1870. Une sorte de classique, quelque peu obsolète diront certains, quoique l'Assemblée consultative fût unanime à l'approuver. Une arrière-pensée, un non-dit paraît le plus important dans l'établissement de cette alliance de revers : faire contrepoids aux Anglo-Saxons, afin de préserver au mieux l'indépendance de la France. De Gaulle n'avait pas agi autrement du temps de la France libre.

Malgré ce rapprochement, la France ne fut nullement invitée à la conférence de Yalta, du 4 au 15 février 1945. La rencontre de Crimée entre les trois grands avait été préparée par des négociations entre Staline et Churchill, qui s'étaient entendus sur la répartition des zones d'influence : la Roumanie et la Bulgarie pour les Russes ; la Grèce pour les Occidentaux ; parts égales en Hongrie et en Yougoslavie. Au cours de ce sommet, il s'agissait d'abord de planifier la défaite militaire du Reich et du Japon. Roosevelt obtint l'entrée en guerre de l'URSS contre le Japon. Pour la France, le règlement du sort de l'Allemagne primait naturellement. Il fut décidé qu'elle serait partagée en quatre zones d'occupation (trois au départ, celle de la France étant à tailler dans les zones dévolues aux Anglo-Saxons). Par ailleurs, Staline fit admettre la règle de l'unanimité au Conseil de sécurité de l'ONU, ce qui revenait à instaurer un droit de veto à son profit.

Dans la nuit du 8 au 9 mai, la capitulation sans conditions de l'Allemagne est ratifiée à Berlin, en présence du maréchal Joukov, pour l'Union soviétique, du général Spaatz, pour les États-Unis, du général Tedder pour la Grande-Bretagne et aussi du général de Lattre de Tassigny pour la France. Dans l'après-midi, le général de Gaulle annonce par la radio la fin du conflit : « La guerre est gagnée ! Voici la Victoire ! C'est la victoire des Nations unies et c'est la victoire de la France ! » Il ne manque pas de clamer que « le commandement français était présent et partie à l'acte de capitulation ». Le discours est diffusé par haut-parleurs dans les rues, les cloches sonnent, les canons et les sirènes célèbrent la paix. Aussitôt, la foule emplit les rues. Le temps est radieux. On crie, on chante, on danse, on défile derrière les drapeaux des Alliés. C'est donc fini ; on sort du cauchemar, même si la victoire est entachée par la débâcle de 1940 et la collaboration pétainiste.

Maurice Garçon met un bémol : « On est content, mais pas très content. La guerre est finie mais tout le monde a le sentiment que les embêtements vont continuer. On n'est pas assez libéré des ennuis pour que la satisfaction soit franche. Tout se réduit, en tant que manifestation, à aller et venir dans les grandes artères. » Même son de cloche dans le journal de Galtier-Boissière : « Le 11 novembre 1918, la joie était plus intense et plus franche. En 1918, il y avait un immense espoir : on croyait à "la der des ders" [...]. On avait des illusions. Aujourd'hui on n'en a plus. Certes, chacun ressent un immense soulagement à l'idée que les tueries viennent de cesser en Europe, mais nous vivons dans une incertitude totale du lendemain. »

La guerre a été pour les Français un désastre. La défaite militaire a porté au pouvoir un régime de réaction antidémocratique, et les habitants ont dû subir quatre ans durant l'humiliation d'une occupation étrangère, accompagnée d'une ponction cruelle en produits agricoles et industriels et d'une réquisition en hommes par le

Service du travail obligatoire (STO). La collaboration, inaugurée officiellement à Montoire, en octobre 1940, a permis à l'ennemi d'instrumentaliser la France tout en la déshonorant. Les combats de la Libération ont causé des ruines innombrables : Caen, Brest et Le Havre sont à reconstruire complètement. Tout manque. Pourtant, tout est sauvé. Tout, c'est-à-dire le rétablissement de la République et des libertés. La guerre civile, que connurent ou connaîtront la Grèce et la Yougoslavie, a été évitée. Malgré les troubles, les vengeances, les violences, la France a pu sauvegarder une union nationale, fragile, certes, mais réelle. Les communistes, on l'a vu, ont accepté la dissolution des milices patriotiques et l'amalgame des FFI dans l'armée régulière. Le général de Gaulle peut se prévaloir du rétablissement, précaire peut-être, mais incontestable néanmoins, d'un ordre politique et administratif. Il a su, d'autre part, ménager la place de la France au rang des vainqueurs.

Il faut maintenant assurer le retour à l'ordre démocratique, en finir avec le provisoire. La révolution était attendue par beaucoup. Depuis le retour de Maurice Thorez, on ne parlait plus du grand soir marxiste. C'était par les urnes et « par la loi » qu'on la ferait. La charte du CNR était un bon guide qui portait les principes d'un État-providence, le projet d'une véritable « démocratie économique et sociale », la volonté d'un plan arrêté par l'État, les nationalisations des grands moyens de production monopolisés... Dans cette inspiration, le gouvernement provisoire avait déjà œuvré. La tâche restait immense.

La normalisation politique commença par les élections municipales, les 29 avril et 13 mai 1945. Pour la première fois, les femmes votaient et étaient éligibles. Les communistes se présentèrent sur des listes d'« Union patriotique républicaine et antifasciste », où adhérèrent des radicaux et des socialistes en nombre d'endroits. Se défiant de la montée en force du MRP, le PCF fit campagne sur le thème de la laïcité. Avant le second tour, le MRP fut lourdement dénoncé comme un parti réactionnaire, fasciste et clérical, un succédané de l'État français. L'union de la gauche, y compris avec des radicaux quelque peu démonétisés, devait empêcher le rapprochement entre socialistes et démocrates-chrétiens. Dans l'ensemble, la gauche remporta ces élections. Le PCF passa de 310 municipalités conquises avant la guerre à 1 413 ; les socialistes, de 1 376 à 4 115. Les progrès du MRP avaient été arrêtés par le jeu des alliances au second tour : il n'obtint que 477 communes. Le plus clair était le recul complet des modérés et des radicaux : ils administraient avant la guerre environ 32 000 communes sur 36 000 ; ils n'en contrôlaient plus que 22 000. La gauche allait donc dominer pour un certain temps la vie politique française. Mais l'entente était-elle possible entre elle et un général de Gaulle ne partageant certainement pas les mêmes conceptions de la future République ?

Cette date du 8 mai 1945 ne marque pas seulement la victoire sur l'Allemagne nazie. Elle est aussi celle des troubles sanglants de Sétif, annonciateurs d'une des questions les plus écrasantes pour la nouvelle République, celle de la décolonisation impossible. Ce jour-là, une manifestation à Sétif tourne à l'émeute, et s'étend aux alentours de Bône et de Guelma. Au total des dizaines de morts, de blessés, de femmes violées. Une répression terrible est menée par le général Duval : ratissages, arrestations en masse, exécution des suspects, bombardements et représailles opérées par des milices européennes hâtivement constituées[4]. L'événement est passé largement inaperçu dans le contexte international où il s'est produit. Ou il a été interprété à contresens. Les communistes eux-mêmes ne firent-ils pas de l'émeute le résultat d'une provocation fasciste ? Peu d'esprits étaient assez clairvoyants pour en comprendre la portée. Le problème colonial allait se poser aux Français de manière dramatique. On y reviendra.

4. Voir Guy Pervillé, « Sétif : enquête sur un massacre », *Les Collections de L'Histoire*, n° 55, avril-juin 2012.

3

On épure

Le 13 juillet 1940, le général de Gaulle en a fait la promesse à la radio de Londres : « Un jour, la France libérée punira les responsables de ses désastres et les artisans de sa servitude. » Après l'humiliation de l'armistice, la formation d'un « État français » officiellement – depuis Montoire et la poignée de main de Pétain à Hitler – collaborateur de l'Allemagne nazie ne pouvait qu'accroître le désir de justice contre les « traîtres ». Liquidateur des lois républicaines, instaurateur d'un double statut des Juifs, le régime du Maréchal avait, sous le slogan de la « Révolution nationale », fondé une dictature réactionnaire inspirée par les idées de la droite extrême. De surcroît, le régime de Vichy avait contribué volontairement aux efforts de guerre de l'ennemi. Certains patriotes avaient cru qu'en novembre 1942, au moment où les troupes anglo-saxonnes débarquaient en Afrique du Nord, le « vainqueur de Verdun » rejoindrait la France libre. Il n'en fit rien, mais au contraire donna l'ordre aux troupes françaises de se battre contre l'« envahisseur ». Les dernières années de l'Occupation montrèrent clairement que la collaboration dérivait *de facto* vers la soumission militaire aux diktats du IIIe Reich.

En janvier 1943 était fondée, sous le commandement de Joseph Darnand, la Milice, une force supplétive qui devait épauler les Allemands pour maintenir l'ordre en France. Sa mission était de soumettre les ennemis du Maréchal, à commencer par les communistes. Pour Darnand, la Milice n'était pas une simple force de police, elle devait servir d'instrument à un « régime autoritaire, national et socialiste ». En janvier 1944, Darnand était élevé par

Vichy à la tête de toutes les forces de l'ordre. La Milice devint la phalange officielle de lutte contre la Résistance. Au moment du Débarquement, son chef déclarait : « Considérez comme des ennemis de la France les Francs-tireurs et partisans, les membres de la prétendue armée secrète, et ceux des groupements de résistance. Attaquez-vous aux saboteurs, qu'ils soient ou non parachutés. Traquez les traîtres qui essaient de saper le moral de nos formations. » Le 13 juin, Laval renforçait encore l'autorité de Darnand en le nommant secrétaire d'État à l'Intérieur. Jusqu'au bout, avant qu'ils ne s'enfuient avec les Allemands, les miliciens ont traqué, terrorisé, torturé, assassiné – c'est par la Milice que les anciens ministres Jean Zay et Georges Mandel furent abattus. Part maudite entre toutes de Vichy.

La volonté de punir les « collabos » s'était ainsi renforcée tout au long de la guerre. Devant l'Assemblée consultative, à Alger, le général de Gaulle prit en compte cette volonté de justice qu'il voulut encadrer : « Limiter les sanctions aux personnages qui avaient joué un rôle éminent dans la politique de Vichy et aux hommes qui s'étaient faits les complices directs de l'ennemi. » Il avait conscience que dans cette espèce de guerre civile larvée qui avait déjà commencé, il faudrait « contenir la vengeance ». De fait, avant que la justice puisse se mettre en place dans une France bouleversée par les combats de la Libération, le pays connut les règlements de comptes, les exécutions sommaires, les condamnations sans jugement et, parfois, les lynchages. Oubliant les crimes, les massacres, les tortures infligés pendant quatre ans par des Français à d'autres Français, toute une littérature a nourri une légende noire de l'épuration – que les historiens ont peu à peu réfutée.

Épuration sauvage

Un désir de vengeance animait bien des Français. Les images qui restent peut-être les plus marquantes de la Némésis populaire sont celles des femmes tondues. Dans tous les départements, et non seulement dans les villes, on assista ou l'on participa à la punition publique des femmes qui avaient eu des relations sexuelles avec des soldats ennemis ou qui, d'une manière ou d'une autre, avaient été au service de l'occupant. Qui prend alors l'initiative de les traîner sous la tondeuse du coiffeur, puis de les exposer à la foule qui rit ou qui crie, de les emmener par les rues après leur avoir souvent accroché une pancarte au cou ? Notre sensibilité répugne à cette chienlit vengeresse, héritée d'un lointain passé, et nous approuvons les couplets de Georges Brassens ironisant sur « les braves sans-culottes et les bonnets phrygiens [qui] ont livré sa crinière à un tondeur de chiens ». Les mêmes scènes se sont produites dans toute la France, comme un rite primitif. Ce fut le temps d'une punition sauvage, contemporaine du premier été de la Libération. À Paris, ces tontes furent interdites par le chef des FFI, Rol-Tanguy, dès septembre 1944. On a pu estimer à 20 000 le nombre approximatif des condamnées à la vindicte populaire[1]. Comme toujours, elles n'étaient pas toutes du même acabit, amoureuses de circonstance, prostituées de métier ou d'occasion et vraies scélérates se côtoyaient.

Dans maints endroits de la France libérée, les maquisards ont tué sans jugement[2]. Il s'agissait parfois d'actes de guerre. Assassiner Philippe Henriot – avant même la libération de Paris –, c'était éliminer le plus dangereux des propagandistes proallemands. Plus anonymes furent les victimes des résistants ou d'une population vengeresse qui n'avait pas forcément pris part au combat : pendaison, balle dans la nuque, fusillade, lynchage, viol... tout cela eut lieu. Est-ce à dire, pour autant, qu'il faut parler d'« épuration sauvage », comme l'idée accusatrice en fut répandue par l'ouvrage de Philippe Bourdrel, *L'Épuration sauvage*, en 1988 ? Les défenseurs du régime pétainiste ont eu beau jeu de saisir l'expression pour peindre un pays à feu et à sang où les rouges et les moins rouges assassinaient de braves pères de famille. Selon les spécialistes de la période, le nombre des exécutions sommaires pendant cette période de troubles, où l'autorité de Vichy s'était effondrée et où celle du gouvernement provisoire n'était pas encore établie, se tiendrait

1. Fabrice Virgili, *La France « virile ». Des femmes tondues à la Libération*, Paris, Payot, 2000. Voir aussi François Rouquet et Fabrice Virgili, *Les Françaises, les Français et l'épuration*, Paris, Gallimard, coll. « Folio-Histoire », 2018, p. 116.

2. Parmi de nombreux récits et témoignages, citons, de Grégoire Kauffmann, *Hôtel de Bretagne* (Paris, Flammarion, 2019), une enquête historique sur la région de Quimperlé en 1944-1945.

entre 9 000 et 10 000. Ajoutons qu'aux côtés des FTP, des FFI, des combattants de la Résistance, il exista de vrais bandits, des imposteurs mettant à profit cette période d'anarchie pour accomplir leurs forfaits. Des faux maquis, des « maquis noirs », sortaient des bandes de voyous qui profitèrent de l'occasion pour voler, piller, violer, semer la terreur. L'un de ces chefs de bande, un repris de justice du nom de Georges Dubosc, se faisant appeler Le Coz, mit à sac la région de Loches, en Indre-et-Loire, avant de se faire capturer sur les ordres du commissaire de la République Michel Debré, juger et condamner à mort. Les malfaiteurs infiltrés dans les unités FFI n'ont pas manqué non plus. Leurs larcins ont alimenté dans les régions un rejet prolongé de la Résistance, assimilée à une entreprise de vengeance aveugle et de pillage.

Avant que la justice républicaine, la justice officielle, ne soit en état d'assumer l'épuration légale, une justice populaire improvisée a le plus souvent procédé à la mise à mort. Dans ces tribunaux du peuple se côtoient des combattants et des habitants du lieu. Justice expéditive, où la peine de mort est le plus souvent requise. Des justiciers s'improvisent, se confèrent des droits arbitraires et décrètent le châtiment. En novembre 1944, le préfet communiste de Limoges, Jean Chaintron, appelant au respect de la légalité, dénonce les « actes inconsidérés de quelques enragés incontrôlables [...], frappant à tort et à travers et tendant à discréditer, par des actes anarchistes, les forces de la libération de la France aux yeux de l'étranger ». Le retour à la légalité n'a pas tardé, le plus souvent sous l'autorité des commissaires de la République.

L'épuration légalisée

Le 14 octobre 1944, dans un discours radiodiffusé, de Gaulle rappelait à l'ordre : « La charge de gouverner incombe au gouvernement. [...] Le pouvoir de rendre la justice revient exclusivement aux magistrats et aux juges commis pour le faire par l'État. » Cette reprise en main de la justice par les autorités publiques s'est faite progressivement, mais on peut dire assez rapidement, selon les lieux. Les commissaires régionaux de la République eurent à jouer dans ce domaine, comme en bien d'autres, un rôle déterminant. C'est sur leur ordre que les justices populaires laissèrent la place à des tribunaux militaires siégeant en cour martiale. Il s'agissait d'institutions encore provisoires, mais leur installation marque une étape de la normalisation, la fin des actions punitives. Ces tribunaux militaires sont composés d'officiers ou de sous-officiers FFI en uniforme et d'un magistrat professionnel. Ainsi, un tribunal militaire siégeant en cour martiale est institué au Grand-Bornand, qui a à juger les miliciens qui ont participé à l'assaut sanglant du maquis des Glières au mois d'août 1944. Le jury est composé de cinq officiers de la Résistance et deux avocats sont commis d'office. Au nom de l'article 75 du Code pénal qui punit le crime de trahison, la cour condamne à être fusillés 76 miliciens sur un total de 97 accusés. Chaque cas personnel a été examiné[3]. Dès le 10 septembre, à peine installé à la préfecture de Lyon, le commissaire Yves Farge institue des cours martiales, devant lesquelles il est le seul qualifié pour déférer les prévenus, tout comme il est le seul habilité à commuer une peine. La salle d'audience, d'abord à la prison Saint-Paul, puis au fort de Montluc, est ouverte au public. Les jugements sont implacables, mais Farge défend leur nécessité au nom de l'ordre : « Nos sentences proclamées chaque soir armaient ceux qui entendaient à mes côtés restaurer l'idée de justice[4]. »

Ces juridictions militaires se trouvent à leur tour peu à peu remplacées par les cours de justice. Celles-ci fonctionnent comme les cours d'assises, à ceci près que les jurés sont tirés au sort sur des listes établies par les comités départementaux de libération. Ces cours ont prononcé au total 7 055 condamnations à mort, y compris les contumax – 2 861 en présence de l'accusé. Sur ce chiffre, 73 % de ces condamnations ont été commuées par le général de Gaulle, de sorte qu'au total ce sont 791 accusés et condamnés qui ont été fusillés[5].

---

3. F. Rouquet et F. Virgili, *Les Françaises, les Français et l'épuration*, *op. cit.*, p. 1127-1128.
4. Yves Farge, *Rebelles, soldats et citoyens. Souvenirs d'un commissaire de la République*, Paris, Grasset, 1946.
5. Philippe Buton, *La Joie douloureuse. La Libération de la France*, Bruxelles, Éditions Complexe, 2004, p. 105 *sqq*.

Les épurés

Quelles étaient les personnes assignées ? Une liste dressée par le chef départemental de la police de Grenoble énumère le large éventail des suspects : « Il faut procéder à l'arrestation la plus rapide possible de tous les collaborateurs, traîtres, mouchards, indicateurs et employés des polices allemandes, rabatteurs de l'organisation Todt et des bureaux de placement allemands, de tout individu ayant appartenu aux organismes suivants : Milice, SOL, Légion des volontaires français contre le bolchevisme (LVF), Parti populaire français (PPF), Jeunesses populaires françaises, Rassemblement national populaire (RNP), groupe "Collaboration", Europe nouvelle, Jeunes de l'Europe nouvelle, Ligue française, Francisme, Front social du travail et autres traîtres et suspects[6]. » Au sein des collaborateurs, le groupe des dignitaires de l'État pétainiste sera jugé par une Haute Cour de justice.

Les hommes politiques qui avaient voté les pleins pouvoirs à Pétain en juillet 1940 sont devenus inéligibles, sauf ceux qui, devant le jury d'honneur, auront prouvé leur participation à la Résistance. Sur les 416 parlementaires dont les dossiers furent examinés, un quart environ furent relevés de leur inéligibilité. Le parti socialiste, devenu en 1936 le premier parti français, fit aussi le ménage dans ses rangs : 84 de ses parlementaires furent exclus. L'Assemblée constituante, élue en octobre 1945, vérifiant l'éligibilité des élus, connut des affrontements. Les communistes tentèrent d'invalider les élections de Paul Reynaud et d'Édouard Daladier, jugés responsables de la défaite de 1940, mais sans succès.

L'administration ne fut pas épargnée. Une commission d'épuration fut mise en place dans chaque grand service. La police fut particulièrement visée ; 5 000 de ses fonctionnaires furent révoqués. La magistrature, dont la plupart des membres avaient prêté serment au Maréchal, ne fut pas davantage épargnée ; poursuites, révocations et sanctions diverses atteignirent plus de 200 magistrats. Une commission d'épuration, mise en place par Georges Bidault, fonctionna aussi dans le corps diplomatique : plus de

---

6. Archives départementales de l'Isère, cité par F. Rouquet et F. Virgili, *Les Françaises, les Français et l'épuration*, *op. cit.*, p. 130.

500 dossiers furent examinés, environ 80 diplomates furent sanctionnés (mises en disponibilité, radiations, révocations, mises à la retraite). Le philosophe catholique Jacques Maritain fut chargé de négocier l'épuration de la hiérarchie catholique ; certains évêques, ceux d'Arras et d'Aix-en-Provence, démissionnèrent. Dans l'ensemble, l'Église fut nettement épargnée. Un Mgr Feltin, fidèle au maréchal Pétain, deviendrait archevêque de Paris en 1949 et cardinal en 1953. L'Éducation nationale fut plus sévèrement traitée ; ouvertures d'enquêtes, suspensions immédiates, mises à la retraite, révocations sans pension se sont enchaînées et atteignirent environ 1 500 fonctionnaires. Dans l'armée, la commission Matter s'occupa de plus de 10 000 dossiers ; 3 000 militaires environ furent sanctionnés. Au total, on compta plus de 16 000 pénalisations dans la fonction publique. Chiffre bien éloigné des quantités fantasmées par les opposants à l'épuration, parmi lesquels Jacques Isorni, l'avocat de Philippe Pétain, qui avança le chiffre de 150 000[7].

L'épuration sévit aussi dans le secteur privé. Le problème était délicat, car en frappant les entreprises, on pouvait craindre leur fermeture et le chômage conséquent. Dans l'ensemble, nombre de commentateurs dénoncèrent l'inégalité des sanctions à l'endroit des collaborateurs « économiques ». Au demeurant, il y eut dans chaque région un comité régional interprofessionnel et, au sommet, une commission nationale interprofessionnelle d'épuration. Pierre-Henri Teitgen, garde des Sceaux, était acquis à la modération. Dans ce domaine économique, une affaire l'emporta sur toutes les autres, celle de Louis Renault, dont l'entreprise fut accusée d'avoir produit du matériel de guerre pour les Allemands. Radio-Londres l'avait dénoncé dès 1942, et les avions de la RAF avaient bombardé l'usine de l'île Séguin. Renault protesta qu'il avait freiné sa production, qu'il n'avait jamais eu de contacts avec l'occupant... En novembre 1944, ses usines furent confisquées par l'État. Louis Renault lui-même fut emprisonné, transféré dans un hôpital psychiatrique ; il mourut le 24 octobre, avant d'être jugé.

Les syndicats firent aussi l'objet d'enquêtes et de sanctions. Une commission nationale de reconstitution des organisations syndicales fut instaurée par le ministre du Travail, composée des représentants de la CGT et de la CFTC. Un certain nombre de syndi-

---

7. Herbert Lottman, *L'Épuration*, Paris, Fayard, 1986, p. 358.

calistes furent condamnés à cesser toute activité syndicale. Deux noms furent particulièrement visés : René Belin, ministre de Pétain, et Georges Albertini, adjoint de Marcel Déat. En tout, trois cents exclusions environ furent prononcées.

Écrivains et journalistes

Les intellectuels bénéficient en France d'un statut particulier. Au moins depuis l'affaire Dreyfus, ils exercent une influence certaine dans l'arène politique. Le premier condamné à mort par la justice légale, en novembre 1944, fut justement un écrivain, journaliste, Georges Suarez. Directeur politique du quotidien *Aujourd'hui*, il fut accusé d'avoir pactisé avec l'ennemi et aidé à la propagande de doctrines qui n'avaient d'autre but que l'asservissement de la France. Ses éditoriaux proallemands en étaient arrivés, après le Débarquement, à oser la formule : « C'est l'Allemagne qui défend notre sol. » Autant il peut parfois être difficile d'apporter les preuves des actes de collaboration d'un individu qui n'a laissé aucune trace écrite, autant les journalistes traînaient derrière eux leurs méfaits d'encre et de papier. Le Comité national des écrivains (CNE), groupant les résistants, n'avait pas attendu la Libération pour dénoncer les collaborateurs. Une liste noire avait été dressée, qui fut complétée en septembre 1944 par *Les Lettres françaises*, hebdomadaire sorti de la clandestinité. Les membres du CNE déclaraient se refuser « à tout contact sur le plan professionnel avec les écrivains dont les noms suivent ». On y trouvait notamment, outre Suarez, qui devait être exécuté le 9 novembre, Robert Brasillach, Jacques Benoist-Méchin, Henri Béraud, André Castelot, Louis-Ferdinand Céline, Jacques Chardonne, Pierre Drieu la Rochelle, Jean Giono, Marcel Jouhandeau, Charles Maurras, Henri de Montherlant et Lucien Rebatet. Soit finalement, la liste revue et corrigée, cent cinquante-huit auteurs, « très diversement et, par suite, inégalement responsables des malheurs de notre pays ».

Le deuxième grand procès d'écrivain fut celui d'Henri Béraud, ouvert devant la cour de justice de Paris le 29 décembre 1944. Fervent admirateur de la Révolution nationale, éditorialiste de l'hebdomadaire *Gringoire*, il était accusé d'avoir poursuivi de ses diatribes les francs-maçons, les Juifs, la démocratie et, de manière obsessionnelle, l'Angleterre. La déposition de l'amiral Émile Muselier, combattant dissident de la France libre, avait été implacable, adjurant la cour de se montrer d'une sévérité exemplaire. Béraud fut condamné à mort, à la confiscation de ses biens et à un nouveau châtiment, la dégradation nationale.

Le procès des écrivains devint alors l'objet d'un grand débat entre les intellectuels. François Mauriac, dans *Le Figaro*, s'employa à défendre Béraud, alléguant qu'il n'y avait jamais eu entre lui et les Allemands le « moindre contact ». Galtier-Boissière, qui détestait pourtant le condamné, proteste, lui, dans son journal : « Me dire que ce vieil homme aux cheveux blancs qui a écrit au moins un chef-d'œuvre, *La Gerbe d'or*, qui s'est trompé certes, qui s'est renié même, qui a failli mais qui n'a pas trahi son pays, sera peut-être réveillé demain au petit jour, et partira, menottes aux mains, vers le peloton d'exécution, comme un assassin ou comme un traître, cette idée me fait mal au cœur... » Béraud put remercier Mauriac ; grâce à la campagne menée par celui-ci, sa condamnation à mort fut commuée par de Gaulle.

Le débat fut cependant porté à son paroxysme après la condamnation à mort de Robert Brasillach, à la fin de décembre. Brasillach, un des écrivains les plus doués de sa génération, auteur de *Notre avant-guerre*, fasciste autoproclamé, était l'un des piliers de *Je suis partout*, hebdomadaire dans lequel, jusqu'en août 1943, il avait défendu une politique proallemande et multiplié les attaques les plus violentes contre les Juifs, les gaullistes, les résistants, les communistes, les Anglo-Saxons. Il passa ensuite à l'hebdo de Lucien Combelle, *La Révolution nationale*, où il proclama sa « liaison avec le génie allemand ». Il avait notamment applaudi en 1941 à l'assassinat du socialiste Marx Dormoy, ancien ministre du Front populaire, louant le « seul acte de justice accompli par d'admirables Français depuis juin 1940 ». Au moment des grandes rafles de 1942, il avait préconisé, le 25 septembre, de laisser ensemble dans les convois les parents et leurs enfants : « Car il faut se séparer des Juifs en bloc et ne pas garder les petits. L'humanité commande ici la sagesse. » Bref, un cas désespéré pour ses défenseurs.

Comme de juste, Brasillach, défendu par maître Isorni, fut condamné à mort. Mauriac, qui avait sauvé Béraud, méritant le surnom de saint François des Assises du *Canard enchaîné*, entama une nouvelle campagne pour la grâce de Brasillach, au côté de Jean

Paulhan, autre résistant, fondateur des *Lettres françaises*, revendiquant pour les écrivains le « droit à l'erreur ». Dans un premier temps, Mauriac dut affronter Camus, directeur de *Combat*, qui, bien avant le procès Brasillach, prônait une justice nécessaire, « prompte et limitée dans le temps » : « La France porte en elle, écrivait-il le 26 octobre 1944, comme un corps étranger, une minorité d'hommes qui ont fait hier son malheur et qui continueront de le faire. Ce sont les hommes de la trahison et de l'injustice. [...] Et nous avons choisi d'assumer la justice humaine avec ses terribles imperfections, soucieux seulement de la corriger par une honnêteté désespérément maintenue. » Cependant, une pétition en faveur de la grâce fut lancée. Finalement, Albert Camus la signa, quoiqu'il méprisât le condamné « de toutes ses forces » ; c'était en raison de son hostilité de principe à la peine de mort.

Il y a chez nombre de ces pétitionnaires un sentiment corporatiste. Cocteau écrit ainsi dans son journal qu'il trouve Brasillach « absurde et néfaste », mais qu'il en a « assez qu'on condamne les écrivains à mort et qu'on laisse les fournisseurs de l'armée allemande tranquilles ». Maître Garçon ne manqua pas de dénoncer dans son journal la « franc-maçonnerie littéraire ». Mauriac, pugnace défenseur du pardon, plaide la grâce du « maudit » au cours d'un entretien avec le chef du gouvernement provisoire, le 3 février 1945. Il ne convainc pas de Gaulle, qui s'en expliquera dans ses Mémoires : « Dans les lettres, comme dans tout, le talent est un titre de responsabilité. » Emmanuel Mounier, dans la revue *Esprit* qu'il avait fondée et qui reparaissait depuis décembre 1944, défendait en termes plus carrés la même position : « Quiconque a soutenu de sa plume l'entreprise nazie a tué de sa propre main à Oradour et à Lublin. Quiconque dit : "Juif !" d'un certain ton participe, par le sentiment qu'il entretient, à l'affreuse persécution raciale. Qu'il y ait chez les écrivains comme ailleurs, ou plus qu'ailleurs, je l'ignore, des arrestations arbitraires, c'est possible : qu'on en finisse vite avec elles comme avec tout arbitraire. Mais que l'on n'en prenne pas prétexte pour confondre le crime public avec le délit d'opinion et la charité chrétienne avec la camaraderie littéraire[8]. » La question de la responsabilité des écrivains devait être au cœur des débats intellectuels dans cet après-guerre. Jean-Paul Sartre en fait l'objet de sa réflexion dès le premier numéro des *Temps modernes*,

8. E. Mounier, « Les consciences malheureuses », *Esprit*, mars 1945.

paru en octobre 1945 : « L'écrivain est en situation dans son époque : chaque parole a des retentissements. Chaque silence aussi. »

Quelques jours avant l'exécution de Brasillach s'ouvrit à Lyon le procès de Charles Maurras, l'éditorialiste en chef de *L'Action française*. Fidèle jusqu'au bout au maréchal Pétain, le théoricien du « nationalisme intégral » n'avait pas inclus dans sa doctrine la résistance à l'occupant. Certains de ses disciples firent partie de la France libre. Un Daniel Cordier pouvait y entrer jeune homme en adepte de Maurras et devenir le secrétaire de Jean Moulin. Il y en eut bien d'autres, et des plus âgés que lui. L'auteur de *La Seule France*, lui, tout germanophobe qu'il était, devint l'allié objectif de l'Allemagne nazie par ses écrits contre la Résistance, contre le Débarquement, contre les Alliés : « Si les Anglo-Saxons devaient gagner, cela signifierait le retour des francs-maçons, des Juifs et de tout le personnel politique éliminé en 1940. » Les maquisards étaient pour lui des « terroristes » qu'il fallait châtier : « La meilleure manière de répondre aux menaces des terroristes est de leur opposer une légitime contre-terreur. L'axiome est applicable aux violences de parole et d'attitude dont se rendent coupables les hordes juives : le talion. » Ses positions étaient aggravées par ses délations inspirant la Milice. Le 8 octobre 1945, Roger Stéphane, de son vrai nom Worms, déposa une plainte individuelle au dossier de l'instruction, accusant Maurras d'avoir inspiré par un de ses articles l'assassinat de son père, Pierre Worms[9]. Le dossier était accablant, mais le faux prophète de Martigues, sûr d'avoir raison, comme toujours, se montra vindicatif, agressif, accusateur ; du moins eut-il, contrairement à tant d'autres, le courage de ses idées. Il bénéficia des circonstances atténuantes. Épargné par la condamnation à mort, il eut pour peine la réclusion à perpétuité, assortie de la dégradation nationale. Une partie du public cria : « Vive Maurras ! », tandis que le vieux doctrinaire, anachronique, s'écriait : « C'est la revanche de Dreyfus ! »

Sur le verdict, Claude Morgan écrivait dans les *Lettres françaises* : « Demain Maurras va continuer à écrire, c'est-à-dire à agir, dans

---

9. La défense de Maurras fit valoir que l'article incriminé avait été publié après la mort de Pierre Worms. On prouva plus tard, mais trop tard, qu'il n'en était rien. L'article, « Menaces juives », était du 1er février 1944, l'assassinat de Pierre Worms du 6 février.

l'infirmerie de la prison, où son grand âge ne manquera pas de le faire admettre. Et cela ne le changera guère, car Maurras a toujours été confiné entre quatre murs devant ses manuscrits. C'est un homme qui n'a pas vécu, qui n'a pas aimé. Et c'est peut-être pour cela qu'il est devenu un monstre. » Maurras bénéficiera en 1952 d'une grâce médicale et mourra dans une clinique de Tours la même année.

En définitive, l'épuration intellectuelle ne fut pas plus sévère que les autres types d'épuration. Pour Philippe Buton, historien déjà cité, « la mansuétude envers les intellectuels apparaît dominante ». Les sanctions comme l'interdiction de publier ne durèrent qu'un temps. À l'Académie française, quatre sièges furent remis en question, ceux d'Abel Bonnard, ministre de Pierre Laval, et d'Abel Hermant, fidèle rédacteur dans la presse collaborationniste, qui devinrent libres ; et ceux de Maurras et de Pétain, qui restèrent sans titulaires jusqu'à leur mort. Beaucoup d'écrivains collaborateurs furent épargnés par le tribunal, mais non par la peur. Un Marcel Jouhandeau, qui avait été de l'équipée des écrivains invités en Allemagne en 1942, et, selon Léon Werth, s'était roulé « aux pieds de l'Allemagne comme une chatte en chaleur[10] », changeait de domicile tous les soirs dans la crainte d'être arrêté. Paul Morand choisit l'exil en Espagne puis en Suisse. Beaucoup furent mis hors de cause : Sacha Guitry, Jean Cocteau, Jean Giono, Pierre Benoit, Jacques Chardonne... D'autres subirent des sanctions assez légères, tel Montherlant, interdit de publier pendant un an. Drieu la Rochelle, lui, non sans grandeur, assumant ses actes et ses erreurs, se suicida. En novembre 1946, trois écrivains de *Je suis partout*, Rebatet, Cousteau et Jeantet, furent condamnés, les deux premiers à la peine de mort, le troisième aux travaux forcés à perpétuité. Les peines de mort furent commuées. De leur côté, quelques éditeurs eurent maille à partir avec la justice, mais Robert Denoël, l'éditeur des *Décombres* de Rebatet, fut assassiné avant d'être jugé. Les autres s'en tirèrent bien, à l'exception de Bernard Grasset, collaborateur explicite. Il fut condamné à trois mois de suspension de ses activités. Sanction bénigne, mais suivie en juin 1948 par la

10. Léon Werth, *Déposition. Journal 1940-1944*, Paris, Grasset, 1946, p. 353.

dissolution de sa société, alors que 99 % de ses biens étaient confisqués.

Quel bilan ?

Moins émus par la mort de 13 700 FFI, de janvier à décembre 1944, par celle des otages fusillés par les Allemands et les miliciens, par les tortures dont ils s'étaient rendus coupables, par les massacres perpétrés par l'occupant dans les semaines de sa débâcle, par les 40 000 déportés « politiques » et les 70 000 Juifs morts dans les camps, nombre d'adversaires, amis des collaborateurs, fidèles du Maréchal, antigaullistes et anticommunistes mêlés, ont cru pouvoir avancer des chiffres mirobolants sur les victimes de l'épuration. Robert Aron, auteur d'une *Histoire de l'épuration* (1967-1975) longtemps restée la référence sur le sujet, ramena le nombre des morts de 100 000 à 30 000-40 000. Depuis la publication de cet ouvrage, les statistiques sont devenues nettement plus sûres grâce aux travaux des historiens – particulièrement ceux qui ont travaillé dans le cadre du Comité d'histoire de la Seconde Guerre mondiale, devenu Comité d'histoire du temps présent (CNRS). Les enquêtes effectuées dans chaque département ont permis d'établir un bilan en baisse sensible par rapport aux chiffres antérieurs, y compris ceux de Robert Aron.

Sur l'épuration extrajudiciaire, les chercheurs s'accordent sur le chiffre approximatif de 9 000 exécutions sommaires. Quitte à préciser que 80 % d'entre elles ont eu lieu pendant les combats de la Libération et sont assimilables à des actes de guerre. Les exécutions sans jugement sur les lieux et places libérés ont été de l'ordre de 1 500 à 2 000[11].

L'épuration des juridictions légales porte sur 125 000 dossiers ; le nombre des condamnés s'élève à 95 000 – mais près de 50 000 le sont à la seule indignité nationale. Les autres furent condamnés à des peines de prison (25 000), aux travaux forcés, soit à temps, soit à perpétuité (13 000, dont 2 230 par contumace), et à mort (7 055, dont 2 861 en présence de l'accusé). Évidemment à ces

11. F. Rouquet et F. Virgili, *Les Françaises, les Français et l'épuration*, *op. cit.*, p. 137.

condamnés par les tribunaux, il faut ajouter tous ceux qui ont été sanctionnés dans leur travail par l'épuration administrative, professionnelle ou économique.

Au total, donc, une épuration sévère, mais bien moindre que ne le dit la légende noire. De Gaulle a gracié les deux tiers des condamnés à mort[12]. Nombre de contemporains de bonne foi ont cependant eu le sentiment d'une justice excessive et partiale : « La vérité, écrit Maurice Garçon dans son journal, est que la loi sur l'intelligence avec l'ennemi, renforcée par un décret sur la collaboration, ne tient pas compte de la situation créée par une occupation de quatre ans. Il y a eu, pour certains, des relations nécessaires avec l'ennemi. » Au demeurant, il importe de faire la différence entre les arrestations et les condamnations. Nous avons retenu le total de 125 000 dossiers traités, mais le nombre des arrestations s'élève à plus de 300 000, dont la majorité sont restées sans suite. Une part d'arbitraire, une part d'erreur, une part d'aveuglement par l'esprit de vengeance ne sont pas niables. « Justice atroce, écrit encore Maurice Garçon, rendue non pas par des juges, mais par des méchants qui se vengent[13]. » Jugement lapidaire, sans vue d'ensemble, mais qu'on ne peut ignorer.

Il est cependant une critique que l'on ne peut écarter, celle de l'inégalité des condamnations, selon les tribunaux et les lieux de jugement. « La même faute, écrit Galtier-Boissière, vaut la mort à Nîmes, vingt ans de trav' à Versailles et cinq ans de prison à Paris[14]. » La disparité des peines variait notamment en raison du contexte régional, la sévérité étant plus grande dans les zones où les miliciens et les occupants avaient exercé le maximum de violence. Galtier-Boissière insiste beaucoup sur le cas d'Albertini, ex-secrétaire général du RNP, bras droit de Marcel Déat, bien défendu par maître Frot et maître Paz, qui s'en tire avec cinq ans de prison, alors que Béraud, qui n'a jamais écrit une ligne à la gloire des nazis, se retrouve condamné à mort. Oui, justice imparfaite, et plus favorable aux derniers jugés – lorsque la colère

12. Voir Charles-André Foulon, « Le général de Gaulle et la libération de la France », actes du colloque *La Libération de la France*, Paris, CNRS, 1976, p. 51.

13. Maurice Garçon, *Journal, 1939-1945*, Paris, Les Belles Lettres, 2015, p. 646.

14. Jean Galtier-Boissière, *Journal 1940-1950*, Paris, Quai Voltaire, 1992, p. 269.

contre les collabos se sera atténuée – qu'aux premiers. Pouvait-il en être autrement dans cette grande secousse de l'Histoire, dans ce pays meurtri, convulsionné, déchiré, dans l'attente du retour à la légalité républicaine ?

Nos deux témoins, maître Garçon et Jean Galtier-Boissière, favorables à la Résistance, se sont trouvés d'accord sur ces imperfections, ces iniquités, ces à-peu-près d'une justice forcément injuste, exceptionnelle, politique. Et aussi sur le fait que la majorité des magistrats qui eurent à juger les collaborateurs avaient exercé sous Vichy, prêté le serment au Maréchal, et se révélèrent parfois aussi acharnés à condamner les miliciens qu'ils l'avaient été à châtier les adversaires de Pétain. « L'avocat général, écrit Garçon le 21 décembre 1944, a demandé comme un fou les travaux forcés à perpétuité. Je le méprise autant que lorsqu'il requérait, il y a un an, contre les Juifs et les réfractaires et les prétendus terroristes. » On le sait, les transitions démocratiques, partout où elles se déroulent, ne peuvent se passer du personnel du régime abattu, et la foi du nouveau converti est toujours la plus à craindre ; en la circonstance, c'était d'autant plus choquant qu'il s'agissait des juges.

Le malaise devait persister avec les procès de la Haute Cour.

4

Le Maréchal devant la Haute Cour

Le clou attendu de l'épuration, c'est évidemment le procès de Philippe Pétain, qui s'ouvre le 23 juillet 1945 devant la Haute Cour, destinée aussi à juger Laval et quelques autres acteurs de premier plan. La Haute Cour, instituée par l'ordonnance du 18 novembre 1944, est composée de trois magistrats et d'un jury de vingt-quatre membres tirés au sort sur deux listes de cinquante. La première liste rassemble des membres du Parlement qui ont refusé de voter les pleins pouvoirs à Pétain le 10 juillet 1940. La seconde, établie par la commission de la justice de l'Assemblée consultative, est composée de résistants non parlementaires.

Au mois d'août 1944, les Allemands ont contraint le chef fantomatique de l'État français à quitter Vichy. Le 8 septembre, il a été installé au château de Sigmaringen, « fantastique biscornu trompe-l'œil » (Céline), dans le Bade-Wurtemberg, où se sont retrouvés les membres les plus zélés de la collaboration, Darnand, chef de la Milice, Déat, fondateur du parti RNP pronazi et théoricien du « parti unique », Doriot, chef du PPF, Brinon, ancien secrétaire d'État dans le gouvernement Laval, Marion, ancien communiste devenu secrétaire de la Propagande à Vichy. Resté à l'écart, en compagnie de son médecin Ménétrel, le Maréchal a demandé à Hitler l'autorisation de revenir en France : « Je viens d'apprendre, lui écrit-il le 5 avril 1945, que les autorités françaises se disposent à me mettre en accusation, par contumace, devant une Haute Cour de justice. » Au nom de l'honneur, il refuse de laisser croire qu'il a cherché refuge « en terre étrangère ». C'est en France seulement qu'il pourra répondre de ses actes. Il est vieux (quatre-vingt-neuf ans), il est sourd, il est atteint par un début de sénilité, mais sa bonne conscience reste sans faille. Dans sa lettre au Führer, il répète : « J'ai fait à la France le don de ma personne. » Son aveuglement l'invite à se présenter devant ses juges, et surtout devant les Français, qu'il se fait une gloire d'avoir « protégés ». Le vieil homme est autorisé à passer en Suisse ; il se rend le 26 avril aux autorités françaises, ce qui lui vaut d'être écroué le lendemain au fort de Montrouge.

Sur le parcours en chemin de fer de Vallorbe à Paris, le Maréchal, habitué aux vivats, doit subir l'hostilité de manifestants qui crient « À mort ! » et lui lancent des pierres. En fait, l'opinion est assez sérieusement divisée sur son cas. De 1940 à 1945, cette opinion a sans doute évolué, surtout à partir de novembre 1942, quand le Maréchal donna l'ordre à l'armée régulière française de « résister à l'agression anglo-saxonne » en Afrique du Nord. Mais une part importante de l'esprit public, en quête d'un père, d'un tuteur, d'un guide, avait adhéré à l'illusion d'un Pétain protecteur. Ses thuriféraires n'ont jamais cessé pendant les années d'occupation de manier l'encensoir. Auréolé par la bataille de Verdun, dernier maréchal survivant de la Grande Guerre, il en impose par son allure de père noble, son teint de cire qui lui donne vingt ans de moins que son âge, ses yeux bleu horizon ; on lui sait gré d'avoir mis fin à la guerre, croit-il. La partie la plus conservatrice de l'opinion partageait les grands thèmes de ses discours : la défense de la famille, la célébration du travail, la nécessité d'un chef, l'apologie de l'ordre et de la discipline, le respect de l'Église, la ferveur pour la terre et le monde paysan, le désir d'un État autoritaire et hiérarchique, l'interdiction des loges maçonniques, la mise à pied des centrales syndicales et, chez certains, le statut des Juifs. « L'homme providentiel nous a été donné », écrivait l'académicien Henry Bordeaux, qui faisait écho à la « divine surprise » de Charles Maurras. Quand le verdict fut connu, le 15 août 1945, les Renseignements généraux procédèrent à un sondage. « Si vous étiez juré dans le procès du maréchal Pétain et que l'accusateur public demandait la peine de mort, quel serait votre verdict : Oui [la mort], Oui avec circonstances atténuantes [l'emprisonnement] ? Ou Non [l'acquittement] ? » Les réponses 1 et 2 obtiennent respectivement 43 et 32 %. Mais 18 % se prononcent pour l'acquittement. Le procès donne lieu par ailleurs à un militantisme pro-Pétain qui se manifeste par des tracts, des lettres de menaces adressées aux jurés, toute une propagande devenue à son tour clandestine depuis la suppression des journaux de la collaboration. Toutefois aucun trouble public ne fut constaté.

Où est la trahison ?

Une bonne partie du procès se fixe sur les origines de l'armistice et sur le vote des pleins pouvoirs le 10 juillet 1940. Le premier témoin, Paul Reynaud, petit, maigre et sec, a les dons du narrateur. Il explique la passation des pouvoirs entre lui et son successeur ; comment le général Weygand et le maréchal Pétain, voyant la partie perdue, ont voulu demander l'armistice ; comment lui, Reynaud, président du Conseil, s'y est refusé, mais aussi comment il fut lâché par la majorité de ses ministres. Il raconte que le 16 juin, de Gaulle, alors sous-secrétaire d'État à la Défense, avait téléphoné cette nouvelle extraordinaire que Churchill était décidé à proposer la création d'un condominium franco-britannique, la fusion des deux pays – une nouvelle qui avait indigné Camille Chautemps, ancien président du Conseil, chantre de la capitulation rallié à Pétain : la France ne pouvait devenir un « dominion ». Finalement, il confesse comment il fut amené à démissionner et à laisser sa place à Pétain, ce Pétain dont il dit aujourd'hui : « Jamais un peuple ne s'est aussi entièrement trompé sur un homme que le peuple français sur le maréchal Pétain ! Et jamais un homme n'a fait autant de mal à un peuple que le maréchal Pétain au peuple français… »

Le procureur général Mornet, qui fut vice-président de la commission pour la révision des nationalisations sous Vichy, mais aussi membre du Comité national judiciaire, résistant, dénonce deux clauses particulièrement inacceptables et pourtant acceptées de l'armistice : les réfugiés politiques allemands doivent être livrés à Berlin ; la flotte française sera concentrée dans des ports à *déterminer* pour être désarmée sous le contrôle de l'Allemagne. Paul Reynaud considère que Pétain a commis un « acte de trahison en demandant et en signant l'armistice ». Interrogé par l'un des trois avocats du Maréchal, maître Isorni, il revient sur le mot : « Je n'ai jamais dit que l'armistice était une trahison. J'ai déclaré que l'armistice était contraire à l'honneur et à l'intérêt de la France. » Mais cet armistice, qui en soi n'était pas une « trahison », même si c'était une faute, ne représentait cependant, pour nombre d'accusateurs, qu'un élément d'une stratégie de prise du pouvoir. Reynaud déclare l'avoir compris plus tard, dans la prison où Pétain l'avait enfermé[1] ; il y avait bien eu un complot auquel le Maréchal s'était livré « pour s'emparer du pouvoir ». Pendant plusieurs séances ce double thème de l'armistice et du complot va se trouver au cœur des débats.

Quand arrive le tour d'Édouard Daladier, celui qu'on appelle le Taureau du Vaucluse, dont les cornes ne sont pas émoussées, et qui, comme Reynaud, a été emprisonné sur ordre de Pétain témoigne à son tour. Le bâtonnier Payen lui demande si le Maréchal a trahi la France. Après un bref silence, l'ancien président du Conseil répond, la voix grave : « Le maréchal Pétain a trahi son devoir de Français. » Louis Marin, un des leaders de la droite catholique, résistant, incarnation du patriotisme lorrain, un personnage dont les caricaturistes aiment à crayonner la lavallière à pois blancs et la moustache épanouie, dit ne pas comprendre l'attitude de Weygand et de Pétain optant pour l'armistice, et non pour la capitulation ou le cessez-le-feu. Il évoque à l'appui des scènes concrètes : « J'ai vu, le soir même où l'armistice a été annoncé – et beaucoup d'entre vous l'ont peut-être vu également –, les églises se remplir de femmes agenouillées, sanglotantes, le cou tordu et secoué par des sanglots ; j'ai vu des hommes qu'on rencontrait dans les rues, pleurant, le visage ravagé ; le soir même, je suis allé dans les campagnes et j'ai vu les paysans ameutés contre l'armistice, se demandant ce qu'allait devenir la France entre les mains d'un homme comme Hitler… » Trahison ? Oui ! « Ils ont trahi les devoirs de leur charge ; ils ont trahi la confiance que le peuple français avait mise en eux. » Léon Blum, autre victime de la répression pétainiste, fait la déposition, selon les journaux, la plus remarquable. Son récit, d'une parfaite clarté, se révèle impitoyable, et lorsque maître Payen lui demande comment il s'explique la conduite du Maréchal, Blum répond :

1. Après avoir refusé l'ambassade de France aux États-Unis, Reynaud a été placé sous surveillance, puis interné, notamment au fort du Portalet, d'où les Allemands l'ont déporté en Autriche. Les Américains l'ont libéré le 7 mai 1945.

« Je me demande si pendant des années il n'y a pas eu chez le maréchal Pétain préméditation pour s'emparer du pouvoir. » À ces mots, l'accusé, toujours muet, fait un signe de dénégation de la main. La suite des audiences replonge dans le chaos de juin-juillet 1940. Pétain avait-il comploté ? Entretenait-il des liens avec la Cagoule ? On tourne en rond, on piétine, on s'ennuie. « Quand sortira-t-on du cercle clos de l'armistice ? », se demande Léon Werth dans son compte rendu d'audience pour le journal *Résistance*. Le lendemain, le mercredi 1er août, au cours de la neuvième audience, le procureur général Mornet déclare tout de go que l'armistice ne constitue pas un chef d'accusation et écarte l'incrimination de complot. C'était bien la peine de passer tant d'heures sur le sujet !

La véritable trahison se situait sans doute plus tard, et d'abord dans l'application des clauses de l'armistice que Vichy n'a pas su ou n'a pas voulu faire respecter. Le général Doyen, chef de la délégation militaire à Wiesbaden, qui en cette qualité pouvait contrôler les effets de l'armistice, témoigne avec force sur les « abandons monstrueux du gouvernement de Vichy ». Quand Laval est renvoyé du gouvernement (il avait livré aux Allemands la concession des mines de Bor, en Serbie, et se préparait à céder Hachette, Havas, « et bien d'autres choses encore »), le Maréchal avait déclaré à Doyen : « Cet homme est un fumier ! », mais, deux jours plus tard, le même Doyen reçoit l'ordre de transmettre à Hitler une lettre de Philippe Pétain : « Je renvoie M. Laval, mais pas la France. Le renvoi de M. Laval ne signifie pas la fin de la politique de collaboration. Cette politique de "collaboration" continuera malgré le départ de M. Laval. Je tiens à vous en informer. »

Au cours de la plupart de ces audiences, les témoins se montrent avant tout soucieux de défendre leur cause, d'expliquer la justesse de leur comportement en 1940, plus qu'ils n'ont le souci d'analyser les méfaits du régime de Vichy. « Quelques témoins, cependant, écrit Léon Werth, restituèrent à ce procès, qui risquait de devenir le plus ennuyeux de l'Histoire, quelque chose de son caractère atroce. Ils dirent simplement en leurs dépositions que des milliers de Français furent arrêtés par la police de Vichy et livrés à la Gestapo ; que le Maréchal invita les Français à fabriquer des armes pour l'Allemagne, à se battre pour l'Allemagne ennemie contre les nations libératrices[2]. »

Une légende dorée : Pétain résistant

Pétain est défendu. Il l'est dans le cœur d'une forte minorité de Français qui n'ont pas regardé de près ses méfaits ou qui, par conviction, adhèrent à son idéologie antirépublicaine, antidémocrate et antisémite – ceux qui, dans les années 1930, aspiraient à un gouvernement autoritaire et qui furent comblés par l'instauration d'un « État français » à l'effigie du Maréchal. Il y a aussi, et ils sont encore plus nombreux, les indulgents, les naïfs, les gobeurs, ceux qui croient sincèrement qu'un maréchal de France ne peut pas trahir sa patrie. C'est la version pieuse de l'épée et du bouclier. À de Gaulle l'épée des combattants, des résistants, des Français libres ; à Pétain le bouclier vichyste qui protégeait les Français des représailles de l'occupant. Dans sa déclaration liminaire, l'accusé l'a expliqué : « J'ai maintenu la France… J'ai préparé les voies de la Libération pendant que le général de Gaulle, hors de nos frontières, poursuivait la lutte. » C'est dans cette perspective, plus élaborée, plus sophistiquée, qu'une grande partie des témoins à décharge s'engagent, avec une dose de mauvaise foi variable.

On attendait le général Weygand pour ouvrir ce bal des hypocrites. Un petit homme froid, en civil, appuyé sur une canne, fait son entrée et, avant de gagner sa place, s'incline respectueusement devant le Maréchal, dont il a été le ministre de la Défense en juin 1940. Tous ses propos sont bardés de certitude. Il défend l'honneur de l'armée. Car il n'a, il n'a jamais eu que des intentions militaires, et rien de politique. Le 12 juin, à la vue du désastre, au château de Cangey où il s'était retiré, il a prié le gouvernement de demander l'armistice. L'armistice ? Et pourquoi pas la capitulation, comme l'ont fait les Hollandais et comme le suggère Paul Reynaud, le président du Conseil ? « Je refuse, répond-il, et je dis à M. Paul Reynaud que je me refuserai toujours, et quoi qu'il arrive, à couvrir nos drapeaux de cette honte. » Au fond, c'était aux civils,

2. Léon Werth, *Impressions d'audience. Le procès Pétain*, Paris, Viviane Hamy, 1995, p. 85.

aux politiques de payer les pots cassés, l'honneur de l'armée devait rester intact. Un grand air qu'avait connu l'Allemagne en 1918. Sa volonté rencontre celle du Maréchal. Pour eux, la guerre est terminée, la défaite irrémédiable. L'idée de poursuivre le combat en Afrique du Nord, dans les colonies, à une heure où l'Angleterre se bat toujours, leur paraît aberrante. Non, rien que l'armistice, qui donne à la France une zone « libre », où le gouvernement et l'administration restent français. Mais que dit-il des ordres donnés en novembre 1942 aux troupes françaises d'Afrique du Nord de tirer sur l'« agresseur » anglo-saxon ? « Ces ordres venaient de Laval », lance le général. Ce « mauvais génie » de « Bougnaparte », le seul véritable collabo, est devenu une antienne dans la bouche des défenseurs de Pétain. Celui-ci, pour une fois, alors qu'on l'avait un peu oublié, sort de son mutisme, pour faire l'éloge du témoin : « Pour tout ce que j'ai entendu, le peu que j'ai entendu [il en rajoute toujours sur sa surdité], je lui donne mon affirmation complète. » Cependant, quand le premier président Mongibeaux demande au Maréchal s'il partage la condamnation par Weygand des volontaires de la LVF, l'accusé redevient sourd : « Je n'ai pas entendu. » Si d'aventure un juré demande à Weygand « ce qu'il pense… », le témoin, sur ses ergots, cassant, lui réplique : « Il ne s'agit pas de penser ! Moi, je suis pour les faits. » Les faits qui vont dans son sens, évidemment. Vous en voulez des faits ? Que dites-vous de « ces déportations, ces fusillades, ces hommes emmenés en Allemagne, cette tromperie sur les travailleurs qui allaient remplacer les prisonniers » ? Le témoin ne peut que les déplorer, mais il n'y est pour rien. « Quant à dire la part que le maréchal Pétain a dans ces faits… il en est absolument incapable. » Comme le conclut Jean Schlumberger pour *Le Figaro* : l'audience « consacrée à l'audition du général Weygand a fourni un premier état du plaidoyer qu'il prononcera dans son propre procès, mais n'a eu que peu de rapport à celui du Maréchal[3] ».

L'autre vedette attendue était Pierre Laval, au onzième jour de l'audience. Une vive curiosité anime la foule qui a pu entrer dans le prétoire aux portes duquel on se presse. Une « impression de ruine », écrit Schlumberger. Il est devenu, on l'a dit, le bouc

3. Jean Schlumberger, *Le Procès Pétain*, Paris, Gallimard, 1949, p. 85.

émissaire de tous les maréchalistes : « Toutes les vilenies, toutes les trahisons, on l'en rendait responsable. Il servait de paratonnerre, de couverture, de bouclier », écrit Joseph Kessel, pour *France-Soir*[4]. Vive Pétain ! À bas Laval ! c'est tout un. Au moment opportun, quand la guerre parut définitivement perdue par les Allemands, Laval avait pu prendre un avion pour l'Espagne. Franco avait refusé son extradition, mais il l'avait expulsé, et Laval avait pu gagner l'Autriche, où les Américains le cueillirent à Innsbruck, avant de le remettre aux autorités françaises. Le voici donc, le cou noué de son éternelle cravate blanche, amaigri, le front étroit. On pensait que, pour sauver sa peau, si c'était encore possible, il chargerait Pétain. Il préfère se défendre avec l'aplomb qui a longtemps fait sa force : c'est un patriote, amoureux de la paix, pour laquelle il a voué sa vie. Le Maréchal ? Certes, il a pu être en désaccord avec lui ; il a été chassé du pouvoir en décembre 1940… mais pour y revenir en avril 1942. C'est un républicain, Laval : « Je ne suis ni fasciste ni nazi ! » Vieux routier du Parlement, c'est un pragmatique, un réaliste, un opportuniste si l'on veut. Loin de se séparer du Maréchal, il veut faire entendre qu'il est parfaitement solidaire de lui. Les journalistes dramatisent : « Voici le traître ! lit-on sous la plume de R. Lhermite dans *L'Humanité*. Il avance, la tête rentrée dans les épaules, le regard fuyant, telle une bête traquée. Les avocats de la défense sont en alerte. Pétain lui-même semble moins calme que d'habitude. » On interroge le sulfureux Auvergnat sur sa carrière politique, au cours de laquelle il fut collègue de Philippe Pétain dans le gouvernement Doumergue, en 1934. Tout en justifiant ses propres actes, il disculpe au passage l'accusé : « Je n'ai jamais considéré que le Maréchal fût un militaire ayant le goût de la dictature – voilà mon opinion – et il y a un âge où l'on ne peut avoir le goût de la dictature. » Une affirmation qui ne fait pas du témoin un grand psychologue, mais l'important pour lui – *pro domo* – est d'associer toute son action à celle du chef de l'État français. Il concède qu'entre le militaire et le parlementaire les dissentiments pouvaient surgir ; ils étaient surtout imputables aux influences royalistes dans l'environnement du Maréchal. Sur le fond, un accord solide existait entre eux deux. Laval donne une

4. Joseph Kessel, *Jugements derniers*, Paris, Tallandier, coll. « Texto », 2007, p. 85.

preuve édifiante de cette solidarité. Au moment où il rédige cette phrase coupable pour la radio : « Je crois et je souhaite la victoire de l'Allemagne, parce que, sans elle, le communisme, demain, s'installerait dans toute l'Europe », Pétain, en ayant pris connaissance, lui a objecté : « À votre place, je supprimerais *je crois* à la victoire de l'Allemagne. » Laval obtempère, raye *je crois* mais laisse *je souhaite*. Il ne regrette rien, car cette petite phrase, dit-il, assurait sa crédibilité aux yeux des Allemands – pour la bonne cause, on s'en doute. Avant le départ de l'Auvergnat, Pétain sort une nouvelle fois du silence, pour contester. Il était persuadé, dit-il, que Laval avait ôté de son discours cette phrase irrémissible, et il avait « bondi » en l'entendant à la radio.

Il y a, dans la déposition de Laval, un moment qui le trahit, quand on en vient au Débarquement : « Et quand il y a eu l'*agression* en Normandie… » Tollé dans la salle. Laval demande pardon. C'est la fatigue, il voulait dire « le Débarquement ». On l'entend encore longtemps le lendemain. Toute l'histoire de Vichy y passe, truffée d'affirmations, de dénégations, de contestations, de professions de foi. Il se dédouane, il se justifie, il s'accroche à la loi du bon sens. Un interminable monologue dans lequel il déploie son éloquence mâtinée de ses roueries. L'homme est toujours aussi content de lui : « Il éprouve de la jouissance à parler de lui-même, écrit Kessel, de son Châteldon natal, de ses pieds enfoncés dans la terre. Il se dépeint comme un apôtre, une victime, et presque comme un saint. »

Jaugeant les prestations de Weygand et de Laval, Georges Bernanos a laissé une comparaison mémorable, publiée dans *Combat* : « Le général Weygand peut très bien tenir Laval pour un bougnat, il n'en est pas moins vrai que les généraux de la Grande Culbute, lui compris, sont visiblement des généraux comme tout le monde, au lieu que Laval n'est pas un bougnat comme tous les bougnats. En n'importe quel temps, sous n'importe quel régime, je dis que Laval eût été un aventurier, un homme qui prend son risque, un homme seul. Qu'on me permette de le faire remarquer en passant, cela donne à ses attitudes, à sa voix, à son regard, à sa vulgarité poignante un caractère, un style pour tout dire, où un homme de l'Ancien Régime se serait probablement reconnu. Oui, même entré par la plus petite porte, même entré par l'égout, Laval sera désormais quelque chose dans l'histoire de France, il lui appartient au même titre qu'un certain nombre d'hommes de police ou de gouvernement qui lui ressemblèrent au cours des siècles, dont la plupart ont fait d'ailleurs, comme lui, une mauvaise fin. Au lieu que Weygand et ses généraux n'appartiennent qu'à l'époque, ou moins encore, à la période actuelle, rien davantage. Bref, on comprend que Laval ait toujours été déplacé à Vichy tandis que Weygand s'y trouvait parfaitement à sa place[5]... ! »

Laval sera jugé à son tour. Condamné à mort le 9 octobre 1945. Il tente de s'empoisonner ; on le remet d'aplomb pour le fusiller titubant six jours plus tard, dans la cour de la prison de Fresnes. Un sort semblable fut réservé à Joseph Darnand, l'ancien chef criminel de la Milice, dont le procès fut assez vite expédié tant les charges étaient écrasantes.

Mis au rang des témoins à décharge, l'ambassadeur de France Léon Noël ne fut pas vraiment au goût de la défense. Ancien membre de la délégation d'armistice, il dénonce les cinq petits mots si intempestifs lancés par Pétain : « Il faut cesser le combat ! », alors que l'armistice n'était pas signé : ils « nous ont valu des milliers de prisonniers » ; c'était une « capitulation sans conditions ». Et pendant ce laps de temps, entre le 17 juin, date de la demande d'armistice, et le 25 juin, jour de son entrée en vigueur, le gouvernement n'a même pas mis « notre flotte à l'abri ».

Passé ce moment désagréable, les avocats du Maréchal peuvent se réjouir des dépositions d'une série de généraux, Serrigny, Héring, Lacaille, Picquendar, Laforgue, Campet, Debeney, Martin, et de l'amiral Jean Fernet, qui, chacun à sa façon, élèvent Philippe Pétain à la dignité de grand résistant. Car, savez-vous, il avait voulu entrer en liaison avec de Gaulle pour éviter la guerre civile, mais en vain. Le mythe de l'alliance objective est défendu avec hardiesse. « La providence, dit l'un, a donné à la France le maréchal Pétain et le général de Gaulle, deux hommes complémentaires. » Car « le Maréchal fut un artisan obscur de la victoire. Il a préféré une couronne d'épines à une couronne de gloire ». Soudain, ironise Léon Werth, on découvre que « la collaboration fut la servante plus délicate et moins spectaculaire de la Résistance ». « À entendre ces dépositions,

5. Georges Bernanos, « Croque-morts », *Français si vous saviez*, dans *Essais et écrits de combat*, Paris, Gallimard, coll. « Bibliothèque de la Pléiade », t. 2, 1995, p. 1084-1085.

écrit-il encore, on s'étonne qu'Auschwitz et Buchenwald n'aient pas été peuplés uniquement par les résistants de Vichy. On se demande quelle fut l'étendue de cette résistance deux fois clandestine puisqu'elle fut inconnue, non seulement de l'Allemagne, mais encore de ceux qu'on appelait "les résistants". »

La condamnation

Le réquisitoire du procureur général Mornet est entendu au palais de justice le samedi 11 août 1945, le jour même de la capitulation du Japon qui met fin à la Seconde Guerre mondiale. Pendant l'audition des témoins, on a vu un accusateur relativement discret ; il se réservait. Les témoins à charge avaient surtout défendu leur propre action pendant la guerre ; il allait remettre le procès au cœur de « la » question : la collaboration. Avec sobriété, sans effets de manche excessifs, il s'évertue à passer en revue des textes, déclarations de Pétain, discours, lois, lettres, proclamations et autres messages à la radio. Ce recueil de « morceaux choisis » est nauséeux. Mornet détruit la légende d'un Maréchal résistant, indépendant de l'Allemagne, sans responsabilité dans les crimes de la Milice. Il rappelle comment il est resté silencieux devant la nouvelle annexion de l'Alsace-Lorraine... « Durant cinq heures d'horloge, écrit dans son journal Galtier-Boissière, l'impitoyable inquisiteur tresse patiemment, maille à maille, le filet qui cerne l'accusé, l'enserre et l'étouffera, et le vieux militaire muet, qui, minute après minute, s'enfonce publiquement dans le déshonneur, s'énerve soudain, tente d'une main fébrile d'arracher de son sein la médaille militaire, lorsque dans un profond silence tombe la dernière phrase de la péroraison : "C'est la peine de mort que je demande à la Haute Cour de justice pour *celui qui fut le maréchal Pétain*."[6] »

Suivent, les lundi 13 et mardi 14 août, les plaidoiries des trois avocats, le bâtonnier Payen, maître Lemaire et le jeune maître Isorni. Ils tracent de l'accusé un portrait de saint et de héros, ne faisant de concession à l'Allemagne que dans la volonté de protéger le maximum de ses compatriotes. « Le jeu français, il l'a joué

6. J. Galtier-Boissière, *Journal 1940-1950*, *op. cit.*, p. 491.

toujours contre les Allemands avec les moyens qui étaient à sa disposition. » Rusé, il a été l'artisan d'un « double jeu », donnant le change à l'occupant pour mieux préparer la victoire finale. A-t-il laissé passer des mesures inacceptables ? La création de la LVF, le STO ? Tout s'explique par les exactions de Pierre Laval qui lui a fait signer n'importe quoi, surtout le soir, quand le vieil homme était fatigué. La reprise de la guerre aux côtés des Alliés, voilà ce qu'il voulait, lui ! Quant au double statut des Juifs, Isorni vante des « exceptions en faveur des anciens combattants et de leurs familles. Il a empêché le port de l'étoile jaune en zone libre [...]. Il a empêché que la loi de dénaturalisation des Juifs ayant acquis la nationalité française depuis 1927 fût promulguée ». Isorni ne manque pas d'audace : justifier une loi scélérate par ses exceptions ! Car il y eut bien plus de 15 000 dénaturalisations, visant au premier chef les Juifs. Mais, selon la défense, c'est encore et toujours grâce au Maréchal que les Juifs ont moins souffert en France que dans d'autres pays.

La jeunesse et l'éloquence de maître Isorni font grosse impression. On pleure en l'écoutant. Et le bâtonnier Payen, pour finir, fait référence à des « centaines de lettres » venues de toute la France et qui tiennent en une question : « Que serions-nous devenus s'il nous avait quittés ? » Après les derniers mots de la plaidoirie de maître Payen, le Maréchal, avant de sortir, lit un papier d'une voix légèrement chevrotante : « Au cours de ce procès j'ai gardé volontairement le silence après avoir expliqué au peuple français les raisons de mon attitude. Ma pensée, ma seule pensée, a été de rester avec lui, sur le sol de France, selon ma promesse, pour tenter de le protéger et d'atténuer ses souffrances. Quoi qu'il arrive, il ne l'oubliera pas. Il sait que je l'ai défendu comme j'ai défendu Verdun. Messieurs les juges, ma vie et ma liberté sont entre vos mains, mais mon honneur, c'est à la patrie que je le confie. Disposez de moi selon vos consciences. La mienne ne me reproche rien, car pendant une vie déjà longue, et parvenu par mon âge au seuil de la mort, j'affirme que je n'ai eu d'autre ambition que de servir la France ! »

Le jury se retire ; les heures passent, longues, éprouvantes ; c'est dans la nuit, à 4 h 30, que tombe le verdict de la bouche du premier président Mongibeaux. Philippe Pétain est condamné à mort par quatorze voix contre treize et une abstention, à l'indignité nationale et à la confiscation de ses biens. La Haute Cour émet le vœu qu'en raison du grand âge de l'accusé cette sentence ne soit pas exécutée.

Aux yeux de beaucoup, ce procès, qui devait être le procès du siècle, n'avait pas été à la hauteur de ses enjeux. Lacunaire sur trop de points, il avait servi aux uns à développer leurs plaidoyers égocentriques ; aux autres à tenter d'innocenter le Maréchal, sans que soient véritablement analysées la nature et les responsabilités de l'État français. En 1955, Louis Noguères, qui était devenu en 1946 président de la Haute Cour de justice, eut à cœur de combler les trous, en publiant *Le Véritable Procès du maréchal Pétain*[7]. S'appuyant sur des documents inédits ou inutilisés, il retraçait une histoire de Vichy sans concession. L'un de ses chapitres, « Les lois raciales », développait la politique antisémite du régime pétainiste comme n'avait pas su ou voulu le faire le procès de 1945. Il rappelait les deux statuts des Juifs de 1940 et 1941, les lois y afférentes, l'instauration du Commissariat général aux Questions juives, les arrestations massives d'« israélites » en zone libre pendant l'été 1942, le camp de Drancy, les déportations... Sur cette question, comme sur bien d'autres, Louis Noguères n'avait pas encore toute la documentation à sa disposition. De toute façon, son livre n'empêchera nullement la persistance d'une manière d'indulgence à l'égard du vieux maréchal dans bien des esprits. Avec la subtilité qu'on lui connaît, François Mauriac aura compris ce mouvement de sympathie-malgré-tout, écrivant : « Ne reculons pas devant cette pensée qu'une part de nous-même fut peut-être complice, à certaines heures, de ce vieillard foudroyé[8]. »

Il faudra attendre le travail des historiens, dont le déclic fut la publication en 1973 de *La France de Vichy* du professeur de Columbia Robert Paxton, à l'issue de son travail sur les archives allemandes, pour que les yeux se dessillent sur les responsabilités écrasantes du régime pétainiste ; sur son identité profondément antirépublicaine ; sur le rôle qu'il avait joué dans l'arrestation et

7. Louis Noguères, *Le Véritable Procès du maréchal Pétain*, Paris, Arthème Fayard, 1955.

8. François Mauriac, « Le procès d'un seul homme qui paye pour nous tous », *Le Figaro*, 26 juillet 1945, repris dans *Journal. Mémoires politiques*, Paris, Robert Laffont, coll. « Bouquins », 2008, p. 825.

la déportation des Juifs de France ; sur sa complaisance coupable enfin envers le IIIe Reich dont il fut le complice et jamais l'adversaire. Aux yeux du général de Gaulle, le péché originel de Vichy était la signature de l'armistice, et il regretta dans ses *Mémoires de guerre* que les témoins et les juges n'aient pas mis suffisamment en évidence cette faute première impardonnable : « Aussi étais-je contrarié de voir la Haute Cour, les milieux parlementaires, les journaux s'abstenir dans une large mesure de stigmatiser l'"armistice" et, au contraire, se saisir longuement des faits qui lui étaient accessoires. [...] Trop souvent, les débats prenaient l'allure d'un procès partisan, voire quelquefois d'un règlement de comptes, alors que l'affaire ne devait être traitée que du seul point de vue de la défense et de l'indépendance nationale[9]. »

Le chef du gouvernement provisoire était prêt à signer la grâce de son ancien mentor, sans l'invitation du jury. À peine le jugement rendu, le 15 août, Pétain est transporté par avion de Villacoublay au fort du Portalet, là même où avaient été prisonniers Paul Reynaud et Georges Mandel. En novembre, il sera installé sur l'île d'Yeu, où il achèvera sa vie en 1951.

9. C. de Gaulle, *Mémoires*, *op. cit.*, p. 836.

5

Le grand retour

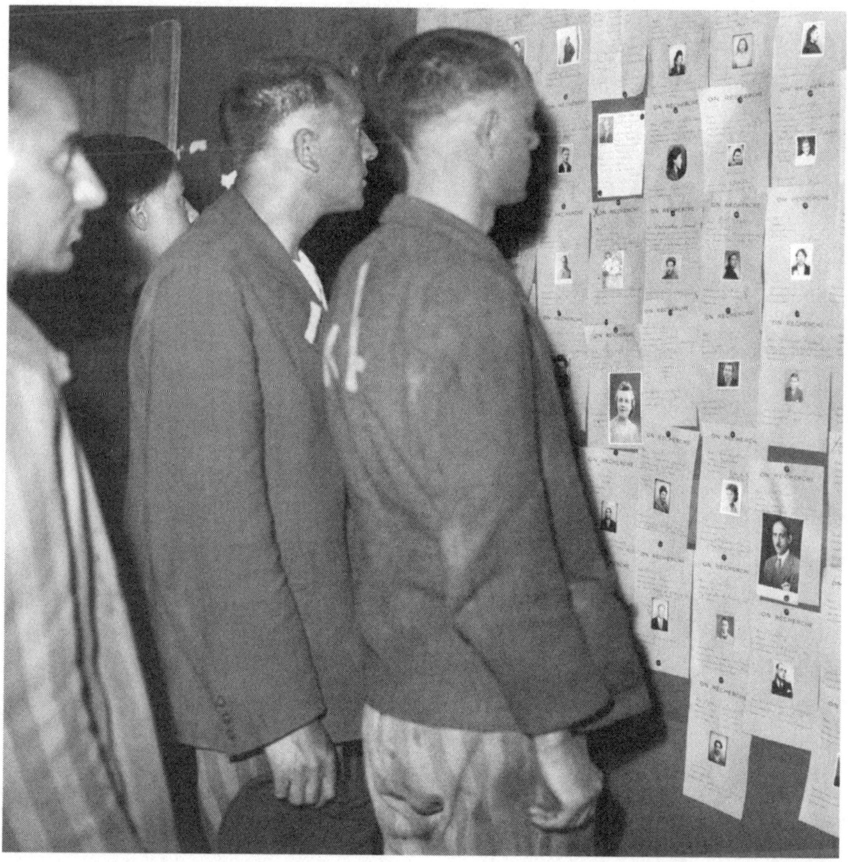

Dès avant la victoire du 8 mai 1945, les prisonniers, les déportés, les travailleurs du Service du travail obligatoire (STO) ont commencé à rentrer. Au fur et à mesure que les Alliés pénétraient en Allemagne, les camps étaient libérés. Ainsi du mois de mars au mois de juillet 1945, près de 2 millions de Français détenus outre-Rhin ont été progressivement rapatriés. La majorité est composée des prisonniers de guerre (environ 1 200 000) ; un deuxième groupe massif englobe des travailleurs civils, volontaires ou requis. Moins nombreux, mais d'un grand poids symbolique, s'imposent les déportés politiques (40 000), et enfin, très minoritaires, les déportés « raciaux » (2 500 survivants sur 70 000 déportés), qui incarnent la souffrance infligée et la honte ressentie.

Les prisonniers

Un immense travail de réintégration s'impose, aussi bien de la part de l'État que de la part de ceux qui, pour beaucoup, ont vécu pendant cinq ans loin de leurs foyers, coupés du monde, fort mal informés de ce qui se passait en France et ailleurs. Un ministère des Prisonniers, Déportés et Réfugiés a été créé à leur intention, dont Henri Frenay, l'animateur du mouvement de résistance Combat, a la charge. Des centres d'accueil frontaliers ont été mis en place, qui opèrent les ramifications vers l'intérieur ; le personnel tardivement recruté à cet effet est épaulé par les organisations humanitaires, la Croix-Rouge, le Secours national, les centres d'entraide des prisonniers. Dans chaque département une Maison du prisonnier et du déporté complète le dispositif. Cependant, surtout dans les derniers mois de la guerre, les conditions matérielles du rapatriement, tributaires des armées américaines, britanniques et soviétiques, sont incertaines, les moyens insuffisants. Malgré toutes les difficultés, et particulièrement l'état défectueux des transports, les vagues de retour se succèdent à un rythme rapide : 20 000 accueils en mars 1945, 310 000 en avril et, le pic étant atteint, 900 000 en mai ; 275 000 suivront encore en juin. À Paris, 25 000 rapatriés par jour, en moyenne, sont accueillis dans des centres de transit aménagés dans la gare d'Orsay, dans les cinémas Rex et Gaumont, dans la piscine Molitor, auxquels s'ajoutent les centres d'hébergement de la caserne de Reuilly, de l'hôtel Lutetia et de l'aéroport du Bourget. Une partie des rapatriements s'est faite par avion (8 000 par jour au Bourget en mai 1945). Certains ont eu à subir une attente prolongée, c'est notamment le cas des Alsaciens-Lorrains qui, considérés comme de nationalité allemande par Hitler, ont été mobilisés dans la Wehrmacht et se sont battus sur le front russe. Nombre de ces « malgré-nous », prisonniers des Soviétiques, furent les victimes d'une procédure interminable pour espérer être enfin libérés.

Les témoignages sur la vie des prisonniers ont commencé à paraître. Ils font mieux connaître leur sort à une population qui, les familles mises à part, pouvait leur être indifférente. Ainsi, dès le mois de janvier 1945, un ancien prisonnier, Paul Fraisse, rend compte de ce qu'il a vu et vécu dans son stalag :

« Ces prisonniers défaits, écrasés par leurs souffrances et leurs fatigues, l'Allemand les a conduits – contre leur espérance – jusqu'au cœur de son pays, pour enfermer les uns dans des enceintes dont ils ne sont jamais sortis depuis cinquante-trois mois, pour envoyer les autres dans ces kommandos de travail où ils sont devenus des serfs. [...] Nul n'imagine la vie du prisonnier, qui n'a pas connu les prisons ou les camps : le réveil brutal avant l'aube, les rassemblements où les gardiens vous comptent et vous recomptent, tous les pas surveillés par un soldat baïonnette au canon ou par un civil soupçonneux ; dépendre du bon plaisir du gardien pour la moindre bouchée de pain ou le plus élémentaire besoin ; devoir entendre la radio, sur ordre, être ici aujourd'hui et demain là-bas, sans le moindre avertissement, avec un petit quart d'heure pour ramasser son paquetage. »

Dans sa description, Fraisse aborde la vie quotidienne. Il montre que ses camarades ont résisté à leur désespoir par l'action culturelle. Le théâtre, l'université des camps, la préparation au certificat d'études, les journaux des camps, la célébration des anniversaires nationaux... Cette résistance par l'esprit avait pris un tour national et patriotique. Cependant, les prisonniers ont été globalement favorables à Pétain : « En suivant un maréchal de France, ils ont cru suivre simplement un chef militaire qu'ils n'imaginaient pas en pleine guerre pouvoir être autre chose qu'antiallemand. » Fraisse insiste sur le fait qu'ils ne savaient pas grand-chose de ce qui se tramait à Vichy : « Ils n'étaient à même de n'en voir qu'une réalisation concrète : les envois de vivres qui leur permettaient de vaincre la faim. » Quant à de Gaulle, son nom n'évoquait aucun écho[1]. Revenus en France, les prisonniers s'organisent. Ils se regroupent dans des associations dont la plus importante est la Fédération nationale des prisonniers de guerre, constituée au début d'avril 1945, et dont François Mitterrand, ancien prisonnier lui-même, devient le chef de file.

À l'approche des consultations électorales, cette masse d'hommes représente une proie pour les partis politiques. Le Parti communiste français organise son propre mouvement et lance des mots d'ordre contre le ministre Frenay : « N'est-ce pas une honte, lit-on dans *L'Humanité* du 10 mai 1945, que nos prisonniers soient des inconnus pour les services officiels, et que la charité publique et non "le ministère des millions" les accueille et les réconforte ? » Les revenants sont souvent déçus par l'accueil qu'ils reçoivent des Français restés en France. Un rapatrié témoigne ainsi : « Je suis très déçu, voire écœuré de constater la mentalité actuelle des gens. Chacun ne pense qu'à soi. Depuis ma rentrée, je ne fais que courir de tous côtés, renvoyé de bureau en bureau et toujours accueilli de façon décevante[2]. » Cette déception et la faiblesse des moyens de secours qui leur sont accordés nourrissent le ressentiment, parfois la colère. Au grand dam du général de Gaulle, chef du gouverne-

1. Paul Fraisse, « Les prisonniers dans l'attente de vivre », *Esprit*, janvier 1945.
2. Cité par François Cochet, « Français retour d'Allemagne », *L'Histoire*, n° 179, juillet-août 1994.

ment provisoire, une manifestation soutenue par les communistes se déroule le 4 juin, à Paris, devant le ministère des Prisonniers. Vaille que vaille, pourtant, ceux-ci ont été réintégrés. À leur retour, tous ont reçu une somme d'argent équivalant en moyenne à trois mois de salaire d'un ouvrier non qualifié. Une ordonnance du 1er mai 1945 fait obligation à leurs anciens employeurs de les réembaucher. Mais nombre d'hommes du retour sont surtout meurtris dans leur vie privée. L'épouse a « refait sa vie » ; des enfants sont nés d'un autre père. Les années 1946, 1947 et 1948 connaissent le doublement du taux des divorces (environ 18 % par rapport au nombre de mariages). Pour beaucoup, c'est un peu la double peine.

Les « STO » de retour vivent la même expérience, même si leur éloignement a été plus court. Ils n'ont pas toujours bonne presse, souvent confondus avec ceux qui sont partis volontairement travailler en Allemagne. Quant aux prisonniers, beaucoup ont pu ressentir l'affront et la culpabilité d'avoir perdu la guerre en 1940 et ainsi permis l'Occupation. Il est difficile parfois, devant certaines réflexions ou certaines lectures, de ne pas se sentir humilié. D'autant qu'à côté de cette masse de rapatriés il est une catégorie reçue avec tous les honneurs et toutes les marques de la gloire – ce qui n'est pas le lot des PG (prisonniers de guerre) –, ce sont les déportés politiques, ces héros de la Résistance.

Les déportés

En juillet 1945, Henri Frenay peut considérer que, à l'exception de la zone soviétique, le rapatriement des Français détenus en Allemagne est achevé. Son ministère des Prisonniers, Déportés et Réfugiés sera logiquement dissous en novembre. En dépit des campagnes du PCF et malgré les ratés dus aux difficultés du contexte, la réinsertion des prisonniers de guerre en France a été réussie. Ce ne fut pas exactement le cas des 40 000 déportés, dont le rapatriement fut plus laborieux, parfois chaotique, souvent douloureux.

Une des causes premières en est l'attitude du SHAEF (Supreme Headquarters Allied Expeditionary Force) dominé par les Anglo-Saxons, qui, eux, n'ayant pratiquement pas de déportés proprement dits, donnent la priorité aux prisonniers de guerre. Une autre réalité explique le retard de ce rapatriement spécifique : l'état sanitaire des déportés. Ainsi, à Bergen-Belsen, un camp immense libéré par les Britanniques, où ont été transférés de surcroît d'autres déportés, comme les survivants d'Auschwitz, la famine et le typhus concourent à la surmortalité des détenus. « Dans les quinze jours précédant la libération, l'enlèvement des cadavres n'étant plus assuré, ceux-ci jonchaient les avenues des camps ou restaient à l'intérieur des baraques[3]. »

À la fin d'avril 1945, le camp compte encore environ 40 000 détenus de toutes nationalités, dont 1 240 Français, tous interdits de sortie. Un témoin, le docteur Fréjafon, relate : « Cette prolongation inattendue du séjour en terre maudite, l'incertitude où chacun se trouvait de revoir un jour son pays natal transformèrent progressivement l'ambiance. Les décès survinrent, par centaines, l'angoisse se lisait sur chaque visage[4]. » Isolés, hantés par un sentiment d'abandon, en proie aux contagions, les déportés devront encore attendre longtemps avant d'être rapatriés. Simone Jacob, future Simone Veil, évacuée de Birkenau à Bergen avec sa sœur et sa mère, voit celle-ci mourir du typhus. Le cas de Bergen n'est pas unique, mais ce fut l'une des « libérations » de camp les plus terribles.

Aidé par l'action vaticane dirigée par l'abbé Rodhain, le retour en France, par camion ou par la voie ferrée – souvent dans des wagons de marchandises –, est long et pénible. Certains ont pu bénéficier d'un voyage aérien qui les fait atterrir au Bourget. De la gare de l'Est ou de l'aérodrome ils sont conduits au Lutetia, le grand hôtel de la rive gauche à Paris, qui fut sous l'Occupation le siège de l'Abwehr (le service de renseignements de l'état-major allemand).

Aux abords du Lutetia, face au square Boucicaut, une foule se presse, guettant les nouvelles arrivées, scrutant les visages de ces êtres décharnés, au teint cireux, en pyjama rayé, dans l'espoir de reconnaître l'un des siens. Les gens interpellent les arrivants, leur lancent des noms, brandissent à leurs yeux des photos, dont le hall de l'hôtel est du reste tapissé. Rien ne dit mieux ce qu'ils ressentent

---

3. Rapport du lieutenant-médecin Salomon, 18 mai 1945, cité par *L'Histoire/Paris Match*, « 1945, la chute du Reich », s.d.

4. Cité par Annette Wieviorka, *Déportation et génocide*, Paris, Fayard/Pluriel, 2013, p. 92.

que le vers d'Apollinaire : « Et comme l'espérance est violente. » Mais que dire ? « On lisait, raconte un témoin, cette lueur d'espoir au fond de leurs yeux, on entendait des noms, des questions, mais les photos exhibées étaient celles d'êtres normaux aux visages joufflus, avec des cheveux, et nous, nous n'avions en mémoire que des faces vides et des têtes rasées[5]. » Après un contrôle d'identité d'autant plus rapide qu'ils sont en général démunis de papiers, les déportés sont répartis dans les six cents chambres de l'hôtel. Les moins éprouvés sont installés dans les chambres de trois ou quatre lits : après un moment de repos, ils repartiront chez eux. Les autres, sans famille, exténués, harassés, brisés, sont logés dans les chambres individuelles. Les plus souffrants sont transportés dans les hôpitaux de la Salpêtrière et de Bichat. En attendant, les déportés malheureux échangent leur costume de bagnard contre des vêtements civils.

C'est après la défaite de l'Allemagne que les photos des camps paraissent dans les journaux. Images de charniers, rescapés squelettiques illustrent l'ampleur et l'atrocité des crimes nazis. Mais nulle mention n'est faite du génocide.

Dans les faits, une hiérarchie s'est établie entre les déportés politiques et les déportés raciaux. Les premiers sont des héros qui ont été pris par les Allemands alors qu'ils combattaient. Les autres sont certes des victimes, mais des victimes passives qui n'ont pas participé à la Résistance, et qu'on a envie d'oublier. Quand le général de Gaulle accueille solennellement les déportés à l'hôtel de Brienne, le siège de son gouvernement, il n'évoque pas les survivants de ce qu'on appellera bien plus tard la Shoah. Le mot génocide, qui a été inventé par Raphael Lemkin dans son ouvrage *Axis Rule in Occupied Europe*, paru en novembre 1944 aux États-Unis, est encore inconnu en France. Les femmes sont souvent mal accueillies. La plupart ont le crâne rasé et sont parfois confondues avec les tondues. « Comme des milliers de déportés, nous étions convaincus qu'on nous avait oubliés et que, surtout, certaines personnes avaient souhaité ne plus jamais nous revoir, raconte Jacqueline Marié. Dans l'ensemble, il y avait un manque d'enthousiasme à voir revenir les déportés sans savoir lesquels

---

5. Cité par Marc Semo, « Au Lutetia le silence des survivants », *Libération*, 25 janvier 2005.

parmi eux avaient collaboré et lesquels n'avaient rien fait. Nous sentions que nous revenions sur une autre planète. Nous n'avions que les haillons que nous portions, nous pesions trente-six kilos et n'avions presque plus de peau sur les os[6]. »

La jeune Simone Jacob constate la différence d'attention qui se manifeste à l'égard de sa sœur Denise, déportée politique revenue de Ravensbrück, et envers sa propre personne : « Denise était sans cesse invitée, elle parlait de la Résistance, du camp. Milou et moi, jamais ! Nous n'étions que des victimes, n'est-ce pas, pas des combattantes prises les armes à la main. Peu importait notre expérience, nos douleurs. On ne manquait pas de nous le rappeler, non sans brutalité[7]. » Une différence de statut existe bien entre l'aînée et ses deux sœurs.

Le non-dit

Que savait-on de l'entreprise génocidaire de Hitler contre les Juifs ? C'était encore comme un secret ou comme une chose si peu croyable, si peu intelligible, que sa réalité restait réservée à la connaissance de rares initiés. Un poème d'Aragon, *Le Musée Grévin*, paru en octobre 1943 aux éditions de Minuit clandestines, évoquait bien Auschwitz :

Aux confins de Pologne, existe une géhenne
Dont le nom siffle et souffle une affreuse chanson.

Auschwitz ! Auschwitz ! Ô syllabes sanglantes !
Ici l'on vit, ici l'on meurt à petit feu.
On appelle cela l'exécution lente.
Une part de nos cœurs y périt peu à peu.

Auschwitz, le principal camp d'extermination des Juifs, est donc connu, mais considéré comme une usine de mort lente et

6. Cité par Anne Sebba, *Les Parisiennes. Leur vie, leurs amours, leurs combats, 1939-1949*, Paris, Vuibert, 2018, p. 306.
7. Cité par Dominique Missika, *Les Inséparables. Simone Veil et ses sœurs*, Paris, Seuil, 2018, p. 103.

non comme la centrale des chambres à gaz. Plus tard, dans son précieux journal, Galtier-Boissière recopie un appel de Thomas Mann, le 2 février 1945 : « Je parle des camps d'Auschwitz et de Birkenau où, du 15 avril 1942 au 15 avril 1944, furent assassinés 1 750 000 Juifs. D'où vient ce "chiffre" ? Mais nos gens ont tenu des registres. Ils ont même consacré un registre aux engrais artificiels récupérés dans cette entreprise, car les restes des incinérés ont été moulus, emballés et envoyés en Allemagne pour fertiliser le sol allemand, le sol sacré allemand, que l'honneur allemand croit encore être obligé de défendre, de défendre contre la profanation de l'ennemi. » Dans le même journal, à la date du 14 avril 1945, Galtier-Boissière a pris connaissance de « trois effroyables rapports sur le camp d'Auschwitz où les nazis pratiquèrent l'extermination de plusieurs millions de Juifs par les chambres à gaz et les fours crématoires ». Cependant, la Solution finale reste méconnue.

Le retard de l'opinion, qui paraît aujourd'hui incroyable, a plusieurs causes. D'abord, jusqu'à la fin de la guerre, la censure a sévi. Il ne fallait pas désespérer les familles et, surtout, il fallait tenter de protéger les déportés des représailles nazies. De retour en France, les déportés raciaux – Juifs et Tsiganes – ne formaient, et pour cause, qu'un faible contingent (moins de 2 500 personnes) par rapport à la grande majorité des déportés politiques. Ensuite, les actes officiels entretenaient la confusion. Le 13 juin 1945 s'est ouverte au Grand Palais une exposition sur les crimes nazis (interdite aux moins de seize ans), sans spécifier la volonté hitlérienne d'extermination des Juifs. Mieux vaut célébrer l'héroïsme des résistants et pratiquer un tri sélectif de la mémoire afin d'entretenir l'imaginaire de la France combattante – seul moyen de réconcilier les Français avec eux-mêmes.

Les associations d'anciens déportés sont avant tout réservées aux politiques. La FNDIR (Fédération nationale des déportés et internés résistants) et l'ADIR (Association des déportés et internés de la Résistance) sont, comme leurs noms l'indiquent, fermées aux déportés raciaux. Il faut à nouveau se référer au témoignage de Simone Veil : « Au retour, alors que je m'étais naïvement rendue au dispensaire de la FNDIR pour des examens médicaux, on m'a mise carrément à la porte, en me disant qu'il était réservé aux déportés résistants. » Il y a bien une association des déportés juifs de France et une Amicale d'Auschwitz. La première est surtout composée de Juifs yiddishophones, ce qui limite son audience ; la seconde n'est pas spécifiquement juive : « Peu de temps après mon retour, écrit toujours Simone Veil, je suis allée à l'Amicale d'Auschwitz, rue Leroux, comme ça, pour voir. Ne serait-ce que pour rencontrer des camarades. Tout était en place, bien organisé, totalement accaparé par les communistes. On avait l'air d'ignorer qu'à Auschwitz, il y avait eu surtout des Juifs. Aussi je ne me suis pas inscrite à l'Amicale, et ne suis jamais retournée rue Leroux. »

Les Juifs eux-mêmes ont-ils contribué à cette occultation du génocide dans les années qui ont suivi le retour des camps ? On atteste souvent leur silence ; on devrait surtout insister sur le fait qu'on ne voulait pas les entendre. On observe aussi chez les rescapés une certaine volonté de ne pas apparaître comme une catégorie spéciale qui, une fois encore, après les discriminations de la guerre, leur interdirait le statut de Français à part entière. Comme les autres Français, les Juifs sont morts « pour la France ». En finir avec l'étoile jaune !

Un des ouvrages les plus importants sur la déportation a été *L'Univers concentrationnaire* de David Rousset, paru aux éditions du Pavois dès 1946. Résistant, arrêté par la Gestapo en octobre 1943, l'auteur a été déporté en Allemagne, en dernier lieu dans le camp de Buchenwald, l'un des derniers à être libérés, en avril 1945, par les Américains. Atteint du typhus, il rentre à Paris dans un état alarmant. Rétabli, il écrit un article étoffé qui, avant de devenir un livre, paraît en trois livraisons dans *La Revue internationale*, créée par Maurice Nadeau. Ce n'est pas un simple témoignage parmi d'autres, mais un essai méthodique de réflexion générale sur cet univers qu'il qualifie de « concentrationnaire », dont il s'emploie à décoder le système. La bureaucratie en est une « composante essentielle ». L'analyse est rigoureuse, l'ouvrage obtient le prix Renaudot. Cependant, quels que soient ses mérites, l'analyse de l'ancien déporté de Buchenwald n'est pas en mesure de prendre en compte la volonté hitlérienne de la mort systématique des Juifs, qui reste encore mal connue.

Le Parti communiste français, si puissant à la Libération, a exercé une influence de poids dans l'occultation du génocide par sa volonté de ne faire des déportés qu'un groupe indistinct de combattants engagés contre le fascisme hitlérien. En mars 1948, le Parlement discute d'une proposition de loi visant à promulguer un statut des

« déportés et internés de la Résistance ». La question est posée d'établir ou non des distinctions entre les déportés et les internés. Au nom du groupe communiste, le député Roger Roucaute intervient pour mettre en garde l'Assemblée nationale « contre le danger de créer des distinctions arbitraires entre les déportés et les internés politiques ». Au Conseil de la République (ex-Sénat), Isabelle Claeys reprend l'argumentation : pas de distinction ! Tous les déportés ont été arrêtés pour leur résistance au fascisme. Pour sa collègue, Germaine Pican, qui est du nombre des déportées non juives d'Auschwitz, Auschwitz fait partie d'un système concentrationnaire au même titre que les autres camps où ont été internés droits communs, politiques, résistants et Juifs confondus : le camp d'extermination n'est pas distingué du camp de concentration. D'aucuns, du reste, dotent Buchenwald de chambres à gaz, alors qu'il en était dépourvu.

Certains intellectuels, pourtant, se sont posé la question de cette occultation. Ainsi, Emmanuel Mounier, dès septembre 1945, publie dans sa revue *Esprit* un dossier intitulé « Les Juifs parlent aux nations », en s'étonnant dans son éditorial de « l'étrange silence [qui] se fait depuis la Libération sur le problème qui a été, pendant quatre ans, la pointe offensive du nazisme et la pointe défensive de l'Europe libre ». L'un des collaborateurs de la revue, Rabi (Wladimir Rabinovitch), écrit ces mots lourds de sens : « Non, jamais plus nous ne serons comme les autres. Nous ne pouvons oublier. Nous n'oublierons jamais. Nous avons été la “balayure du monde”. Contre nous chacun avait licence. Et c'est cela, mes amis, qui nous sépare de vous dans la liberté retrouvée, comme nous avons été séparés de vous sous l'Occupation. Nous sommes désormais des SÉPARÉS. Et nous sommes aussi les martyrs, c'est-à-dire les témoins, les témoins de l'abjection humaine. »

Il faudra encore bien du temps pour que la connaissance et, partant, la conscience du génocide se généralisent dans l'opinion. Le tournant en sera le procès Eichmann à Jérusalem en 1961. Apparaîtront alors clairement les desseins de Hitler et des nazis. Pour l'heure, le petit nombre des Juifs rescapés des camps fait qu'ils n'ont pas les moyens, même quand ils en ont le désir, de révéler ce qu'on appellera plus tard la Shoah[8]. Quant aux antisémites, c'est

8. Terme qui a remplacé celui d'« Holocauste » depuis le film *Shoah* de Claude Lanzmann datant de 1985.

du retour des Juifs qu'ils s'émeuvent. Marcel Jouhandeau, délicat auteur du *Péril juif* avant la guerre, s'afflige ainsi « de la reprise des grands postes et grandes places par les Juifs », et Paul Léautaud d'ajouter : « Des Juifs dans le gouvernement, dans l'administration, dans la magistrature, dans le haut commerce, dans les arts, peinture, musique et littérature, tenant tous les théâtres, la presse, les revues, la France va vers le sort de l'Autriche, dont ils ont amené la déliquescence et la ruine[9]. » Un écrivain français sans affiliation politique, se prenant pour un esprit modéré, pouvait encore écrire de pareilles insanités en 1945.

Ce printemps de l'« étrange retour » est aussi marqué par le sort des prisonniers de guerre allemands. Au total, 11 millions de soldats ont été faits prisonniers par les Alliés ; la France en reçoit 750 000. Afin de les loger, le gouvernement multiplie les camps, mais la plupart des PGA (prisonniers de guerre allemands) seront dispersés et employés à la reconstruction du pays ; la moitié dans l'agriculture, les autres aux travaux de reconstruction et au déminage. Ces individus, convenablement traités par leurs employeurs (à la ferme, ils prennent en général leur repas à la table familiale), mais naturellement mal vus des populations, comblent à souhait la pénurie de main-d'œuvre que subit la France au lendemain de la guerre. Jusqu'à la fin de 1948, les Français pourront rencontrer leurs anciens vainqueurs et nouveaux vaincus dans les villages, sur les chantiers ou sur le carreau des mines. Éprouvent-ils un sentiment de revanche ou de honte en ressassant les années d'Occupation ?

---

9. Paul Léautaud, *Journal littéraire*, t. 3, Paris, Mercure de France, 1986, p. 1309.

6

La nouvelle presse

Dès le 21 août 1944 à Paris, sous les feux des combats de la Libération, paraissent les premiers journaux de la liberté, qui chassent des kiosques ceux de la collaboration. Ces journaux « compromis », interdits par ordonnance, représentent ceux qui ont vu le jour après le 25 juin 1940 et ceux qui, existant avant cette date, ont continué leur carrière plus de quinze jours après l'armistice en zone nord ; plus de quinze jours après le 11 novembre 1942 dans la zone sud à son tour occupée par les Allemands. Ainsi, tandis que *Le Temps*, cessant de paraître le 29 novembre, est interdit, *Le Figaro*, plus prompt en se sabordant le 11 novembre, se voit autorisé.

La plupart des quotidiens que s'arrache un public avide d'information ont eu une première vie clandestine dans la Résistance. C'est le cas de *Défense de la France*, dirigé par Pierre Viannay et Robert Salmon, qui, animé par Pierre Lazareff, deviendra *France-Soir* en novembre 1944 ; de *Franc-Tireur*, lié au mouvement du même nom, où la redoutable Madeleine Jacob écrit ses comptes rendus des procès d'épuration qui font date, aux côtés d'Albert Bayet et de Georges Altman ; du *Parisien libéré*, issu du mouvement de résistance OCM (Organisation civile et militaire), fondé par Maxime Blocq-Mascart, Claude Bellanger et Émilien Amaury qui sera bientôt chargé de la direction générale de l'agence Havas. C'est encore le cas de *France libre*, *Front national* et *Libération*, dirigé par Emmanuel d'Astier de la Vigerie, membre du CNR et de l'Assemblée consultative provisoire…

Anciens journaux d'avant guerre, devenus eux aussi clandestins, les organes des trois grands partis qui dominent la vie politique de l'après-guerre renaissent au grand jour : *Le Populaire* des socialistes (235 000 exemplaires en janvier 1945), dont le directeur politique, Léon Blum, ne reviendra de sa déportation qu'en mai 1945 ; *L'Humanité* des communistes (326 000 exemplaires), dont Marcel Cachin signe toujours les éditoriaux avec Jacques Duclos et André Marty ; et *L'Aube* des démocrates-chrétiens (148 000 exemplaires), sous la direction de Francisque Gay.

Tous ces journaux sont autorisés à louer ou à sous-louer les locaux de la presse interdite qui ont été séquestrés. Une loi du 11 mai 1946 décidera du transfert de propriété de ces entreprises et leur dévolution aux différents journaux par l'intermédiaire de la Société nationale des entreprises de presse (SNEP), chargée de leur attribution.

En province, nombre de journaux qui ont disparu en temps voulu ou dont l'attitude sous l'Occupation n'appelle aucune condamnation sont autorisés à reparaître. Notamment *Le Bien public* à Dijon ; *Les Dernières Nouvelles* en Alsace ; *L'Est républicain* à Nancy ; *Le Républicain lorrain* à Metz ; *La Montagne* à Clermont-Ferrand ; *Le Progrès* à Lyon… D'autres sont nés sous l'Occupation, comme *La Marseillaise*, quotidien communiste issu du Front national, en 1943, ou *La Voix du Nord*, dont le premier numéro, clandestin, date d'avril 1941. Dans l'ensemble une presse profuse, engagée et enfin en concurrence. À Bordeaux, *Sud-Ouest*, qui succède à *La Petite Gironde*, doit compter sur cinq autres quotidiens dans la même ville en 1946 ; c'est aussi le cas du *Progrès* à Lyon ; à Grenoble, rivalisent *Les Allobroges*, quotidien communiste, et *Le Dauphiné*. En revanche, à Rennes, *Ouest-France*, tirant à 400 000 exemplaires, domine de loin les autres feuilles régionales.

La presse périodique, elle aussi, refleurit. Le 26 août 1944, sortent au grand jour l'hebdomadaire *Carrefour*, « lieu de rencontre des patriotes de bonne volonté » ; *Témoignage chrétien*, issu des *Cahiers du Témoignage chrétien* clandestins fondés par le R.P. Chaillet ; *Les Lettres françaises*, l'hebdomadaire fondé par Jean Paulhan, devenu l'organe du Comité national des écrivains dominé par les communistes et dirigé par Claude Morgan. En septembre 1944, *Action* voit le jour. Un hebdo lui aussi contrôlé par les communistes (Maurice Kriegel-Valrimont en est le directeur politique et Pierre Courtade, le rédacteur en chef), mais ouvert à des collaborateurs indépendants comme Roger Stéphane ou Gaëtan Picon. L'un des rédacteurs, Pierre Hervé, se fera connaître par ses polémiques avec François Mauriac qui, lui, lance ses flèches à partir du *Figaro*. Des titres anciens reparaissent, comme *Le Canard enchaîné*, *Temps présent* ou encore *La Vie ouvrière* de la CGT. Dans ce tableau, on aura garde de ne pas oublier la presse illustrée, même si *Paris Match* ne verra le jour qu'en 1949. En 1945, rivalisent *Regards*, d'obédience communiste ; *Gavroche* de René Lalou ; *France-Illustration*, qui remplace l'ancienne et célèbre *Illustration* ; *Le Monde illustré*, *Point de vue*, *Noir et Blanc*... Au total, la presse communiste dans son ensemble (quotidiens et périodiques) représente près de 30 % des titres. Jamais en France un courant politique n'avait disposé d'une pareille force de frappe journalistique.

Ce sont pourtant deux titres indépendants qui requièrent une attention particulière car ils vont réussir à s'imposer auprès d'un grand public exigeant. L'un, issu d'un mouvement de résistance, est *Combat* ; l'autre, destiné à remplacer *Le Temps*, s'intitule *Le Monde*.

Le *Combat* d'Albert Camus

Dès son premier numéro, le 21 août 1944, *Combat*, sous la devise « De la Résistance à la Révolution », fait entendre sa voix singulière : « Nous voulons obtenir immédiatement la mise en œuvre d'une Constitution où la liberté et la justice recouvrent toutes leurs garanties, les réformes de structure profondes sans lesquelles une politique de liberté est une duperie, la destruction impitoyable des trusts et des puissances d'argent, la définition d'une politique étrangère basée sur l'honneur et la fidélité à tous nos alliés sans exception. Dans l'état actuel des choses, cela s'appelle une révolution. Il est probable qu'elle pourra se faire dans l'ordre et dans le calme. Mais, de toute façon, c'est à ce prix seulement que la France reprendra ce pur visage que nous avons aimé et défendu par-dessus tout. »

Cet éditorial n'est pas signé ; Albert Camus l'avait écrit[1]. Né à Oran en 1913, le futur Prix Nobel avait fait ses études de philosophie

1. Reproduit dans Albert Camus, *Œuvres complètes*, Paris, Gallimard, coll. « Bibliothèque de la Pléiade », II, 2006, p. 517-518.

à Alger, mais, atteint par la tuberculose, il n'avait pu passer l'agrégation. Il était alors devenu journaliste. Adhérent quelque temps au parti communiste, il était entré à *Alger républicain*, où son reportage sur la « misère de la Kabylie » attira l'attention en 1939 : « Par un petit matin, j'ai vu à Tizi-Ouzou des enfants en loques disputer à des chiens kabyles le contenu d'une poubelle. » Décidé à devenir écrivain, l'Oranais était arrivé à Paris en mars 1940, avec dans ses bagages trois manuscrits très avancés, un récit, *L'Étranger*, une pièce de théâtre, *Caligula*, et un essai, *Le Mythe de Sisyphe*. Pour vivre, son ami Pascal Pia le fait entrer à *Paris-Soir*, gouverné par Pierre Lazareff, à un poste de secrétaire de rédaction. Au mois de juin 1940, Camus doit prendre le chemin de l'exode avec une partie des journalistes. Il s'installe à Lyon, où il se remarie (après un premier mariage raté) avec Francine Faure en décembre. Licencié par son journal, il repart avec sa femme pour Oran en janvier 1941. Là-bas, Francine est institutrice ; il donne quant à lui des leçons particulières puis obtient un cours dans deux écoles privées. Par l'intermédiaire de Pascal Pia, ses manuscrits vont circuler du côté de chez Gallimard. Paulhan prend connaissance de *L'Étranger* et de *Caligula* ; Malraux, retiré au Cap-d'Ail, les lit à son tour et transmet *L'Étranger* à Roger Martin du Gard. Paulhan et Malraux sont séduits (« Vous prenez place parmi les écrivains qui existent », lui écrit l'auteur de *La Condition humaine*), et convainquent bientôt Gaston Gallimard de publier pour commencer *L'Étranger*.

En Algérie, Camus subit une rechute ; il crache le sang ; on lui fait un pneumothorax. Mais il reste optimiste, il veut guérir. De loin, il suit la sortie de *L'Étranger* en juin 1942, tiré à 4 400 exemplaires. Le récit, combiné de prose classique et de technique romanesque américaine sur un fond de révolte et d'absurde, ironique et tragique, connaît un vrai succès. Malmené par la critique traditionnelle des André Rousseaux (« un plaidoyer détourné de la veulerie ») et Émile Henriot, *L'Étranger* inspire à Jean-Paul Sartre un essai d'une vingtaine de pages, qui paraîtra dans les *Cahiers du Sud*. Le texte de Camus rencontre son public ; son tirage est doublé puis triplé dans les six mois qui suivent. *Le Mythe de Sisyphe*, paru en octobre 1942, conforte sa notoriété. Entre-temps les Camus se sont installés dans un hameau du Vivarais, sur la recommandation de ses médecins.

Par l'intermédiaire de Pascal Pia, membre du mouvement Combat, Camus entre en relation avec la Résistance. Il continue à écrire, pour le théâtre, *Le Malentendu* ; il commence un roman, *La Peste*, qui est une allégorie de l'occupation nazie. On le retrouve en 1943 à Paris, où il a été embauché comme lecteur par Gallimard ; il participe au prestigieux comité de lecture de la maison. Au mois de juin de la même année, il se lie avec Simone de Beauvoir et Jean-Paul Sartre, qu'il a rencontrés au moment de la générale des *Mouches*. Pendant un certain temps, Camus, Sartre et Beauvoir vont former un trio ouvert de copains aux discussions brûlantes et aux soirées arrosées. À la fin de 1944, il collabore sous un faux nom au journal clandestin *Combat* que dirige Claude Bourdet et dont Pascal Pia est le rédacteur en chef. Son tirage atteint 250 000 exemplaires. Bourdet est arrêté et déporté. Camus devient bientôt le principal responsable du journal. Parallèlement, il fait partie du comité directeur des *Lettres françaises*. Dans les semaines qui suivent le Débarquement, il est pour la première fois représenté sur une scène de théâtre parisien, mais son *Malentendu*, joué notamment par Maria Casarès, est un semi-échec – cette tragédie prenant, selon certaines critiques, le tour d'une « dissertation philosophique ». Dans les premiers jours de l'insurrection parisienne, l'équipe de *Combat* avec Pia et Camus prépare la sortie du premier numéro à l'air libre, qui prend la suite des cinquante-huit numéros clandestins. « Qu'est-ce qu'une insurrection ? C'est le peuple en armes, écrit-il le 23 août. Qu'est-ce que le peuple ? C'est ce qui dans une nation ne veut jamais s'agenouiller. »

Albert Camus n'est donc pas un inconnu quand il devient l'éditorialiste de *Combat*. Pourtant, dans un esprit collectif, il ne signe qu'exceptionnellement ses écrits. C'est le cas de son article, le 31 août, consacré à la « critique de la nouvelle presse » qu'il juge sévèrement : « La presse libérée, telle qu'elle se présente à Paris après une dizaine de numéros, n'est pas satisfaisante. » Il condamne les « formules périmées », les « appels à la rhétorique », la complaisance pour la « sensibilité de midinette ». L'écrivain se fait une haute idée du journalisme, un sujet qu'il reprend le lendemain : « Toute réforme de la presse serait vaine si elle ne s'accompagnait de mesures politiques propres à garantir aux journaux une indépendance réelle vis-à-vis du capital. Mais, inversement, la réforme politique n'aurait aucun sens si elle ne s'inspirait d'une profonde mise en question du journalisme par les journalistes eux-mêmes. Ici comme ailleurs, il y a interdépendance de la politique et de la morale. » Sans conteste, c'est lui, Camus, qui modèle peu à peu ce quotidien, dont l'influence grandit chaque jour. Il appelle des écrivains à le rejoindre. Le 28 août, Sartre y entame son reportage « Un promeneur dans Paris insurgé ». Georges Bernanos y publie des articles incandescents. Bientôt, c'est le tour d'André Malraux. Le 10 novembre, Emmanuel Mounier, qui va faire reparaître *Esprit*, s'interroge sur la « responsabilité de l'écrivain ». D'autres grands noms se succèdent : Raymond Aron, André Gide, André Breton, Julien Gracq…

Journal de gauche, *Combat* en appelle à la révolution, mais une révolution sans violence, qui sera la réforme profonde des structures politiques et économiques. À cette fin, il appelle à rénover le parti socialiste, dont l'image n'est pas engageante (« Les socialistes avaient un peu confondu la réalisation de leur doctrine et l'obtention d'une majorité à l'Assemblée »). Le journal tient de Gaulle en sympathie, mais sans affiliation aveugle. Sur la révolte et la répression de Sétif, le 8 mai 1945, le journal, sous la plume de Camus, lance un cri d'alarme qui tranche avec les autres éditos, condamnant la « répression aveugle » : « Je voudrais rappeler aussi que le peuple arabe existe. Je veux dire par là qu'il n'est pas une foule anonyme misérable, où l'Occidental ne voit rien à respecter ni à défendre. Il s'agit, au contraire, d'un peuple de grandes traditions […]. Ce peuple n'est pas inférieur, sinon par la condition de vie où il se trouve, et nous avons des leçons à prendre chez lui, dans la mesure même où il peut en prendre chez nous. » Camus met en garde contre « l'esprit colon [qui] s'est toujours dressé contre toute innovation, même demandée par la justice la plus élémentaire ».

Anticolonialiste, le *Combat* de Camus caresse le rêve, qui est d'époque, d'une conciliation entre « une économie collectiviste et une politique libérale » : « C'est dans cet équilibre constant et serré, écrit-il, que résident, non pas le bonheur humain, qui est une autre affaire, mais les conditions nécessaires et suffisantes pour que chaque homme puisse être le seul responsable de son bonheur et de son destin. »

On admire dans *Combat*, et sous la plume de Camus particulièrement, l'honnêteté intellectuelle, le refus de détenir à soi seul la vérité, la possibilité de réviser son jugement. Le 22 novembre

1944, l'écrivain se livre à une « autocritique » rare dans la presse : « Nous ne sommes pas sûrs que nous ayons échappé toujours au danger de laisser entendre que nous croyons avoir le privilège de la clairvoyance et la supériorité de ceux qui ne se trompent jamais. Il n'en est pourtant rien. Nous avons le désir sincère de collaborer à l'œuvre commune par l'exercice périodique de quelques règles de conscience dont il nous semble que la politique n'a pas fait, jusqu'ici, un grand usage. » Garder le sens du relatif est un impératif. La morale, dans ses relations avec la politique, est toujours présente dans les réflexions de Camus. Comme Pia, il abhorre le sensationnalisme, et particulièrement la chronique complaisante des faits divers. Sans doute, Pia et lui ne veulent pas faire un journal ennuyeux, mais leur éthique de rigueur établit, malgré qu'ils en aient, une limite à la diffusion du quotidien. Son tirage, en janvier 1945, n'est tout de même pas négligeable : 185 000 exemplaires[2].

Le Monde d'Hubert Beuve-Méry

Le second grand événement de la nouvelle presse est la naissance du *Monde*, auquel est attaché le nom d'Hubert Beuve-Méry. Né en 1902 dans une famille originaire de Bretagne, il a passé une jeunesse assez pauvre auprès d'une mère abandonnée. Grâce au soutien d'un entourage clérical, il entre en troisième au collège du Sacré-Cœur d'Yssingeaux (Haute-Loire) et passe la première partie de son baccalauréat en 1918. Revenu à Paris, désireux de gagner sa vie et d'aider sa mère, il passe par plusieurs petits boulots : livreur chez un brocanteur, employé au service des écritures au PLM (la ligne Paris-Lyon-Marseille, avant la nationalisation de 1937), puis à la compagnie d'assurances Le Conservateur, avant de revenir à Yssingeaux passer la seconde partie du bac en 1922. Il se lance alors dans des études de droit à Paris et fait ses premiers pas de journaliste dans le périodique de son tuteur spirituel, le père Janvier, *Les Nouvelles religieuses*. Ce bimensuel, assez proche de l'Action française, baigne non seulement dans l'eau bénite,

2. Chiffre donné par Claude Bellanger *et al.*, *Histoire générale de la presse française*, t. 4, *De 1940* à *1958*, Paris, PUF, 1975, p. 300.

mais aussi dans le courant nationaliste, antilaïque, passablement antisémite.

Cependant, lorsque Pie XI condamne les thèses de Maurras en 1926, Beuve-Méry s'évertue à amener son protecteur réfractaire à l'obéissance, alors que *Les Nouvelles religieuses* ignorent le décret du Saint-Office. Il y parvient finalement. Après la soutenance de sa thèse, il accepte un poste de professeur de droit à l'institut Ernest-Denis à Prague, qu'il gagne avec celle qu'il vient d'épouser, Geneviève Deloye[3].

Beuve-Méry devait demeurer à Prague jusqu'en juillet 1939. Professeur de droit public, il n'en reste pas moins journaliste ; il est introduit dans les milieux dirigeants de la Tchécoslovaquie, fréquente Edvard Beneš, successeur de Tomáš Masaryk à la présidence de la République, avec lequel il a de nombreux entretiens ; il livre ses réflexions à la revue *Politique*, dirigée à Paris par Marcel Prélot, proche du Parti démocrate populaire (PDP), le petit parti démocrate-chrétien. En 1932, à la suite de l'assassinat du président de la République Paul Doumer par le fanatique d'origine russe Gorgulov, qui a fait ses études à Prague, Beuve-Méry est sollicité par *Le Matin* pour enquêter. La thèse de Bunau-Varilla, le directeur, est qu'il s'agit d'un complot d'origine soviétique. Son enquête achevée, Beuve-Méry conclut que l'assassin de Doumer n'est nullement un communiste téléguidé par les Soviets, mais plutôt un instable qui ne semble « pas jouir de la plénitude de ses facultés ». Il envoie son article, mais quelle n'est pas sa surprise de prendre connaissance quelques jours plus tard d'un papier où il est censé dire que Gorgulov est un agent secret de la Guépéou. Sans hésiter, il démissionne du *Matin* ; puis est engagé comme correspondant au *Journal*. Nouvelle déception, *Le Journal* s'aligne sur *Le Matin*. Tout se passe comme si dans cette presse à grand tirage la vérité n'était qu'un luxe inutile, voire dérangeant. Il démissionne de nouveau. L'homme a mesuré à quel point les journaux français étaient corrompus. En 1934, nouvelle expérience, cette fois au *Petit Journal*, autre grand de la presse quotidienne, et nouveau désaccord avec la direction. L'année suivante, il pense enfin avoir trouvé la tri-

3. Nous suivons ici Laurent Greilsamer, *Hubert Beuve-Méry (1902-1989)*, Paris, Perrin, coll. « Tempus », 1990, et Jean-Noël Jeanneney et Jacques Julliard, *« Le Monde » de Beuve-Méry, ou le Métier d'Alceste*, Paris, Seuil, 1979.

bune de ses vœux en entrant dans le prestigieux journal *Le Temps*, dont l'austérité, la modération et le rayonnement international lui paraissent de bon aloi. Il est alors dirigé par Jacques Chastenet, proche des milieux patronaux, ancien directeur de l'Union des mines. La gauche le présente comme l'organe du Comité des forges et de son président, François de Wendel. Qu'importe ! Beuve y publie des articles où il dépeint sans œillères les réalités du régime national-socialiste ainsi que la montée en puissance du parti nazi en Tchécoslovaquie. L'aveuglement des Français l'exaspère. La reculade de 1938 est l'occasion pour lui de démissionner du *Temps*, favorable aux accords de Munich. Dans les mois suivants, il assiste à la désintégration de la Tchécoslovaquie sans la moindre réaction de son allié, le gouvernement dirigé par Édouard Daladier.

Au cours de cette expérience, il a mesuré la déchéance de la grande presse stipendiée, corrompue, immorale ; il a conçu, il a rêvé un grand journal indépendant. Dans cet avant-guerre, Beuve-Méry a fait preuve de lucidité sur les desseins de Hitler et sur les faiblesses de la IIIe République déclinante – lucidité qui se double de la colère et du désir de faire naître une presse propre, exigeante et véridique.

Revenu en France, mobilisé puis démobilisé, installé à Lyon, il collabore à l'hebdomadaire *Temps présent* de Stanislas Fumet, qui devient *Temps nouveau*, où il publie une chronique de politique étrangère signée Sirius, un pseudonyme qui a de l'avenir. Il fréquente Emmanuel Mounier et Jean Lacroix qui font reparaître *Esprit*, où il écrit un article, « Révolutions nationales, révolution humaine », dont l'ambiguïté lui sera plus tard reprochée : une sorte d'allégeance au Maréchal suivie d'une seconde partie en faveur d'une révolution personnaliste aux antipodes de la « Révolution nationale ». C'est le temps de la surveillance, de la censure, et il faut se faire comprendre à travers l'apparente allégeance au pouvoir. La revue *Esprit* n'y survivra pas ; elle est interdite en août 1941. Beuve-Méry passe alors par une autre expérience, celle de l'école des cadres qu'a créée à Uriage le capitaine Dunoyer de Segonzac, dans l'intention de former une nouvelle élite après la défaite. Beuve y donne des conférences, puis s'y installe en mars 1941. Il renforce dans cette école de tonalité chrétienne sociale ses convictions morales et spirituelles. Après que l'école d'Uriage eut été dissoute, le 27 décembre 1942, Beuve-Méry suivra Dunoyer de Segonzac et ses camarades dans un maquis du Tarn.

Cette double expérience de Prague et de la Résistance a fortifié en lui sa grande idée de créer un journal fondé sur les valeurs d'honnêteté, de vérité et de rigueur intellectuelle. L'effrondrement de la presse « collabo » lui en donne l'occasion. On sait qu'en 1944 *Le Temps* fait partie de la charrette. Le grand journal « munichois » a adhéré aux principales options de Vichy[4] et s'est sabordé trop tard pour avoir la permission de reparaître. Le quotidien de Chastenet avait joué un rôle trop important en France et à l'étranger (où il passait pour le journal officieux du Quai d'Orsay) pour laisser la place vide. Tel est en tout cas l'avis du général de Gaulle et de son ministre de l'Information, Pierre-Henri Teitgen. Trois noms s'imposèrent bientôt pour prendre en main le quotidien en gestation : Hubert Beuve-Méry, l'ancien résistant et professeur d'économie politique René Courtin et Christian Funck-Brentano, un chartiste, ancien de la France libre et membre du cabinet du général de Gaulle.

Beuve-Méry, journaliste à plein temps, devient directeur en titre, gérant du journal, tandis que Courtin, professeur à mi-temps à la faculté de droit, le seconde avec Funck-Brentano. Le nouveau journal est lancé, financé comme les autres par des avances de l'État, tandis que les anciens locaux et l'imprimerie du *Temps*, boulevard des Italiens, qui ont été confisqués sont mis à sa disposition. Par ailleurs, *Le Monde* peut compter au départ sur une bonne partie de l'ancienne équipe du *Temps*. C'est ainsi qu'Émile Henriot continuera son feuilleton littéraire ; Robert Kemp sa chronique théâtrale et René Dumesnil sa chronique musicale. Un héritage qui ne classe pas *Le Monde* dans l'avant-garde artistique ; du moins est-ce un signe d'appel aux habitués du *Temps*.

Lancé le 18 décembre 1944, *Le Monde* rencontre un succès immédiat, son tirage étant porté d'emblée au-dessus de 100 000 exemplaires. Journal du « soir », il aura deux éditions quotidiennes, l'une à 14 heures, l'autre à 16 heures. Dans son éditorial, « À nos lecteurs », la direction du journal s'inscrit dans le droit fil de la Résistance tout en affirmant son indépendance : « En acceptant

4. Alain-Gérard Slama, « Un quotidien républicain sous Vichy : *Le Temps* (juin 1940-novembre 1942) », *Revue française de science politique*, août 1972.

passivement sa défaite, la France eût consommé sa propre perte. Au contraire, l'appel à la résistance lancé par le général de Gaulle au lendemain de la capitulation, et qui eut un si large écho dans le cœur des Français, a rendu au pays toutes les chances qu'il semblait avoir perdues. [...] Si usé que soit le mot, c'est bien une révolution – une révolution par la loi – qu'il s'agit de faire triompher ; celle qui restaurera, par l'union et l'effort créateur de tous les Français dignes de ce nom, la grandeur et la liberté françaises. »

Cependant, le triumvirat directorial n'est pas tout à fait en harmonie. René Courtin rue bientôt dans les brancards. Ce n'est pas seulement une rivalité personnelle ; un désaccord le sépare de Beuve sur les problèmes économiques. Courtin, issu de la HSP (haute société protestante), est un adepte du libéralisme économique. Ému des réformes de structure décidées par le gouvernement provisoire, il écrit un article pour s'y opposer. Beuve-Méry le refuse en janvier 1945. Dépité, Courtin en appelle à Teitgen, menace de démissionner, mais le ministre s'en remet à la décision du « responsable de la publication ». Finalement, un compromis est passé. Après que Courtin eut accepté quelques remaniements, son papier, « Les réformes de structure » – particulièrement les nationalisations –, paraît le 1er février 1945. Courtin oppose à la « majorité apparente de la Résistance » qui décide des choix politiques et économiques la « grande masse de la nation » : « En violentant le pays, ne faudrait-il pas craindre de le rejeter définitivement dans un conservatisme buté qui nous enlèverait demain tout espoir de forger la grandeur française ? » Rétablir le secteur libre le plus large sera un impératif.

Funck-Brentano, le troisième homme du triumvirat, ne pèse guère entre les deux chefs de file du journal. Courtin reste le responsable des pages économiques et financières ; Beuve-Méry, de la politique intérieure et internationale. La majorité des articles, comme à *Combat*, ne sont pas signés ; c'était le cas de l'article de Courtin cité, comme des articles et éditoriaux de Beuve. On ne cherche pas l'effet, la sensation, l'émotion, mais la rigueur et l'exactitude. Le patron, formé par les écoles chrétiennes, écœuré par la grande presse d'avant guerre et marqué par Uriage, ne dédaigne pas de moraliser contre l'« esprit d'envie » et l'« esprit politicien ». Ainsi, le 16 janvier 1945, à la une d'un journal qui a pris un nouveau format, le demi-format qui restera le sien, on peut lire dans un édito intitulé « L'heure du civisme » un appel à l'honnêteté et à l'élévation dans la critique : « Il est bon, il est nécessaire en régime démocratique que les actes du gouvernement soient soumis à la libre critique de l'opinion et de la presse qui, pour une large part, fait l'opinion. Il serait désastreux que cette critique devînt la culture systématique du mécontentement. [...] C'est de tous [les] éléments qu'il faut tenir compte quand on critique le gouvernement. Riche d'héroïsme, ce pays est encore pauvre de civisme. L'un n'est pas moins nécessaire que l'autre à la grandeur, à l'existence même de la France. »

Avec Camus à *Combat* et Beuve-Méry au *Monde*, les Français viennent de trouver leurs professeurs de morale et d'éducation civique. Ironie mise à part, ces deux hommes et ces deux journaux tranchent sur les méthodes, le battage et la vénalité des quotidiens d'avant guerre. Tous les deux parlent de « révolution » – de révolution tranquille, de révolution par la loi. L'un, *Combat*, est plus radical, plus à gauche que l'autre, mais les deux quotidiens s'affirment en 1944 comme les journaux de référence à destination des esprits cultivés et d'un public exigeant. Leur existence et leur concurrence contribuent à dessiner un nouveau visage de la France libérée. Incontestablement, un nouvel esprit se lève sur les ruines de la défaite et de la collaboration. Reste à le vivifier et à le perpétuer.

7

Le premier été de paix

L'événement le plus considérable de l'été 1945 fut sans conteste l'explosion de la bombe atomique des Américains sur la ville japonaise d'Hiroshima, le 6 août, suivie par le bombardement de Nagasaki trois jours plus tard. Les humains comprendront après coup qu'ils détenaient l'arme suprême de leur anéantissement collectif, un pouvoir d'autodestruction qui bouleversait le cours de l'Histoire. On éprouva d'abord une « terreur rétrospective » à l'idée que Hitler eût pu détenir la bombe avant les Américains. Pour l'heure, la double explosion nucléaire provoqua la capitulation du Japon, le dernier pays combattant des forces de l'Axe, le 15 août 1945. Cette fois, c'était la paix, la paix définitive.

En France, les GI sont toujours là. Les relations entre les habitants et leurs libérateurs ne sont plus empreintes de la même ferveur qu'à la Libération. On admire les impeccables tenues militaires d'une armée moderne ; on tend encore la main vers les soldats pour le chewing-gum, le chocolat et les cigarettes blondes ; on se livre aussi avec eux à des petits ou grands trafics. Nombre d'entre eux ont trouvé l'âme sœur auprès de jeunes filles françaises, non seulement pour une passade, mais pour se marier – une aventure qui se terminera diversement, très mal parfois.

Pour faciliter les rapports entre les troupes et la population, les autorités américaines ont distribué un guide destiné à vaincre les préjugés hostiles aux Français qui sont courants outre-Atlantique. Ce petit livre présente, sous forme de catéchisme, cent douze questions et réponses, allant de la « saleté » des indigènes à leur « paresse ». La question 105 concerne la capitale ; on peut lire :

« À l'apparence de certaines de leurs villes, comme Paris, vous n'avez pas l'impression qu'ils [les Français] sortent de la guerre. »

La réponse expose le contraste entre l'apparence et la réalité : « C'est vrai. Vous ne pouvez pas savoir ce qu'a coûté la guerre à la France en remontant les Champs-Élysées, pas plus que vous ne pouvez savoir ce qu'elle a coûté à l'Amérique en vous promenant sur les planches d'Atlantic City. À Paris, vous ne pouvez voir les 1 115 000 Français, hommes, femmes et enfants, qui sont morts, qui ont été blessés, qui ont été déportés ou fusillés comme otages. Vous ne pouvez pas voir les vivres et les équipements qui ont été emportés hors de France. [...] Vous ne pouvez pas voir les maigres rations dont se nourrissaient les Français. Vous ne pouvez pas voir la malnutrition dont ils souffraient à cause des Allemands. [...] Vous ne pouvez pas voir la recrudescence de tuberculose, diphtérie, fièvre typhoïde, paralysie infantile (accroissement de 300 à 400 % de ces maladies). Vous ne pouvez pas voir tous les bébés mort-nés à cause du manque de nourriture et surtout de lait. Vous ne voyez pas les rachitiques sur les Champs-Élysées[1]. »

Les nourritures terrestres

Pourtant, même à Paris, s'alimenter reste un souci quotidien en cet été 1945 : la pénurie, les tickets, les files d'attente au seuil des boulangeries et autres commerces, autant d'images qui frappent tous ceux qui découvrent alors les rues de la capitale.

Quand Paul Léautaud se rend le 7 juillet 1945 à un déjeuner chez la riche Franco-Américaine Florence Gould, ce misanthrope qui n'est guère porté sur les jouissances gastronomiques ne s'en s'extasie pas moins, dans son *Journal littéraire*, sur le menu : « Des œufs durs au fromage de gruyère, un régal. Du poulet avec des pommes de terre frites, de la salade, dont je ne mange pas, du fromage de gruyère, des pêches de qualité. » Au moment de partir, son hôtesse lui remet un « colis » contenant un kilo de café vert, c'est de l'or au marché noir[2].

1. *Nos amis les Français. Guide pratique à l'usage des GI's en France, 1944-1945*, Paris, Le Cherche Midi, 2003, p. 127.

2. P. Léautaud, *Journal littéraire*, t. 3, *op. cit.*, p. 1316.

Chroniqueurs, échotiers, écrivains qui tiennent leur journal, tous ceux qui vivent dans ce Paris de l'« étrange victoire » égrènent leurs récits « alimentaires ». Les hommes de plume doivent, eux aussi, présenter leur carte et leurs tickets de ravitaillement, de la catégorie « M » (les majeurs qui ne sont pas soumis à des travaux exigeant un grand effort musculaire) : « Nous touchons le même pain contre les mêmes tickets », écrit le romancier Henri Calet. Celui-ci, qui habite le XIVe arrondissement, fait la queue en compagnie d'une centaine d'autres pauvres hères décharnés devant un magasin de fruits et légumes qui vient de recevoir un arrivage de tomates. « On entendait la petite musique d'un manège de chevaux de bois de l'avenue du Maine. Tout à coup, il y eut un grand mouvement dans notre foule. La queue se divisa en deux tronçons. Je compris trop tard que le mari de la marchande s'était mis à son tour à vendre les tomates. J'allais gagner quelques places sans bouger. » Mais dans le reclassement de la file d'attente, un Arabe est passé devant une petite dame frisée : « Vous ne passerez pas, sale bicot ! », lui lance la mégère avec énergie. S'ensuit une scène si peu propice à la conciliation des peuples qu'« un grand nègre qui portait à son revers de multiples décorations » déclara, prémonitoire : « Et vous serez étonnés quand vous perdrez vos colonies[3]... »

Si le ravitaillement taraude tous les esprits, on a aussi du mal à trouver des vêtements. La plupart des hommes portent leurs frusques d'avant guerre. À la fin de juillet est publié un communiqué du ministère des Finances qui « précise que M. Pleven a bien promis à une délégation de la fédération générale des fonctionnaires venue le trouver dernièrement l'octroi à chaque Français d'un costume et d'une paire de chaussures, mais il ne pense pas pouvoir réaliser cet espoir avant le courant de l'hiver prochain. Les prisonniers et déportés auront un droit de priorité ». La tenue des femmes est singulière : robes et jupes très courtes, souvent taillées dans de vieux rideaux, des épaulettes exagérées, des turbans en hauteur en guise de chapeaux, des chaussures à hautes semelles de bois ou de liège. La mode ne renonce jamais, car elle se renouvelle sans cesse.

Des malins ont trouvé la combine : à Bercy, des Français sont employés au déchargement du ravitaillement de l'armée américaine. De temps en temps, ils ouvrent une caisse, la vident et la

3. Henri Calet, *Le Tout sur le tout*, Paris, Gallimard, 1948, p. 166-167.

reclouent : ni vu ni connu. Jean Galtier-Boissière, directeur du *Crapouillot*, qui raconte l'anecdote dans son *Journal de la Libération*, ajoute : « Un jour, un nègre américain gigantesque voit quatre manœuvres français qui plient – ou semblent plier – sous le poids d'une lourde caisse. Bon enfant, le colosse vient à l'aide des petits Français. Et il s'aperçoit que la caisse est vide. Il réfléchit et déclare : "Très fort !"[4] » C'est ce qu'on appelle le « système D » (D comme débrouille ou débrouillard), auquel les citadins se sont exercés depuis la Grande Culbute de 1940.

Divertissements

L'été invite au départ ; on a droit aux vacances depuis 1936, mais la guerre a cloué le Parisien sur l'asphalte. Partir, partir, respirer ! Les municipalités récemment élues et les paroisses concourent à l'expédition des enfants en « colo ». Les plages restent malheureusement difficiles d'accès car de nombreuses communes de villégiature, de la mer du Nord à la Méditerranée, sont interdites pour cause de déminage. Pour les adultes, c'est de toute façon la croix et la bannière pour réserver une place dans un train. Malgré l'« effort surhumain du rail », comme l'écrivent les journaux, seulement 30 % des voitures de voyageurs de 1939 sont en état de circuler, et avec quelle lenteur ! Car toutes les voies ferrées ne sont pas réparées, ni les ponts. Julien Green, qui revient en bateau des États-Unis, où il a passé le temps de la guerre, débarque au Havre en septembre. « Dans le port anéanti, un quai de métal installé par les Américains. Nous montons dans le train à 8 heures du soir et n'en sortons qu'à 10 h 30 le lendemain matin. Il faisait froid et le wagon de troisième classe dans lequel nous nous trouvions n'était pas chauffé. [...] Pas fermé l'œil. Il me semble que nous avons erré toute la nuit à travers la Normandie et même plus au nord à la recherche de ponts[5]. »

Jour et nuit des milliers de gens font le pied de grue dans les gares avec l'espoir de parvenir au guichet et d'arracher le petit carton prometteur d'horizons. Là encore, marché noir et système D.

4. J. Galtier-Boissière, *Journal 1940-1950*, *op. cit.*, p. 461.
5. Julien Green, *Journal 1928-1958*, Paris, Plon, 1961, p. 603.

Comme en témoigne Galtier-Boissière : « Une place réservée dans un train de grandes lignes se paye de six cents à mille francs. Lucienne, toutefois, a trouvé une concierge qui vend des billets pour la Bretagne avec une simple majoration de quatre cents francs. Cette pipelette a embauché une bande de clochards qui font la queue à la gare toute la nuit et lui rapportent les tickets. Elle leur donne cent francs par place, et empoche la différence. Elle se fait ainsi, sans bouger de sa loge, de cinq à six mille francs par jour. À la fin des vacances, elle pourra acheter un immeuble. » C'est l'été où l'on ne vit pas un clodo dormir sous les ponts de la Seine.

À défaut de pouvoir partir (« il y a 3 millions de Parisiens qui restent à Paris »), on fait de la capitale une station balnéaire. On prend des bains aux environs du pont d'Iéna, au pied même de la tour Eiffel : « Le plongeoir de la piscine, c'est le pont lui-même. Les bains de soleil se prennent sur la margelle du pont… On barbotte, on nageotte, on se déshabille derrière les arbres. Les marches qui descendent dans l'eau sont pleines de mères de famille qui tricotent[6]… » Paris-plage, déjà.

Ceux qui craignent le soleil peuvent toujours aller se rafraîchir dans les salles de cinéma. *L'Écran français* est un bon guide, le seul hebdomadaire consacré au cinoche. Il était publié clandestinement sous l'Occupation, il paraît désormais dans les kiosques avec des photos, tous les mercredis. On note parmi les noms de son comité de patronage le cinéaste Jacques Becker, mais aussi Albert Camus, André Malraux, Jacques Prévert et Jean-Paul Sartre. La grande affaire est l'arrivée des films américains dont le public français a été sevré pendant la guerre. Ce sont surtout des productions d'avant 1940 : *L'Extravagant Mr. Deeds*, de Capra ou *L'Impossible Monsieur Bébé*, d'Howard Hawks ; des séries B et des films de guerre aussi, comme *Air Force*, toujours d'Howard Hawks, tourné en 1943, ou *Destination Tokyo*, de Delmer Daves et avec Cary Grant, de 1944. Le film d'outre-Atlantique le plus attendu est *Autant en emporte le vent*, que Victor Fleming a tourné en 1939. *France-Soir* prend l'initiative de le présenter dans sa version originale, sans sous-titres, lors d'un gala à l'Opéra organisé le 10 juillet au profit des déportés. Une foule mondaine s'y presse, qui ne comprend goutte mais pourra se vanter d'en avoir été.

6. *Combat*, 21 juillet 1945.

Côté français, le grand succès depuis quelques mois s'appelle *Les Enfants du paradis*, de Marcel Carné et Jacques Prévert : Arletty-Garance et Pierre Brasseur-Frédérick Lemaître enchantent, tandis que Marcel Herrand-Lacenaire fait peur sous ses mèches en accroche-cœur et derrière son jabot immaculé. Une distribution olympienne. Maria Casarès ! Jean-Louis Barrault ! Louis Salou ! Quel plaisir ! On doit aussi suivre de longues files d'attente, en cet été 1945, pour voir un nouveau film de Jacques Becker, *Falbalas*, avec Raymond Rouleau dans le rôle d'un grand couturier qui, désespéré, finit par se jeter du haut de sa fenêtre en enlaçant un mannequin de cire. Au début de septembre, un beau succès encore couronne un film de Jean Dréville, *La Cage aux rossignols*, avec Noël-Noël, qui, bien avant Gérard Jugnot, démontre les vertus du chant choral pour amadouer les fortes têtes : la musique adoucit les mœurs.

À la mi-juillet, René Clair est rentré des États-Unis où il a séjourné pendant les années de guerre et tourné quatre films. À l'aéroport du Bourget, où il débarque, le reporter de *Combat* lui demande s'il a des projets : « En principe, je dois retourner aux États-Unis en septembre, dit-il. Mais, bien entendu, je ne demanderais pas mieux que de travailler en France. C'est vous qui allez me dire si c'est possible. Y a-t-il de la pellicule ? Comment fonctionnent les laboratoires ? Est-ce que les studios seront chauffés cet hiver ? » Le journaliste rassure le cinéaste : « Pour vous, René Clair, il est certain qu'on trouvera de la pellicule, du charbon et tout ce qui sera nécessaire. » Ajoutant *in petto* : « C'est ce que nous voulons espérer. » Il faudra tout de même attendre 1947 pour applaudir au vrai retour du cinéaste en France, avec *Le Silence est d'or*.

Le théâtre ne chôme pas complètement. Un événement est le *Richard III* de Shakespeare, présenté par l'Old Vic Theatre de Londres, à la Comédie-Française. André Gide s'y est rendu avec sa fille Catherine. « Il avoue ce matin à Bussy, lit-on dans *Les Cahiers de la Petite Dame*, n'avoir rien compris. “Oui, de temps en temps, un mot en trois syllabes...” Il ajoute : “Vraiment, pour les langues étrangères, je suis un cas désespéré.” » Désespéré peut-être, mais pas unique : la salle était remplie de spectateurs ignorant l'anglais mais affichant des airs entendus. En dehors du théâtre de boulevard, où, comme on dit, les bourgeois viennent digérer, la critique a retenu surtout *Antoine et Cléopâtre*, à la Comédie-

Française ; *Le Soulier de satin* de Paul Claudel, également à la Comédie-Française ; *Antigone*, de Jean Anouilh, à l'Atelier ; et enfin *Huis clos*, de Jean-Paul Sartre, au théâtre du Vieux-Colombier, une pièce d'abord montée le 27 mai 1944, puis interrompue à plusieurs reprises, relancée du 6 mars au 10 juin 1945 : une carrière qui était loin d'être terminée. Mais la saison qui s'achève est jugée plutôt décevante : « Nous attendions de grandes révolutions, écrit René Laporte dans *Le Monde illustré* du 28 juillet, nous n'eûmes que des déceptions… »

Paul Valéry est mort

Quand les théâtres font relâche, il n'y a plus qu'à se plonger dans les livres entre deux plongeons dans la Seine ou dans la piscine de Bagatelle. La littérature reste reine de France. Elle a été un peu perturbée l'année précédente à cause des combats de la Libération. Qu'à cela ne tienne, on donnera cet été les prix qu'on n'a pas attribués l'an dernier. Le Goncourt, pour commencer, auréole Elsa Triolet pour *Le premier accroc coûte deux cents francs*. Le titre fait allusion aux « messages personnels » diffusés par Radio-Londres aux maquis. Émile Henriot, dans *Le Monde*, évoque le combat de la Résistance et loue le roman d'exprimer la « merveilleuse volonté du peuple de France de ne pas se laisser asservir ». Un des autres critiques très en vue, Robert Kemp, en parle lui aussi avec indulgence dans *Les Nouvelles littéraires* : « L'art de ces récits est un peu tatillon et épais. Mais, quand on établit des documents, minutie est vertu. » Kemp décoche néanmoins au Prix Goncourt 1944 la flèche du Parthe, en lui conseillant de suivre un modèle : *Servitude et grandeur des Français*… d'Aragon. « Là, écrit-il, il n'est dit que ce qu'il faut ; rien ne s'englue, ne s'amollit. C'est du muscle sans gélatine… L'art du *Premier accroc* est encore loin de cette perfection. » Galtier-Boissière croit savoir pourquoi l'académie Goncourt et son président, Roland Dorgelès, ont sacré Elsa Triolet, en ces temps de listes noires dressées par le Comité national des écrivains (CNE) contre leurs confrères compromis avec Vichy et la collaboration : « Dorgelès est un politique. Il a fait comprendre à plusieurs de ses collègues que le comportement de La Varende, Sacha [Guitry], Ajalbert et autres Benjamin risquait de discréditer l'académie et qu'il convenait, par un heureux choix à l'extrême gauche, de reconquérir, à l'occasion du prix, la faveur de l'opinion. » Aragon, qui domine le CNE, ne badine pas avec les « collabos ». La gauche dure a pris le pouvoir littéraire. Georges Bernanos parle du « Saint-Office communiste », de l'« inquisition communiste », mais nombre de journalistes et de chroniqueurs n'osent guère titiller les fidèles de Staline.

L'attribution du prix Renaudot aux *Amitiés particulières* de Roger Peyrefitte a soulevé la colère de *L'Humanité*. Le quotidien communiste s'est évidemment réjoui du Goncourt, mais il tonne contre ce Renaudot estival dépravé : « Peyrefitte était en 1943-1944 au Quai d'Orsay, détaché à la délégation chargée des rapports avec l'occupant. La production littéraire de ces cinq années est assez riche pour que le jury n'ait aucune excuse : il n'avait pas à couronner l'œuvre d'un vichyssois. » Ce n'est pas tant sur ce terrain politique que Robert Kemp fustige Peyrefitte et son roman, mais sur celui des bonnes mœurs. L'homosexualité n'a pas bonne presse. Tout en se défendant de verser dans la pudibonderie, il se déclare choqué par un ouvrage qui fera du tort à la France, un « écœurant mélange de dévotion feinte et de souhaits voluptueux ». Réplique d'André Billy, de l'académie Goncourt, qui eût peut-être préféré primer Peyrefitte plutôt que Triolet : « Mon ami Robert Kemp a prononcé [...] des paroles très graves. Il a dit qu'un jury avait le devoir de tenir compte de certaines considérations morales, éthiques, philosophiques, etc., et de se demander, avant de couronner un livre, si ce livre ne risquait pas de nous faire du tort à l'étranger. Toute mon estime et toute mon amitié pour Robert Kemp ne feront pas qu'une thèse de ce genre ne me soit absolument étrangère » (*Monde illustré*, 28 juillet).

La société littéraire parisienne survit aux troubles de l'épuration comme aux listes noires du CNE. André Gide a repris une stature que le régime de Vichy avait tenté d'amoindrir. Il reste le grand écrivain français avec Valéry et Claudel, tous trois de la même génération. Aragon, en grand inquisiteur, ne pardonne pas à Gide son *Retour de l'URSS* de 1936. *Les Lettres françaises* publient de lui, en novembre 1944, une diatribe contre l'auteur sacrilège, en flétrissant sa prétendue soumission à l'occupant. Bernanos réagit à cette « exécution morale » en rappelant ce que fut l'attitude du PCF en 1940, après le pacte germano-soviétique : « La voie du salut, écrivait alors le Parti, ce n'est pas celle que vous indique le général de Gaulle, qui voudrait lier la France à la fortune chancelante de l'impérialisme britannique sur son déclin. » Bernanos n'a aucune affinité avec Gide, mais il ne supporte pas la petite terreur que les communistes, Aragon en tête, exercent dans la culture comme dans la politique.

Paul Valéry, lui, est au plus mal en ce mois de juillet, il souffre d'un cancer à l'estomac. Gide, son ami, ne manque pas d'aller le visiter ; il revient de chacune de ses visites bouleversé, atterré : « Il le trouve affreusement changé, écrit la Petite Dame, l'historiographe de l'écrivain, le 7 juillet, ayant déjà, dit-il, le masque de la mort ; il ne peut croire qu'on puisse revenir de si loin. » De fait, Valéry quitte le monde des vivants le 20 juillet. Le gouvernement de De Gaulle décide des obsèques nationales. *Le Figaro* demande un article à Gide, qui s'exécute : « Rien ne pouvait honorer notre gouvernement provisoire plus et mieux que ces glorieuses funérailles officiellement accordées, avec un cérémonial digne du plus éminent représentant du génie français, à Paul Valéry, dont le rayonnement maintient la primauté de notre patrie sur le monde spirituel en dépit de nos revers historiques et de notre disgrâce[7]. »

Toute la presse y va de son éloge funèbre. Valéry était considéré comme un grand, peut-être le plus grand écrivain du siècle. De *L'Humanité*, qui rappelle que le poète avait donné son adhésion au CNE en 1943, au *Figaro* et à *Combat*, où Alexandre Astruc, futur cinéaste et pour le moment journaliste, rend hommage à l'esprit rationnel du disparu, ce n'est qu'un requiem exalté pour l'auteur du *Cimetière marin*.

Le 24 juillet, après un service religieux à Saint-Honoré-d'Eylau, le cercueil de Valéry est porté par des gardes municipaux au terre-plein du Trocadéro, à la lueur des torches. Roger Martin du Gard raconte dans son journal : « Ce soir-là, j'avais l'intention de quitter le Claridge de bonne heure pour aller à la place du Trocadéro assister à l'arrivée du corps de Valéry, et prendre discrètement part à la veillée funèbre. Gide et Simenon ont voulu m'accompagner. Simenon nous a conduits dans son auto, et nous a fait franchir tous les barrages. Une foule nombreuse était massée derrière les balus-

7. André Gide, *Essais critiques*, Paris, Gallimard, coll. « Bibliothèque de la Pléiade », 1999, p. 925.

trades improvisées, mais sur l'esplanade de Chaillot, il n'y avait que quelques personnes. Une cinquantaine d'ouvriers s'affairaient à monter l'échafaudage du catafalque, entre les deux palais, face à la tour Eiffel. L'aspect était saisissant. Une nuit d'été, lunaire, d'une pureté de diamant. [...] L'heure de l'arrivée du cortège était depuis longtemps passée, rien n'était prêt pour le recevoir. Un officier de police nous a dit qu'il ne pensait pas que la cérémonie aurait lieu avant le petit matin. Je me suis laissé convaincre, et nous sommes repartis. J'ai appris le lendemain que le cortège était arrivé moins d'un quart d'heure après notre départ ; et que, en attendant l'achèvement du catafalque, la bière avait été exposée, en avant des terrasses, entre quatre torchères. Je ne me console pas d'avoir cédé à l'impatience de mes compagnons[8]. »

Un grand s'en va. Et les autres ? Le mouvement surréaliste survit difficilement à l'épreuve de la guerre. La preuve en est que l'excellent critique Maurice Nadeau vient de publier leur histoire, un livre qui pendant longtemps fera autorité[9]. Dans la mouvance, cependant, un écrivain singulier, Julien Gracq, retient l'attention de la critique, avec son deuxième roman paru au début de l'année, *Un beau ténébreux*, au style d'une « somptuosité baroque » déclarent *Les Nouvelles littéraires*. L'auteur est un professeur de géographie à l'université de Caen, où il réside. Son livre a eu trois voix au Renaudot. Parmi d'autres, Maurice Nadeau fait son éloge dans la revue *Fontaine* du mois de juin : « Julien Gracq ne voit pas ce qui tombe sous les yeux. Le monde des réalistes est plat, le sien est plein. Il a su ne pas se borner aux apparences, il nous emmène par la main dans le monde de la réalité totale. Poète, c'est un grand romancier. »

Fontaine, créée à Alger en 1939, et que dirige Max-Pol Fouchet, a été la revue de la poésie résistante ; elle compte encore dans ces années de l'après-guerre qui ont vu la suppression de la *NRF*, punie pour avoir paru durant l'Occupation et sous la direction collaborationniste de Drieu la Rochelle, dont l'ultime tentative de suicide avait réussi au mois de mars 1945. Les autres revues littéraires qu'on lit en cet été se nomment *Poésie 45*, où l'historienne

8. Roger Martin du Gard, *Journal*, III, *1937-1949*, Paris, Gallimard, 1993, p. 754.
9. Maurice Nadeau, *Histoire du surréalisme*, Paris, Seuil, 1945.

de la littérature Claude-Edmonde Magny analyse l'influence du cinéma sur le roman américain, à côté de poèmes de Paul Éluard et d'Eugène Guillevic, et les *Cahiers du Sud*, où Maurice Merleau-Ponty décrypte les significations du roman de Simone de Beauvoir *L'Invitée*, à la lumière de *L'Être et le Néant* de Sartre.

Pour Sartre, la grande affaire de l'été 1945 est la préparation du premier numéro des *Temps modernes*, sa revue, qui sortira en octobre, en concurrence avec celle d'Emmanuel Mounier, *Esprit*, qui a reparu dès décembre 1944 et, dans une moindre mesure, avec *La Nef*, fondée à Alger en 1944 par Robert Aron et son amie Lucie Faure, l'épouse d'Edgar Faure, installée à Paris depuis peu. Sartre peaufine sa « Présentation » qui sera tonitruante, en faveur d'une littérature engagée (« L'écrivain est *en situation* dans son époque : chaque parole a des retentissements. Chaque silence aussi... »). Merleau-Ponty s'emploie à définir les implications sociales de la liberté, de la vérité et du bonheur (« La guerre a eu lieu »). Raymond Aron, qui est du premier comité de rédaction, rédige un grand article sur la situation de la France, dont le titre est bien dans le style de son pessimisme actif : « Les désillusions de la liberté ». La mèche est allumée, la bombe Sartre explosera à l'automne, et l'existentialisme – cette « philosophie de ratés », comme le dira le communiste Roger Garaudy – s'imposera comme la principale innovation intellectuelle de l'après-guerre.

En attendant, Paris danse. Tous les soirs, place de l'Étoile, de curieuses créatures se livrent à une ronde étrange. « Des jeunes gens et des jeunes filles tournent dans la nuit. Des garçons se tiennent à l'intérieur de la ronde. Ils happent une fille au passage. Et c'est alors un baiser prolongé, passionné, sans tricherie aucune. Il n'y a qu'une règle du jeu. Toute jeune femme doit se laisser embrasser à satiété. Elle se remet dans le cercle et le jeu continue, toujours aussi silencieux[10]. » Le 14 Juillet – le premier à être fêté depuis 1939 – donne lieu à un concours de festivités qui suivent le défilé militaire aux Champs-Élysées. On danse dans tous les quartiers, et pendant toutes les nuits des 13, 14 et 15 juillet, « comme si, écrit *L'Humanité*, le peuple avait voulu rattraper le temps perdu pendant les 14 Juillet assassinés, et fouler sous ses pieds joyeux la bête nazie enfin abattue ». Le temps est magnifique,

10. *Combat*, 14-15 juillet 1945.

la canicule menace, une foule énorme déambule dans les rues et sur les boulevards.

Au mois d'août, ce sera le premier anniversaire de la libération de Paris. La délivrance ! « Personne n'a oublié ces heures exaltantes, écrit *Le Monde illustré*, enivrantes de la Libération. C'était il y a un an. Paris célèbre la "semaine glorieuse". » Claude Roy, jeune écrivain communiste, écrit le 18 août dans son journal sa honte d'être resté vivant, survivant à tous les « morts d'il y a un an » dans les combats du Paris insurgé, mais finit sur une note plus légère : « Je veux ce soir fermer les yeux un moment dans la ville apaisée et commencer une autre histoire, dont voici les premiers mots : "Il était une fois la paix. Les hommes étaient heureux... Une histoire vraie..." »

Les Parisiens, malgré les tickets, le marché noir et les trains qui ne partent toujours pas, tentent de réapprendre, à l'enseigne de la liberté retrouvée, ce que bonheur veut dire.

8

L'heure de Jean-Paul Sartre

Un écrivain français fait fureur au lendemain de la Libération, il s'appelle Jean-Paul Sartre. De courte taille, frappé d'un strabisme divergent, très laid selon son propre aveu, il traîne derrière lui une valise enchantée qui s'appelle l'existentialisme. Séducteur malgré son physique, éloquent, il attire, il fascine, flanqué de son « charmant Castor », Simone de Beauvoir, comme lui agrégée de philosophie, comme lui en quête de gloire littéraire.

Sartre avait déjà fait une percée avant la guerre au moment de son roman *La Nausée*, très remarqué, « salué par la critique comme l'un des livres les plus vigoureux et les plus originaux qui aient paru depuis longtemps », comme l'écrivait Jean Cassou. Cette fois, il s'agit d'un vrai feu d'artifice. 1943 : *L'Être et le Néant*, qui positionne Sartre comme philosophe ; 1944 : *Les Mouches*, *Huis clos*, qui en font un auteur dramatique ; 1945 : *L'Âge de raison* et *Le Sursis*, les deux premiers tomes des *Chemins de la liberté*, qui le confirment comme romancier. Là-dessus ajoutons son activité de journaliste, son reportage sur la libération de Paris pour *Combat* en août 1944, le lancement de sa revue, *Les Temps modernes*, en octobre 1945. Autant de productions et d'activités qui sont suivies en 1946 par la publication de sa conférence *L'existentialisme est un humanisme*, ses *Réflexions sur la question juive*, ses nouvelles pièces *Morts sans sépulture* et *La Putain respectueuse*... L'actualité de Jean-Paul Sartre ne faiblit pas. Un feu d'artifice continu dans le ciel renaissant de la république des lettres.

Naissance des *Temps modernes*

L'un des épisodes de sa carrière fut sa découverte de l'Amérique. Elle se fit en deux temps, dans la même année 1945. Le 11 janvier, Sartre s'embarque dans un avion militaire, en compagnie de sept autres journalistes français invités par le département d'État américain pour rendre compte de l'effort de guerre des États-Unis. Sartre, à la demande de Camus, y représente *Combat* et aussi *Le Figaro*. Réceptions, dîners, discours, conférences s'enchaînent et l'ennuient d'évidence. Mais il provoque bientôt un petit scandale, via un article publié par *Le Figaro*, dans lequel il résume sans ambages les difficiles relations franco-américaines au cours de la guerre – un *« lack of tact »*, lui dira-t-on. L'ingrat se sent tenu de mettre les choses au point dans le *New York Times* : « Je n'ai pas attendu d'être arrivé à New York pour ressentir une profonde affection pour tout ce que je connais de votre pays. Je ne dis pas cela seulement à cause de vos soldats qui se battent pour défendre nos frontières et qu'aucun citoyen français n'oubliera jamais, mais aussi parce que les gens de notre génération ont été fortement influencés par votre littérature, et que, pendant l'Occupation, nous nous sommes tournés vers votre pays, le plus grand de tous les pays libres. Je souhaite vivement que ces quelques mots suffisent à dissiper ce malheureux malentendu qui m'est personnellement douloureux[1]. »

Cependant, Sartre allait devenir une vedette, notamment grâce à la traduction d'un de ses articles, « La République du silence », publié dans *Les Lettres françaises* le 9 septembre 1944. Article à la gloire de la Résistance, d'un ton unanimiste : « Et je ne parle pas ici de cette élite que furent les vrais résistants, mais de tous les Français qui, à toute heure du jour et de la nuit, pendant quatre ans, ont dit *non.* » En décembre, ce texte avait été traduit dans la grande revue *The Atlantic Monthly*, qui identifia l'auteur à l'un des chefs militaires des FFI[2] ! Sartre ne rectifia pas, estimant que l'hommage qui lui était rendu n'était pas personnel, que lui-même n'était qu'un porte-parole. Au

1. Cité par Annie Cohen-Solal, *Sartre, 1905-1980*, Paris, Gallimard, 1985, p. 307.

2. Voir Susan Suleiman, « Choisir son passé : Jean-Paul Sartre mémorialiste de la France occupée », dans Ingrid Galster (dir.), *La Naissance du « phénomène Sartre »*, Paris, Seuil, 2001, p. 213-237.

demeurant, il devient aux États-Unis l'incarnation des intellectuels résistants – un éloge flatteur qui outrepasse le rôle modeste qu'il avait pu tenir pendant la guerre. En juillet, *Vogue* publie un article de lui, « New Writing in France ». Le grand magazine le présente à nouveau comme un « homme de la Résistance », « certainement le plus admiré parmi les hommes jeunes qui sont en train de façonner la direction de la littérature française d'aujourd'hui »[3].

En décembre 1945, Sartre s'embarque à Bordeaux pour New York, sur un liberty ship (cargo militaire). Dix-huit jours de traversée, mais cette fois, connu, reconnu, célébré, il reçoit un accueil triomphal. Il reviendra par avion à la mi-mars 1946. Au cours de son séjour, lui, dont les actions de Résistance furent pour le moins limitées (trois articles dans *Les Lettres françaises* clandestines), est reçu comme un combattant héroïque des maquis. Tout le monde s'empare de lui, on lui tend sans arrêt un micro, il multiplie les conférences, accepte cent invitations à dîner, sa photo prend place dans les pages des magazines. De Paris, pendant ce temps, Beauvoir lui écrit qu'« à la radio même les chroniques sportives commencent par des badinages sur l'existentialisme ». Elle confirme le 25 janvier 1946 : « Un peu partout, des exposés de l'existentialisme. Toujours des photographies, des interviews, etc. Je refuse tout mais un journaliste américain m'a quand même photographiée tout à l'heure au Flore. »

Sartre, Beauvoir et leurs amis ont leur quartier général à Saint-Germain-des-Prés, nouveau QG de l'intelligentsia à la mode, détrônant Montparnasse. Le Flore et Les Deux Magots sont leurs cafés attitrés ; les rues avoisinantes, rue Jacob, rue Saint-Benoît, résonnent la nuit du jazz au son duquel dansent des jeunes gens taxés d'existentialistes par les journaux. L'un des musiciens, dont la trompinette fait merveille, s'appelle Boris Vian et va bientôt devenir l'auteur à succès du roman *J'irai cracher sur vos tombes*, paru sous le pseudonyme de Vernon Sullivan. L'existentialisme n'est pas seulement une philosophie – une philosophie de l'existence individuelle, de la liberté et de la responsabilité –, c'est un phénomène de société.

Les Temps modernes sont sortis en octobre 1945, publiés par un éditeur de renom, Gaston Gallimard, l'éditeur même de *La Nouvelle Revue française*, de toutes les publications littéraires la plus prestigieuse, mais qui a cessé de paraître depuis 1943, com-

3. *Ibid.*, p. 235.

promise – on l'a dit – par la direction de Drieu la Rochelle et qui, légalement, n'a plus le droit de paraître sous son titre originel. *Les Temps modernes*, couverture blanche, titres en noir et rouge, paraissent d'autant mieux se substituer à la *NRF* que Jean Paulhan, directeur de celle-ci jusqu'à la guerre et son remplacement par Drieu, participe au comité de rédaction. La revue de Sartre est intronisée dans le temple français de la littérature et portée sur les fonts baptismaux par un de ses prêtres les plus influents.

Une revue, c'est un groupe. Le « sartrisme », comme disent les journalistes de l'époque, désigne non seulement une philosophie, mais des personnes, un milieu. À commencer par Simone de Beauvoir, la « Grande Sartreuse », qui, elle aussi, publie beaucoup : *L'Invitée* en 1943, *Pyrrhus et Cinéas* en 1944, *Le Sang des autres* en 1945, *Tous les hommes sont mortels* en 1946… Outre son duo dirigeant, font partie aussi du premier comité directeur Raymond Aron, Michel Leiris, Maurice Merleau-Ponty, Albert Olivier, résistant, autre éditorialiste de *Combat*, et Jean Paulhan. Albert Camus a refusé son adhésion, ayant trop à faire à *Combat*. Cependant, par facilité, la presse et la radio classent l'auteur de *L'Étranger* dans la même mouvance : du reste, lui aussi collabore aux premiers numéros des *Temps modernes*. Il doit alors se défendre d'être existentialiste. Ainsi, dans un entretien publié par Jeanine Delpech dans *Les Nouvelles littéraires* en novembre 1945 : « Sartre et moi nous nous étonnons toujours de voir nos deux noms associés, dit-il. Nous pensons même publier un jour une petite annonce où les soussignés affirmeront n'avoir rien en commun et se refuseront à répondre des dettes qu'ils pourraient contracter respectivement. » Mais Camus a beau faire, sa philosophie de l'absurde, son amitié avec Sartre, sa participation à la nouvelle revue, tout concourt à ce moment-là à lier leurs destins et leurs œuvres. Or le succès de *L'Étranger* (1942) est immense, suivi du *Mythe de Sisyphe* la même année, du *Malentendu* (1944), de *Lettres à un ami allemand* (1945). L'écrivain s'est de surcroît imposé au journal *Combat* comme l'un des maîtres à penser la politique française après la guerre. Camus et Sartre s'épaulent, leurs œuvres se renforcent l'une l'autre ; qu'ils l'aient ou non voulu, le public les associe. Phénomène d'aimantation, de concentration des effets : la nouvelle littérature et la nouvelle philosophie sont regroupées sous une même bannière, celle de l'« existentialisme », que bien peu sont capables de définir.

Le poids de la guerre

Pour ceux qui l'attendaient, la révolution n'aura pas lieu. La manchette du journal *Combat*, « De la Résistance à la Révolution », est restée lettre morte. Le Parti communiste français, renforcé par la lutte clandestine et la victoire et l'expansion de l'Union soviétique, s'interdit toute autonomie nationale : il suivra la ligne stalinienne qui, pour l'heure, n'envisage nullement le coup de force à Paris. Le 28 octobre 1944, le Conseil des ministres présidé par le général de Gaulle décrète la dissolution des milices patriotiques, fer de lance d'une éventuelle insurrection. Lors du 10e congrès du PCF tenu en juin 1945, quelques semaines après la fin de la guerre en Europe, est adopté un manifeste à la Nation française, où il est dit notamment : « Le marxisme-léninisme nous apprend aussi qu'il faut discerner ce qui est réalisable dans une période donnée. Par exemple, les bavardages sur l'instauration du socialisme en France à l'époque actuelle n'ont aucun sens ou sont le fait de provocateurs chargés de diviser les forces démocratiques... » Silence dans les rangs.

Parallèlement, les anciens mouvements clandestins, dont bien des membres avaient rêvé de fusion aux fins de constituer un grand parti de la Résistance, ne parviennent pas à s'unir. Les anciens clivages politiques d'avant la guerre se reforment. Certains, à gauche, adeptes d'un grand parti travailliste regroupant socialistes et chrétiens de gauche, doivent y renoncer : les socialistes de la SFIO, en majorité, choisiront lors de leur congrès de 1946 la fidélité protectionniste à leur « vieille maison ».

Le 24 août 1944, au moment de la libération de Paris, Albert Camus avait écrit dans *Combat* : « Ce terrible enfantement est celui d'une révolution. » Prenant en compte ce qui s'est passé depuis cette date, il constate le 7 mai 1947 dans le même journal : « La justice absolue est impossible, comme sont impossibles la haine ou l'amour éternels. C'est pourquoi il faut en revenir à la raison. Le temps de l'Apocalypse n'est plus. Nous sommes entrés dans celui de la médiocre organisation et des accommodements sans grandeur. »

Cette désillusion politique, ajoutée aux difficultés de la vie quotidienne (se chauffer, se ravitailler, trouver un logement continuent à hanter une bonne partie de la population), donne un caractère de désenchantement à ces mois qui suivent la Libération. Un grand rêve est passé. Selon la formule de Péguy, la mystique s'était dégradée en politique.

Autre chose pèse sur les esprits : un immense refoulé. Bien que le général de Gaulle ait fait croire à ses compatriotes qu'ils figurent au rang des vainqueurs, la défaite sans merci de 1940 reste gravée au fond des consciences comme un malheur irréparable. La France a cessé d'être une grande nation. Qui plus est, la défaite a permis l'arrivée au pouvoir du maréchal Pétain, lequel a commis deux crimes auxquels peu ou prou bien des Français se trouvent mêlés : avoir voulu, à la faveur de la défaite et de l'Occupation, instaurer un régime antirépublicain et réactionnaire ; s'être laissé entraîner dans une politique de collaboration irrémissible avec l'Allemagne nazie. De Gaulle, soucieux d'unité nationale, a imposé dans ses discours, dès octobre 1944, la version officielle de ces années sombres : « À part une poignée de misérables et d'indignes dont l'État fait et fera justice, l'immense majorité d'entre nous furent et sont des Français de bonne foi. » Cette vulgate héroïsante est sans doute nécessaire dans ces moments d'après guerre civile ; elle n'en jette pas moins le trouble dans les consciences.

Les procès de l'épuration, qui ont commencé dès 1944, posent la question centrale des responsabilités des intellectuels. Certains d'entre eux, qui ont défendu le collaborationnisme dans les journaux, sont condamnés à mort, on l'a vu : Georges Suarez, Henri Béraud (qui sera gracié), Robert Brasillach (qui sera fusillé le 6 février 1945). Au cours de ces débats, chacun est amené à faire un examen de conscience sur son degré d'implication du côté de Vichy ou, plus rarement, du côté de la Résistance. Avec plus ou moins de mauvaise foi. Ni Sartre ni Simone de Beauvoir n'ont fait publiquement cet examen de leurs faits et gestes durant la guerre. Beauvoir a-t-elle manifesté un regret d'avoir écrit, avec l'appui de Sartre, des émissions pour Radio-Vichy, au moment où sur les mêmes ondes Philippe Henriot appelait à lutter contre les résistants ? Malgré le désenchantement et ce refoulement, la société française respire enfin l'air retrouvé de la liberté. De l'été 1940 à l'été 1944, le régime de l'État français a voulu imposer un nouvel ordre reposant sur la devise, apparemment anodine mais devenue haïssable par son application : « Travail, Famille, Patrie. » Le travail fut exalté à la fois contre « les luttes partisanes et les oppositions de classes », contre le syndicalisme, dont les centrales furent dissoutes, mais aussi contre l'« esprit de jouissance ». Dès le 25 juin 1940, Pétain faisait entendre sa leçon : « Notre défaite est venue de nos relâchements. L'esprit de jouissance détruit ce que l'esprit de sacrifice a édifié. C'est à un redressement intellectuel et moral que, d'abord, je vous convie. » La famille sanctifiée, c'était une déclaration de guerre à l'« individualisme », qu'il fallait « éliminer ». Reprenant le discours de toute la tradition contre-révolutionnaire, le Maréchal affirmait : « La nature ne crée pas la société à partir des individus, elle crée les individus à partir de la société » (*Revue universelle*, 1941). Une des applications les plus sévères du principe fut la législation contre l'avortement. La justice du régime pétainiste ira jusqu'à la condamnation à mort et l'exécution d'une « faiseuse d'anges ». Enfin, la patrie : ce n'était pas celle des soldats de l'an II, ni celle des communards de 1870-1871 qui voulaient la libérer de l'envahisseur, ni celle, on s'en doute, de la France libre, c'était au contraire la « France seule », la nation aveugle, tentant de refaire son « âme » aux sources de ses antiques vertus, et principalement celles de la société rurale, paysanne, patriarcale.

Il faut insister sur cet archaïsme de Vichy, même si – comme les historiens nous l'ont montré – la Révolution nationale recouvre aussi une forme de technocratie, de capitalisme moderne, qui échappe aux définitions réactionnaires du régime. Ce qui est visible, audible, célébré, c'est pourtant bien la « vieille France », dont l'expression la plus claire fut l'hymne au « retour à la terre » et l'idéologie de l'enracinement. Dans la pensée de Philippe Pétain, il ne s'agit pas d'une improvisation. Dans un discours de décembre 1938, le Maréchal disait : « Si le Français accepte de fuir la ville encombrée et de revenir à la terre désertée, il y fera refleurir les vertus séculaires et prospérer les belles familles qui, seules, permettent en France les constructions harmonieuses et durables. La France a besoin de paysans heureux pour retrouver la source de sa vitalité et de son équilibre. » Vantant l'« héroïque patience du paysan » et la terre qui, « elle, ne ment pas », le régime pétainiste a opposé au mouvement et à la perversion citadine l'image héroïque et réaliste du paysan. « Le citadin peut vivre au jour le jour. Le cultivateur doit prévoir, calculer, lutter. Les déceptions n'ont aucune prise sur cet homme que dominent l'instinct du travail nécessaire et la passion du sol. Quoi qu'il arrive, il fait face, il tient, c'est un chef. » L'homme rural est un « vrai Français » parce qu'il est enraciné. Un des philosophes du régime, Gustave Thibon, l'explique : « Je préfère le vieux paysan au déraciné farci de vaines lectures qui ne connaît plus l'heure du sommeil. » Se lever tôt, se coucher tôt, autre maxime de l'ordre éternel des champs.

Messages de liberté

Par rapport au discours de l'ordre moral que les Français ont subi depuis l'instauration du régime de Vichy, et que l'Église catholique officielle a répercuté du haut de la chaire, les écrits de Sartre et de Beauvoir ont pu être reçus comme autant de messages de délivrance. On en finissait avec les poncifs lénifiants, la morale à l'eau de rose, l'exaltation des culs-terreux. L'homme redevenait propriétaire d'une liberté qui lui avait été déniée ; il devait répondre de ses actes. Le paysage cessait d'être celui des bergeries et des verts pâturages : les Français étaient redevenus des citadins. Le café détrônait le foyer domestique : Le Flore à Saint-Germain-des-Prés en prenait une majesté symbolique. Sartre écrira dans son *Baudelaire* : « Une ville est une création perpétuelle : ses étalages, ses odeurs, ses bruits, son va-et-vient appartiennent au règne humain. Tout y est poésie au sens strict du terme. C'est en ce sens que l'émerveillement qui saisit les jeunes gens de 1920 devant les réclames électriques, l'éclairage au néon, les automobiles est profondément baudelairien. La grande ville est le reflet de ce gouffre : la liberté humaine. » La ville, c'était aussi l'Amérique, et plus précisément New York, d'où Sartre revenait fasciné avec des reportages passionnants. L'amour n'était plus confit dans l'indissoluble mariage procréatif. L'union libre reprenait ses droits. Il y avait une correspondance, même si la presse de l'époque l'exagérait, entre la modernité urbaine, individualiste, libertaire du message sartrien et les jeunes gens qui colonisaient les caves de Saint-Germain-des-Prés au son du jazz. L'existentialisme, mot savant, devint à la mode ; on en trouva des illustrations dans tous les domaines. On en finissait avec Pétain, papa, maman, la messe du dimanche, les romans édifiants d'Henry Bordeaux ou Paul Bourget, l'école congrégationniste rétablie, les discours sirupeux sur Jeanne d'Arc et

Charles Péguy – un Péguy débarrassé de son dreyfusisme, de son républicanisme, de son socialisme, et célébré comme le contempteur du monde moderne. La nouvelle vague représentait aussi la revanche des intellectuels, qu'on avait tant brocardés. Le succès de Sartre est dû en partie à cet effet de modernité (liberté individuelle, liberté des mœurs, cadre de vie citadin, parisien, refus de l'ordre moral...), auquel s'ajoute l'expression d'un pessimisme existentiel que ses adversaires, communistes et catholiques, dénoncent à qui mieux mieux, mais qui est en accord avec l'air du temps. Un pessimisme qui, de surcroît, ne veut nullement être assimilé au nihilisme, mais qui affirme une exigence de lucidité. En septembre 1945, Camus refuse à sa manière l'assimilation : « L'idée qu'une pensée pessimiste est forcément découragée est une idée puérile. [...] Un esprit objectif accepterait donc de dire qu'une philosophie négative n'est pas incompatible, dans les faits, avec une morale de la liberté et du courage. » Quelques semaines plus tard, dans sa célèbre conférence du 28 octobre 1945, Sartre s'employa à démontrer que l'existentialisme était un « humanisme ». Simone de Beauvoir, à son tour, écrira dans son *Introduction à une morale de l'ambiguïté*, parue en 1946 : « Il est vrai que, dans *L'Être et le Néant*, Sartre a surtout insisté sur le côté manqué de l'aventure humaine ; dans les dernières pages seulement il ouvre les perspectives d'une morale. Pourtant si l'on médite ses descriptions de l'existence, on s'aperçoit qu'elles sont loin de condamner l'homme sans recours. » La nausée existentielle, que l'homme éprouve, a ses limites : l'action demeure possible, mais elle ne peut se fonder sur des chimères.

Emmanuel Mounier, dans la revue *Esprit*, exprime parfaitement, avec sympathie, cet aspect de la philosophie sartrienne : « Le succès actuel de l'existentialisme ce n'est pas seulement, comme on le dit parfois du côté chrétien comme du côté marxiste, l'aigreur d'un siècle vidé d'idéal qui le stimule : il est aussi la présence vivante de Pascal dans une époque de haute tension dramatique. Il assure le nettoyage de l'optimisme vulgaire et mensonger qui traduisit, au siècle dernier, la mystification bourgeoise et la décadence religieuse. » Et Mounier de traduire ainsi l'impératif de l'engagement sartrien : « Ainsi, si l'homme doit sans relâche veiller à ne pas s'enliser, à ne pas "s'objectiver" dans le monde, à ne pas s'y laisser absorber comme un objet passif, il lui est également interdit de se dissocier du monde, de s'évader dans les régions incertaines du rêve, du regret, des illusions intérieures, des utopies, de l'automystification. Être de chair et de responsabilité, il porte le monde en ses mains, et à chaque instant en assume la charge. »

La radicalité sartrienne

Reste que le succès de Sartre n'eût pas été aussi éclatant sans le caractère de radicalité dont il fit preuve contre la littérature de son temps et au profit de l'engagement. La « Présentation » des *Temps modernes*, en octobre 1945, a fait scandale dans le milieu littéraire, scandale que devait confirmer son manifeste, « Qu'est-ce que la littérature ? ». André Gide, plutôt bien disposé à l'égard de Sartre, en est profondément dérangé. Dans *Terre des hommes*, un hebdomadaire de gauche, il écrit le 17 novembre 1945 : « Le manifeste des *Temps modernes* est troublant ; susceptible d'orienter opportunément quelques vocations indécises et de réduire le nombre des songe-creux. » Ce trouble venait du dépôt de bilan que Sartre faisait de la « littérature pure » qui avait été le dogme de *La Nouvelle Revue française*. Nul mieux que Martin du Gard n'exprima le désarroi de la vieille garde : « Le manifeste de Sartre m'a porté le dernier coup… L'impression qu'une pierre tombale, pesante et glacée, implacable, définitive, vient de tomber sur tout ce que nous aimions en ce monde, tout ce qui nous apportait quelques raisons de vivre et de vouloir. Nous voilà balayés, avec tout le passé, par ce présent fougueux qui s'élance à l'assaut… Nul doute que Sartre est, d'avance, un porte-parole des générations qui se lèvent, parmi lesquelles il serait vain d'espérer encore des lecteurs sympathisants. » Poussant plus loin l'analyse de la rupture générationnelle, il ajoutait : « Non seulement le raisonnement de Sartre est rigoureux et sans fissure, d'une inexorable logique. Mais, le plus bouleversant, c'est qu'on y sent l'impulsion irrésistible des forces en train de naître et de s'organiser. Pas un être jeune, je crois, qui n'y découvre, plus ou moins consciemment, son climat, son secret langage, une interprétation clarifiée de tout ce qui s'agite confusément en lui et cherche à se définir. Sartre va polariser toute la jeunesse en quête de directives, et le mouvement qui s'ébauche – magistralement – sera d'ici peu général. Un nouveau palier se construit, où siégera pour un temps la vérité de demain. Nous autres, nous n'avons plus qu'à disparaître ; les uns dans la réprobation, les autres dans l'oubli. »

Sartre et l'existentialisme répètent à leur manière, en bénéficiant d'une audience très supérieure, ce choc de la nouveauté qu'avaient fait subir André Breton et le surréalisme à leurs aînés, crachant sur les cadavres de Maurice Barrès et d'Anatole France au lendemain de la Première Guerre mondiale. Le scandale même qu'ils provoquent conspirant à leur prestige. Car en vérité la presse n'est pas tendre avec Sartre, attaqué de tous côtés. André Rousseaux, dans *Le Figaro littéraire*, flétrit les deux premiers tomes des *Chemins de la liberté*, qui reflètent un « monde sans amour », l'« égoïsme intégral ». *Les Nouvelles littéraires*, par les plumes d'un Robert Kemp, d'un Raymond Las Vergnas ou d'un Armand Cuvillier, canonnent à boulets rouges contre ses écrits. Un Gabriel Marcel, se faisant critique théâtral dans le même journal, pourfend *Morts sans sépulture* en réclamant son interdiction par le gouvernement français. Sartre, comme le montre un article de Robert Kemp, peut certes être élevé au rang d'un « admirable écrivain », il n'en est pas moins un « philosophe pernicieux », doublé d'un « mauvais maître » : « Sa noire philosophie n'est qu'une forme exaspérée et *up-to-date* du cynisme et du pessimisme. L'homme est un singe lubrique ; sa raison, une série de phantasmes ; sa vertu, un mensonge ; sa condition humaine, dans l'univers, un enfer. Diogène, Sénèque, Pascal, Schopenhauer, Rimbaud, Nietzsche et cent autres l'avaient déjà dit. Chacun proposait un remède : mépris, courage, prière, héroïsme intellectuel ou démission. Le petit espoir que laisse M. Sartre, c'est la rébellion. Où mène cette rébellion ? À affirmer la liberté de refus ou d'acceptation. Et voilà l'espoir le plus petit, le moins exaltant, le plus débilitant qui nous ait jamais été concédé. »

De leur côté, les communistes s'énervent de la popularité croissante du nouveau philosophe. Le 28 décembre 1945, Roger Garaudy lance dans *Les Lettres françaises* une philippique contre le « faux prophète » et sa « philosophie réactionnaire », sa « philosophie de raté » : « L'existentialisme ne complète pas le marxisme, il le contredit. De sa doctrine du libre arbitre à sa théorie idéaliste de la connaissance, de sa négation de l'histoire scientifique à son indifférence à la science, l'existentialisme dévirilise l'homme. Il le prive de ses armes libératrices : la science du monde et la science de l'homme. Et la révolution n'est plus qu'un mot si elle n'est science d'abord. »

Dans la presse de gauche non communiste, le ton n'est guère plus favorable. Justin Saget, dans *Terre des hommes*, procède le 17 novembre 1945 à une « critique de Jean-Paul Sartre », dans laquelle il assène que l'exigence d'engagement a pour conséquence d'enterrer la « meilleure littérature ».

L'effervescence provoquée par les écrits de Sartre, et notamment sa « Présentation » des *Temps modernes*, témoigne cependant de leur éclat. « Le plus remarquable, écrit un jeune collaborateur d'*Esprit*, Marc Beigbeder, est que, comme celle du méchant loup, la publicité de Sartre se fait toute seule, et que les plus bouillants à répandre son nom sont ses ennemis. Les articles qui lui ont été favorables, même dans les organes auxquels il a collaboré, se compteraient jusqu'ici sur une main. »

L'image repoussante que dessinent de « JPS » ses adversaires se précise peu à peu : un athée qui ignore le matérialisme historique ; un pessimiste qui réduit l'homme à une liberté sans objet ; un pornographe qui met en scène un monde visqueux, égoïste, corrompu ; un célibataire endurci, sans enfants, aux mœurs douteuses ; un « monomaniaque à se rouler dans la gadoue et la vomissure », dénonce le professeur à la Sorbonne Raymond Las Vergnas… « Et pourtant, ajoute-t-il, il serait vain de se dissimuler que la vogue du sartrisme est en pleine floraison. Sa force, c'est le snobisme, et le snobisme est un mal qui, depuis que Thackeray, jadis, le diagnostiqua, s'est étendu à de nouvelles couches sociales. Ce n'est plus seulement aujourd'hui la femme du monde qui se passionne pour le sartrisme, mais, d'aventure, la femme de ménage, et je pourrais, dans les deux cas, vous citer des noms. La critique elle-même, qui devrait pourtant se garder comme d'une peste de la snobolâtrie, y donne à plein. À l'exception des vrais écrivains, qui, imperméables à cette vague de vulgarité prétentieuse, continuent de maintenir chez nous les traditions de goût, de mesure, d'équilibre et de bon sens qui ont établi dans le monde entier le renom de la France, trop de "littérateurs" tremblent, au fond, de ne pas passer pour affranchis. Même ceux qui sont dégoûtés par Sartre n'osent pas le dire ouvertement. »

Expliquer le succès de Sartre par le snobisme ne fait que déplacer la question. Si snobisme il y a, d'où vient-il ? Son œuvre, massive et polymorphe, mi-philosophique, mi-littéraire, a été bien reçue dans cette époque très particulière car elle répondait à certaines de ses attentes, tout en épousant ses doutes et son anxiété. L'effet de modernité et l'effet de radicalité ont joué. Le premier s'est imposé dans une société à peine libérée de l'ordre moral pétainiste et des compromissions du régime de Vichy, peut-être parce que les deux grandes voies du salut, catholicisme renaissant et communisme triomphant, renouvelaient les contraintes, les disciplines et les conformismes. Le discours sartrien fut, pour beaucoup, celui d'une liberté recouvrée malgré l'opacité du monde ; une liberté individuelle, existentielle, sexuelle, qui n'était pas de mise chez les tenants des conservatismes anciens et modernes. Par là même, Sartre faisait scandale. Il choquait aussi par sa théorie de la littérature engagée. L'effet de radicalité, comparable aux manifestes du surréalisme ; une volonté de rupture, esthétique et morale, remettant en cause toute la littérature en érigeant la responsabilité de l'écrivain en un impératif catégorique. On ne pouvait plus écrire, on ne pouvait plus se taire innocemment : la guerre, Vichy, l'Occupation, la déportation, la Résistance sommaient l'écrivain d'agir au cœur du présent, indifférent à sa postérité, prenant en charge les mutations successives de l'Histoire. Position extrémiste qui indigne ; indignation qui nourrit le mythe de l'écrivain maudit. « Sartre est-il un possédé ? », se demandera Pierre Boutang, sans tarder à répondre par l'affirmative. Accusation d'un inestimable profit : déjà corrupteur de la jeunesse et romancier indécent, le « diable » se trouvait paré du dernier terme qui pût le rendre sulfureux. Comme dans le cas de Gide, dont la célébrité, tardive, a été due aux attaques de ses adversaires, Sartre, selon la dialectique du succès, fut servi par le tapage provoqué sur son nom par ses nombreux ennemis.

Dans les ruines du paysage littéraire français de l'après-guerre, un mouvement est né, avec ses moyens d'expression multiples, qui remplit un vide, répond à une attente et renouvelle la succession des écoles qui scande l'histoire littéraire de la France. Dans le mouvement pendulaire qui porte sur le devant de la scène tour à tour, depuis le XIXe siècle, les tenants de la littérature aux finalités sociales et les partisans de la littérature pure, Sartre et ses alliés réaffirment la prépondérance de l'« engagement » : les circonstances de l'après-guerre y prédisposent.

9

Les deux Églises

En dépit de leur influence sur les milieux intellectuels, les existentialistes ne sont qu'une chapelle au regard des deux grandes Églises qui rallient la majorité des Français, celle des communistes et celle des catholiques. La première professe une religion séculière d'un avenir édénique sur terre ; la seconde gère une tradition de croyance millénaire qu'elle s'efforce alors de revitaliser. Les deux sont capables d'emplir le Vélodrome d'Hiver ou le stade de Colombes. Elles sont hiérarchiques, sous le gouvernement suprême d'un pape : Joseph Staline à Moscou ; Pie XII à Rome. Elles possèdent chacune leur credo, leurs rites, leurs prêtres, leurs diacres, leurs clergeons, leurs cantiques et leurs processions. Elles ont chacune leur dialecte : la langue de bois pour la première ; le latin de messe pour la seconde. Une homologie structurelle qui n'est pas due, sans doute, au hasard. En Europe occidentale, le communisme s'est développé dans des pays catholiques comme l'Italie et la France, alors que les nations de culture protestante y demeurent réfractaires.

Le parti de Maurice Thorez

Le 26 juin 1945, se tient au parc des Expositions à la porte de Versailles le 10e congrès du PCF. Comme l'écrit *L'Humanité* du même jour : « Notre parti communiste tient désormais une place éminente dans la politique de la nation. Le nombre de ses adhérents l'emporte – et de très loin – sur les chiffres de tous les autres. »

Une première réalité vérifiée : le PCF en 1945 compte environ 550 000 adhérents ; il dépassera les 900 000 dans le courant de l'année 1947[1]. Son rival, le parti socialiste SFIO, a été déboulonné de son *leadership* d'avant la guerre, comme les résultats électoraux n'en finiront pas de le prouver. La participation massive des communistes à la Résistance, la lutte clandestine organisée qui exerça un vif attrait sur les jeunes combattants, le rayonnement de la victoire de Stalingrad remportée par les Soviétiques furent les causes directes de l'essor imposant du PCF au lendemain de la Libération. À cela s'ajoutent l'antifascisme et la critique du capitalisme. En 1945, le marxisme-léninisme en vogue, résume François Furet dans *Le Passé d'une illusion*, devenait, après la chute des autres religions séculières, le « seul bénéficiaire de l'investissement religieux dans les luttes de la cité[2] ».

Le prestige des armes pouvait être chez certains commentateurs altéré par la ligne suivie par le parti communiste entre août 1939 et juin 1941. C'est la casserole que traîne le PCF. Après avoir mené pendant des années une lutte d'unité « antifasciste », le PCF, brusquement, justifiant le pacte germano-soviétique, fustige la « guerre impérialiste » et cesse ses attaques contre le IIIe Reich. Interdit par le gouvernement Daladier, il s'appliqua dans la clandestinité à dénoncer, après l'armistice, le général de Gaulle, accusé d'être à la solde des trusts anglo-saxons. Entre-temps, Maurice Thorez, qui avait déserté pour gagner… l'Union soviétique, avait été condamné à six ans de prison et déchu de la nationalité française. Dans les premiers jours de l'Occupation, *L'Humanité* illégale appela les ouvriers français à fraterniser avec les ouvriers allemands. Il faut attendre l'attaque de l'Union soviétique par Hitler, le 22 juin 1941, pour que la ligne officielle (tous les militants ne l'avaient pas suivie et certains étaient devenus résistants sans attendre) retrouve les accents de la lutte contre le péril brun : « Francs-tireurs de 1941, lisait-on dans *L'Humanité* clandestine du 15 août, debout pour chasser l'ennemi du sol de la patrie. » Cette palinodie avait un sens : le PCF était depuis ses origines une section française

1. Voir Annie Kriegel, *Les Communistes français, 1920-1970*, Paris, Seuil, 1985, p. 52.

2. François Furet, *Penser le XXe siècle*, Paris, Robert Laffont, coll. « Bouquins », 2007, p. 916.

de l'Internationale communiste ; la défense de l'Union soviétique était devenue sous Staline la raison même de son existence. « Le révolutionnaire, expliquait le maître du Kremlin, est celui qui est prêt à défendre l'URSS sans réserves, sans conditions, ouvertement et honnêtement, sans consultations militaires secrètes, car l'URSS est le premier État prolétarien révolutionnaire au monde qui édifie le socialisme. L'internationaliste est celui qui est prêt à défendre l'URSS sans réserves, sans hésitations, sans conditions, parce que l'URSS est la base du mouvement révolutionnaire mondial et qu'il est impossible de défendre, de faire progresser ce mouvement révolutionnaire mondial sans défendre l'URSS, car celui qui veut défendre le mouvement révolutionnaire mondial à l'insu et contre l'URSS, celui-là va contre la révolution et roule inévitablement dans le camp des ennemis de la révolution[3]. »

Réconciliés avec la patrie, alliés avec les forces issues de la Résistance, réintégrés complètement dans la société politique où ils avaient même, pour la première fois, pris des postes de ministres, les dirigeants communistes de la Libération entendaient éponger le vilain souvenir de 1939-1941, quitte à réécrire l'histoire à leur façon. En ce 10e congrès, Maurice Thorez est, toute honte bue, présenté, sous des applaudissements à tout rompre, comme le « militant communiste qui, sur décision du Comité central du Parti en octobre 1939, alors qu'il était aux armées, reprit son poste à la tête du Parti pour poursuivre le combat contre le fascisme ». Explication : « Nous, communistes, nous avons défendu le pacte germano-soviétique, parce qu'il était un facteur de la paix [*sic*], et dès les premiers mois de la guerre, alors que la répression s'était abattue sur nous, face à tous les profiteurs, affairistes et politiciens pour qui la guerre était une fructueuse entreprise, NOUS AVONS RÉCLAMÉ LA PAIX par l'envoi d'une lettre des députés communistes au président de la Chambre. » Et lui, Thorez, aurait été avec Duclos le signataire du fameux appel du peuple de France à la lutte le 10 juillet 1940 – un « appel » dont le caractère de faux sera éventé par les historiens non communistes[4].

---

3. Cité par Marc Lazar, *Le Communisme, une passion française*, Paris, Perrin, 2002, p. 31.

4. En 1975, les Éditions sociales publient *L'Humanité clandestine, 1939-1944.* Georges Marchais pouvait dire que cette publication permettait de vérifier que « la stratégie des communistes fut toujours d'agir pour rassembler le peuple de

Ces affabulations sur l'entrée immédiate du PCF dans la Résistance s'attirèrent les critiques de *L'Époque*, qui rappela qu'une démarche des communistes avait été entreprise auprès des Allemands vainqueurs pour obtenir le droit de faire reparaître légalement *L'Humanité*. Outré, le quotidien communiste répliqua vertement : « Feuille de boue ! Qu'est-ce qu'un mensonge de plus quand on a déjà tous les crimes des 200 Familles plus ou moins sur la conscience ! » Qu'on le sache : la critique n'était plus de mise, c'étaient les communistes qui dorénavant distribuaient les brevets de patriotisme. L'épisode honteux du pacte n'en gîtait pas moins dans les mémoires, notamment celle de Léon Blum. Dans son ouvrage *À l'échelle humaine*, écrit en prison, il le résumait sans détour : « Jusqu'à la veille du pacte [franco-soviétique] de 1935, [le PCF] avait préconisé et pratiqué le "défaitisme révolutionnaire" ; après le lendemain, il était devenu le champion le plus ardent de l'indépendance et de l'honneur de la Patrie. Jusqu'à la veille du pacte germano-soviétique, il avait donné le ton et même le branle dans sa campagne contre le nazisme ; dès le lendemain, il proclamait son inaltérable soumission à Staline, allié de Hitler contre la France. » Et Blum d'ajouter : « Ainsi, il était devenu patent que la direction du Parti communiste français ne lui appartenait plus en propre, mais lui était imposée du dehors. Il obéissait aveuglément aux ordres dictés, non point par une organisation internationale, mais par une puissance, un État qui les transformait lui-même au gré de ses intérêts nationaux. *Il n'était donc plus un parti nationaliste, mais bien un parti nationaliste étranger.* »

Au cours des mois qui précèdent le 10e congrès du Parti communiste français, la réalité de cet alignement a été vérifiée. Le retour de Thorez, amnistié en novembre 1944, avait mis fin aux

France, notamment par la défense de l'indépendance nationale ». Or, des numéros manquaient, la plupart entre mars et juin 1940, « les mois les plus difficiles et les plus troubles », explique l'historien Paul Gillet dans *Le Monde* du 12 et 13 octobre 1975. « Mais, ajoutait-il, les éditeurs ont également éliminé un numéro comportant des extraits de l'appel dit du 10 juillet 1940, signé Maurice Thorez et Jacques Duclos, manifestement fabriqué après la Libération pour authentifier l'appel et repris encore en 1960 par Germaine Willard dans son livre *La Drôle de guerre et la trahison de Vichy*. C'est reconnaître qu'il s'agissait également d'un faux, mais produit cette fois par le parti communiste lui-même. »

espoirs insurrectionnels et révolutionnaires de nombreux communistes français. Le revirement avait été brutal. « S'unir, combattre, travailler », tels étaient les nouveaux mots d'ordre que le secrétaire général lançait, avec l'accord de Staline, à ses troupes. Aujourd'hui, la guerre était terminée, mais il fallait s'unir aux autres forces de la Résistance pour reconstruire le pays et préparer un nouveau régime démocratique. Cette unité voulue, revendiquée, proclamée, impliquait d'abord l'unité avec le parti socialiste aux fins de créer un grand Parti ouvrier français. Le rapport de Jacques Duclos adopté par le congrès appelait à l'« unité de la classe ouvrière ». Une délégation est désignée pour transmettre sans délai au comité directeur du parti socialiste sept propositions en vue de hâter l'unité. Les socialistes, au cours de leur propre congrès, au mois d'août 1945, se déclarent favorables à une unité d'action mais non à l'unité organique, car celle-ci exige « que l'on se consacre au service exclusif du monde du travail dont la liberté exige celle de la nation ; donc n'être ni lié à un gouvernement étranger, ni même influencé par lui, et conserver sa pleine liberté de critique et de jugement ». Sans surprise, « le parti socialiste constate que ces conditions sont loin d'être réalisées du côté du parti communiste ». Cependant, le rapport des forces reste à l'avantage du PCF, comme le confirment les élections à la Constituante du 21 octobre 1945 : les communistes deviennent alors officiellement le premier parti de France, avec 26 % des suffrages exprimés et 152 sièges ; les socialistes se situent alors à 24,6 % des voix et à 135 sièges. L'écart ne fera que se creuser au cours des scrutins ultérieurs : aux législatives du 10 novembre 1946, le PCF sera fort de 28,8 % des suffrages (165 sièges) tandis que la SFIO tombera à 18 % (91 sièges).

Cette puissance communiste n'est pas seulement électorale ; elle repose sur un appareil discipliné et ultracentralisé, financé en partie par Moscou. En principe, la règle de l'organisation est celle du « centralisme démocratique ». À la base de la pyramide, les cellules sont censées élaborer la ligne du Parti que le congrès doit ratifier, en même temps qu'élire les dirigeants du Comité central et du Bureau politique. Dans les faits, c'est exactement l'inverse qui se produit. La ligne, avant la guerre, était décidée par le Komintern. Celui-ci a été dissous en 1943. Tout part de Moscou, et donc toujours de Staline qui, au nom du Comité central du parti soviétique, lance les mots d'ordre du mouvement communiste international. Chaque pays dispose d'un minimum d'autonomie pour les appliquer. À la tête du PCF se trouve désormais un sous-Staline, Maurice Thorez. Avant la guerre, il était conseillé et surveillé par un délégué de l'Internationale communiste, Eugen Fried. Désormais, Thorez est en relation directe avec son maître. Comme l'écrit sans vergogne *L'Humanité* à la veille du 10e congrès : « Ce sera la tâche de Maurice Thorez de fixer toutes nos perspectives. » Et non pas aux délégués.

Outre l'appareil, l'idéologie assure l'homogénéité du Parti, qu'on écrit avec une majuscule. Les quatre évangélistes en sont Marx, Engels, Lénine et Staline, dont les portraits géants ornent les murs des salles de réunion, comme les statues des apôtres dans les églises. Le marxisme-léninisme donne aux intellectuels et aux militants la conviction de détenir un instrument d'analyse décisif, la clé de l'histoire universelle. Cet outil n'est le plus souvent qu'une vulgate commode, peu approfondie, mais sous cette pellicule demeure bien vivante une tradition très française celle-là : celle de l'égalitarisme. L'ennemi désigné est le capitalisme, la bourgeoisie, les monopoles financiers et économiques, en un mot les *gros*. En période d'union politique, le Parti fustige la portion réduite de son ennemi, ramené aux « 200 Familles », ce chiffre symbolique correspondant avant la guerre aux actionnaires de la Banque de France : être communiste, c'est faire partie des petits, des humbles et de leur avant-garde, le prolétariat ; c'est appartenir au camp des opprimés et de la justice. Le PCF apporte à ses adhérents le sentiment d'avancer dans le sens de l'Histoire. À terme, il travaille à la construction de l'avenir radieux, celui de la société sans classes.

Le Parti est un tribunal sévère pour ceux qui l'ont quitté. On a vu comment il n'a jamais pardonné à Gide son *Retour de l'URSS*. Un autre apostat passa sous les feux de sa vindicte, Paul Nizan, intellectuel communiste, camarade de Sartre, qui avait démissionné du Parti après l'invasion de la Pologne par Staline, à la suite du pacte germano-soviétique de 1939. Nizan était mort au combat, à Dunkerque, le 23 mai 1940. Thorez l'avait auparavant dénoncé dans la revue *L'Internationale communiste* comme un « agent de police ». Plus tard, à la Libération, Aragon se fit l'« âme du dénigrement posthume » du « renégat » Nizan[5]. En mars 1947, Sartre, Aron, Camus, Mauriac et Paulhan lancèrent une pétition contre les

5. Voir Pascal Ory, *Nizan, destin d'un révolté*, Bruxelles, Éditions Complexe, 2005. Et aussi l'article de Sartre dans *Les Temps modernes*, juillet 1947.

attaques du philosophe Henri Lefebvre et d'Aragon contre Nizan. *L'Humanité* répliqua le 4 avril, réitérant ses accusations contre le « traître ». L'orthodoxie stalinienne, c'est aussi la liste noire, scrupuleusement tenue à jour, de ceux qui ont « trahi ».

Les idées et les mots d'ordre du Parti communiste français sont diffusés par une presse abondante, généraliste ou spécialisée, qui constitue un formidable levier de commande. Au sommet, le quotidien *L'Humanité*, organe officiel du PCF qui tire à plus de 500 000 exemplaires et auquel font écho d'autres quotidiens comme *Ce soir*, *Front national*, *La Marseillaise*, indirectement *Libération*... En 1947, la presse quotidienne rouge atteint 2 770 000 exemplaires, soit le quart de la presse quotidienne en France. Le Parti a aussi ses hebdomadaires, *France nouvelle*, *Regards*, qui est illustré, *Action*, dont l'autonomie n'est qu'un leurre, *Les Lettres françaises*, et aussi toute une gamme de journaux spécialisés en direction des femmes (*Femmes françaises*), des jeunes (*L'Avant-Garde*), des agriculteurs (*La Terre*) et même des enfants (*Vaillant*). Les intellectuels lisent *La Pensée* que dirige Georges Cogniot et les *Cahiers du communisme*, revue officielle du Comité central qui émet « ce que tout militant communiste doit savoir pour s'orienter et appliquer correctement la politique du Parti ».

Ces organes sont plus ou moins les relais des associations dirigées d'une main de fer par le PCF : le Comité national des écrivains, Travail et culture, Loisirs et vacances, Union des femmes françaises, Union de la jeunesse républicaine de France... Aucun des secteurs de la vie sociale et culturelle, depuis les ciné-clubs jusqu'au sport, n'échappe à la maîtrise ou à l'influence du PCF. Au demeurant, le syndicalisme ouvrier représente sa courroie de transmission la plus active. En ces temps d'union nationale, la CGT est encore unifiée ; Benoît Frachon, le communiste, la codirige avec Léon Jouhaux, l'ancien syndicaliste révolutionnaire. Cependant, depuis la guerre clandestine, les communistes n'ont cessé de gagner en force au sein de la Confédération. La guerre froide venue, en 1947, on assistera à la scission qui devait attribuer aux communistes majoritaires la direction de la CGT, laissant aux minoritaires le soin de créer la CGT-FO.

Le « Parti », c'est encore et pourtant autre chose : une camaraderie. Ouvriers, petites gens, intellectuels s'y retrouvent au coude à coude. La grande famille communiste comble leurs besoins affectifs ; la générosité, la solidarité, le dévouement, la chaleur des réunions de cellule, l'âme commune des militants (« l'exaltation unanimiste », écrit Alain Besançon). Les intellos sont heureux de se frotter aux prolos, et les ouvriers fiers d'agir aux côtés des intellectuels. « Entièrement politisés, écrira encore Alain Besançon, nous étions en dehors de toute politique[6]. » On prend la mesure de cette dimension affective, sentimentale, en lisant l'*Autocritique* d'Edgar Morin. En 1949, en désaccord avec la ligne du PCF, le voilà exclu du Parti : ce sera pour lui bouleversant, moins pour des raisons politiques que pour la perte de ses chers camarades. L'exclu n'est plus qu'un chien perdu sans collier, solitaire et maudit. Progressivement, s'est construite une contre-société communiste, avec ses écoles, ses patronages, ses clubs sportifs (la Fédération sportive et gymnique du travail), ses associations culturelles. Un communisme municipal, assez semblable aux municipalités sociales-démocrates d'Allemagne ou de Scandinavie, entretient une chaîne d'activités qui séparent leurs adhérents du reste de la population. Cette contre-société prendra tous ses effets avec la guerre froide, mais déjà une grande partie de la France est sous obédience communiste.

Soi-disant « parti des 75 000 fusillés[7] », le PCF intimide quand il ne séduit pas. Bien des jeunes gens, qui n'étaient pas en âge de participer à la Résistance, ont pris leur carte après la guerre dans un esprit de lutte rétrospectif. Des intellectuels y ont trouvé la meilleure voie de l'engagement. Dans bien des milieux, cependant, la puissance du « Parti », par elle-même fascinante, a agi aussi par intimidation. On le voit à l'université, dans la fonction publique, dans les milieux artistiques et intellectuels. En juillet 1945, le prix Goncourt, on le sait, a été décerné à Elsa Triolet, la compagne d'Aragon, le mandarin des lettres françaises, pour son roman *Le premier accroc coûte deux cents francs*. Les petits accommodements avec la force montante de la révolution prolétarienne deviennent une assurance tous risques.

6. Alain Besançon, *Une génération*, Paris, Julliard, 1987, p. 198.

7. *L'Humanité* célèbre le 11 octobre 1944 les « 75 000 fusillés anonymes du département de la Seine ». Plus tard, en octobre 1945, ce seront toujours 75 000 fusillés, mais pour la France entière. Sur le détail des victimes françaises du nazisme, voir Jean-Pierre Besse et Thomas Pouty, *Répression et exécutions pendant l'Occupation*, Paris, Éditions de l'Atelier, 2006.

Le renouveau catholique

La France de 1945 demeure un pays catholique. On croise quotidiennement dans la rue la soutane du curé de la paroisse ou la cornette blanche de la sœur de Saint-Vincent-de-Paul. La plupart des habitants du pays sont baptisés. Religion séculaire, le catholicisme imprègne la vie des Français : le calendrier, les grandes fêtes fériées comme Noël, le 15 Août, la Toussaint, les noms de baptême, les innombrables clochers, et les grands rites de passage, du berceau à la tombe, qui ont pour cadre l'église paroissiale. Après la Seconde Guerre mondiale, la sociologie religieuse a été en mesure de préciser les niveaux de pratique et d'établir leur géographie. On doit à Gabriel Le Bras, professeur à la faculté de droit de Paris, d'avoir créé une typologie des comportements religieux, distinguant quatre catégories de catholiques : les dévots, qui sont souvent des militants ; les fidèles qui font leurs pâques et assistent à la messe dominicale ; les conformistes saisonniers qui sont présents à l'église à l'occasion des grandes fêtes ; enfin les dissidents, qui ont rompu avec toute pratique. De sorte que les églises se remplissent plus ou moins selon le calendrier liturgique, deux fêtes attirant le maximum de croyants, la Toussaint et les Rameaux – le dimanche qui précède Pâques, au cours duquel on va faire bénir le buis qu'on accroche ensuite sur les crucifix de la maison.

En 1947, le chanoine Boulard, en collaboration avec Le Bras, parvient, après une longue recherche, à dessiner la carte de la pratique religieuse de la France rurale, qui laisse mesurer des différences régionales sensibles. Cette carte, publiée par *Les Cahiers du clergé rural*, dessine clairement trois zones : les paroisses chrétiennes, dans lesquelles on note un taux de 45 % de pratique pascale ; les « paroisses indifférentes à tradition chrétienne » ; et les « pays de mission » comptant au moins 20 % d'enfants non baptisés ou non catéchisés. On pourrait dire qu'il existe en France des pays de chrétienté, ces régions où la pratique est nombreuse aussi bien de la part des hommes que des femmes : le Nord, le Grand Ouest, la longue diagonale qui part de l'Alsace-Lorraine et aboutit au Pays basque, traversant la Franche-Comté, la Haute-Savoie, la bordure orientale et méridionale du Massif central. En revanche, la Picardie, la région parisienne, le Centre, le Limousin, le Sud-

Ouest et le Languedoc-Roussillon comptent le plus grand nombre de « dissidents » ou de « saisonniers ».

Cette carte révèle en regard l'étendue de la déchristianisation entamée depuis la Révolution. Néanmoins, les « pays de mission » restent minoritaires. L'Église dispose encore de 50 000 prêtres, séculiers et réguliers. Les ordinations sont stationnaires. Les années de guerre ont réactivé la pratique, comme on l'observe dans les moments d'inquiétude collective. L'Église catholique peut encore rassembler les foules, comme l'attestent les processions, les neuvaines, les messes en plein air et les pèlerinages. Une démonstration en est donnée par la ferveur qui accompagne la Vierge de Boulogne au nom du « Grand Retour ». L'initiative en avait été prise en 1943. De trois localités différentes du pays était partie une barque en bois transportant une Vierge à l'Enfant, en direction de Boulogne-sur-Mer, où, disait la légende, était apparue jadis une Vierge, et son fils Jésus dans une barque de pêcheur. Un prêtre avait eu l'idée d'organiser cet immense pèlerinage, s'arrêtant dans chaque diocèse, visitant 16 000 paroisses, et qui dura jusqu'en 1948. À Paris, le passage de la Vierge de Boulogne réunit plus de 100 000 fidèles dans le stade olympique de Colombes, où une grandiose cérémonie, présidée par le cardinal Suhard, se déroule dans la nuit du 29 au 30 juin 1947 jusqu'à l'aube, devant des foules ferventes.

Comme leurs frères ennemis, les catholiques affirment leur présence par la quantité et la diversité de leurs journaux. *La Croix*, qui fait figure de quotidien officiel, est largement complétée par les hebdomadaires comme *Le Pèlerin*, *La Vie catholique illustrée*, *Temps présent*, *Témoignage chrétien*, *La France catholique*, mais aussi par des publications spécialisées, des revues spirituelles comme *L'Anneau d'or*, qui traite de la doctrine chrétienne du mariage et d'une spiritualité conjugale, des revues intellectuelles comme *Les Études*, des Jésuites, ou *La Vie intellectuelle*, des Dominicains. L'influence catholique est notable dans maints journaux ou revues non confessionnels. La revue *Esprit* est ouverte aux protestants, aux juifs, aux athées, mais son directeur, Emmanuel Mounier, est un philosophe catholique reconnu. Dans cette lignée, les titres de la presse profane, *Le Figaro* ou *Le Républicain lorrain*, s'adressant à nombre de lecteurs pratiquants, constituent autant de relais puissants. Des écrivains prestigieux confortent son audience : Paul Claudel, François Mauriac, Georges Bernanos, Jacques Maritain font entendre leurs voix dans les journaux, les revues, à la radio. D'autre part, la présence d'enseignants catholiques au sein de l'école publique est désormais manifeste, tandis que l'enseignement confessionnel garde ses bastions.

L'encadrement de l'enfance et de la jeunesse est une autre force séculaire du catholicisme. La préparation à la communion solennelle par le catéchisme, le patronage paroissial du jeudi, les troupes de louveteaux et de scouts qui ont leurs aumôniers, les écoles catholiques, les colonies de vacances, la JOC (Jeunesse ouvrière catholique) et la JAC (Jeunesse agricole catholique) sont autant de moyens d'action et d'attraction qui permettent à l'Église de maintenir son empreinte sur la société.

Malgré cela, une sourde inquiétude habite le clergé, celle de la déchristianisation. En 1943 paraît une enquête des abbés Godin et Daniel, *La France, pays de mission ?*, qui fait grand bruit. L'heure semble venue de la réévangélisation d'un pays dont une grande partie de la population s'est affranchie de la religion. Cette conscience du reflux progressif entraîne une volonté missionnaire qu'incarne officiellement le cardinal Suhard, archevêque de Paris. La Mission de France, issue d'un séminaire interdiocésien à Lisieux, doit en devenir le fer de lance. La tradition paroissiale est remise en question, d'autres formes d'apostolat sont expérimentées. En 1944, le cardinal Suhard se trouve aussi à l'origine de la Mission de Paris qui va devenir le point de départ des prêtres-ouvriers. Des communautés extraparoissiales se forment, qui accueillent des incroyants. Le catholicisme traditionnel et bourgeois est remis en cause par les nouvelles générations de séminaristes et de chrétiens.

Le renouveau du catholicisme en France est encore plus visible dans la sphère politique. Sous la IIIe République, les catholiques, héritiers du long conflit entre l'Église et la République laïque, votaient massivement pour les partis conservateurs. Rares étaient les ministres catholiques, toujours tenus en suspicion ; aucun catholique affiché n'avait été élu président de la République, ni même président du Conseil. La légitimité républicaine passait par l'adhésion aux lois laïques et à leur défense contre les empiétements cléricaux. Avec la Seconde Guerre mondiale, ce tableau se trouva profondément changé. Sans doute la hiérarchie des évêques et cardinaux fut, à quelques exceptions près, loyale envers le maréchal Pétain, appréciant les avantages que le régime de Vichy offrait à l'Église et à ses œuvres. Cependant, nombre de catholiques participèrent à la Résistance. Le chef de la France libre et président du gouvernement provisoire à la Libération, le général de Gaulle lui-même, était, on le sait, un catholique notoire. Georges Bidault, un démocrate-chrétien, avait pris la tête du CNR après la mort de Jean Moulin. La nouvelle légitimité républicaine reposait sur les faits de résistance, où s'étaient unis « ceux qui croyaient au ciel et ceux qui n'y croyaient pas » (Aragon).

La réintégration des catholiques dans la République se traduisit par l'essor de la démocratie chrétienne qui, en France, prit le nom de Mouvement républicain populaire. Certes, ce MRP refusait d'être un parti confessionnel ; il admettait dans ses rangs les protestants comme les juifs ou même les agnostiques. Il n'empêche, ses dirigeants provenaient souvent de l'Action catholique d'avant guerre ou de la CFTC – le syndicat chrétien fondé en 1919 –, ainsi que des petits partis démocrates-chrétiens des années 1930, tel le PDP qui comptait quelques députés et s'exprimait dans *L'Aube*, quotidien bien vivant à la Libération. Dans les scrutins qui inaugurent la IVe République, le MRP rivalise d'emblée avec le parti communiste et avec le parti socialiste. Aux élections de la première Constituante du 21 octobre 1945, il se situe entre ses deux concurrents avec plus du quart des suffrages exprimés, juste derrière le PCF. Il devient même, provisoirement, le premier parti français aux élections de la seconde Constituante, le 2 juin 1946, rassemblant 28,2 % des suffrages, devançant le PCF (26,4 %), et la SFIO (21,3 %).

Ce succès politique du MRP est dû à plusieurs causes. Les compromis et les complicités avec Vichy ont discrédité les partis conservateurs et les hommes de droite comme Xavier Vallat ou Philippe Henriot qui comptèrent parmi les voix catholiques de la collaboration. La Résistance et la Libération ont naturellement entraîné le pays politique vers la gauche. Les électeurs catholiques de droite trouvent dans ce contexte un exutoire dans la nouvelle formation, tout comme nombre d'anciens résistants devenus des catholiques de gauche. Le parti démocrate-chrétien (sans le nom) peut aussi passer pour celui du général de Gaulle qui, lui, n'a pas voulu créer son propre parti. Plus tard, le MRP perdra une grande partie de ses forces, nombre de ses électeurs de droite passant au RPF créé par le Connétable en 1947, tandis que ses électeurs de gauche le quitteront en raison de sa politique coloniale. Mais pour l'heure, il est une grande formation qui constitue, avec le parti communiste et le parti socialiste, l'un des piliers du tripartisme qui devait se maintenir jusqu'au début de la guerre froide.

Dans cet immédiat après-guerre, communistes et catholiques ne sont pas en conflit ouvert ; souvent ils œuvrent ensemble, à l'instar d'un gouvernement qui les oblige à œuvrer en accord. Le laïcisme a régressé à gauche ; la laïcité est de plus en plus adoptée par les catholiques. La vieille fracture politique de la IIIe République n'est plus de saison. La fraternité des armes vécue par beaucoup dans les combats de la Résistance, la coexistence des uns et des autres dans les camps de prisonniers et dans les usines et les chantiers du STO les ont rapprochés. Le climat n'est plus celui, conflictuel, du combisme ou du cléricalisme. On a changé de République.

Dans ces années qui suivent la Libération, on assiste à une polémique, souvent âpre, parfois drôle, entre François Mauriac, du *Figaro*, et Pierre Hervé, dans *Action* ou *L'Humanité*. La revue *Esprit* s'en fait l'écho, sous la plume de Charles Maignial, en février 1946 : « La phrase de François Mauriac : "En face de vos amis, il n'y aura plus bientôt que nous, déjà il n'y a plus que nous, vous le savez et ils le savent" sonne en effet dans l'équivoque. [...] Car cette antithèse ne serait justifiée et ne prendrait même toute sa valeur que si le communisme, trahissant son but, la révolution temporelle, se constituait en Église et imposait des dogmes au nom d'un absolu, qu'il ne saurait détenir, puisque, pour être fidèle à lui-même et à Marx, il ne doit pas sortir du politique. » Conclusion : cette distinction entre le temporel et le spirituel, cette division des tâches autorise le catholique à prendre part à l'œuvre révolutionnaire des communistes car, écrit l'auteur, « ce n'est pas au nom de Dieu, mais au nom de l'homme que le chrétien entre dans la révolution ».

Voilà bien l'erreur pour François Mauriac. Lui réfute cette distinction. Le titre de son grand article du 12 septembre 1946 ne laisse pas d'ambiguïté : « Les deux Églises », dans lequel l'écrivain cite ces mots d'un protestant lancés à Hervé : « Je me sens à votre égard dans la même situation qu'en présence d'un catholique.

Derrière vous comme derrière un catholique, il y a une Église. Bien sûr, vous vomissez le terme, mais vous en acceptez le cadre, avec la soumission, les mots d'ordre, l'obédience, l'obéissance… » Mauriac réplique qu'il existe une différence capitale, c'est que les chrétiens sont libres « pour tout ce qui n'engage pas l'éternité, et singulièrement la politique ». Il enfonce le clou dans la tête d'Hervé : « Votre Évangile selon Marx, votre credo selon Lénine et Staline ne vous laissent aucune marge. L'orthodoxie matérialiste pour vous s'applique à tout le comportement humain ; il n'existe pas de plan où vous ne releviez la personne – pas même celui de la création artistique. » Pour Mauriac, le communisme est bien une Église, dont Pierre Hervé est l'« enfant de chœur ».

Deux systèmes de croyances se trouvent bien aux prises. Les communistes acceptent les structures religieuses de leur parti, hiérarchique, dogmatique, unanimiste – comme autant de nécessités instrumentales au service de la cause révolutionnaire. Des catholiques de gauche, de leur côté, au nom de la séparation du spirituel et du temporel, admettent une collaboration avec les marxistes. Ce problème des relations entre les catholiques de gauche et le parti communiste va être au premier plan des débats intellectuels dans les années qui suivent. Il se durcira après les débuts de la guerre froide. Provisoirement, la participation coude à coude à la table du gouvernement des communistes et des démocrates-chrétiens du MRP permet la coexistence pacifique entre ces deux systèmes de croyances.

10

L'assassin habite au 21

La presse parisienne du 3 novembre 1944 annonce l'arrestation du docteur Marcel Petiot. Il était en cavale depuis le 11 mars précédent, jour où, alertée par un habitant de la rue Le Sueur qui signale une épaisse fumée noire et nauséabonde montant du 21, un hôtel particulier, la police, après les pompiers, découvre des morceaux de cadavres qui brûlent encore dans la chaudière, alors que la maison est déserte. Le rapport de l'inspecteur principal Batut fait froid dans le dos : « Dans le garage, nous nous sommes trouvés en présence d'un amoncellement de chaux au milieu de laquelle apparaissaient çà et là des débris d'ossements humains. Au fond de ce garage, séparé de lui par une porte, un puits profond de plusieurs mètres était surmonté d'une corde glissant autour d'une poulie permettant d'en atteindre le fond. Enfin dans la cave de chauffage central, près de la chaudière récemment éteinte, se trouvaient épars sur le sol des fragments de corps humains dans lesquels on pouvait distinguer une jambe et une portion de tronc déjà momifiées[1]. »

La déposition du docteur Petiot

« Une nouvelle affaire Landru ! » titre *Le Parisien*. Une affaire qui allait défrayer la chronique au moment où Paris et la France

1. Cité par Claude Quétel, *L'Effrayant Docteur Petiot*, Paris, Seuil, coll. « Points-Crime », 2014, p. 86-87.

se libéraient. Les deux grands criminels du siècle – Landru et Petiot – se révèlent semblables dans leurs motivations : ce n'est pas la pulsion sexuelle qui inspire le plus souvent ces tueurs en série, mais l'appât du gain. À ceci près que Landru s'en était pris exclusivement à des femmes, souvent à des veuves qui venaient de perdre leur mari à la guerre. Petiot, lui, « vise » une clientèle plus élargie, s'étendant à ceux qui, pour diverses raisons, avaient intérêt à fuir la France. La clientèle était variée. Au premier chef, des Juifs menacés par l'occupant et par Vichy, mais aussi des individus recherchés par la police. Sur les « vingt-sept disparus de la rue Le Sueur », on compte quinze « israélites ».

Parallèlement au charnier, la police, suivant la trace de Maurice Petiot, le frère du médecin, découvre l'existence de quarante-neuf valises transportées de la rue Le Sueur dans l'Yonne, chez des amis, les Neuhausen, arrêtés aussitôt pour délit de recel. Ces valises contiennent des vêtements, des objets de toilette, du linge soigné, mais pas de bijoux. Averti de ce dépôt, Maurice aurait interrogé son frère : « Il m'a répondu qu'elles appartenaient à des passagers clandestins qui, par son intermédiaire, avaient quitté la France en avion sans pouvoir s'embarrasser de bagages. Ils les avaient laissées en garde rue Le Sueur dans l'intention de les reprendre plus tard. » On commence à comprendre le trafic criminel de Petiot.

En 1942 était sorti le film de Clouzot, *L'Assassin habite au 21*, avec Pierre Fresnay et Suzy Delair, qui avait remporté un grand succès. Après la macabre découverte de la rue Le Sueur, les journaux trouvèrent aisément leurs titres… Mais où était passé le propriétaire du 21 ? Son épouse, interrogée, déclarait ne rien savoir. Sous la menace d'une arrestation, le docteur Petiot, qui se fait appeler docteur Eugène, entre dans une clandestinité que les événements politiques et militaires du moment favorisent. Il saisit en effet l'occasion du Débarquement et des batailles qui suivent pour se métamorphoser en… combattant de la Résistance. Depuis le mois de mars, incognito, il a trouvé refuge chez l'un de ses patients, faubourg Saint-Denis, Georges Redouté, un peintre en bâtiment, auquel il a fait croire qu'il était pourchassé par les Allemands. Les cadavres de la rue Le Sueur ? Ce sont ceux de Boches et de collabos ! Petiot sort de sa retraite pour s'associer à la bataille de la libération de Paris. Il se fait alors appeler Valéri, le lieutenant puis le capitaine Valéri, bientôt commissaire auxiliaire à la Justice militaire, à la caserne de Reuilly. Entre-temps, il s'est engagé dans les milices patriotiques et s'est même inscrit au Parti communiste français. L'affaire est bien inséparable des tourmentes de l'Occupation puis de la Libération.

Par vanité, Petiot va bêtement causer sa perte. Le 19 septembre 1944, il découvre dans le quotidien *Résistance* un article signé Jacques Yonnet intitulé : « Petiot, soldat du Reich ». Un article complètement erroné, inspiré par des sources douteuses, mais qui fait mouche. Car Petiot, dans son nouveau rôle de combattant patriote, se montre outré. Au lieu de garder prudemment le silence, il adresse incontinent à Yonnet un démenti à publier. Il a son honneur, Petiot ! Sous le nom de docteur Eugène, il a sauvé de nombreuses vies ; il a été inquiété et arrêté par les Allemands ; il combat dans les rangs de la Résistance, il faut tout de même le savoir ! Le journal accusateur publie ce droit de réponse le 18 octobre. Une enquête est ouverte ; le capitaine Valéri est vite confondu. Petiot est arrêté le 31 octobre à la sortie de métro Saint-Mandé et incarcéré à la Santé.

L'instruction commence sous la direction du juge Gollety ; elle va durer jusqu'au 18 mars 1946. On l'accuse de vingt-sept assassinats ? Erreur, réplique-t-il, c'est soixante-trois individus qu'il a fait exécuter, autant de nazis et d'espions en moins. On devrait le décorer ! L'accusé, mythomane jamais à court d'inventions, s'efforce de se faire passer pour membre actif d'un réseau appelé (le bien nommé) Fly-Tox qui, selon lui, avait pour mission de repérer et de faire disparaître les mouchards et accessoirement les nazis : c'étaient leurs restes, comprenez bien, qu'on avait découverts au 21 rue Le Sueur. Le juge d'instruction et ses assistants n'ajoutent pas foi à ses récits, mais aucune preuve formelle n'est produite contre Petiot, les corps calcinés retrouvés chez lui n'ont pu être identifiés. Et puis ce diable d'homme débite son récit avec un tel aplomb qu'il y a peut-être du vrai dans ce qu'il dit, notamment lorsqu'il raconte qu'il a été, sous le nom de docteur Eugène, chef d'un groupe de sécurité qui avait pour mission « de démasquer les traîtres infiltrés dans l'organisation de Pierre Brossolette ». Le courageux résistant n'a pas hésité : « C'est ainsi que nous avons été amenés à supprimer soixante-trois hommes et femmes, dont trente Allemands. Parmi ceux-ci quelques-uns ont été éliminés par moi. » Oui, il a tué, Petiot, il l'avoue ! Mais seulement des ennemis, il faisait la guerre ! Le même prétendu réseau Fly-Tox délivrait des papiers permettant aux résistants traqués de passer la frontière, via la légation de la République argentine à Vichy. Du reste, devenu suspect, Petiot a été arrêté par la Gestapo. Emprisonné, torturé, interrogé pendant un mois, il n'a rien avoué et a pu sortir de prison.

Surveillé, il a fini par revenir rue Le Sueur vers le 8 février. C'est alors, dit-il, qu'il découvre dans la fosse donnant dans le garage un « certain nombre de cadavres paraissant relativement récents » : « Je fus absolument ahuri et affolé ; l'odeur était forte car l'endroit était chaud (chaleur de putréfaction) et humide (l'eau de la cour y coulait) ; il semblait y avoir eu de la chaux répandue sur certains cadavres. J'écrivis de suite à mon frère pour qu'il me procure 200 kilos de chaux vive afin de désodoriser. » Pour lui, l'explication était simple : l'opération avait été menée en son absence par ses compagnons de combat et restait inachevée. « Mes camarades du groupe jurèrent qu'ils n'y comprenaient rien et me dirent que ce devait être d'autres qu'eux ou les Allemands qui avaient tué et fait cela. Les deux étaient possibles… » En tout cas les cadavres furent tirés de la fosse puis traités à la chaux vive et brûlés, avant l'intervention des pompiers sur la plainte des voisins.

Pendant toute sa déposition, Petiot apparaît comme un singulier numéro, la repartie facile, sûr de lui, fantasque, cynique, grandiloquent, parfois véhément. Il fait peur, il intimide, il roule des yeux indignés. Mais peut-on le croire ? L'organisation Fly-Tox, vérification faite, est inconnue du BCRA (les Renseignements de la France libre) qui détient les noms de tous les réseaux et sous-réseaux. Pourquoi ce nom fantaisiste d'insecticide ? « Mais, répond-il inébranlable, pour tuer les mouch… ards ! » Cependant, aucun des anciens camarades dudit réseau ne vient confirmer ses élucubrations. Au moment où se succèdent les procès d'épuration, il est avéré que Petiot n'a pas été un collaborateur. Sous couvert de sa profession médicale, il a aidé des jeunes gens à éviter le STO, il a fourni des faux papiers aux Juifs et aux résistants. Mais les valises ? Cette montagne de bagages retrouvés par la police à Courson-les-Carrières, dans l'Yonne ? On n'en connaît pas les propriétaires. Petiot n'est jamais en veine d'explications, ce sont des bagages sans nom d'appartenance, que les personnes en fuite ont abandonnés pour n'être pas encombrées. « Du reste, nargue le prévenu, si j'avais été leur assassin il m'aurait été facile de détruire ces supposées pièces à conviction ! » Mais pourquoi, demande le juge, aucun des heureux bénéficiaires de ses œuvres n'a eu l'idée de venir déposer spontanément à l'instruction ? Oui, bizarre !

Entre deux audiences chez le juge, Petiot, dans sa cellule, écrit un livre, *Le Hasard vaincu, les lois des martingales*. Il explique à son lecteur qu'il s'agit d'un traité sérieux qu'il s'est plu à écrire pour se divertir, « car je suis un de ces vicieux que le travail amuse ». L'ouvrage est destiné à révéler les meilleures façons de gagner au jeu sans tricher. Ouvrage confus, entrelardé de digressions fumeuses, ponctué de conseils aussi incertains que péremptoires, bourré de chiffres et d'allusions ésotériques. Grâce à son avocat, le livre est publié à compte d'auteur. Il se termine par une formule hardie : « En pleine Santé, 1945. »

Le réquisitoire définitif qui précède le procès, long de quarante-deux pages, insiste sur la montagne de valises provenant à coup sûr de l'hôtel de la rue Le Sueur, lequel « apparaissait naturellement comme un abattoir humain où la mort semblait avoir été donnée de façon systématique et perfectionnée ». Ces valises avaient permis de dénombrer et d'identifier le nombre des victimes : « Quinze israélites, quatre souteneurs, quatre prostituées, trois personnes mêlées à des affaires judiciaires gênantes pour Petiot. » Le mobile ? La cupidité sans nul doute, stimulée par la « période trouble que traversait la France ». Petiot a pris le soin de faire écrire des lettres ultimes par ses futures victimes, pour rassurer leurs familles. L'homme a agi avec prudence et méticulosité, ce qui ajoute encore à l'horreur de ses assassinats.

Onze personnes sont inculpées en même temps que lui, y compris son frère Maurice et sa femme Georgette, pour complicité, recel ou non-dénonciation de crime.

Annoncé pour le 18 mars, le procès provoque d'énormes titres à la une des journaux : « Le sinistre record du docteur Petiot : l'abattoir humain de la rue Le Sueur » (*L'Ordre*) ; « L'hôtel particulier du docteur Petiot : un enfer que Dante n'aurait pu concevoir » (*Le Pays*). On parle aussi d'« un Hitler clandestin », d'« un Néron secret ». L'accusé est défendu par une star du barreau parisien, maître Floriot, assisté de quatre confrères. Face à eux, les avocats de la partie civile qui représentent les familles des disparus. Les journalistes, en nombre, se serrent ; les caméras des actualités cinématographiques, encore autorisées, tournent ; la foule se presse. Le président s'appelle Marcel Leser, il est flanqué de trois assesseurs ; l'avocat général, en robe rouge lui aussi, se nomme Dupin ; les jurés sont au nombre de sept, tirés au sort comme il se doit. Comme pièces à charge on a étagé l'amas des quarante-neuf valises ; ce sera le décor principal du procès, la montagne de preuves massive de la culpabilité.

D'entrée, le docteur Petiot se défend avec rage et ne manque pas, par ses boutades, ses répliques, ses saillies, de faire rire le public. Le président entame son interrogatoire par les cadavres de la rue Le Sueur. « Les cadavres ? Je n'y suis pour rien. Je sors de Fresnes où la Gestapo m'avait enfermé et je trouve des cadavres chez moi. Avouez que c'est trop fort, non ? » Le ton est donné. L'assassin reprend sa version connue : la Résistance, Fly-Tox, son combat contre les mouchards avec ses camarades. Quels camarades ? lui demande le président. « Pas de noms ! répond-il, car si la guerre est finie, l'épuration ne l'est pas et celle-ci est menée par des magistrats tout droit venus de Vichy. Nommer mes camarades les ferait arrêter alors qu'ils méritent la croix de la Libération. » L'effronterie de l'accusé est sans limites, son art de l'esquive laisse pantois. Quand le président lui demande d'expliquer comment il tuait ses victimes, Petiot, drapé dans l'indignation, s'exclame : « Vous êtes un sadique ! »

Nous pouvons lire un compte rendu coloré de la séance du 27 mars dans le journal de Galtier-Boissière. Introduit vers midi dans la grande salle des assises du palais de justice, Galtier est d'abord frappé par l'amoncellement des pièces à conviction « qui atteint presque le plafond » : « Valises cossues en peau de porc, cartons à chapeaux *up to date*, solides cantines, mallettes élégantes, et aussi, un peu honteuse au milieu de ce luxe, une vieille malle grise de bonne à tout faire 1900. »

Une œuvre diabolique

« À une heure moins dix, alors que la salle est bondée, écrit Galtier, la police ouvre la grande porte du fond – comme la porte du toril – et les non-privilégiés qui, depuis l'aube, font la queue devant le palais, se précipitent, se pressent, s'entassent, debout derrière le box de bois. [...] Les gazettes soulignent, chaque jour, les élégances du prétoire : il est vrai que les chaises réservées présentent une brochette de jolies femmes, caquetantes, aux galurins pharamineux. Mais le fond de l'auditoire, très "commun", est composé par les petites copines des gardes, les légitimes des inspecteurs de la P.J., les madames mères pipelettes des petites amies des stagiaires et les dames des fournisseurs de MM. les magistrats. Je remarque aussi quelques plantureuses dondons engraissées par le marché noir et même certain Casque d'Or appartenant sans nul doute à l'abbesse d'un de ces cloîtres que la police tolère mais que Mme Marthe Richard réprouve[2]. »

Galtier note le côté mondain du procès : « Toutes les dames assises autour de moi, les unes en cheveux, les autres étonnamment chapeautées, sont des habituées. Elles occupent tous les jours les mêmes places et ont fini par se connaître, ainsi que les abonnés de la série rose aux matinées du Théâtre-Français. [...] Une belle fille brune, genre premier prix de la tragédie au conservatoire, montre à la ronde un illustré qui publie plusieurs photos de maître Floriot, l'illustre avocat, dont elle se proclame sans fausse pudeur l'amie. »

Enfin, Petiot est introduit. « Il est petit, très brun, glabre avec une peau basanée. Sa face sans lèvres est celle d'un lézard. Ses yeux, largement cernés de noir, rappellent le maquillage de Césare dans le film expressionniste allemand *Caligari*. » Complétant plus loin le portrait : « Décidément c'est à une hyène que ressemble Petiot, avec ses yeux fauves. »

Le premier témoin appelé à la barre, Eryane Kahan, faisait partie des rabatteurs de l'entreprise. « Témoin vedette, cette Juive roumaine qui parle cinq ou six langues a reconnu avoir amené onze israélites au sinistre docteur. Elle a été arrêtée puis relâchée. Petiot l'accuse d'avoir appartenu à la Gestapo et de l'avoir dénoncé à la police allemande qui l'incarcéra à Fresnes pendant huit mois. » Eryane Kahan a cinquante ans. Elle dit avoir présenté au docteur Eugène des amis, les Wolff, les Basch, des Juifs traqués espérant pouvoir passer en Amérique du Sud. Le prix du voyage avait été fixé par Petiot à 50 000 francs. Mais cette dame Kahan n'était-elle pas la rabatteuse appointée d'un « monstre » ? Elle s'en défend, tape la barre du poing. Suit un échange tendu avec Floriot, dans

2. Marthe Richard, députée MRP, a donné son nom à la loi décrétant l'interdiction des maisons closes. Voir plus loin, chapitre 13.

lequel s'immisce l'avocat général. Le désordre est à son comble quand soudain le procureur, « perdant son sang-froid, s'en vient à reprocher à l'avocat de servir une cause déshonorante et lui propose de s'expliquer… "d'homme à homme" ». Stupeur ! Scandale ! Et Floriot, drapé dans sa robe noire, de brandir solennellement les droits sacrés de la défense. Un spectacle, ce procès. Et les spectateurs s'en mêlent, les uns pour approuver la robe rouge, les autres la robe noire. Le président suspend l'audience. « Alors, qu'est-ce qu'on fait ? », interroge Petiot goguenard.

À la reprise, l'accusé fait montre encore une fois de sa prédisposition à avoir réponse à tout, et parfois de manière loufoque. Le président lui demande pourquoi en arrivant chez Mme Kahan il avait toujours les mains sales. Sans se démonter, il improvise cette explication saugrenue : « Parfaitement ! J'avais toujours les mains sales parce que, quand j'allais chez cette personne, je ne manquais jamais, avant d'entrer, de changer le pignon de ma bicyclette. Elle me faisait tellement peur que je voulais pouvoir me sauver avec un plus grand développement ! » Ce genre de galéjade met en joie le public. Les rires le font se cabrer : « En tout cas, je ne me suis pas sali les mains, moi, en jurant fidélité à Pétain ! » Le juge est vexé : « Ne soyez pas insolent ! » « Insolent pour qui ? réplique-t-il. Pour Pétain ? » Et Galtier-Boissière de conclure : « Ce maudit docteur a toujours le dernier mot ! »

Petiot ne nie pas avoir assassiné, mais c'était pour la bonne cause. « A-t-on poursuivi les exécuteurs de Philippe Henriot ? » Lui, il a mis à mort des agents français de la Gestapo. Et si on lui demande des précisions sur son organisation, les noms de ses camarades, il se fâche : « Alors, on va recommencer la même comédie tous les jours ! Vous voulez des noms de résistants ? Je vais vous en donner un : moi ! Et je suis là ! » Les journaux sont pleins de son arrogance, de son insolence, de son cynisme, de ses propos haineux, de ses feintes, de ses extravagances. Certains s'essaient au portrait pour sonder la noirceur de l'âme : « Dans sa figure olivâtre, lit-on dans *L'Aurore*, aux traits ravagés, les yeux noirs flamboient au fond des orbites, sous d'épais sourcils, décelant une rare cruauté qu'on retrouve dans le pli amer de la bouche aux lèvres minces et serrées. »

Le 22 mars, la cinquième audience, sur l'initiative du président, est transportée rue Le Sueur. Une foule suit les magistrats, l'accusé, la police et les journalistes « sur les lieux ». Petiot fait visiter cet étrange hôtel à moitié abandonné, où, dans le fond, le docteur Eugène avait installé son cabinet. L'électricité a été coupée, on avance avec des lampes de poche. On passe des chaudières à la fosse du garage, tout cela sans rien découvrir de neuf, de sorte qu'au bout d'une heure le « cirque Petiot », comme on l'appelle, rebrousse chemin vers le palais de justice.

Le « bon docteur » ne manque pas de témoins pour sa défense. Ce sont ses anciens patients qui le peignent comme un médecin dévoué, obligeant, compétent. « Petiot ne pouvait pas tuer tout le monde, ironise *France-Soir* : il conservait quelques clients ! »

Le 2 avril, l'heure est venue des plaidoiries des avocats – pas moins de neuf – puis des parties civiles. « Une journée interminable, un torrent oratoire, écrit le chroniqueur Frédéric Pottecher. Petiot somnole, la salle somnole, Floriot somnole[3]. » L'un d'eux, maître Véron, tranche par sa pugnacité. Petiot l'a traité à plusieurs reprises d'« avocat des Juifs » parce qu'il représente les familles Dreyfus et Khaït. Il concède que le tueur n'a pas été un « pourvoyeur de la Gestapo » mais bel et bien un « profiteur de l'Occupation ». L'accusé ne peut s'empêcher de traiter l'avocat de voyou, et l'autre de répliquer, implacable : « J'irai à votre exécution ! »

L'avocat général prend la parole à son tour, interminable comme il se doit, ponctuant son accusation de mots forts : « œuvre diabolique et machiavélique », « sinistre individu », sans négliger l'allusion à l'extermination hitlérienne, « chambre à gaz, four crématoire, tas de chaux vive, rien n'y manquait ». Pendant tout le réquisitoire, Petiot fait mine de dormir. À la dernière séance, le 4 avril, la cohue est encore plus serrée que les jours précédents ; on étouffe, on s'évanouit, mais on veut voir et entendre la fin de ce procès d'exception. L'avocat général a réclamé la peine capitale : « Quel criminel encourut plus justement la peine de mort que Petiot ? » Au tour de Floriot. Le grand avocat, précédé par sa renommée, en impose, le geste solennel et la parole incisive ; une stature jupitérienne, une éloquence étourdissante. Sa plaidoirie va durer près de sept heures. Il reprend à son compte la fable du Petiot résistant. Sur vingt-sept crimes reconnus, huit sont contestés et les dix-neuf autres ont été perpétrés contre des gestapistes. Il insiste, et pour

3. Cité par C. Quétel, *L'Effrayant Docteur Petiot*, *op. cit.*, p. 165.

cause, sur l'absence de preuves qui confondraient son client. La plaidoirie subjugue, mais n'abuse personne. La salle applaudit la performance mais ne se risquerait pas à penser que l'accusé pût échapper à la guillotine. Quand le verdict tombe, vers minuit, personne ne s'étonne ni ne s'indigne : « Marcel Petiot, la cour vous condamne à la peine de mort. » Il a le temps de lâcher : « Il faudra me venger ! »

Le 23 mai suivant, la demande de révision du procès est rejetée. Petiot est guillotiné le surlendemain dans la cour d'honneur de la Santé. Quand l'avocat général le réveille en lui disant que son recours en grâce a été rejeté, il lui jette : « Tu m'emmerdes ! » Un mot de la fin qui est bien dans le style du terrifiant docteur.

Reste un mystère Petiot. Ne nous attardons pas sur son magot, demeuré introuvable. La question qui demeure, comme l'écrit l'historien Claude Quétel, est de savoir s'il était fou ou non. Quand on retrace les épisodes de sa vie avant qu'il ne devienne célèbre, on constate qu'il a été à plusieurs reprises l'objet d'expertises psychiatriques. Le docteur Toulouse, de l'hôpital Sainte-Anne, écrira après le verdict : « Petiot était un anormal d'envergure à surveiller étroitement. À différents moments de sa vie, il a dû subir plusieurs internements. Les rapports des psychiatres ne laissent aucun doute sur son déséquilibre. Il n'aurait jamais dû pouvoir exercer sa coupable industrie. La place de cet homme était depuis longtemps dans un asile. Sa tenue à l'audience le confirme. Hélas ! une fois de plus, on a préféré "attendre et voir". »

Quoi qu'il en soit, cette terrible affaire s'inscrit dans un moment particulier de l'histoire. « Ce hideux procès, écrit encore Jean Galtier-Boissière dans son journal, découvre à nos yeux effarés les dessous fangeux de l'Occupation avec ses "services secrets" entrecroisés : tueurs de la Gestapo et tueurs de la Résistance, espions, mouchards, indicateurs et provocateurs des deux bords se côtoyaient, se contactaient, se dupaient, se donnaient des gages, échangeaient des secrets, trahissaient pour être à leur tour trahis... »

L'affaire Petiot laisse entrevoir enfin le drame de l'extermination des Juifs. Car les victimes sont en majorité des « israélites », comme on les appelait, qui, tôt ou tard – les étrangers avant les Français –, ont été promis à la déportation. Combien ne sont-ils pas tombés, pour tenter d'échapper au pire, aux mains de prétendus passeurs ou convoyeurs infâmes profitant de leur désarroi pour les dépouiller et les tuer ? À ce titre, Marcel Petiot représente, à l'opposé des Justes qui en ont tant sauvé, les agioteurs crapuleux de la terreur nazie. Pas antisémite, le docteur Petiot, pas raciste, pas collabo ! Un simple profiteur de l'Occupation, mais qui a poussé son avidité jusqu'au crime en série, par quoi le monstre devient exemplaire.

11

IVe République : une naissance retardée

— Le G.P.R.F. ? Qu'est-ce que c'est encore que ce truc-là ?
— Le Gouvernement Provisoire de la République Française.

Au moment où le docteur Petiot est arrêté, le 30 octobre 1945, le paysage politique de la France de l'après-guerre vient de prendre forme. Déjà les élections municipales en avril-mai de la même année ont démontré la nouvelle puissance du PCF, la bonne résistance du parti socialiste et l'émergence du MRP – les trois grandes formations politiques qui s'imposent au détriment des radicaux et des modérés, la droite étant liquéfiée. À partir d'octobre 1945, la France entre dans une phase électorale intense et capitale, qui doit la faire sortir du provisoire. Certes, la guerre est finie, mais quelle République veulent les Français ? Ceux-ci éprouvent un double rejet, du régime autoritaire (Vichy), mais aussi du régime parlementaire (la IIIe République), sans savoir au juste quelle solution trouver et quel régime démocratique, garantissant l'équilibre des pouvoirs, pourrait bien être établi. On est passé du dégoût à l'incertitude.

Le retour de Léon Blum

Le parti socialiste SFIO occupe une position centrale entre le PCF et le MRP ; il est la clé de l'avenir politique car il est nécessaire à toute future majorité. Son chef moral, Léon Blum, emprisonné par Vichy, déporté par les Allemands, affaibli physiquement mais gardant toutes ses forces intellectuelles, rentre en France le 14 mai 1945. La défaite, l'Occupation, les défaillances d'un bon nombre de ses camarades, la réclusion ont sensiblement infléchi ses idées.

Longtemps fidèle au marxisme, il s'éloigne du matérialisme historique au profit d'un socialisme éthique et humaniste. *À l'échelle humaine*, qu'il a achevé d'écrire en décembre 1941 et qui a été publié par les soins de son ami Bracke après la Libération, donne la définition d'un socialisme avant tout fondé sur la conscience morale des individus : « Le "socialisme intégral", y lit-on, n'est nullement une religion, puisqu'il n'a ni dogmes, ni rites, ni sacerdoce, mais il appelle et il peut satisfaire le sentiment religieux, puisqu'il enseigne une sagesse et une vertu, qu'il habitue la conscience au scrupule, qu'il enseigne à trouver dans un idéal supérieur à l'individu le mobile et la récompense des actions personnelles, puisque la forme d'assentiment qu'il recueille permet le sacrifice et ressemble à une foi. » Un langage iconoclaste, qui inquiète certainement les adeptes de la lutte des classes et de la dictature du prolétariat, mais qui rencontre l'assentiment de nombreux résistants favorables à l'ouverture de leur parti à leurs anciens frères d'armes, chrétiens et autres.

Refusant d'être candidat aux élections à la Constituante qui se préparent, c'est à la radio, c'est à la tribune des réunions et des congrès, c'est surtout dans les colonnes du *Populaire* que Léon Blum s'évertue à expliquer sa conception humaniste du socialisme. Il insiste sur les impératifs « de rigueur absolue de probité, de sincérité, de loyauté, de franchise », ainsi que sur l'infrangible lien entre démocratie et socialisme. Dans ses articles du *Populaire*, il évoque aussi les principes du régime politique qui s'imposent : rejet du pouvoir personnel, mise à l'écart d'un Sénat bastion du conservatisme, responsabilité ministérielle devant le législatif. En attendant, il approuve la décision du général de Gaulle de consulter les Français par référendum, à la suite duquel une Constituante, d'une durée limitée à sept mois, bâtira le nouveau régime.

À la mi-août, se tient le 37e congrès de la SFIO. Retrouvailles entre camarades, les uns un peu honteux du 10 juillet 1940, qui avait vu la majorité voter les pleins pouvoirs à Pétain ; d'autres désireux d'ouvrir leur formation aux non-marxistes ; d'autres encore partisans d'une refondation sur les bases marxistes oubliées. L'une des décisions les plus importantes, inspirée par Léon Blum, est le refus à une très large majorité de l'unité organique avec le parti communiste, comme celui-ci le propose. Dans ses analyses du *Populaire*, Blum a longuement expliqué que se rallier à la fusion aboutirait à une absorption au profit de Moscou. Il reproche aux communistes leurs manœuvres, leur duplicité, leur manque de morale inspiré par le dogme selon lequel la fin justifie les moyens ; il fait le procès de leurs attaches avec l'URSS, qui ont transformé le PCF en satellite de la politique de Staline. Aussi, prône-t-il la seule unité d'action sur le mode du Front populaire. Leçon reçue : le comité d'entente socialo-communiste ne fera plus parler de lui.

Les électeurs sont donc appelés aux urnes le 21 octobre 1945. Simultanément, ils doivent répondre aux deux questions du référendum et élire une nouvelle Chambre. La première question : « Voulez-vous que l'Assemblée élue ce jour soit une Assemblée constituante ? » Le non signifierait qu'on garde les institutions de la IIIe République. La seconde question : « S'il y a une majorité de oui à la première question (donc si l'Assemblée est constituante), approuvez-vous l'organisation provisoire des pouvoirs publics indiquée dans le projet qui vous est soumis ? » Cette organisation limite les pouvoirs de la Constituante : sa durée ne pourra pas dépasser sept mois, contrairement à la Convention, d'illustre ou de sinistre mémoire ; le projet qu'elle élaborera serait soumis au référendum ; l'Assemblée désigne le chef du gouvernement et ne pourra le renverser que selon une procédure spéciale et une motion de censure à la majorité absolue de ses membres.

Le mode de scrutin ne sera plus le scrutin d'arrondissement rétabli en 1928, c'est-à-dire le scrutin uninominal majoritaire à deux tours, mais la représentation proportionnelle, que défendent particulièrement le PCF et le MRP. Mais cette dernière peut s'effectuer selon plusieurs modes d'application. De Gaulle ne souscrit nullement à la proportionnelle intégrale : « L'arrondissement trop étroit et la proportionnelle trop large, écrit-il dans ses *Mémoires*, se combattaient par la voix d'apôtres enflammés et intéressés. Je ne me rendis aux arguments ni de l'un ni de l'autre camp. » De son propre aveu, l'enjeu est d'éviter la victoire massive du PCF. Par l'ordonnance du 17 août 1945, il est finalement décidé que le scrutin proportionnel se tiendra dans le cadre du département (chaque circonscription n'aurait pas plus de neuf et pas moins de deux députés) ; que les restes (les voix insuffisantes pour l'élection d'un député) seront attribués dans ce même cadre départemental, et non dans le cadre national ; que cette attribution se fera à la plus forte moyenne – ce qui avantage les grands partis. Enfin, le vote se fera par listes bloquées et sans panachage, afin d'éviter les petits arrangements qui ont fait tant de mal à la IIIe République.

À la première question, les trois grands partis sont favorables au oui, tandis que les radicaux, partisans du maintien des institutions défuntes, recommandent le non. Il en résulte une victoire écrasante du oui. À la seconde question, le PCF prône le non, étant partisan d'une Assemblée constituante souveraine sans limitation de durée, une nouvelle Convention. Les résultats sont sans ambiguïté. Le oui l'emporte par 96,4 % des suffrages à la première question et par 66,3 % à la seconde. Le PCF a montré sa force, mais non sa domination.

De fait, si les élections de l'Assemblée constituante confirment la supériorité des trois grands partis, elles élèvent le PCF au rang de premier parti français, avec plus de 26 % des voix. Il devance de peu le MRP qui décroche presque 25 % des suffrages, et la SFIO, 24,6 %. C'est un bouleversement des rapports de force. François Goguel le résume avec son sens consommé de la synthèse : « Effondrement des modérés et des radicaux, ascension en flèche du MRP, progrès substantiels des socialistes, avance très marquée des communistes, tels sont au total les traits marquants du scrutin de 1945, comparé à celui de 1936. »

On ne sait quel est le résultat le plus important, la montée en puissance des communistes qui, avec leurs alliés, remportent 160 sièges ; le déclin relatif de la SFIO qui perd sa première place à gauche, avec 135 sièges ; ou encore l'essor du jeune Mouvement républicain populaire, fort de 143 sièges.

La « République radicale », qui a dominé la vie politique depuis le début du siècle, n'est plus qu'un souvenir. D'anciens caciques se maintiennent, Édouard Herriot, Gaston Monnerville, l'immarcescible Henri Queuille. Parmi les Jeunes Turcs d'avant guerre, Pierre Cot s'est rapproché des communistes ; seul Pierre Mendès France, ancien ministre de l'Économie nationale, démissionnaire, tire son épingle du jeu. Aux élections d'octobre 1945, les radicaux n'obtiennnent que 9 % des suffrages et ne comptent plus qu'une trentaine de sièges. Pour sortir de son isolement, le Parti radical négocie un rapprochement avec l'UDSR et constitue avec lui et d'autres rescapés le Rassemblement des gauches républicaines (RGR).

Autres représentants de la IIIe République, les modérés, qui constituent désormais la droite sous le titre d'indépendants, réunissent moins de 15 % des suffrages. Leurs têtes d'affiche ont été trop liées au régime de Vichy et beaucoup de leurs électeurs ont apporté leurs voix au MRP, bien plus en phase avec l'air du temps.

Au total, le général de Gaulle semble avoir gagné son pari, puisque le double oui, qu'il sollicitait, l'a emporté largement au référendum. À vrai dire, c'est une victoire à la Pyrrhus, car la majorité de l'Assemblée constituante est aux mains des deux partis « marxistes » si peu favorables à son projet constitutionnel fondé sur la centralité du pouvoir exécutif. Le parti communiste et le parti socialiste incarnent la tradition de la gauche républicaine qui défend le régime d'assemblée, c'est-à-dire la concentration du pouvoir politique dans les mains des parlementaires, au détriment d'un « sauveur » toujours suspect d'ambitions personnelles. « Tout annonce, écrira de Gaulle dans ses Mémoires, que le régime d'antan va reparaître, moins adapté que jamais aux nécessités nationales. Si je garde la direction, ce ne peut être qu'à titre transitoire. »

Le départ du général de Gaulle

Le scrutin de liste aidant, les élections générales révèlent ou confirment la prépondérance retrouvée des partis dans la vie politique française. Comme l'avait écrit Alain dans sa défense du scrutin d'arrondissement, les candidats et les élus procèdent désormais des états-majors. De Gaulle ne cessera de dénoncer ce que Roger Priouret appelle la « République des partis ». Dès avant les élections, il l'avait pressenti et avait envisagé de démissionner. Les résultats du scrutin ne peuvent que renforcer sa tentation d'en finir. Dès avant les élections (selon ses *Mémoires de guerre*), ou plus tard (en novembre, selon certains témoins[1]), il propose à Léon Blum de prendre le relais : « L'état d'esprit des partis, écrit le mémorialiste, me fait douter que j'aie, demain, la faculté de mener les affaires de la France comme je crois qu'elles doivent l'être. J'envisage donc de me retirer. Dans ce cas, j'ai le sentiment

1. Voir Georgette Elgey, *Histoire de la IVe République*, t. 1, *La République des illusions*, Paris, Fayard, 1965, p. 62.

que c'est vous qui devrez assumer la charge du gouvernement, étant donné votre valeur, votre expérience, le fait aussi que votre parti sera l'un des plus nombreux dans la prochaine Assemblée et, en outre, s'y trouvera dans l'axe de l'aile prépondérante. » Quelle que soit la date de cette entrevue, Léon Blum décline l'offre en raison d'un état de santé que la réclusion et la déportation ont affaibli. De Gaulle se résigne alors, non à se porter candidat, mais à suivre l'avis de l'Assemblée, dont la première réunion se tient au Palais-Bourbon, le 6 novembre.

Le socialiste Félix Gouin, ancien président de l'Assemblée consultative, est élu président de la Constituante. Les communistes, arrivés en tête aux élections, revendiquent la présidence du gouvernement pour Maurice Thorez. Une telle solution serait possible si les socialistes donnaient leur aval. Mais il n'est pas dans leur intention d'assumer un tête-à-tête avec les « staliniens » dans une majorité « marxiste ». Ils veulent intégrer les députés MRP dans un tripartisme – dont ils formeront le centre de gravité. Les députés communistes doivent se résigner, et le général de Gaulle, le 13 novembre, est investi chef du gouvernement à l'unanimité, moins une abstention. L'offensive thorézienne repart alors sur la composition du gouvernement. Le PCF exige les trois grands ministères régaliens, l'Intérieur, la Guerre et les Affaires étrangères. De Gaulle refuse, évidemment, et Thorez lui adresse une lettre publique de protestation au nom de la démocratie. Le chef du gouvernement se tourne alors vers Félix Gouin : « Dans une telle situation, et étant donné l'impossibilité où je me trouve de constituer un gouvernement d'unité nationale conformément à l'indication fournie par l'Assemblée et à mes propres intentions, j'ai l'honneur de remettre à l'Assemble nationale constituante le mandat qu'elle m'a confié. » Il réitère sa menace à la radio : c'est à lui de former le gouvernement, sinon il s'en va ! Finalement, il obtient gain de cause. Un mandat impératif lui est voté « pour que puisse être formé dans les délais les plus brefs un gouvernement composé essentiellement des trois partis : parti socialiste, parti communiste, MRP se partageant équitablement les portefeuilles pour l'application du programme du CNR ». En définitive, la participation communiste se fait avant tout sur le terrain économique, ce qui procure à de Gaulle le double avantage d'un encouragement à la production et la garantie de la paix sociale : l'Industrie et le

Commerce (François Billoux), le Travail (Ambroise Croizat), la Production industrielle (Marcel Paul) tombent dans leur escarcelle. De surcroît, l'ancien déserteur Maurice Thorez devient ministre d'État, chargé de la Fonction publique. Présenté devant l'Assemblée le 23 novembre 1945, le nouveau ministère, qui comprend aussi André Malraux à l'Information, obtient la confiance à l'unanimité des 555 votants.

Deux axes de travail occupent la députation : la continuation du redressement inscrite dans le projet budgétaire et la mise en œuvre d'un projet constitutionnel. Sont ainsi nationalisés les établissements de crédit : la Banque de France et les quatre banques de dépôt, le Crédit lyonnais, la Société générale, le Comptoir national d'escompte et la BNCI (Banque nationale pour le commerce et l'industrie). Un Conseil national du crédit est créé. Annoncées, les nationalisations du gaz et de l'électricité seront réalisées au printemps suivant, de même que celles des grandes compagnies d'assurances. En décembre, les bases du plan Monnet, destiné à la modernisation et à l'équipement du pays, sont établies dans le cadre d'un organisme gouvernemental. La droite fait entendre son opposition aux nationalisations par la voix de Joseph Laniel, resté attaché au libéralisme, qui est à l'origine d'un nouveau parti, le Parti républicain de la liberté (PRL), à la fois hostile au dirigisme et au tripartisme assimilé à un nouveau Front populaire.

Toutes ces mesures prises et votées par l'Assemblée ne déstabilisent pas de Gaulle. Il en va autrement au moment de la discussion du budget, et particulièrement des crédits militaires. Certains députés dénoncent le gaspillage, parfois de manière cocasse, comme l'achat de 10 000 soutiens-gorge kaki commandés pour les AFAT (auxiliaires féminines de l'armée de terre). Un amendement présenté le 31 décembre 1945 propose la réduction des dépenses militaires de 20 %. L'ancien chef de la France libre juge les prétentions de l'Assemblée exorbitantes ; les ergotages de la démocratie parlementaire lui sont insupportables : « En fin de compte, lit-on dans *Combat* le 1er janvier, l'Assemblée qu'évoque le général de Gaulle a un nom que nous connaissons bien : c'est l'Assemblée consultative, avec le seul privilège de pouvoir élire le chef du gouvernement et de pouvoir le renverser. Pour le reste, on l'écoutera ou on ne l'écoutera pas. [...] Si la situation exige maintenant une dictature, il faut le dire nettement. »

Nous sommes là au cœur du conflit politique et constitutionnel entre le Général et la majorité de l'Assemblée. Du gouvernement ou du Parlement, qui a la primauté ? Partisan d'un exécutif fort, l'ancien chef de la France libre ne peut admettre les obstacles que les parlementaires dressent à son action. L'Assemblée, elle, compte préserver la suprématie traditionnelle du pouvoir législatif, consacrée depuis la défaite de Mac-Mahon en 1877. Les travaux de la commission de Constitution, présidée par le socialiste André Philip, exacerbent les tensions. « Le projet que la commission désignée à cet effet par la Constituante s'apprêtait à présenter, écrira de Gaulle, était tout juste à l'opposé de ce que j'estimais nécessaire. Il instituait le gouvernement absolu d'une Assemblée unique et souveraine. » Les commissaires s'ingénient à limiter les pouvoirs du président de la République, qui pourrait et devait être de Gaulle : il sera élu par l'Assemblée nationale, il ne pourra assister au Conseil des ministres, il n'aura pas le droit de grâce, ne présidera pas le Conseil de la Défense nationale… De Gaulle s'insurge, convoque le rapporteur, François de Menthon, un MRP. À ses questions, celui-ci réplique hardiment : « Vous n'avez pas à vous mêler du débat, n'étant pas vous-même constituant. » Ainsi, son principal allié paraît lâcher le chef de la France libérée. C'en est trop, il est prêt à démissionner. Non pas à prendre sa retraite, car il veut se convaincre de l'impuissance des partis à gouverner ensemble. Les Français le rappelleront ! Ils ont besoin de lui ! Alors, de retour, légitimé de nouveau, il aura toute la liberté de manœuvre qu'il souhaite pour doter la France des institutions qu'il juge indispensables.

La discussion du budget pour 1946 n'est pas terminée dans la nuit du 31 décembre. Les socialistes restent sur leur position et exigent toujours la réduction des dépenses militaires. Le lendemain, 1er janvier, de Gaulle, appelé par son ministre Teitgen, prend part à la discussion. Grave, il affirme : « Le point qui nous sépare, c'est une conception générale du gouvernement et de ses rapports avec la représentation nationale. » Il lance un avertissement : « Je vous le dis en conscience, et sans doute est-ce la dernière fois que je parle en cette enceinte. […] Il y a deux conceptions. Elles ne sont pas conciliables. Veut-on un gouvernement qui gouverne ou bien veut-on une Assemblée omnipotente déléguant un gouvernement pour accomplir ses volontés ? Personnellement, je suis convaincu que cette deuxième solution ne répond en rien aux nécessités du pays dans lequel nous vivons, ni à celles de la période où nous sommes. »

Après qu'un amendement de René Pleven a été adopté – il permet une transaction en limitant les crédits votés pour deux mois (au lieu de trois) –, de Gaulle part le 4 janvier en vacances au cap d'Antibes. À ses visiteurs, il ne paraît s'intéresser qu'à l'avenir touristique de la Côte d'Azur. À Paris, le Conseil des ministres se réunit sans lui sous la présidence de Vincent Auriol. En fait, sa décision est prise. Revenu à Paris le 14 janvier 1946, il reçoit les ministres d'État, Vincent Auriol, Maurice Thorez, Francisque Gay, auxquels il fait part de son prochain départ. Le Conseil des ministres est convoqué le dimanche 20 janvier à midi, pour une « communication du général de Gaulle ». À midi pile, le Général arrive en uniforme dans la salle des Armures du ministère de la Défense nationale, rue Saint-Dominique ; il serre les mains et, avant que les ministres ne s'assoient, déclare :

« Ma mission est terminée. J'avais entrepris de libérer la France avec l'armée française, sous l'autorité d'un gouvernement français. La France est libérée, le gouvernement est installé dans la capitale, la légalité républicaine est rétablie. La tâche que je m'étais assignée est accomplie.

« Le régime exclusif des partis est reparu. Je le réprouve, mais, à moins d'établir par la force une dictature dont je ne veux pas et qui, sans doute, tournerait mal, je n'ai pas les moyens d'empêcher cette expérience.

« L'action que vous menez à l'intérieur du gouvernement ne correspond pas à l'idée que je me fais de la solidarité gouvernementale nécessaire à l'autorité de l'État. Vous passez votre temps, je vous l'ai dit à plusieurs reprises, à vous manger la laine sur le dos. Vous épousez les querelles de vos partis respectifs. Ce n'est pas ainsi que je comprends les choses.

« Il me faut donc me retirer. »

Là-dessus, le Général quitte la salle, laissant ses ministres bouche bée. Maurice Thorez a tout de même ce mot : « Ce départ ne manque pas de grandeur ! » Plus tard, en présence d'André Malraux, de Gaulle rédige sa lettre de démission au président de l'Assemblée, Félix Gouin – une lettre soigneusement dépourvue de polémique ou de dépit : « En me retirant, j'exprime le vœu profondément sincère que le gouvernement qui succédera à celui que j'ai eu l'honneur de diriger réussisse dans la tâche qui reste à accomplir pour assurer définitivement les destinées du pays... »

Le bruit court que l'illustre partant échafaude un coup d'État. C'est mal le connaître ; il s'abstient même de s'expliquer à la radio. Il est convaincu de la compréhension et du soutien de la majorité de l'opinion ; il juge alors, on vient de le dire, son retour inévitable. Cruelle illusion. Les Français sont en proie à leurs soucis quotidiens, à la précarité économique, aux difficultés du ravitaillement, au marché noir. La politique leur paraît secondaire ; le « jour de gloire » est terminé. Un sondage de l'IFOP confirme une assez large indifférence de leur part au départ du Général. « Si de Gaulle devenait chef d'un nouveau parti, est-ce que vous voteriez pour lui ? Oui : 31 % ; non : 40 % ; indécis : 23 %. Croyez-vous qu'il sera encore chef de gouvernement ? Oui : 21 % ; non : 43 % ; indécis : 31 %. » Et si seulement 32 % sont « contents » qu'il soit parti, 28 % se disent indifférents ou indécis. De l'autre côté de la Manche, Churchill est lui-même victime de l'ingratitude populaire ; les héros sont fatigants.

L'échec de la gauche

Un vide immense a été créé par cette démission, qui laisse nombre d'élus abasourdis. Sans perdre de temps, dès le 21 janvier, les communistes revendiquent, en bonne logique parlementaire, la direction du gouvernement pour Maurice Thorez. À défaut de l'appui du MRP, ils escomptent le soutien des socialistes, avec lesquels ils dominent majoritairement l'Assemblée. En vain : ils se heurtent au refus et des uns et des autres. Mais celui du MRP pouvait prendre plusieurs formes, et certains de ses dirigeants, à commencer par leur chef Maurice Schumann, sont tentés par un retrait sur l'Aventin, par solidarité avec le retraité de Colombey. Une missive décisive paraît l'avoir convaincu d'accepter un gouvernement tripartite, sous la présidence d'un socialiste : il s'agit d'une lettre du général Billotte, chef d'état-major général par intérim. Billotte met en garde le MRP contre l'éventualité d'un gouvernement socialo-communiste : « Cette solution qui conduira très rapidement la SFIO à s'effacer complètement derrière le PC et à lui laisser la direction politique a été examinée avec objectivité par les militaires anglo-saxons. Ils la considèrent comme une très grave menace sur les arrières de leurs troupes d'occupation et comme susceptible de rapprocher le terme d'un éventuel conflit avec l'URSS[2]. » En résumé, Billotte demande au MRP de ne pas faire la politique du pire.

Le MRP donne son accord à sa participation le 22 janvier, à la condition d'une « trêve des partis » dans les journaux et ailleurs. Comme les socialistes restent sur leur refus d'un duo gouvernemental avec les communistes, ceux-ci acceptent ce qu'on va appeler désormais le tripartisme. Une charte commune est élaborée qui engage la loyauté des partis les uns envers les autres. Le programme du gouvernement concerne avant tout les problèmes immédiats du ravitaillement – mais aussi une profonde réforme administrative.

Ce tripartisme n'a qu'une unité apparente. La question de la laïcité, autrement dit l'aide de l'État aux établissements scolaires du privé, est provisoirement réglée : Léon Blum assure que le prochain gouvernement socialiste n'étendra pas les lois laïques aux départements d'Alsace-Moselle (restés sous le régime du Concordat consulaire depuis l'annexion par l'Allemagne) et que la question scolaire ne sera pas posée avant le vote de la Constitution. Plus grave demeure la dissension entre les partis de gauche et le MRP sur le projet constitutionnel. Finalement, la question n'est pas mentionnée dans la charte du tripartisme : ce sera à l'Assemblée de décider.

Qui sera le chef du gouvernement ? Les socialistes auraient aimé Vincent Auriol, mais le veto communiste les amène à choisir le président de l'Assemblée, Félix Gouin. C'est à contrecœur que ce sexagénaire modeste, avocat inscrit au barreau de Marseille, finit par accepter. Il a été des quatre-vingts qui, en juillet 1940, ont refusé de voter les pleins pouvoirs à Pétain ; il a défendu au procès de Riom Léon Blum, dont il est devenu l'ami intime. Rebâtisseur du parti socialiste avec Daniel Mayer pendant la guerre, il a été élu président de l'Assemblée consultative d'Alger et a présidé l'Assemblée provisoire à Paris en 1944. Député de Marseille, élu à la Constituante, il en était devenu le président le 8 novembre.

2. Cité par G. Elgey, *Histoire de la IVe République*, t. 1, *La République des illusions*, *op. cit.*, p. 103.

Acceptant sous la pression de ses camarades de former un gouvernement, il prend une initiative malheureuse quant au fonctionnement des institutions en abandonnant aux partis le soin de choisir les membres de son cabinet. Le primat volatil des partis s'en trouve encore renforcé.

Le 23 janvier 1946, les députés désignent Félix Gouin comme président du Conseil, par 497 voix sur 555, et, le 29, la confiance lui est votée. Thorez est nommé vice-président du Conseil, toujours chargé de la Fonction publique. Les communistes ont le vent en poupe au cours de cette seconde phase de la Constituante. Ils comptent six ministres dans le nouveau gouvernement : outre Thorez, Billoux (Reconstruction et Urbanisme), Tillon (Armement), Paul (Production industrielle), Croizat (Travail), et Laurent Casanova (Anciens Combattants). Auguste Lecœur est sous-secrétaire d'État à la Production industrielle et Maurice Patinaud, sous-secrétaire d'État au Travail et à la Sécurité sociale. Décidés à rendre le retour du général de Gaulle impossible, ils entendent bien – comme le précise un document interne du Bureau politique – « créer le climat nécessaire qui nous permettra de revendiquer la direction des affaires du pays en faisant pénétrer dans les masses l'idée que nous avons été les seuls à dire la vérité ». Ils se lancent dans de nombreuses entreprises visant à accroître le poids de l'État – et le leur propre – dans la vie économique : nationalisation des Houillères de France, d'une partie des assurances, création d'Électricité de France et de Gaz de France ; ils jettent les bases de ce qui va devenir la Sécurité sociale et mettent au point le statut des fonctionnaires.

La CGT est devenue leur meilleure courroie de transmission, comme l'atteste le 26e congrès de la grande centrale syndicale en avril 1946. Benoît Frachon suit les directives du PCF, que ce soit sur l'importance de la production, la discipline, ou l'acceptation du blocage des salaires. Dans son discours-rapport, il affirme que le devoir de classe est aussi un devoir national. La minorité refuse de voter ce rapport, mais la tendance communiste représente 80 % des mandats. Pour la galerie, Léon Jouhaux reste à la tête de la Confédération à côté de Frachon, mais la CGT, qui compte près de 4 millions d'adhérents, est désormais massivement derrière le PCF.

L'édification de la future Constitution reste dans l'immédiat le point cardinal. Or les socialistes se rapprochent de plus en plus des communistes sur ce terrain – phénomène qu'on avait déjà observé au lendemain du congrès de Tours de 1920 préludant la création du parti communiste : restés fidèles à la SFIO, ils ne veulent pas être considérés comme moins à gauche, moins marxistes que les communistes. André Philip, devenu ministre, est remplacé à la commission de Constitution par Guy Mollet, devenu chef de file du courant de gauche au sein du groupe socialiste. La discussion du projet démontre le rapprochement des deux grands partis de gauche au détriment du MRP : c'est par 309 voix contre 249 que leur texte, dû à Pierre Cot, ancien radical qui s'est lui aussi rapproché des communistes, est voté par l'Assemblée. Le modèle de la Convention est manifeste : création d'une Assemblée unique dont dépendra de fait le ministère qu'elle aura élu ; réduction du rôle du président de la République, qui ne dirige en rien le gouvernement et auquel est retiré le droit de grâce.

Ce retour à cette espèce de parlementarisme absolu n'est pas au goût de tous les électeurs, que les thèses gaullistes ont influencés et qui répugnent, tout comme le MRP, à la domination de la majorité socialo-communiste. Le référendum qui suit, le 5 mai 1946, se conclut, à la surprise générale, par la nette victoire du non (53 % des suffrages). Le MRP a ajouté ses arguments à ceux de la droite traditionnelle. Il semble bien que nombre d'électeurs socialistes, inquiets des progrès communistes, aient voté contre eux aussi. On est de nouveau à pied d'œuvre.

12

Nuremberg :
le procès des vainqueurs

À l'automne 1946 s'achève l'un des plus grands procès de l'Histoire, par lequel les dirigeants du nazisme sont jugés par leurs vainqueurs. « Ils seront pendus » : le 2 octobre 1946, *France-Soir* annonce sur toute la surface de sa une et par ces mots vengeurs le verdict du procès de Nuremberg qui vient de prendre fin. À vrai dire, seuls douze accusés sur vingt et un ont été condamnés à mort, ce qui suscite dans plusieurs journaux l'étonnement et l'indignation, notamment à propos des trois acquittements prononcés en faveur de l'ancien président de la Reichsbank Schacht, de l'ex-chancelier von Papen et de Fritzsche, ancien directeur du service de la radio au ministère de la Propagande.

Pourquoi Nuremberg ?

Dès 1942, les Alliés s'étaient accordés sur l'idée d'une juridiction internationale qui, au lendemain du conflit, aurait pour tâche de punir les crimes de guerre[1]. La paix venue, les quatre vainqueurs, États-Unis, Royaume-Uni, URSS et France, discutèrent sur les conditions d'un procès sous l'égide d'un Tribunal militaire international, dont le statut fut signé le 8 août 1945 à Londres :

1. Ce chapitre doit beaucoup à l'ouvrage d'Annette Wieviorka, *Le Procès de Nuremberg*, Paris, Liana Levi, coll. « Piccolo », 2006. Parmi les nombreux ouvrages consacrés à Nuremberg, signalons Léon Poliakov, *Le Procès de Nuremberg*, Paris, Julliard, coll. « Archives », 1971.

il s'agissait de « juger les criminels de guerre dont les crimes sont sans localisation précise, qu'ils soient accusés individuellement, ou à titre de membres d'organisations ou de groupements, ou à ce double titre ».

C'est symboliquement à Berlin que se tient le 18 octobre 1945 l'ouverture solennelle du procès, présidée par le général soviétique Nikitchenko. Hitler, Goebbels, Heydrich et Himmler étaient morts, mais il restait du « beau monde » à incriminer. Trois chefs d'accusation sont retenus : le complot contre la paix (*conspirancy*), les crimes de guerre et les crimes contre l'humanité. Les Américains avaient beaucoup insisté sur le premier, accusant l'Allemagne hitlérienne d'avoir préparé très tôt une guerre d'agression. Les crimes de guerre avaient été définis de longue date, avant la Première Guerre mondiale, même si aucune action judiciaire d'envergure ne fut menée au lendemain de la Grande Guerre. Quant aux crimes contre l'humanité, c'est bien le tribunal de Nuremberg qui en est à l'origine. Ils sont alors définis comme « l'assassinat, l'extermination, la réduction en esclavage, la déportation et tout acte inhumain commis contre toute population civile, avant ou après la guerre, ou bien les persécutions pour des motifs politiques, raciaux ou religieux ». Implicitement, c'est l'extermination des Juifs et des Tsiganes qui était en cause.

Quelques jours plus tard, les quatre délégations mettent au point la liste des accusés, au nombre de vingt-trois. Hermann Goering, numéro deux du régime nazi, en est le chef de file. À ses côtés se retrouvent les grandes têtes du régime survivantes, l'ancien dauphin Rudolf Hess[2], le ministre des Affaires étrangères Ribbentrop, le chef du haut commandement Keitel, le directeur du *Stürmer* Streicher, le successeur d'Heydrich à la Sécurité du Reich (qui avait autorité sur la Gestapo) Kaltenbrunner, l'idéologue Rosenberg, le général Alfred Jodl, von Papen et une douzaine d'autres, parmi lesquels deux ne paraîtront pas, Robert Ley, l'architecte des lois de Nuremberg, qui se suicide avant le procès, et Martin Bormann, le redoutable secrétaire de Hitler demeuré introuvable. Des organisations criminelles, au nombre de huit, sont également accusées, telles que le NSDAP, les SS et la Gestapo.

2. Cet ancien adjoint de Hitler avait fui l'Allemagne en 1941 pour l'Écosse, où il fut interné jusqu'à la fin de la guerre, avant d'être transféré à Nuremberg.

Le procès s'ouvre véritablement le 20 novembre à Nuremberg. La ville de Bavière qui a connu naguère les démonstrations wagnériennes des congrès du parti national-socialiste n'est plus qu'un champ de ruines. Ont été sauvés cependant des bombardements le palais de justice, la prison et le Grand Hôtel qui permettent la tenue des débats et l'hébergement des magistrats. Le jury est composé par un représentant de chacune des puissances accusatrices et d'un suppléant : en tout huit juges qui auront à assumer le verdict final. Pour la France, c'est le professeur de droit Donnedieu de Vabres. Chacun des quatre pays fournit ses procureurs et leurs assistants. Pour la délégation française, le procureur général est François de Menthon, auquel succède après janvier 1946, quand celui-ci est appelé en France par la commission de la Constitution, Auguste Champetier de Ribes, ancien ministre de la IIIe République, qu'assistent les avocats Edgar Faure, Charles Dubost et le substitut Serge Fuster.

Outre les quatre puissances accusatrices, quinze autres pays sont représentés par celles-ci. La France parle ainsi au nom des pays occidentaux qui ont subi l'Occupation : Belgique, Pays-Bas, Norvège et Luxembourg.

Quand, le 20 novembre, les accusés, venus de la prison par un souterrain qui la relie au palais de justice, pénètrent trois par trois dans la salle d'audience, sous la surveillance des MP (*Military Police*) en gants et casque blancs, l'attention du public est aussitôt accaparée par Goering. Le maréchal a beaucoup changé depuis les photos qu'on connaît de lui et qui le montraient avantageux, énorme, goguenard, chamarré et triomphant. Morphinomane en cure de désintoxication, le Falstaff du IIIe Reich a beaucoup maigri : « Son uniforme gris clair qui tire sur le blanc sale, écrit Joseph Kessel, le reporter de *France-Soir*, flotte autour de lui. Son visage meurtri ressemble à celui d'une vieille femme méchante. » Alignés sur deux rangées, les accusés font face à la pléthore des avocats et des juges en robe, tandis que les Soviétiques siègent en uniforme. Quatre langues sont utilisées, transmises par la traduction simultanée.

L'acte d'accusation est lu tour à tour par les représentants des quatre délégations ; il dure cinq heures. C'est le début d'un marathon de 402 audiences publiques, dont beaucoup seront consacrées à la lecture des documents accumulés. Le réquisitoire est confié au juge américain à la Cour suprême, Robert H. Jackson, un des acteurs éminents du procès. Lui aussi est très long, s'évertuant à relater l'histoire de l'Allemagne hitlérienne, mais il lui vient des accents qui rompent avec la monotonie : « Nous montrerons, déclare-t-il en désignant les accusés, qu'ils sont des symboles vivants des haines raciales, du terrorisme et de la violence, de l'arrogance et de la cruauté du pouvoir. »

C'était le premier jour d'un procès qui allait en durer trois cents.

Goering ne rit plus

Dans les séances qui suivent, on commence par traiter les crimes contre la paix. Il est facile de montrer la volonté expansionniste et agressive du NSDAP, ce qui donne l'occasion aux accusateurs de compléter le cours d'histoire de Jackson, en remontant aux origines du nazisme. La volonté de guerre était sans conteste dans les gènes du parti hitlérien, fouettée par l'idée du *Lebensraum*, l'espace vital nécessaire justifiant son expansion vers l'Est. L'idéologie raciste du régime fondé en 1933 est naturellement mise en avant, mais aussi sa préparation méticuleuse à la guerre, comme le réarmement secret et le conditionnement psychologique de la population. Un document inédit illustre bien les intentions bellicistes du Führer, le compte rendu d'une réunion ultrasecrète qui avait eu lieu le 5 novembre 1937, au cours de laquelle Hitler exposa à son entourage immédiat sa volonté d'en découdre : « Le problème allemand ne peut donc être résolu, disait-il, que par la force, et cela ne va jamais sans risques. Si nous décidons d'avoir recours à la force, avec les risques que cela comporte, il reste deux questions à résoudre : Quand et comment ? » Et Hitler d'exposer trois hypothèses d'entrée en guerre à différentes dates, aux fins de conquérir l'Autriche et la Tchécoslovaquie. Prémonitoire, il pensait que l'Angleterre, en raison des difficultés internes de l'Empire britannique, n'interviendrait pas, ajoutant : « L'attitude des Anglais ne sera pas sans influence sur celle des Français ; une attaque de la France sans le concours anglais est peu probable. » Il importait d'agir vite, avant que le Reich ne perde sa suprématie militaire.

Dans cette longue analyse des menées hitlériennes vers l'Europe centrale, une audience, réservée à l'Anschluss, va rester dans les mémoires. L'accusation donne connaissance d'un enregistrement téléphonique entre Goering et Ribbentrop, alors en poste à Londres. Le ministre narre à l'ambassadeur comment les troupes allemandes ont pénétré en Autriche, avec la complicité du parti nazi autrichien et de son chef Seyss-Inquart. « À ce moment, écrit Kessel, il se passa une chose incroyable. Sur son banc d'accusé, Goering releva la tête et se mit à rire. D'un rire plein, entier, débridé, impossible à contenir. Et par-dessus l'épaule de Hess, il regarda Ribbentrop. Et celui-ci, dont les lèvres ravinées et serrées étaient nouées comme par un cordon, regarda Goering, détendit sa bouche et se mit à rire, à son tour, franchement, largement. » L'Anschluss ? Un joyeux souvenir, une bonne blague en somme.

Les rires s'éteignent quand l'accusation s'avise de donner à voir un film, un documentaire de montage, sur les camps de concentration libérés par les Alliés, Dachau, Buchenwald, Auschwitz : « laboratoires de tortures…, écrit Kessel, chambres à gaz… fours crématoires… Mais surtout les visages, les corps des survivants. Ces nuques dont on pouvait compter les vertèbres, ces bras réduits à l'état d'os, ces torses décharnés jusqu'au squelette, ces joues exsangues, collées exactement aux mâchoires, et ces énormes trous au fond desquels le regard avait déjà l'insondable atonie de la mort ». Bouches édentées, voix sans timbre, figures sans âge, la danse macabre des survivants en costume rayé. Le commentaire *off* du film est impitoyable : la faim, le froid, le travail inhumain, la dysenterie, le typhus, l'humiliation, l'horreur détaillée en images. Les deux travées des accusés sont éclairées par un projecteur : « Il ne s'agissait pas, écrit Kessel, de montrer aux membres du tribunal un document dont ils avaient, à coup sûr, une connaissance approfondie. Il s'agissait de mettre tout à coup les criminels face à face avec leur forfait immense, de jeter pour ainsi dire les assassins, les bouchers de l'Europe au milieu des chantiers qu'ils avaient organisés, et de surprendre les mouvements auxquels les forcerait ce spectacle, ce choc. »

Goering ne rit plus. Accoudé à la balustrade, il détourne le plus souvent son regard de l'écran. D'autres, comme Schacht, fuient comme lui l'insoutenable représentation de l'enfer nazi. Ils sont pâles, ils s'essuient le front, ils se couvrent les yeux des mains, se cachent la tête, certains pleurent ou frémissent. Entre l'abstraction de la « Solution finale » et la réalité filmée de son exécution, il y a un abîme. Nombre des accusés n'ont jamais vu ce que signifiait concrètement l'application de la doctrine hitlérienne qu'ils avaient assumée, répandue, glorifiée. Ce moment restera une des audiences les plus pathétiques du procès.

Par la suite, dix-huit accusés se trouvent inculpés pour crimes de guerre : prises d'otages, fusillades, destructions, auxquelles s'ajoute un crime inédit, la germanisation des territoires occupés. François de Menthon détaille l'étendue de ces forfaits dans l'Europe de l'Ouest. Il déclare : « Je me propose de démontrer que toute cette criminalité organisée et massive découle de ce que je me permettrais d'appeler un crime contre l'esprit, je veux dire d'une doctrine qui, niant toutes les valeurs spirituelles, rationnelles ou morales sur lesquelles les peuples ont tenté depuis des millénaires de faire progresser la condition humaine, vise à rejeter l'humanité dans la barbarie, non plus dans une barbarie naturelle, mais dans une barbarie démoniaque puisque consciente d'elle-même et utilisant à ses fins tous les moyens matériels mis par la science contemporaine à la disposition de l'homme. Ce péché contre l'esprit, voilà bien la faute originelle du national-socialisme dont tous les crimes découleront. Cette doctrine est celle du racisme. »

Asservissement de la population par le Service du travail obligatoire (STO), pillage économique, crimes contre les personnes physiques, terrorisme d'État, exécutions d'otages, déportations vers les camps de concentration… Le discours de François de Menthon est suivi par les détails des actes tyranniques qu'exposent ses assistants, Charles Gerthoffer, Henri Delpech et Charles Dubost. Les témoins sont appelés à la barre. Le 28 janvier 1946, une ancienne résistante communiste déportée à Auschwitz et à Ravensbrück fixe particulièrement l'attention ; il s'agit de la communiste Marie-Claude Vaillant-Couturier. Elle raconte son arrestation le 9 février 1942 par la « police de Pétain », ses mois de prison à la Santé puis au fort de Romainville, sa déportation vers l'Allemagne en janvier 1943, dans un convoi comprenant deux cent trente femmes, en même temps que ses camarades communistes Maï Politzer et Danielle Casanova. Son arrivée à Auschwitz, la désinfection, le rasage du crâne, l'immatriculation par tatouage. Elle décrit la sélection dès l'arrivée de ceux qui peuvent travailler, tandis que les autres, vieillards, mères et enfants, sont envoyés à la chambre à gaz. C'est l'occasion de préciser, Charles Dubost s'y emploie, la différence entre un camp de déportation comme Ravensbrück et un camp d'extermination comme Auschwitz. Passant de celui-ci à celui-là, Marie-Claude Vaillant-Couturier est interpellée par un avocat de la défense : comment s'en est-elle sortie ? Le témoin précise les chiffres : le transport comprenait au départ deux cent trente femmes ; elles n'étaient plus que cinquante-deux au bout de quatre mois ; quarante-neuf seulement sont rentrées en France. Elle a fait partie de ce lot de rescapées, d'abord par chance, ensuite parce qu'elle parlait l'allemand et qu'elle a servi d'interprète ; elle est rentrée atteinte du typhus, dont elle a guéri au bout de trois mois et demi.

Le procureur Rudenko décrit à son tour les crimes dont furent victimes les populations envahies par les Allemands. Il insiste sur le sort réservé aux prisonniers soviétiques, dont 3 millions sur 5 sont morts de faim, de froid et de mauvais traitements. Le 11 février, le maréchal von Paulus, prisonnier des Russes après avoir commandé à Stalingrad et auteur d'un appel au peuple allemand contre Hitler, est appelé à la barre. Son arrivée déclenche la colère de Goering qui le traite de traître et de « sale cochon ».

Après les crimes contre la paix et les crimes de guerre, on en vient enfin aux crimes contre l'humanité ; l'extermination des Juifs est spécialement visée, ce qui entraîne l'usage du mot « génocide », créé en 1944 par un juriste de l'université de Yale, Raphael Lemkin, signifiant la destruction méthodique d'un groupe ethnique, et adopté par l'ONU dès 1945. Sur cet acte d'accusation, on entend deux témoins de première importance, Otto Ohlendorf et Dieter Wisliceny. Le premier explique ce que furent les *Einsatzgruppen* et les *Einsatzkommandos*, dont il fut un des responsables, chargés de tuer Juifs et communistes au cours de l'offensive hitlérienne sur la Russie. Il évalue, pour son seul commandement, à 90 000 le nombre des exécutés, femmes et enfants compris, entre juin 1941 et juin 1942. On tuait par fusillade ou par gazage à l'intérieur de camions fermés, « construits de telle sorte que, lorsque le moteur était mis en marche, le gaz était dirigé à l'intérieur de la voiture, amenant la mort des occupants en dix à quinze minutes ». Et Ohlendorf d'affirmer : « L'ordre prescrivait que la population juive devait être totalement exterminée. »

L'autre témoin clé de l'accusation américaine, Wisliceny, membre de la SS, reprend la question de la Solution finale du problème juif, orchestrée au début de 1942[3] et menée jusqu'en octobre 1944, quand Himmler – comprenant que la guerre était perdue – donna l'ordre d'arrêter l'extermination. Il risque un chiffre : « D'après mon évaluation personnelle, 4 millions au moins ont dû être atteints par la solution définitive. »

Edgar Faure, pour l'accusation française, traite à son tour les crimes contre l'humanité dans l'Europe de l'Ouest occupée. S'appuyant sur le travail inédit du Centre de documentation juive contemporaine, créé à Grenoble dans la clandestinité, il fait avec beaucoup de brio la démonstration que la persécution des Juifs marque l'aspect « le plus permanent et, sans doute, le plus significatif » de la criminalité nazie. Il montre bien qu'il n'existe pas de texte législatif qui ordonne la déportation générale et l'extermination des Juifs ; que ce sont des mesures proprement administratives qui ont organisé le génocide. Il insiste sur la déportation des enfants, prenant à témoin la déportation des enfants juifs de la colonie d'Izieu (dans l'Ain). « Je crois, ajoute-t-il, qu'il y a quelque chose qui est encore plus frappant et plus horrible que le fait concret de l'enlèvement de ces enfants : c'est ce caractère administratif, le compte rendu qui en est fait selon la voie hiérarchique, la conférence où différents fonctionnaires s'en entretiennent tranquillement comme d'une des procédures normales de leur service ; c'est que tous les rouages d'un État, je parle d'un État nazi, sont mis en mouvement à une telle occasion et pour un tel but. » Le procureur général adjoint n'épargne pas le régime de Vichy, ses lois antijuives, la création du Commissariat aux Questions juives, la collaboration active de ses services à la persécution.

Une nouvelle journée à sensation a lieu le 15 avril 1946, quand Rudolf Höss, le commandant d'Auschwitz, vient témoigner. Il raconte qu'au cours de l'été 1941 Himmler, qui l'a convoqué à Berlin, lui apprend que Hitler vient de décider la Solution finale et que le camp d'Auschwitz, bâti en Pologne en 1940, dans d'anciennes casernes, doit devenir le principal lieu d'exécution du projet. Plus précisément, on construisit un nouveau camp à trois kilomètres, à

---

3. Le 20 janvier 1942, la conférence de Wannsee – animée par Reinhard Heydrich – met au point les conditions techniques du génocide.

Birkenau, qui se trouve à un embranchement de lignes de chemin de fer. Höss décrit les chambres à gaz : « [...] Ils entraient dans les chambres à deux cents ou trois cents, selon les dimensions. Les portes étaient fermées et un ou deux ballons de Cyclon B étaient projetés dans la chambre par les trous percés dans les murs. » Cela durait combien de temps ? Deux à trois minutes. « Une demi-heure après, on ouvrait les portes et les corps étaient sortis par un “kommando” de prisonniers qui travaillaient là constamment, et brûlés dans des fours. Avant de les brûler, on leur enlevait leurs dents en or et leurs bagues. » Höss estime qu'environ 2,5 millions de personnes furent ainsi gazées à Auschwitz[4].

Ce bourreau en chef ne comprend-il pas l'immensité de son crime ? Non. « Nous étions tous si entraînés à obéir aux ordres sans même réfléchir que l'idée de désobéir à un ordre ne serait jamais venue à l'idée de personne, et quelqu'un d'autre l'aurait fait tout aussi bien, si nous ne l'avions pas fait. » Pour Höss comme pour les autres nazis, la question du bien et du mal ne se pose pas. Sa déposition est capitale, accablante pour les accusés qui, jusque-là, feignaient de ne rien savoir.

Trois jours plus tard, le 18 avril, il est question des ghettos de l'Est, où la puissance occupante avait regroupé les Juifs, à Varsovie, à Chełmno, Bełzec, Sobibór, Madjanek, Treblinka... Parmi tous les documents passés en revue, le journal de Hans Frank, surnommé « le boucher de Cracovie », est le plus confondant. L'accusé l'avait remis volontairement au tribunal, peut-être dans un acte de contrition. La liquidation des Juifs, selon lui, était nécessaire dans le contexte de l'époque : « Nous devons exterminer les Juifs, partout où nous en trouverons, et partout où il y en aura la possibilité, et cela pour pouvoir maintenir l'édifice du Reich dans son ensemble. » Hitler s'employa à distiller dans l'opinion allemande cet impératif d'un antisémitisme meurtrier. Streicher, qui dirigeait le *Stürmer*, dont le tirage pouvait atteindre 600 000 exemplaires, fut l'un des propagateurs de ce racisme officiel. Il accomplit sa tâche sans désemparer, littéralement obsédé par les Juifs et leurs supposés méfaits. En quelques audiences, l'effroyable entreprise

4. Chiffre inexact, on pense aujourd'hui, après les travaux des historiens, qu'Auschwitz mit à mort 1,1 million de déportés, dont 95 % étaient des Juifs (cf. A. Wieviorka, *Déportation et génocide*, *op. cit.*, p. 183).

du nazisme se trouve ainsi révélée et précisée dans toute l'étendue de sa monstruosité.

Le châtiment

Le 31 août, on passe au verdict, après les dernières déclarations des vingt et un accusés présents qui s'estiment l'un après l'autre « non coupables ». Certes, ils sont conscients des atrocités commises, mais eux, personnellement, ils ne s'en estiment pas responsables. Cette défaillance de la conscience morale, ce déni de responsabilité, cette absence de remords stupéfient. La plupart sont des individus d'intelligence supérieure à la moyenne. Ils ont passé le test du QI : à part Streicher, ils l'ont tous réussi. Pourtant, sans le moindre doute, ils ont fait partie de la plus monstrueuse entreprise d'extermination de l'Histoire, comme autant de fonctionnaires obéissants, consciencieux, zélés.

Les huit juges délibèrent. Une des questions qui se posent pour les condamnés à mort est le mode d'exécution : la pendaison ou la fusillade. La première est infamante, car réservée aux droits communs, et tous veulent y échapper. La presse restera dans l'ignorance des délibérations. Les verdicts sont prononcés les 30 septembre et 1er octobre. Palais de justice archiplein, sécurité renforcée, juges qui arrivent dans des voitures blindées. Il faudra donc deux jours pour entendre la lecture du jugement. Avant d'examiner les cas individuels, c'est le régime nazi qui est flétri. Les organisations sont les premières jugées, Gestapo, SS, service de sécurité, mais on prend soin d'exclure des poursuites les subalternes, les personnes employées à un travail de bureau sans responsabilités. Le 1er octobre, on passe enfin aux accusés, après qu'un long préambule a résumé les quatre centaines de séances publiques qui se sont déroulées depuis le 20 novembre 1945.

On commence par Goering, c'est le premier rôle. Il s'est souvent montré à son avantage au cours du procès ; il a su répliquer et faire rire parfois. Ses duels oratoires avec le juge Jackson ont été, pour Edgar Faure, un « combat singulier à la manière de ceux que se livrèrent les héros d'Homère », chacun prenant tour à tour l'avantage. Aujourd'hui, il ne peut échapper à la condamnation à mort. La corde est promise à onze autres accusés : au diplomate

Ribbentrop, qui a suivi Hitler jusqu'au bout ; à Wilhelm Keitel, commandant suprême de la Wehrmacht ; à Ernst Kaltenbrunner, chef de la police criminelle ; à Alfred Rosenberg, auteur du *Mythe du XXe siècle* ayant pris part au déclenchement de la guerre et à l'organisation des territoires occupés à l'Est ; à Hans Frank, converti au catholicisme en prison, qui participa au meurtre « d'au moins 3 millions de Juifs » ; à Wilhelm Frick, ministre de l'Intérieur du Reich, qui inspira notamment les lois racistes de Nuremberg de 1935 ; à Julius Streicher, le propagandiste fanatique ; à Jodl ; au gauleiter Sauckel ; à Seyss-Inquart ; à Martin Bormann par contumace.

Plusieurs accusés échappent à la peine capitale. Rudolf Hess, déclaré irresponsable en raison de son état de santé, est condamné à la prison à vie, de même que Raeder, commandant en chef de la marine, et Walther Funk, ancien ministre de l'Économie ; le diplomate von Neurath, à quinze ans de détention ; Baldur von Schirach, l'ancien chef des Jeunesses hitlériennes, et Albert Speer, ministre de l'Armement, à vingt ans ; l'amiral Dönitz, à dix ans. Trois accusés sont acquittés : le banquier Schacht, Franz von Papen et Hans Fritzsche – ce qui provoque la protestation de la délégation soviétique. Les deux premiers seront toutefois rattrapés par la justice allemande, dans son entreprise de dénazification, mais, condamné à huit ans de prison, Schacht sera acquitté en avril 1947 ; von Papen, condamné à dix ans de travaux forcés, sera lui aussi libéré en 1949.

Le 16 octobre, les condamnés sont pendus, à l'exception de Goering qui, refusant la corde dégradante, s'est suicidé dans sa cellule au moyen d'une capsule de cyanure qu'il avait su dissimuler. Leurs corps sont incinérés et dispersés dans l'Isar, afin d'éviter toute espèce de pèlerinage des fanatiques et des nostalgiques du Reich hitlérien.

Les failles du procès

La presse française réagit sévèrement au verdict de Nuremberg. Sans doute Raymond Aron, dans *Combat*, titre son article « Victoire de la justice » parce que le procès a respecté les formes, qu'il n'a pas prononcé de peine collective, qu'il a examiné tous les cas individuels avant le jugement final. Mais Aron comprend l'indignation de beaucoup : « Le verdict de Nuremberg surprendra l'opinion allemande aussi bien que celle des Nations unies, non par ses rigueurs, mais par ses indulgences. Les condamnations à mort étaient attendues, non les acquittements. »

Ce sont ces acquittements qui inspirent l'éditorial d'Albert Bayet dans *Franc-Tireur* : « Dans d'innombrables logis, les enfants de nos innombrables martyrs pleurent leurs pères assassinés par ordre de la bande que finançait Schacht, que bénissait von Papen. Dans d'autres logis, Schacht et von Papen sont accueillis par des parents et des amis joyeux ; le vin coule, les fleurs rayonnent. Et l'on ose venir dire que cela s'appelle "la justice" ! Demain on nous demandera de nous incliner devant la "chose jugée" ! À d'autres ! Le monde croyait naïvement qu'il ne verrait jamais pis que le nazisme déchaîné. Il voit pis ! le nazisme absous. »

En revanche, les journaux français évitent soigneusement d'aborder la question cruciale des responsabilités des démocraties occidentales face à la montée aux extrêmes du nazisme : le rôle de la France et de l'Angleterre qui n'ont jamais cessé de reculer face au Führer jusqu'à son invasion de la Pologne en 1939. Au rétablissement du service obligatoire en Allemagne en 1935 malgré les traités, Britanniques et Français n'ont pas réagi. En mars 1936, la remilitarisation de la Rhénanie n'a provoqué qu'une fulmination ronflante et sans lendemain du président du Conseil Albert Sarraut. L'annexion de l'Autriche en 1938 laisse Français et Britanniques de marbre. La ténébreuse conquête de la Tchécoslovaquie s'est produite ensuite après la capitulation de Munich. Enfin, quand la guerre fut déclarée, Français et Anglais ne surent pas prendre l'offensive alors que le gros des forces allemandes se trouvait en Pologne. Une telle chaîne de résignations, d'abandons, de renoncements avait pesé lourd dans le triomphe hitlérien de 1940. La défense à Nuremberg y a fait allusion ; on n'insiste pas.

Et que penser des Soviétiques, intransigeants dans leur accusation des « germano-fascistes », alors qu'ils ont signé un pacte de non-agression avec l'Allemagne en 1939, précipitant le conflit ? La question fut abordée par les avocats de la défense qui mirent au jour le protocole secret qui accompagnait le pacte et organisait le partage de la Pologne entre l'URSS et le IIIe Reich : « Cet accord secret, témoigne l'avocat de Rudolf Hess, contenait essentiellement la détermination des zones d'influence des deux États dans le territoire européen qui se trouvait entre l'Allemagne et la Russie. » Le procureur soviétique offensé veut interdire la lecture du document. Il y parvient un certain temps, jusqu'aux déclarations de Ribbentrop, qui avait négocié le pacte avec Staline et Molotov : « La fameuse ligne de démarcation fut la ligne des fleuves de la Vistule, du San et du Bug, en territoire polonais, et il fut convenu qu'en cas de conflit, le territoire situé à l'ouest de ces fleuves ferait partie de la sphère d'intérêts allemands, et la partie de l'est, de la sphère d'intérêts russes. » Avant de conclure : « Si l'on parle ici d'agression, alors les deux pays sont coupables. » En juillet, la plaidoirie de l'avocat Seidl, qui avait levé ce lièvre, est en partie censurée par le tribunal, et le jugement évoquera rapidement le pacte de non-agression sans toucher mot du protocole secret.

Aussi flagrant fut l'escamotage du massacre de Katyń, où 4 000 officiers polonais avaient été assassinés. Les Soviétiques avaient eu le front de le faire inscrire dans l'acte d'accusation, signalant qu'en septembre 1941 11 000 officiers polonais prisonniers de guerre avaient été tués dans la forêt de Katyń, près de Smolensk. La défense avança que le massacre avait eu lieu au printemps de 1940, au moment de l'occupation soviétique. Témoins de la défense et témoins de l'accusation s'affrontèrent, mais le tribunal ne trancha pas : Katyń ne figurera pas dans le jugement final[5].

Le procès de Nuremberg laissait ainsi vides de grands espaces de la durée historique, non sans hypocrisie. L'URSS, grâce au courage de ses combattants, pouvait s'enorgueillir d'avoir largement contribué à la fin du IIIe Reich. Son alliance avec les Occidentaux lui conférait une légitimité démocratique. Mais à l'Ouest, on ne savait pas, ou plutôt on voulait ignorer le caractère totalitaire du communisme soviétique : au moment où son procureur dénonçait les camps de déportation nazis, Staline envoyait au Goulag tous ceux qui pouvaient faire ombrage à son pouvoir absolu.

L'URSS pouvait poursuivre son expansionnisme en Europe de l'Est en toute impunité.

---

5. Il faut attendre le 14 décembre 1992 pour que la vérité sur Katyń soit officiellement admise par Moscou, quand Boris Eltsine remit à Lech Wałęsa le double du document signé par Staline ordonnant le massacre.

13

Une nouvelle République ?

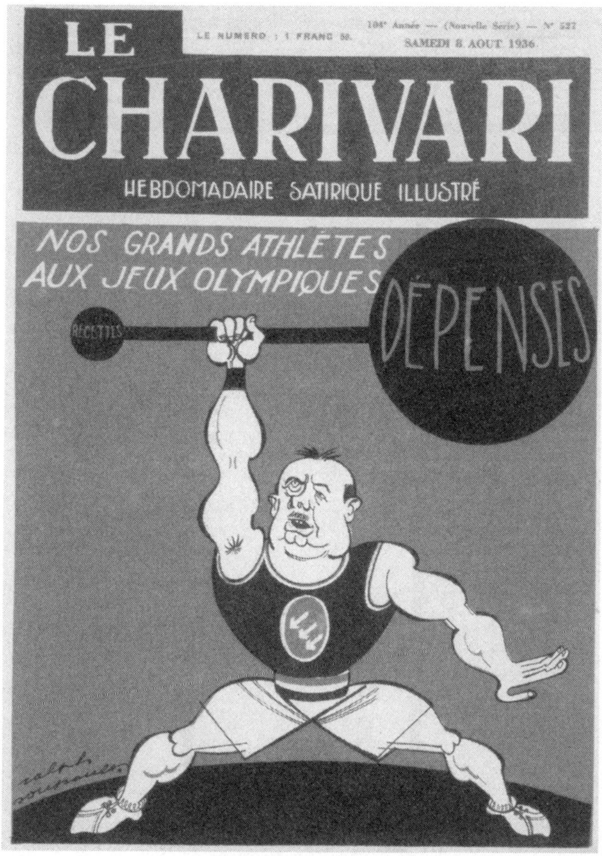

L'échec du projet constitutionnel porté par les communistes, soutenu par les socialistes[1], entraîne l'élection d'une nouvelle Assemblée constituante. Elle a lieu le 2 juin 1946. Entre-temps, sous le gouvernement provisoire de Félix Gouin, Léon Blum a été envoyé en ambassadeur extraordinaire à Washington pour négocier un important accord économique et financier avec les États-Unis, alors que l'inflation sévit dangereusement, que le déficit budgétaire atteint 300 milliards de francs et que la production est encore d'un tiers inférieure à celle de 1938. Reçu par le président Truman, il est bientôt rejoint par Jean Monnet, commissaire général au Plan récemment fondé avec l'appui du général de Gaulle, ainsi que par Emmanuel Monick, gouverneur de la Banque de France. Entreprises en mars, les discussions entre Blum et le secrétaire d'État Byrnes durent jusqu'au 28 mai, date à laquelle ce qu'on appelle les accords Blum-Byrnes sont signés.

L'équipe Blum-Monnet-Monick a bien fonctionné. Le socialiste a su parler aux Américains avec son brio coutumier en présentant les notes que ses collaborateurs avaient préparées. Néanmoins la négociation s'est révélée plus âpre que prévu. Finalement, les dettes de guerre de la France sont ramenées de 3,5 milliards à 700 millions de dollars. Une importante ouverture de crédits doit permettre l'achat d'équipements et de matières premières. En contrepartie, Paris devra alléger ses droits de douane sur les importations américaines ; un accord spécial favorise l'entrée des films américains

1. Voir chapitre 11.

en France. Au total, la générosité de l'Oncle Sam a montré ses limites. Le *soft power* sait conjuguer universalisme démocratique et nationalisme économique bien compris. Et puis, l'existence des ministres communistes comme les nationalisations restent pour les Américains des motifs d'inquiétude. Cela dit, la mission de Blum soulage pour un temps les finances et l'économie du pays. Les accords seront ratifiés à l'unanimité le 1er août 1946 par la nouvelle Assemblée constituante.

De Gaulle s'en mêle

L'élection de cette nouvelle Constituante est donc fixée au 2 juin 1946. Au cours de la campagne électorale qui précède, on voit un MRP stimulé par la victoire du non qu'il a préconisé au précédent référendum, mais aussi par l'accroissement des divergences entre les deux partis « marxistes » que révèlent un certain nombre d'incidents. Ainsi, le conseil général de la Haute-Vienne, dominé par la SFIO, proteste auprès du ministre de l'Intérieur Le Troquer contre le maintien comme préfet de Jean Chaintron, auquel il reproche sa politique trop favortable au PCF. Daniel Mayer, le 12 mai à Montluçon, répond à la demande communiste d'« unité ouvrière » : « Les socialistes sont en effet trop épris de liberté individuelle et d'esprit de libre discussion pour admettre la véritable mystique religieuse à l'égard de Staline qu'on trouve chez la plupart de nos camarades communistes. » Quatre jours plus tard, dans *Le Populaire*, il se prononce contre un éventuel gouvernement Thorez. Le Troquer en personne, le 23 mai, dans un discours à Moulins, affirme carrément : « Selon moi, Maurice Thorez a bien déserté [...]. "Thorez au pouvoir", c'est servir la cause de la Russie. » Aussitôt les communistes crient à l'« inqualifiable agression » – un viol du pacte de non-agression gouvernemental. Mais les socialistes mettent la défaite du oui au référendum au compte de la campagne communiste qui s'est faite justement sur le slogan « Thorez au pouvoir ! ».

Ce dernier, fidèle à sa nouvelle ligne, se montre rassurant, s'affirmant comme le meilleur défenseur des fonctionnaires, des ouvriers et des intellectuels. Mieux, très patelin, il se fait explicitement le rempart de la propriété, « fruit du travail et de l'épargne » – comme eût dit Guizot –, du droit à l'héritage, de la propriété paysanne à consolider. La « renaissance économique » et le « renouveau démocratique », tels sont les mots d'ordre du PCF qui accompagnent les impératifs de l'heure : la reconstruction, le ravitaillement, la modernisation agricole, la restauration financière, la revalorisation de la fonction publique... L'homme au couteau entre les dents de jadis a laissé place à un militant du progrès bon garçon dans le cadre de la démocratie à l'occidentale.

Le MRP ne peut que se réjouir de la zizanie entre socialistes et communistes. Il apparaît toujours comme le plus fidèle soutien au général de Gaulle, c'est son label. Le 2 juin, il devient le premier parti de France, obtenant plus de 28 % des suffrages, reléguant le PCF deuxième à 25,7 %, et le parti socialiste bon troisième à 21 %. Fort de représenter un barrage au communisme, il progresse de façon manifeste dans les départements traditionnellement conservateurs, l'Ouest notamment, mais aussi dans les terres laïques. Dès les premières séances de l'Assemblée, les communistes tentent de faire invalider les élections de Reynaud et Daladier. Mal leur en prend, car les intéressés ont beau jeu de rappeler le comportement du PCF entre 1939 et 1941 – tarte à la crème qui leur saute régulièrement à la figure. Le 14 juin, le socialiste Vincent Auriol est élu président de l'Assemblée nationale.

C'est alors que, le 16 juin, de Gaulle, qui pendant la campagne s'est gardé de tout commentaire, rentre dans la mêlée politique en prononçant à Bayeux – à l'occasion de l'anniversaire de la libération de la ville – un discours retentissant. Le Général n'a pas désarmé et l'échec du référendum socialo-communiste (« un progrès notable du bon sens ») n'a fait que stimuler sa volonté de convaincre les Français. À cinquante-cinq ans, il a gardé sa prestance physique et en impose par sa taille et son éloquence. Sur la place du Château, immense, plus résolu que jamais, il développe son idée d'une bonne Constitution, qui s'oppose formellement à celle de la première Constituante. Il cingle la « rivalité des partis [qui] revêt chez nous un caractère fondamental, qui met toujours tout en question et sous lequel s'estompent trop souvent les intérêts supérieurs du pays ». Il n'est pas le partisan d'une dictature, une « grande aventure » qui toujours « s'écroule dans le malheur et dans le sang », mais, conscient de la « perpétuelle effervescence politique » qui caractérise la France, il lui faut faire contrepoids par des institutions démocratiques aptes à stabiliser les pouvoirs publics. Ces pouvoirs, législatif, exécutif, judiciaire, dit-il, doivent être « séparés et fortement équilibrés ». Pour le législatif, il est partisan d'une double Assemblée – ce bicamérisme récusé dans le projet socialo-communiste –, et il insiste sur l'idée que la seconde Chambre accueille, pour la première fois, des représentants des organisations économiques, familiales, intellectuelles, « pour que se fasse entendre, au-dedans même de l'État, la voix des grandes activités du pays ».

Le cœur du projet gaullien réside dans sa définition du pouvoir exécutif. Un impératif : il ne faut pas que celui-ci procède du pouvoir législatif. C'est « du chef de l'État, placé au-dessus des partis, élu par un collège qui englobe le Parlement mais beaucoup plus large et composé de manière à faire de lui le président de l'Union française en même temps que celui de la République, que doit procéder le pouvoir exécutif ». C'est lui qui doit nommer les ministres, y compris évidemment le Premier, dont la mission est de diriger la politique et le travail du gouvernement. Il sera le garant de la continuité, l'arbitre au-dessus des contingences politiques, le garant de l'indépendance nationale. Ce rôle premier attribué au président de la République s'affirme en rupture nette avec la tradition républicaine telle qu'elle s'est affirmée après le coup d'État de Louis Napoléon Bonaparte et le fiasco de Mac-Mahon en 1877. De Gaulle se prononce contre un modèle parlementaire qui, depuis les débuts de la IIIe République, n'a pas su résister à une instabilité et, partant, à une faiblesse structurelle. Mais ce que le Général appelle « bon sens » heurte de plein fouet les convictions dominantes, en des temps où il importe de faire oublier le principat du maréchal Pétain. Le pouvoir personnel, « consulaire », avait été la hantise des fondateurs de la IIIe République ; elle demeure ancrée chez les élus de gauche. Certes, on ne peut soupçonner l'homme du 18 Juin d'être vichyste, mais bonapartiste, il l'est à sa façon.

Le MRP lâche de Gaulle

Le discours de Bayeux provoque la protestation des communistes : « Ayons le courage de l'écrire, lit-on sous la signature de Georges Cogniot dans *L'Humanité*, il faudra beaucoup de vertu à ce chef de l'État tel que le conçoit le discours de Bayeux pour ne pas rêver parfois de césarisme. » Le même discours embarrasse le MRP, qui n'est pas ennemi du régime parlementaire. Maurice Schumann, dans son éditorial de *L'Aube*, s'évertue à défendre le Général sous le titre « À bas la dictature ! » : l'homme du 18 Juin, justement, a mis à bas la dictature, et il importe de combattre ce qui peut la créer, « le trouble dans l'État, la carence de l'État ». Mais Léon Blum, de son côté, est formel : « Sur le principe qui est tout bonnement le principe républicain, écrit-il dans *Le Populaire*, il n'y a pas de concession ni de conciliation possible. L'Assemblée directement issue du suffrage universel doit avoir le premier et le dernier mot. Ce n'est donc pas dans la voie indiquée par le général de Gaulle que la Constitution pourra trouver la solution d'accord attendue par le pays, avec une impatience qui commence à s'irriter. »

Pour l'heure, il s'agit de mettre en place un nouveau gouvernement. Logiquement la présidence devrait en revenir à un dirigeant du MRP, qui est arrivé en tête aux élections ; c'est pourquoi le parti démocrate-chrétien lance la candidature de Georges Bidault. Le PCF s'y oppose de prime abord ; les socialistes, eux, refusent le poste pour eux-mêmes et annoncent qu'ils se rallieraient volontiers à l'ancien président du CNR. Finalement, les députés communistes permettent l'investiture de Bidault en s'abstenant. C'est qu'ils craignent l'isolement et ne sont pas fâchés de pouvoir compter sur plusieurs ministères. De fait, le gouvernement Bidault renforce encore leur présence en son sein, derrière l'inusable Maurice Thorez confirmé dans sa vice-présidence du Conseil.

Le nouveau cabinet doit parer aux affaires urgentes : le ravitaillement toujours, le problème du marché noir et celui des salaires encore, l'inflation bien sûr et, à partir du 29 juillet, la conférence de la paix à Paris entre les Alliés qui doivent décider du sort de l'Allemagne – Bidault va y réserver le principal de ses soins. Enfin, le gouvernement a une tâche précise et non moins urgente : préparer le nouveau projet de Constitution à soumettre au peuple. Une commission est mise sur pied à cet effet, dont le MRP Paul Coste-Floret, procureur général, rentré du procès de Nuremberg, est désigné comme rapporteur.

Les élus de ce qui est pour l'heure le premier parti de France sont dans l'ensemble fort embarrassés par le discours de Bayeux.

Ils adhéreraient volontiers aux propositions du général de Gaulle, mais ils n'ont pas les moyens parlementaires de les faire voter. Ils ont acquis la majorité des sièges au Palais-Bourbon (161 contre 146 au PCF et 115 à la SFIO), mais ce n'est qu'une majorité relative, moins du tiers. Maurice Schumann, la voix de la France libre, le plus gaulliste de son parti, est écartelé entre sa fidélité au Général et son réalisme. Aussi, pendant tout l'été, lui et ses collègues démocrates-chrétiens s'échinent à mettre au point un compromis avec les socialistes. Mais ceux-ci sont toujours aussi attachés à la prépondérance du législatif, duquel l'exécutif doit dépendre, comme Léon Blum l'a réaffirmé. De Gaulle, lui, n'en démord pas : « Il faut, écrit-il à Michel Debré, nous mettre résolument dans cette pratique que les ministres, hommes de l'État, ne peuvent et ne doivent pas provenir des partis. »

Coste-Floret croit pouvoir prétendre que le projet de la commission redonne au président de la République les pouvoirs qu'il avait perdus sous la IIIe. Il se réjouit d'avoir fait accepter, comme de Gaulle le souhaite, l'existence d'une seconde Chambre. Mais en amenuisant les pouvoirs dont le Sénat disposait sous la République précédente, en faisant du Conseil de la République (son nouveau nom) une espèce d'Assemblée consultative, son canevas ne fait en réalité que laisser les pleins pouvoirs à l'Assemblée. Schumann et ses amis veulent à tout prix sortir du « provisoire ». Ils vont, pour ce faire, développer l'idée que la Constitution adoptée sera « perfectible ». Sur ce thème, le Général voit défiler devant lui une série de conciliateurs. Le 30 juillet, Michel Debré est à Colombey en compagnie de Claude Mauriac ; le 26 août, Coste-Floret lui présente en personne, lors d'une entrevue à Paris, le projet qui a été bouclé, et lui fait valoir les pouvoirs du futur président de la République, qui déplaisent tant aux communistes que ceux-ci ont pu dénoncer le projet comme « bonapartiste ». Rien n'y fait. Le 27 août, alors que l'Assemblée constituante entreprend la discussion du projet constitutionnel, le Général fait une déclaration à la presse, qui est le développement et l'approfondissement de son discours de Bayeux : « La Constitution devrait donc, avant tout, ménager au gouvernement le maximum d'indépendance et de cohésion, faute desquelles il ne serait rien qu'un organisme sans crédit et divisé contre lui-même. » Or, on en revient, écrit-il en substance, au gouvernement d'assemblée.

Schumann ne se résigne pas : « Je refusais pourtant de désespérer, dira-t-il. J'ai fait dire au Général par son beau-frère Jacques Vendroux, alors député MRP, que le nouveau projet respectait l'essentiel, la séparation des pouvoirs, et que, si aucune entente n'était possible, les partis de gauche feraient tout pour imposer des institutions "encore plus démagogiques"[2]. »

Après une nouvelle démarche à Colombey de Pierre-Henri Teitgen, qui se révèle vaine, on presse Vendroux. Il se fait catégorique : son beau-père « est formellement opposé à l'ensemble du projet de loi ». Schumann adjure Vendroux ; il a sa formule : « Oui et révision » : « Allez-vous laisser le Général prisonnier de ceux qui le haïssent ? Non, cher ami ! Sauvez-le, peut-être ou apparemment contre lui-même ! » Sur cette position « révisionniste », Maurice Schumann part à son tour pour Colombey. Las ! « J'ai eu beau exposer qu'on ne pouvait pas en quatre mois repousser deux projets de Constitution ; que la poursuite du provisoire ne faisait que resserrer les liens entre le parti communiste et le parti socialiste ; qu'on risquait de retomber dans les risques que l'acceptation du tripartisme avait neutralisés ; rien n'y a fait. »

Dans la nuit du 28 au 29 septembre, le projet constitutionnel est voté par les trois grands partis : parti communiste, parti socialiste et MRP. Le 29, de Gaulle le condamne dans un discours prononcé à Épinal : « Il nous paraît nécessaire que le chef de l'État en soit un, c'est-à-dire qu'il soit élu et choisi pour représenter réellement la France et l'Union française [...] ; il faut qu'il ait l'attribution d'investir les gouvernements successifs, d'en présider les Conseils et d'en signer les décrets, qu'il ait la possibilité de dissoudre l'Assemblée élue au suffrage direct au cas où nulle majorité cohérente ne permettrait à celle-ci de jouer normalement son rôle législatif [...]. » Quant au Parlement, son rôle est de faire les lois et de surveiller le gouvernement, mais sans gouverner lui-même.

Maurice Schumann signe le 1er octobre un éditorial truffé de sophismes. Il s'évertue à démontrer que les vrais gaullistes voteront oui au référendum ; que le oui du MRP n'est pas en contradiction avec le non du Général. Numéro d'acrobatie risqué qui exaspère de Gaulle. Le 9 octobre, celui-ci publie une déclaration où il appelle

2. Cité par Christiane Rimbaud, *Maurice Schumann, sa voix, son visage*, Paris, Odile Jacob, 2000, p. 142.

les électeurs à repousser le projet de Constitution qui leur sera soumis le 13. Si le non l'emportait, « il faudrait bien que l'Assemblée nouvelle en proposât très rapidement un autre qui établisse enfin la séparation et l'équilibre des pouvoirs, conditions de l'ordre dans l'État et règles fondamentales de toute réelle démocratie ». À l'objection d'un perpétuel et décourageant retour aux urnes, il propose que la nouvelle Constituante demeure en fonction pour quatre ou cinq ans en se transformant en Assemblée législative. Le 12 octobre, à la veille du référendum, Schumann, au prix de tortueuses reptations, s'écrie à la radio : « Demain, comme une seule femme, comme un seul homme, les vrais gaullistes, les vrais fidèles diront oui. »

Le lendemain, le projet est adopté par référendum. Le oui l'emporte par 53,5 % des suffrages exprimés, mais les regimbeurs se révèlent les plus nombreux. Seulement 36 % des inscrits, car l'on compte un peu plus de 31 % d'abstentions et 31,3 % de non (46,5 % des suffrages exprimés). Une bonne partie de l'électorat, ballottée entre les consignes des partis et les critiques du général de Gaulle, a préféré se réfugier dans l'abstention. Le MRP se trouve désavoué ; il n'a pas su convaincre ses électeurs et a déçu les gaullistes. La IVe République est ainsi fragilisée d'emblée, frappée de suspicion à sa naissance. Cela fera dire plus tard à de Gaulle : « Un tiers des Français s'y étaient résignés, un tiers l'avaient repoussée, un tiers l'avaient ignorée. »

Les débuts officiels de la IVe République

La mise en place des institutions commence par l'élection de la nouvelle l'Assemblée législative, qui remplace la Constituante. Ce scrutin du 10 novembre offre une nouvelle victoire au PCF qui reprend la tête sur le MRP. Il est au plus haut : il gagne 28,8 % des suffrages exprimés et plus de 5,5 millions de voix, un record historique ; on ne lui conteste plus le titre de « premier parti de France ». Le MRP reste solide à 26,3 %, tandis que les socialistes, poursuivant leur chute, ne conquièrent guère plus de 18 % des votes. La droite des indépendants obtient 15,4 % et les radicaux 11,4 %.

Les vainqueurs revendiquent une nouvelle fois la direction du gouvernement pour Maurice Thorez qui est en faveur d'une « politique démocratique, laïque et sociale, gage de la renaissance de la France ». Dans la foulée, le 18 novembre, Thorez donne une interview retentissante au *Times* qui précise la ligne nationale et républicaine de son parti :

« Nous avons préconisé un programme démocratique et de reconstruction nationale acceptable pour tous les républicains, comportant les nationalisations, mais aussi le soutien des moyennes et petites entreprises industrielles et artisanales et la défense de la propriété paysanne contre les trusts. [...]

« Il est évident que le parti communiste, dans son activité gouvernementale et dans le cadre du système parlementaire qu'il a contribué à rétablir, s'en tiendra strictement au programme démocratique qui lui a valu la confiance des masses populaires.

« Les progrès de la démocratie à travers le monde, en dépit de rares exceptions qui confirment la règle, permettent d'envisager pour la marche au socialisme d'autres chemins que celui suivi par les communistes russes. De toute façon, le chemin est nécessairement différent pour chaque pays. Nous avons toujours pensé et déclaré que le peuple de France, riche d'une glorieuse tradition, trouverait lui-même sa voie vers plus de démocratie, de progrès et de justice sociale. [...]

« Le parti ouvrier français, que nous proposons de constituer par la fusion entre communistes et socialistes, serait le guide de notre démocratie nouvelle et populaire. Il ouvrirait largement ses rangs aux travailleurs catholiques auxquels nous avons tendu, bien avant guerre, une main fraternelle que beaucoup ont saisie. Nombreux sont d'ailleurs les Français qui partagent notre conception de la laïcité : Pas de guerre à la religion. Neutralité absolue de l'enseignement au regard de la religion[3]. »

Le 19 novembre, Thorez déclare à l'agence de presse américaine INS qu'il n'est pas à la remorque de la Russie et qu'il rattache son parti aux mouvements révolutionnaires qui ont existé en France depuis le milieu du XIXe siècle. Il assure que, président du gouvernement, il n'appliquera pas immédiatement un programme com-

3. « Interview de Maurice Thorez au *Times* », *Cahiers du communisme*, n° 11, novembre 1946.

muniste. « L'unité du pays est à nos yeux la condition nécessaire au redressement français. »

Pas de révolution, pas de dictature du prolétariat, et une distanciation par rapport à l'Union soviétique : le parti communiste, grand loup déguisé en mère-grand, clame sur la scène internationale son intégration dans le système parlementaire français, dont il se vante d'être le principal pilier. Certes, il n'a nullement renoncé au « socialisme », mais il récuse la voie insurrectionnelle. On discerne sa stratégie : fusionner avec la SFIO dans un grand parti ouvrier français, lequel déboucherait progressivement et pacifiquement sur une « démocratie nouvelle et populaire ». Une « voie française » vers le socialisme.

Le 27 novembre, le Comité central propose un « programme d'action démocratique, laïque et sociale acceptable par tous les républicains ». C'est la formule du Front populaire qu'il préconise, avec les socialistes et les radicaux – et sans le MRP. Des négociations sont entamées avec la SFIO. Celle-ci est très partagée, mais finalement son comité directeur se rallie à la candidature Thorez, sans imposer la discipline de vote en raison de l'hostilité appuyée d'une minorité menée par André Philip et Édouard Depreux, deux de ses piliers. Finalement, le 4 décembre, 25 socialistes sur 91 refusent de voter l'investiture à Thorez. Celui-ci obtient 261 voix sur 579 votants. C'est un court échec. Le lendemain, le Bureau politique du PCF, loin de faire grise mine, se félicite des progrès accomplis par l'idée d'un gouvernement sous sa direction.

Deuxième étape dans la mise en place des institutions, les élections du Conseil de la République, les 24 novembre et 8 décembre. La même hiérarchie politique est reproduite, les 84 communistes forment le groupe le plus nombreux sur 315 membres. Georges Marrane, communiste soutenu par le groupe socialiste, en devient le président, l'emportant de peu sur le MRP Champetier de Ribes.

Après l'insuccès de Thorez, c'est au tour de Georges Bidault de manquer l'investiture au Palais-Bourbon. En conséquence, Vincent Auriol, président de l'Assemblée, propose à Guy Mollet, nouveau secrétaire général de la SFIO, et à Le Troquer, président du groupe socialiste, de convaincre Léon Blum. Semi-retraité, le chef emblématique du Front populaire qui affiche ses soixante-quatorze ans est fatigué, diminué par sa déportation, même s'il est plus affaibli physiquement qu'intellectuellement : ses camarades lui font valoir qu'il s'agit d'un intérim, dans l'attente de la mise en place définitive des institutions. Par devoir, Blum accepte. Pour échapper à la demande réitérée des communistes d'occuper l'un des trois grands ministères, il décide de diriger un cabinet socialiste homogène qui restera en place jusqu'à l'élection du président de la République. Le 12 décembre, il est investi président du Conseil par 575 voix sur 584 votants.

C'est pendant ce court ministère de quatre semaines qu'éclate un des plus graves problèmes auxquels la IVe République sera confrontée : la guerre d'Indochine. Au Vietnam, un gouvernement nationaliste sous la direction du leader communiste Hô Chi Minh s'est établi à Hanoï, tandis qu'au Sud le haut-commissaire Thierry d'Argenlieu a créé, en mars 1946, une république de Cochinchine fragilisée par la guérilla du Vietminh alliant communistes et nationalistes vietnamiens. Le 20 novembre, à la suite d'une série d'incidents, la lutte s'est engagée dans le port et dans la ville d'Haiphong entre les troupes françaises et les troupes vietnamiennes. Les efforts de pacification se trouvent annulés par l'intransigeance du colonel Debès qui demande au croiseur *Suffren* d'ouvrir le feu sur le quartier vietnamien. On estime à 6 000 le nombre des victimes – hommes, femmes et enfants – du bombardement. Thierry d'Argenlieu, lui, à Paris, sonne l'alarme dans la presse : la France est en train de perdre l'Indochine ! Or Léon Blum est tenu en défiance par le parti colonial. Dans *Le Populaire*, avant son investiture, il a préconisé un accord sincère avec le Vietnam sur la base de l'indépendance, de la confiance et de l'amitié. Mais, une fois au pouvoir, il envoie en Indochine son ministre de la France d'outre-mer, Marius Moutet, et renvoie Thierry d'Argenlieu à Saigon ; le premier est un homme faible, le second un partisan acharné de la fermeté. Dans la nuit 19 au 20 décembre, le massacre de quarante Français à Hanoï et la prise en otage de deux cents autres entraînent la réaction de l'armée française appuyée par ses blindés légers. Le centre-ville est nettoyé, le drapeau tricolore hissé sur le bâtiment du gouvernement vietnamien. Hô Chi Minh, malade, doit s'enfuir, cependant que Giáp, son bras droit militaire, lance un appel à la guerre générale : « La clique des colonialistes français réalise son dessein de subjuguer la Patrie, martèle de son côté "oncle Hô". Luttez avec vos armes, vos pelles, vos pioches, vos bâtons ! Sauvez l'indépendance et l'intégrité territoriale de la Patrie. La victoire finale est assurée. Vive le Vietnam indépendant et indivisible ! Vive la démocratie ! »

La guerre d'Indochine commence. Elle eût pu être évitée. Le gouvernement, Léon Blum au premier chef, est mal informé de ce qui se passe là-bas. Saigon et ses ultras contrôlent les communications. L'esprit de conciliation et de compromis dont des hommes comme Jean Sainteny, commissaire de la République pour le Tonkin et le Nord-Annam, et le général Leclerc savent faire preuve est submergé par l'intransigeance des ultras de Saigon conjuguée avec l'aveuglement du haut-commissaire Thierry d'Argenlieu qui confond le prestige de la France et l'ordre colonial. L'abandon par le gouvernement vietnamien de sa capitale est le signal de la guérilla généralisée. Dans sa déclaration devant l'Assemblée nationale, Léon Blum veut réaffirmer une volonté de justice : « Dans notre doctrine républicaine, la possession coloniale n'atteint son but final et ne trouve sa véritable justification que le jour où elle cesse, c'est-à-dire le jour où le peuple colonisé a été rendu pleinement capable de vivre émancipé et de se gouverner lui-même. » Oui, mais pour le moment l'urgence et le devoir du gouvernement consistent à protéger les personnes, à sauvegarder les vies françaises. De son côté, Marius Moutet refuse toute négociation avant que la paix ne soit rétablie avec des « interlocuteurs valables ». Un engrenage infernal se déclenche sur fond de guerre froide naissante, un conflit qui va empoisonner l'existence de la nouvelle république.

Le 16 janvier 1947, les deux Assemblées réunies en congrès à Versailles sont appelées à élire le président de la République. Tout naturellement, c'est Vincent Auriol, le candidat socialiste, président de l'Assemblée, qui, soutenu par les communistes, l'emporte dès le premier tour par 452 voix, soit 10 voix de plus que la majorité absolue. Le MRP Champetier de Ribes a obtenu 242 voix, le radical Gasser 122 et Michel Clemenceau, fils du Tigre, 60. Le résultat est acclamé par le congrès qui, debout, entonne *La Marseillaise*, accompagné par le public des tribunes.

Natif de Revel, fils de boulanger, Auriol, à soixante-deux ans, est un vieux routier socialiste. Très Français moyen d'apparence, député depuis 1914, élu représentant de la Haute-Garonne le 10 novembre 1946, il a été ministre des Finances du Front populaire et a fait partie des quatre-vingts parlementaires qui ont refusé les pleins pouvoirs à Pétain. Il a rejoint Londres puis Alger par la suite, a été membre de l'Assemblée consultative, avant de devenir ministre d'État du général de Gaulle. Il laisse son fauteuil de président de l'Assemblée constituante au revenant Édouard Herriot, maire de Lyon, cacique du parti radical, ancien chef du Cartel des gauches, président de la Chambre des députés, récemment élu à l'Académie française, et qui retrouve l'hôtel de Lassay avec un plaisir manifeste. Le neuf a décidément l'odeur de l'ancien.

14

La loi Marthe Richard

— ... Et maintenant, avec la capitaine Marthe Richard, nous chanterons en chœur : « O Saint Autel, qu'environnent les Anges... »
65

Le 6 octobre 1946, les lanternes des maisons closes se sont éteintes, conformément à la loi du 13 avril précédent. Adieu bordels, claques, boxons, bobinards, lupanars et taules d'abattage où tant de Français et de touristes étrangers ont carambolé depuis la réglementation napoléonienne ! La vertu l'a emporté. Du moins fait-on semblant d'y croire. Cette loi abolitionniste porte le nom d'une femme, Marthe Richard, appelée à devenir légendaire. Elle n'est pourtant pas députée et, sur son personnage, plane une ombre de mauvaise réputation.

Les maisons de tolérance

La prostitution en France n'était ni interdite ni autorisée ; elle était simplement tolérée, mais aussi, depuis 1804, strictement réglementée. La surveillance policière et le contrôle médical exigent des prostituées leur mise en carte et des examens réguliers. La prostitution en maison n'est pas la seule forme de la sexualité vénale, mais elle demeure la plus célèbre. On comptait près de deux cents maisons de tolérance à Paris, mille quatre cents sur l'ensemble du territoire. En ouvrir une exigeait qu'on soit une femme, qu'on soit mariée et qu'on ait un casier judiciaire vierge. La femme est la « patronne », on l'appelle « Madame » ; son mari vaque à la comptabilité et au service du bar.

Il existe une hiérarchie de ces maisons. Au bas de l'échelle, les maisons d'abattage, sans confort, sans décor, d'hygiène douteuse, comme le Panier fleuri à la Chapelle ou le Fourcy dans le quartier Saint-Paul, qui reçoivent les clients les moins huppés : soldats, ouvriers, célibataires démunis. Elles sont le plus souvent situées près des gares, des casernes et des établissements industriels. Les filles reçoivent à la chaîne, sans se lever. C'est bon marché, mais la passe ne dure que quelques minutes. La patronne veille au rendement. « Au suivant ! » La féministe Julie Daubié qualifiait en son temps (le Second Empire) ces maisons de cloaques « où la femme est parquée comme les animaux immondes dans leur bauge[1] ». Dans un article des *Temps modernes*, une prostituée témoigne : « La maison où je devais travailler était une espèce de baraque en bois à moitié démolie avec des planches en guise de carreaux, tout cassé à l'intérieur ; comme clients, il y avait des marins allemands et italiens, qui se bagarraient tout le temps[2]. »

À l'opposé, les bordels de luxe, dont certains, depuis le XIXe siècle, sont devenus célèbres – le Sphinx, le Chabanais, le One Two Two –, sont des établissements élégants que fréquentent les nantis, les milords, les importants – parlementaires, ambassadeurs, hommes d'affaires –, mais aussi les écrivains ou les besogneux qui ont économisé pour vivre quelques heures au paradis. Là, on n'est pas pressé. Au rez-de-chaussée, en général, un verre à la main, le cigare aux lèvres, on discute en s'imprégnant d'une vapeur érotique ; on peut aussi danser, y compris avec sa légitime. Au *Sphinx*, on peut même dîner. Certains consommateurs ne « montent » même pas, soit qu'ils aient la frousse des maladies vénériennes, soit qu'ils se contentent de respirer la volupté ambiante derrière les volets fermés et les rideaux rouges baissés. On bavarde entre hommes ; parfois quelques femmes affranchies se mêlent à eux. Ces maisons emploient un nombreux personnel, des filles par dizaines, de préférence jeunes et jolies.

L'institution est défendue au nom de la moralité publique. Elle est censée protéger la famille et les bonnes épouses qui n'ont pas toujours le goût de satisfaire la libido encombrante de leur conjoint ; elle réduit l'adultère ; mieux, elle restreint le nombre des viols. Le

---

1. Cité par Yannick Ripa, « Comment on a aboli les maisons closes », *L'Histoire*, n° 383, janvier 2013.

2. Marie-Thérèse, « Vie d'une prostituée », *Les Temps modernes*, n° 27, décembre 1947, et n° 28, janvier 1948.

statut des pensionnaires a évolué depuis le XIXe siècle. Eugène Sue, Huysmans, les frères Goncourt, Maupassant et combien d'autres nous ont laissé entrevoir le sort des recrues. Femmes désargentées, endettées, ouvrières au salaire de misère, campagnardes arrivées en ville sans ressources, elles sont devenues les prisonnières d'une taulière qui tient leur destin en laisse, leur interdit de sortir seules, refuse de les faire soigner… Selon Galtier-Boissière, les choses ont changé. Commentant le roman de Maxence Van der Meersch *Femmes à l'encan*, il reproche à l'auteur d'écrire sur une documentation obsolète, « qui date de Jules de Goncourt et de *La Fille Élisa*[3]. L'écrivain belge, documenté par les patronages, croit encore au bordel-prison alors que les ponctuelles fonctionnaires des lupanars sont des femmes qui préfèrent simplement être de "maison" plutôt que de "ménage" ». Une vue teintée d'optimisme exagéré, car bien des « filles de joie » ne rayonnent pas de gaieté, se trouvent piégées et ne savent pas comment s'en sortir quand elles le voudraient.

Pour les hommes, il y a du féerique dans les bordels de luxe. Pour les débutants, le cœur bat plus vite quand la maîtresse appelle : « Les dames, au salon ! » « Oh le moment du choix, écrit Cavanna dans ses souvenirs. Rien que cela était un maître plaisir. Quand la sous-maîtresse frappait dans ses mains et ordonnait du haut de son collier de perles "Mesdames ! Un choix au salon, s'il vous plaît !" et que devant nous, pauvres petites raclures de faubourg, s'alignaient cinq ou six princesses vêtues comme pour un défilé de haute couture et qui, chacune, nous souriaient, voulaient être l'élue[4]… » Un espace de rêve, où le client est un « pacha convoquant son harem à l'heure du choix[5] ».

On imagine aisément qu'à l'heure de l'abolition les défenseurs abondent, les uns discrètement, les autres avec véhémence. Sans grande considération pour les pensionnaires, censées avoir choisi leur métier librement, les voilà portés à la nostalgie, voire à la poésie rétrospective : « C'est sur la poitrine généreuse des putes de claque, se souvient encore Cavanna, que j'ai appris la bouleversante

3. En fait, *La Fille Élisa*, paru en 1877, est d'Edmond de Goncourt.

4. François Cavanna, *Paris Villages*, 1985, cité par Natacha Henry, *Marthe Richard. L'aventurière des maisons closes*, Paris, Éditions Punctum, 2006, p. 135.

5. Mireille Dottin-Orsini et Daniel Grojnowski, *L'Imaginaire de la prostitution*, Paris, Hermann, 2017, p. 32.

douceur d'un corps de femme, entre leurs cuisses accueillantes que je me suis abandonné corps et âme à la fascination de l'enfer noir et rose. Là, j'avais tout, tout m'était offert, tout m'était permis. Rien n'était péché. J'étais approuvé, j'étais rassuré. » Les peintres, grands amateurs de sensations fortes, ont immortalisé la maison close, notamment Toulouse-Lautrec, Forain, Constantin Guys, Degas, Picasso ; avec l'abolition, Mac Orlan pourra, emphatique, déclarer : « C'est la base même d'une civilisation millénaire qui s'écroule[6] ! »

Les lupanars cependant, dans ces années où Libération rime avec épuration, sont accusés d'avoir participé à la collaboration « horizontale ». Dans la région parisienne, une trentaine d'entre eux étaient réservés à la Wehrmacht. Dans les bordels de luxe, seuls avaient le droit d'entrer les officiers vêtus en civil. Les complaisances des taulières et de leurs compagnons à l'égard des Fridolins avaient été sans nombre et on les accusait d'avoir joué les pourvoyeurs de la Gestapo. Pour les abolitionnistes, qui ne sont pas nés d'hier, c'est l'occasion ou jamais de parvenir à leurs fins. Une certaine Marthe Richard va devenir leur exécutante efficace.

L'étrange Mme Richard

« Elle a cinquante-six ans à l'époque… c'est une femme de belle allure, bien conservée, de beaux yeux bleus, le teint frais, les cheveux décolorés en blond très clair[7]. »

Le premier sujet d'étonnement à propos de Marthe Richard, l'abolitionniste en chef, est d'apprendre qu'elle s'est livrée elle-même à la prostitution. Marthe Betenfeld, de son nom de jeune fille, est née en 1889, non loin de Nancy. Ses parents sont de très simples gens et, après des études succinctes dans un collège religieux, elle devient couturière. Très tôt, après s'être amourachée d'un souteneur, elle arrondit ses fins de mois en faisant le trottoir ; elle abandonne même la couture[8]. Elle niera son passé de pros-

6. J. Galtier-Boissière, *Journal 1940-1950*, *op. cit.*, p. 779.

7. Alphonse Boudard, *La Fermeture*, Paris, Robert Laffont, 1986, repris dans Le Livre de Poche, p. 31.

8. Plus que l'autobiographie rêvée de Marthe Richard, *Mon destin de femme*, Paris, Robert Laffont, 1974, nous suivons ici la biographie déjà citée de Natacha

tituée, et pourtant elle a bel et bien été fichée par le service des mœurs du commissariat central de police de Nancy, le 25 août 1905 ; elle avait donc seize ans. Plusieurs fois hospitalisée, elle semble bien avoir été atteinte de syphilis.

Marthe réussit à s'en sortir par un beau mariage avec un mandataire aux halles opulent, Henri Richer. Divorcé, épris, conquis, il devient son protecteur et son pygmalion. Elle voyage, descend avec lui dans les meilleurs hôtels, apprend la grammaire, « car il sait tout, écrit-elle, il explique tout, avec brio »... Henri est propriétaire d'une belle résidence, le manoir de Beaumont, à trente kilomètres du Mans. Elle y mène une vie heureuse, aux côtés d'un compagnon devenu (*in extremis*) un mari prévenant ; elle monte à cheval et, cadeau suprême, se lance dans un sport tout neuf, l'aviation ; elle passe son brevet de pilote en 1913. Henri, d'une générosité sans limites, lui offre même un aéroplane. Quand la guerre éclate, elle n'a qu'une idée en tête, se battre pour la patrie. Henri, lui, a été mobilisé ; Marthe veut faire partie des pilotes de guerre. Elle est introduite dans ce milieu très fermé, très masculin, nouvelle chevalerie dont l'appartenance vaut brevet de noblesse militaire. Avec six autres passionnées d'aviation, elle fonde l'Union patriotique des aviatrices de guerre, qui se met à la disposition du ministère de la Guerre. Illusion ! Le ciel reste réservé aux hommes.

Lui conseille-t-on de devenir infirmière, secrétaire ou titulaire de tout autre emploi réservé au « sexe faible » ? Elle repousse ces propositions : elle veut se battre. Or voici qu'une chance s'ouvre à elle. Grâce à l'entregent d'un ami pilote, Jean Violan, elle est présentée au capitaine Ladoux, chef du contre-espionnage français. Après enquête, celui-ci se résout à l'employer comme agent de renseignements. Elle veut en parler à son mari qui est au front, mais elle apprend que celui-ci vient d'être tué sur la Marne. Veuve, libre de sa destinée, elle devient ainsi à vingt-sept ans une espionne au service de la France. Sous le nom de guerre « L'Alouette », elle est envoyée par celui-ci à Saint-Sébastien et à Madrid. La guerre sous-marine s'est alors amplifiée, après que le *Lusitania*, paquebot britannique revenant d'Amérique, en mai 1915, puis le

---

Henry. On pourra aussi se reporter à A. Boudard, *La Fermeture*, *op. cit.*, qui a mené une enquête sérieuse établissant la carrière romanesque et sulfureuse d'une aventurière sans scrupule, calculatrice et mythomane.

Sussex, en mars 1916, ont été torpillés par les Allemands. L'un des superviseurs de la guerre sous-marine allemande en Espagne est le baron von Krohn, chef de l'espionnage ennemi, que Marthe réussit à prendre dans ses filets. Il tombe amoureux, la comble de cadeaux, l'emmène dans des hôtels de luxe et l'engage à espionner à son compte. En échange de quelques renseignements sans grand poids fournis par le capitaine Ladoux, elle obtient sur l'oreiller des confidences apparemment utiles aux Alliés. Elle s'est dévouée, a fait don de sa personne en répondant aux avances du baron. Dans son autobiographie, Marthe consacre un de ses chapitres, un morceau de choix, à son savoir-faire d'ancienne prostituée : « Nuit de Valladolid… fermons nos oreilles aux cris de plaisir de l'homme arrivé à ses fins, et mon cœur, sur l'oubli que j'essaie de feindre, troublée par les vapeurs des vins capiteux. Je me suis enivrée pour pouvoir me dominer et accepter cette épreuve. J'ai fait ce qu'il fallait pour que von Krohn n'ait plus envie, le matin venu, de se séparer de moi. Il me reprend dans ses bras durs et m'étreint à nouveau, comme un collégien avide de renouveler son bonheur. » On ne sait vraiment pas si ses exercices d'horizontale patriote auront été d'un grand profit. Elle se vantera d'avoir déjoué des torpillages dans l'Atlantique, d'avoir signalé les noms de nombreux espions allemands, d'avoir révélé les préparatifs de bombardements de la côte basque, d'avoir fait échec au plan ennemi de destruction des stocks de céréales en Amérique du Sud, d'avoir enfin saboté « toute l'organisation sous-marine de von Krohn ». Aucune preuve n'a été apportée à ce bilan un peu trop admirable pour être crédible. Mais Marthe a pu nourrir sa légende grâce à un ouvrage de son chef dont le succès l'a véritablement exposée à l'attention et à l'admiration publiques.

C'est en 1932 qu'est née Marthe Richard dans tout son héroïsme. Retraité, le désormais commandant Ladoux, « ancien chef des services d'espionnage et de contre-espionnage », est sollicité par les éditions du Masque pour enrichir une collection dans laquelle il a déjà consacré un livre à Mata Hari. Lui vient l'idée de poursuivre avec « sa » Marthe. Mais Richer est un patronyme sans belle sonorité ; il va donc rebaptiser son ancienne espionne Marthe Richard. Pour l'auteur comme pour l'éditeur, nul besoin de respecter la stricte vérité ; il faut présenter des personnages hors du commun, broder ici et là, ou carrément inventer, le tout dans un style à faire dresser les cheveux et battre les cœurs. Ladoux s'en donne à cœur joie, fabule, déifie la patriote qui se voue corps (c'est le cas de le dire) et âme à la patrie tant aimée. « Impassible et raisonnée, lit-on, sûre de soi, L'Alouette s'envolait sans regarder en arrière vers cette ligne indécise du front de la guerre secrète où grouille, sourde et acharnée, l'effarante mêlée des sentiments humains exaspérés par la lutte, les plus bas comme aussi les plus nobles, depuis l'atroce trahison jusqu'au sublime sacrifice de la vie pour son pays, avec la mort sans gloire. »

Grand succès de librairie, suivi par des conférences prononcées par Marthe, devenue héroïne nationale ; elle répond à des interviews, en rajoute à la pelle sur ses exploits, jusqu'à ce qu'elle publie son propre récit en 1935, *Ma vie d'espionne au service de la France.*

Elle se vantera aussi d'avoir été décorée de la Légion d'honneur. En fait, Marthe avait eu, de 1926 à 1928, un second mari, un Anglais du nom de Thomas Crompton. Celui-ci avait la charge de représenter la fondation Rockefeller en France. Mort en 1928, c'est à titre posthume qu'il avait été honoré, au titre des Affaires étrangères, en janvier 1933, et c'est sa veuve qui avait reçu la décoration, prétendant avec l'aplomb qui la caractérisait qu'elle lui avait été décernée pour ses brillants faits d'armes. De surcroît, Marthe, devenue Richard, accède au sommet de la gloire en 1937 lorsque Raymond Bernard, fils de Tristan Bernard, s'avise de réaliser un film, *Marthe Richard, au service de la France*, inspiré du récit de Ladoux et de ses propres Mémoires. Le rôle est interprété par l'une des plus grandes actrices du temps, issue de la Comédie-Française, Edwige Feuillère, qui a alors trente ans et qui a incarné deux ans plus tôt la Lucrèce Borgia d'Abel Gance. Son partenaire est le déjà célèbre Erich von Stroheim, qui joue le rôle d'Hans von Krohn, tout raide derrière son monocle. Marthe passe du temps sur le tournage, émerveillée, illuminée par tant de talents mis en œuvre pour la glorifier. Le scénario s'écarte allègrement de la réalité, mais quoi, le cinéma ce n'est pas la Sorbonne ! Flattée, enivrée de gloire, elle est désormais connue, reconnue, applaudie, admirée, quand peu de temps après éclate la Seconde Guerre mondiale.

Une nouvelle carrière

Qu'a-t-elle fait au juste entre 1939 et 1944 ? Conformément à son passé héroïque, on l'attend à Londres, à Alger, au maquis, ou convolant avec un général hitlérien pour lui soutirer des renseignements. Point. Elle se vantera dans son livre *Faire face*, paru en 1947, d'avoir rencontré par hasard pendant l'hiver 1939-1940 un être mystérieux qui l'a mise sur la piste d'un réseau d'espions allemands à Paris. Rien n'atteste de nouvelles missions secrètes. Après la défaite, elle se retrouve moins glorieusement à Vichy jusqu'en décembre 1942. Après quoi, nous raconte-t-elle, toujours dans ses Mémoires, elle s'installe à Villeurbanne, sous un nouveau faux nom, Lucienne Harmand, puis gagne sa Lorraine natale où, fuyant la police allemande, elle participe comme il se doit à un réseau de résistance, écrivant fièrement : « Le tam-tam journalier de Radio-Londres n'était pas nécessaire pour encourager le patriotisme d'une majorité de Lorrains et d'Alsaciens contre l'occupant. » Elle est de nouveau à Paris en 1943. Ses faits d'armes restent obscurs ; elle ne s'y attarde pas dans ses souvenirs : « Ma tête étant mise à prix par la Gestapo qui avait juré de venger l'Allemagne du ridicule dont j'avais couvert le chef des services navals d'espionnage, je n'ai, dans les années 40 à 44, servi que sporadiquement. Mon efficacité, comme les aventures vécues : passages difficiles de la ligne de démarcation, aide à des aviateurs alliés tombés dans nos lignes et à des Juifs menacés, en bref, les dangers que j'ai courus sont sans aucune commune mesure avec ceux que j'ai pu courir en 1916 et 1917. » Pour une telle mythomane, l'aveu est de taille. Mais il y a pire sans doute, dans ses accointances avec l'occupant et ses activités suspectes, sur lesquelles on peut s'interroger. La Libération venue, elle se réclame pourtant bien de la Résistance, dans laquelle elle est entrée par l'intermédiaire d'Henry Baron.

C'est lui, Baron, qui, constituant une liste d'union des mouvements de résistance pour les élections municipales d'avril 1945, lui propose d'y figurer. Les femmes sont désormais éligibles, elles votent ; il est utile, pour chaque liste, de comporter quelques noms de femmes, et le sien reste célèbre. Elle est ainsi élue, le 29 avril, au conseil municipal de Paris, où elle s'inscrit dans le groupe MRP dirigé par le vice-président du comité de libération, Léo Hamon.

Après s'être occupée d'abord de l'hygiène des prisons, elle est chargée du dossier sur l'abolition des maisons closes. Hamon lui conseille de contacter Marcelle Legrand-Falco, qui a fondé l'Union temporaire contre la prostitution réglementée et la traite des femmes et préside la branche française de la Fédération abolitionniste internationale. Celle-ci lui fournit une documentation importante. La cause est entendue : fermer d'abord les maisons de tolérance, en finir avec le réglementarisme, première étape vers l'interdiction totale de la prostitution. Elle est soutenue par le moralisme des démocrates-chrétiens, mais tout autant par les anciens résistants communistes et socialistes qui dénoncent la collaboration des tenancières avec les Boches. Marthe Richard fait elle-même son enquête, visite un certain nombre d'établissements accompagnée par deux agents de police, s'entretient avec les pensionnaires, prend des notes et prépare son intervention à la tribune du conseil municipal, qui a lieu le 13 décembre 1945.

Bien préparé par ses témoins abolitionnistes, le discours de madame la conseillère fait mouche. Elle dénonce les bas salaires des femmes qui, pour vivre, se prostituent ; elle fustige les tauliers qui ont collaboré avec l'ennemi ; argumente sur l'état sanitaire des maisons ; réclame des mesures : « Le moment est venu de s'engager dans la voie de la propreté et du progrès moral : il faut commencer par extirper le mal à la racine et renoncer au système de la débauche organisée et patentée ; viendra ensuite le nettoyage de la rue et du trottoir. Il est temps de lutter contre l'exploitation commerciale de la prostitution. Les femmes ne sont pas des esclaves. La France a adopté un système de réglementation qui place la prostituée sous le contrôle de la police et de l'autorité sanitaire. Il s'en faut de beaucoup pour que ce régime soit parfait, et ceci pour plusieurs raisons. Il n'est notamment pas opportun de mêler les agents de police au monde spécial de la prostitution. Pouvons-nous justifier l'existence d'une police des mœurs qui n'agit pas et que j'appellerais la police de la prostitution favorisée ? Il résulte fatalement de cette situation une atteinte au prestige de la police[9]. » Décrivant le système, elle montre que les filles en maison, tout comme celles du trottoir, dépendent de souteneurs qui les placent, et avec lesquels elles doivent partager leur gain de concert avec

9. M. Richard, *Mon destin de femme*, *op. cit.*, p. 333.

le tenancier. Elle révèle qu'en cas de maladie, comme le patron a la charge des soins, celui-ci préfère se débarrasser de sa pensionnaire. Marthe prend des accents de protestataire de gauche : « Il ne suffit pas de s'indigner, il faut démasquer l'existence des responsables de cette vague d'immoralité qui nous déborde : une mafia, à la fois capitaliste et internationale ; un grand trust dont on ne parle jamais, qui présente tous les caractères d'un commerce, d'un consortium méthodiquement organisé, et même syndiqué. » Avant d'enfoncer le clou de l'argument patriotique : « Des affaires récentes ont permis d'établir que durant l'Occupation les maisons de tolérance ont été des centres actifs, des foyers de trahison, et que leurs tenanciers furent des pourvoyeurs de la Gestapo. Si je parvenais à lever le voile qui couvre les activités du proxénétisme pendant l'Occupation, vous seriez stupéfaits de l'intensité du trafic qui vous serait révélé. » Puis d'invoquer la raison féministe : « Aujourd'hui, nous, les femmes, nous votons. Nous sommes des citoyennes, libérées de toute tutelle ; nous avons notre mot à dire, les temps ont changé… Il est de notre devoir et de notre souci de défendre nos semblables. »

Et de conclure par le dépôt d'un projet de délibération visant l'interdiction des maisons de prostitution, tolérées ou clandestines.

Après ce discours éloquent très applaudi, la discussion s'engage. Le MRP Pierre Corval soutient à fond Marthe Richard et la complète : « Des maisons de relèvement et des centres de reclassement professionnel devraient être ouverts pour permettre aux prostituées de suivre une cure de désintoxication à la fois psychologique et physiologique, et pour leur permettre de reprendre le goût du travail et de retrouver un gagne-pain honnête. » Les orateurs communistes et socialistes surenchérissent sur les aspects économiques de la situation, sur l'exploitation de la femme par l'homme via cette face sordide du capitalisme. Une seule voix divergente se fait entendre, celle d'un ancien policier, un dénommé Thirion, qui plaide pour les femmes ayant choisi librement ce métier : « Dans les maisons de tolérance, dit-il, il n'y a guère que des volontaires. » Il ne convainc pas. La discussion s'achève le 17 décembre, le préfet de police prenant alors la parole : « Fort des arguments apportés ici, fort de votre appui, j'ai décidé la suppression des maisons de tolérance dans le département de la Seine. Je m'attacherai à ce que cette mesure soit appliquée dans un délai de trois mois. » Un projet de résolution finale est rédigé par Pierre Corval qui est voté par 69 voix contre 1. Thirion s'est abstenu.

La résolution du conseil municipal de Paris est reprise par l'Assemblée nationale, à la suite d'une proposition de loi du MRP Pierre Dominjon : il s'agit, cette fois, de fermer les maisons sur l'ensemble du territoire, à l'exception des colonies. Le 13 avril 1946, la loi est votée sans discussion par une Assemblée clairsemée – une quarantaine de députés présents. On l'appellera donc « loi Marthe Richard », bien que celle-ci ne fût pas députée.

Les raisons du consensus ne manquaient pas, même si l'hypocrisie n'était pas absente : qui, parmi les parlementaires, pouvait se vanter de n'avoir jamais mis les pieds dans une maison de passe ? Les rares adversaires de la loi fustigèrent le bigotisme du MRP et de son président bien-pensant Maurice Schumann. *Le Canard enchaîné*, sous la plume de Pierre Bénard, se moqua de l'« espionne bien connue » qui avait jadis ouvert ses cuisses en pensant à la France éternelle. Galtier-Boissière, lui, jugeait que cette « illustre putain tricolore » était « assez mal venue à jouer sur le tard les dragons de vertu ». On mit aux enchères les meubles des claques, et le tapin l'emporta définitivement sur le bordel. Un progrès douteux. Joublot, conseiller municipal socialiste de Paris, donnera en avril 1947 cet avis : « Je pense que nous aurons à réexaminer la question. Nous sommes tombés de Charybde en Scylla[10]. »

Quant à Marthe Richard, ses affabulations ont été remises en cause, notamment par le directeur du *Crapouillot*, Jean Galtier-Boissière. Elle connaît quelques ennuis avec la justice, en particulier sur ses agissements délictueux pendant l'Occupation, mais bénéficie d'un non-lieu en 1955. Cela ne l'empêchera pas de prononcer des conférences sur sa « vie d'espionne », qu'elle tente d'authentifier dans son livre *Mon destin de femme*, en 1974. Elle mourra en 1982, à l'âge de quatre-vingt-douze ans, laissant son nom d'emprunt indissolublement associé à la fermeture des maisons closes.

---

10. A. Boudard, *La Fermeture*, *op. cit.*, p. 346.

15

Le rendez-vous manqué du parti socialiste

Il y a un perdant chez les gagnants du tripartisme, c'est le parti socialiste. Celui-ci, né en 1905, survivant au congrès de Tours de 1920 dont était sorti le parti communiste, était parvenu au premier rang des partis de gauche en 1936, l'année du Front populaire, et, pour la première fois, avait été porté à la tête d'un gouvernement. Or aux trois élections successives de 1945-1946, aux deux constituantes et aux législatives, la SFIO est distancée par le parti communiste – et par plus de 10 points (28,8 % contre 18,1 %) – le 10 novembre 1946. L'élection d'un socialiste, Vincent Auriol, à la présidence de la IVe République au mois de janvier suivant ne peut compenser cette perte du *leadership* sur la gauche, désormais acquis par les communistes. D'où lui vient cet affaiblissement ?

Un parti travailliste ?

Les deux grands partis « ouvriers » ont parallèlement souffert des débuts de la Seconde Guerre mondiale. Le PCF, discrédité par sa subordination à l'URSS qui venait de signer le pacte germano-soviétique, a été interdit par le gouvernement Daladier une fois connu le partage de la Pologne, dont une moitié était occupée par l'Armée rouge. Les communistes sont alors entrés dans la clandestinité, tandis que leur chef, Maurice Thorez, on le sait, désertait de son régiment pour gagner Moscou, via la Belgique, où il restera la guerre durant. Bien que de nombreux militants, à l'instar de Charles Tillon, soient entrés très vite dans la Résistance, c'est l'offensive allemande du 22 juin 1941 – l'opération *Barbarossa* lancée contre l'Union soviétique – qui décide l'entrée totale du parti communiste dans la lutte contre l'Allemagne hitlérienne. Malgré ce déplorable retard à l'allumage, le PCF se dresse en champion de la défense patriotique et regagne le terrain perdu dans son combat « antifasciste ». Solidement organisé et structuré, il attire à lui de nombreuses forces vives et exerce un rôle majeur dans tous les épisodes de la Résistance intérieure, avant de s'enorgueillir abusivement, à la Libération, d'être le « parti des 75 000 fusillés ». Cette montée en puissance, parallèle à celle de l'Union soviétique à partir de Stalingrad, était pour beaucoup fascinante ; elle donnait cette conviction qu'en adhérant au PCF on était poussé par le grand vent de l'avenir.

De leur côté, les socialistes ont souvent été des résistants plus précoces, mais sans l'efficacité organisationnelle des communistes. Ceux-ci pouvaient se vanter de n'avoir pas voté les pleins pouvoirs à Pétain le 10 juillet 1940, puisque, officiellement, ils avaient cessé d'exister. Les socialistes, quant à eux, auront au contraire à se reprocher d'avoir en majorité voté ces maudits pleins pouvoirs : quatre-vingt-huit de leurs députés élus du Front populaire ont donné leurs voix au « vainqueur de Verdun », contre seulement vingt-neuf réfractaires. Dans les années qui précèdent la guerre, leurs militants, derrière leur secrétaire général Paul Faure, se sont montrés en majorité pacifistes et munichois, contre quoi Léon Blum avait réagi, tardivement, certes, mais réagi tout de même à partir de l'automne 1936 en comprenant la nécessité du réarmement face au danger hitlérien. C'est dire que la SFIO était profondément divisée, tout en restant fondamentalement pacifiste, ce qui explique que la majorité de ses parlementaires acceptèrent l'« État français » comme un moindre mal. À l'unisson, 90 % des conseillers généraux socialistes et les deux tiers des conseillers municipaux restèrent en poste après l'armistice[1]. Ils n'étaient pas forcément pétainistes ; nombre d'entre eux, choqués par les premières mesures liberticides, démissionnèrent dans l'année 1941. Mais, dans l'ensemble, l'attentisme a été la règle. L'un d'eux, Gaston Defferre, dira en 1944 que les premiers résistants – dont il était – ne furent pas compris de leurs camarades, la plupart estimant que Pétain jouait le double

1. Voir Marc Sadoun, *Les Socialistes sous l'Occupation*, Paris, PFNSP, 1982.

jeu, et qu'il était en train de sauver la France. Du pacifisme au maréchalisme, le « paul-faurisme » a ainsi dégradé sensiblement l'image de la SFIO.

C'est grâce à un petit groupe de militants réunis autour de Léon Blum, notamment Henri Ribière et Daniel Mayer, que le parti commença à se redresser, en créant au printemps 1941 un Comité d'action socialiste (CAS) dont Mayer assura le rôle de secrétaire général. Le procès intenté par le régime de Vichy à Léon Blum et à quelques autres dirigeants de la IIIe République, à Riom, en 1942, fut un moment décisif, en raison de la défense éloquente du chef du Front populaire qui provoqua l'interruption brutale du procès sur l'injonction des Allemands. L'événement fut à l'origine du véritable redémarrage de la SFIO clandestine. Cependant, contrairement aux communistes, la plupart des socialistes résistants adhérèrent à des mouvements qui n'étaient pas spécifiquement socialistes, même si dans certains d'entre eux, comme à Libération-Nord, ils étaient majoritaires. Ce fut un engagement disséminé là où l'engagement communiste fut strictement encadré et dirigé, et partant plus visible, quitte à admettre des non-communistes dans des structures telles que le Front national.

D'un autre côté, la guerre, on l'a vu, a été l'occasion de la part de Léon Blum d'une réflexion sur le socialisme français, dont son ouvrage *À l'échelle humaine*, paru après la guerre, porte la marque. Sans rien renier du legs marxiste, Blum insiste sur la nécessité pour sa famille de pensée d'une « révolution morale », là où il prônait jusqu'ici le matérialisme et la lutte des classes. Il préconise une « social-démocratie » – il emploie le mot – humaniste, à vocation nécessairement européenne : « La social-démocratie française ne sera ni viable ni stable, à moins de s'intégrer dans un ordre européen. […] L'instauration d'une social-démocratie suppose par définition un certain nombre de mesures transformant essentiellement soit la nature juridique de la propriété, soit, à tout le moins, la condition ouvrière et la gestion économique. Or il est évident que des mesures de cet ordre ne peuvent être appliquées sans trouble, sans dommage, ni même sans risque d'échec dans le cadre restreint de la nation isolée. »

L'évolution préconisée par Léon Blum rencontre les faveurs d'un certain nombre de ses dirigeants, à commencer par Daniel Mayer. L'idée d'un élargissement du parti par l'accueil en son sein des anciens résistants, chrétiens et autres, qui préconisent eux aussi la révolution politique et sociale, en restant attachés à une éthique indépendante du marxisme, fait naître le projet d'un « travaillisme » à la française. Mais la majorité des militants et des cadres locaux ne suivent pas Blum et Mayer ; ils restent attachés aux fondements mêmes de leur parti. La fusion espérée par certains entre le MLN (Mouvement de libération nationale) et le parti socialiste est un échec. La SFIO, née en 1905, a été fondée sur la doctrine de la lutte des classes et le projet révolutionnaire d'une société sans classes. Jules Guesde a été le porte-parole de cette tendance intransigeante, et le guesdisme a profondément imprégné les rangs socialistes à l'issue de la Première Guerre mondiale. Après la scission de Tours, en décembre 1920, ceux qui, derrière Blum, restent fidèles à la « vieille maison », tout en récusant l'appel de Lénine à rejoindre l'Internationale communiste, refusent d'être considérés comme moins marxistes que les communistes et continuent de refuser la participation à un gouvernement « bourgeois ». Dans la lignée pragmatique de Jaurès, Blum sut nuancer cette rectitude doctrinale par sa théorie de l'exercice du pouvoir, possible dans le cas où le parti socialiste deviendrait le premier parti d'une majorité de gauche victorieuse aux élections. En pareil cas – effectif en 1936 –, les socialistes devaient accepter la responsabilité gouvernementale en régime capitaliste, afin de lancer des réformes favorables aux travailleurs. Une certaine forme d'œcuménisme résistant pendant la guerre et le programme du CNR, ainsi que l'attitude même du PCF, abolirent les dernières répugnances des socialistes à gouverner. Toutefois, très vite, la gauche du parti rua dans les brancards. Au cours de la conférence nationale du parti, les 23 et 24 février 1946, le texte d'une nouvelle charte proposée par Léon Blum est sensiblement modifié. Que le parti socialiste soit essentiellement démocratique et essentiellement national, oui, deux fois oui. Mais « le parti socialiste, affirmait la motion finale, a toujours été et continue d'être un parti de lutte de classe ». Cette perspective le condamnait à s'enfermer dans un rôle de second du PCF ou à poursuivre son déclin électoral.

Le 38e congrès

Au mois de mars 1946, le congrès extraordinaire des socialistes réuni à Montrouge peut se prévaloir de regrouper 342 000 adhérents, alors qu'en 1936 il n'en avait que 180 000. Il se sent assez fort pour lutter à la fois contre le MRP qui représente les « forces réactionnaires » et contre les communistes qui rêvent de le phagocyter. Au mois d'août de la même année se tient le 38e congrès de la SFIO où les contestataires de la ligne Blum-Mayer se font entendre. Dans la discussion du rapport moral, Jean Rous, un des représentants de l'aile gauche, condamne la « faute capitale qui a consisté à ne pas prévoir, dès la libération du territoire, une authentique libération sociale ». Il s'agit, dit-il, « de revenir à la pratique d'un socialisme scientifique ». Andrée Viénot, une des rares femmes qui avaient été membres du gouvernement provisoire, déclare, elle : « Nous devons d'abord redevenir un parti ouvrier. » C'est au cours de ce congrès qu'émerge une nouvelle figure, le maire d'Arras Guy Mollet. Il affirme que la SFIO n'a pas su répondre à l'« appel vers le socialisme » attendu. Il y a nécessité d'identifier pour de bon le parti à la conscience de classe et à la lutte de classe. Visant Blum et son socialisme humaniste, il professe son credo : « On vient au parti par sens de l'humain, mais on ne peut réaliser cette libération de l'homme que par la réalisation d'un programme marxiste. L'humanisme, certes, a toute sa valeur à la hauteur de l'individu, mais quand il s'agit d'interpréter les phénomènes sociaux portant sur des masses, l'analyse marxiste garde toute sa force et sa vérité. » Et encore : « Au pouvoir, nous restons les représentants de la classe ouvrière. Au pouvoir, nous n'avons pas à corriger le système capitaliste, mais à fournir à la classe ouvrière les tremplins de son action de demain. »

C'était un vieux débat qui avait jadis opposé Guesde et Jaurès. Cette fois, il fallait aussi se positionner par rapport au parti communiste. « Je dois vous avouer, dit Guy Mollet, que quelles que soient les erreurs que les dirigeants communistes font commettre à ceux qui les suivent, je me sens plus près de l'ouvrier qui se trompe ou que l'on trompe que du bourgeois de n'importe quel parti [applaudissements prolongés], de ces bourgeois qui se croient ou se disent libéraux et sociaux. »

Dès lors, n'est-il pas favorable à la fusion des deux partis ouvriers ? Non, là-dessus, Mollet est parfaitement d'accord avec Blum : tant que les communistes resteront assujettis politiquement et intellectuellement à l'État soviétique et tant qu'ils ne pratiqueront pas une véritable démocratie ouvrière, l'unité organique restera impossible. « Nous devons, conclut Mollet, être le parti de la démocratie socialiste révolutionnaire[2]. »

Ecce Guy Mollet

Qui est cette nouvelle figure du socialisme français, qui devait en devenir le dirigeant indéboulonnable jusqu'à la fin des années 1960[3] ? Dans sa quarantième année, il avait pris rang après les élections municipales, en 1945, en devenant maire d'Arras. Dès le congrès de la Mutualité d'août 1945, il s'était fait remarquer par une critique vibrante de la présence de ses camarades dans le gouvernement du général de Gaulle. Minoritaire, il avait tout de même obtenu 28 % des mandats sur sa proposition. Élu conseiller général d'Arras-Sud en octobre suivant, il devient président du conseil général du Pas-de-Calais. Élu député aux Constituantes, il accède à la présidence de la commission de la Constitution le 30 janvier 1946. Une rapide ascension qui l'élève à la tête de l'opposition à la tendance Blum-Mayer. Les déboires électoraux du parti aux élections de juin 1946 lui inspirent l'explication selon laquelle la SFIO a trop louvoyé entre deux courants de pensée, le PCF et le MRP, et qu'il faut en sortir par un retour aux sources doctrinales du socialisme, qu'il incarne par ses origines modestes et son ascension au mérite.

À seize ans, il a adhéré aux Jeunesses socialistes, puis, après son bac, devenu maître d'internat, à la SFIO. Poursuivant ses études tout en étant répétiteur, syndicaliste actif, il est licencié ès lettres en 1931, l'année qui suit son mariage avec Odette Fraigneau, elle-même de famille ouvrière. Une carrière sans éclat puisqu'il reste

2. Compte rendu dactylographié du 38e congrès, bibliothèque de l'OURS.

3. Parmi les études qui lui ont été consacrées, voir la biographie de Denis Lefebvre, *Guy Mollet, le mal-aimé*, Paris, Plon, 1992, et l'ouvrage collectif *Guy Mollet, un camarade en république*, Lille, Presses universitaires de Lille, 1987.

maître d'études jusqu'en 1936, année où il est chargé à Arras d'un enseignement de français et de latin. Il devient professeur sans avoir passé de concours d'enseignement. Entre-temps, il a été admis au Grand Orient de France, rejoignant la cohorte des socialistes francs-maçons – la franc-maçonnerie étant à la fois un idéal laïque et un accélérateur de carrière. Fait prisonnier pendant la guerre, il est détenu au camp de Weinsberg, où il devient professeur d'anglais, il en est rapatrié pour raison sanitaire en janvier 1941. À partir de février 1942, il entre en résistance active ; il participera notamment aux combats de la Libération dans l'Orne.

La modestie de sa carrière professionnelle a été largement compensée par son ambition politique, à laquelle il s'est ardemment voué. Il n'a rien du prestige d'un Jaurès, professeur d'université, ou d'un Léon Blum, intellectuel issu du Conseil d'État ; c'est un modeste, fier de ses racines ouvrières dont il se prévaut : sa mère couturière devenue concierge, son père ouvrier tisserand. Le front dégarni, une éternelle cigarette aux lèvres, apparemment calme derrière ses grosses lunettes d'écaille, il n'en impose pas d'emblée. Il n'a rien de charismatique, ressemble plutôt à un chef de bureau d'une compagnie d'assurances, mais de sa voix grave il peut prétendre être le porte-parole de la base ; il ne fait pas partie, lui, des huiles du parti, ces beaux messieurs qui parlent du peuple sans le connaître. Faut-il voir dans ses origines son adhésion passionnée au marxisme ? Non, car il n'existe nul déterminisme en l'occurrence, les marxistes étaient souvent fils de grands bourgeois, et il n'est pas rare de rencontrer des enfants de prolétaires d'esprit réformiste. Son marxisme est largement dû à l'un de ses aînés, Ludovic Zoretti, dont l'influence sur lui a été décisive. Professeur de mécanique rationnelle et appliquée à Caen, syndicaliste, socialiste et pacifiste, ce disgracié de l'Histoire reçut plus tard, en 1951, cet hommage de son célèbre disciple : « C'était un très grand monsieur, et un professeur de grande valeur. [...] Je ne peux pas oublier son nom, car c'est lui qui m'a mis dans les mains les livres d'Engels, qui m'a invité à lire Marx, c'est-à-dire à n'en parler que dans la mesure où je l'avais lu. » Sous son influence, Mollet fut acquis au pacifisme intégral, opposé, même après l'arrivée de Hitler au pouvoir, aux « patriotes plus ou moins revanchards ». Munichois comme son maître, il change d'attitude avec la guerre, tandis que Zoretti se rallie à Pétain. Il devient résistant, membre de l'OCM, au prix d'une révision déchirante de ses convictions initiales.

Au 38e congrès d'août 1946, marxiste et patriote, il ne manque donc pas de légitimité. Sa motion accuse pêle-mêle la direction sortante d'avoir donné un brevet de républicanisme au MRP, d'avoir perdu de vue les intérêts de la classe ouvrière, de ne plus être au contact du prolétariat, et enfin d'avoir affaibli la doctrine socialiste. Victoire : le rapport de la direction sortante est rejeté. C'est la première fois dans l'histoire du parti. Léon Blum commente sévèrement devant les délégués au congrès : « Vous avez peur de la nouveauté jusque dans les alliances politiques. Au moment où le parti est obligé à des alliances, vous êtes incapables d'imaginer une combinaison qui ne date pas d'avant guerre, et la nostalgie vous ramène à ce passé, bien qu'il ne repose plus sur rien. [...] Si mal il y a, il est en vous. C'est le manque d'ardeur, de foi, de courage. Le vote de la motion Guy Mollet a été, pour le plus grand nombre d'entre vous, une espèce d'alibi moral, pour apaiser leur mauvaise conscience. » On avait fauté en 1940 ; on repeint en 1946 les murs de la « vieille maison » en rouge.

Deux résolutions finales sont débattues, l'une d'André Philip et l'autre de Guy Mollet. Fidèle à son habitude, le congrès vote une motion de synthèse. La direction de Daniel Mayer est désavouée, mais Guy Mollet ne triomphe pas encore. À l'élection des membres du comité directeur, Philip arrive en tête devant Daniel Mayer, tandis que Mollet doit se contenter de la septième place. Toutefois, le 4 septembre, Mollet est élu secrétaire général de la SFIO par seize voix, tandis que le candidat proposé par Léon Blum, Augustin Laurent, n'en obtient que quatorze. La tendance marxiste s'impose d'un cheveu à la tendance « humaniste » – marque d'une fracture profonde dans les rangs socialistes.

On en revient ainsi à ce que Jacques Julliard a appelé l'« éternel guesdisme », un parti qui réaffirme son identité originelle, révolutionnaire et marxiste, sans jamais entreprendre la révolution. À preuve, la nouvelle majorité ne remet nullement en cause la participation gouvernementale. Cette contradiction est au cœur d'un parti refusant, comme l'avait préconisé Eduard Bernstein en Allemagne dès la fin du XIXe siècle, d'accorder sa doctrine et sa pratique. La vieille rhétorique marxiste, celle d'avant 1917, reste la référence, comme au lendemain du congrès de Tours de 1920, alors que dans la pratique la SFIO devient pleinement un parti de gouvernement dans le cadre de la nouvelle République. Dès le mois de décembre 1946, Guy Mollet devient du reste lui-même ministre, sans états d'âme.

Observateur du 38e congrès, Albert Camus, qui sympathise avec la SFIO, en rend compte sans complaisance dans un article intitulé « Le socialisme mystifié[4] ». Il juge erronée la volonté militante de conserver la doctrine matricielle, « les uns parce qu'ils pensent qu'on ne peut être révolutionnaire sans être marxiste ; les autres, par une fidélité respectable à l'histoire du parti qui les persuade qu'on ne peut, non plus, être socialiste sans être marxiste. Le dernier congrès du parti a mis en valeur ces deux tendances et la tâche principale de ce congrès a été d'en faire la conciliation. Mais on ne peut concilier ce qui est inconciliable ». En fait, Léon Blum et ses amis ne sont pas allés jusqu'au bout de leur volonté de reconstruction et d'ouverture. Opposés à Mollet, le guesdiste, ils le cautionnent dans une certaine mesure en restant dans une fidélité commode au marxisme, douteuse mais explicite. Camus, autrement conséquent, va jusqu'au bout de sa démonstration implacable.

« Car il est clair que si le marxisme est vrai, et s'il y a une logique de l'histoire, le réalisme politique est légitime. Il est clair également que si les valeurs morales préconisées par le parti socialiste sont fondées en droit, alors le marxisme est faux absolument puisqu'il prétend être vrai absolument. De ce point de vue, le fameux dépassement du marxisme dans un sens idéaliste et humanitaire n'est qu'une plaisanterie et un rêve sans conséquence. Marx ne peut être dépassé, car il est allé jusqu'au bout de la conséquence. Les communistes sont fondés raisonnablement à utiliser le mensonge et la violence dont ne veulent pas les socialistes, et ils y sont fondés par les principes mêmes et la dialectique irréfutable que les socialistes veulent pourtant conserver. On ne pouvait donc pas s'étonner de voir le congrès socialiste se terminer par une simple juxtaposition de deux positions contradictoires, dont la stérilité s'est vue sanctionnée par les dernières élections. »

---

4. Albert Camus, *Actuelles*, dans *Œuvres complètes*, t. 2, Paris, Gallimard, coll. « Bibliothèque de la Pléiade », 2006, p. 443-444.

Pour Camus, la confusion continue. « Il fallait choisir et les socialistes ne voulaient ou ne pouvaient pas choisir. »

Relisant cet article de Camus plus de soixante-dix ans après, on ne peut que mesurer sa perspicacité et s'incliner devant son caractère prophétique. Le parti socialiste, dans ce laps de temps, n'a jamais réussi pleinement à se débarrasser de ce qu'on a appelé avec justesse son « surmoi marxiste ». Il est resté profondément divisé entre sa bible identitaire et son aspiration à un socialisme démocratique. Guy Mollet aura été, et devait le rester pendant un quart de siècle, l'expression quasi caricaturale de cette confusion magistralement diagnostiquée par l'auteur du *Malentendu.*

16

Le premier festival de Cannes

Le 20 septembre 1946 s'ouvre à Cannes le premier festival du film en France. À vrai dire, c'est en 1939 qu'il aurait dû avoir lieu. Existait alors depuis le début des années 1930 la Mostra de Venise. Or, en 1938, la coupe Mussolini, suprême récompense, a été attribuée en dépit du règlement à un documentaire, *Olympia* (*Les Dieux du stade*). Ce film de propagande, voulu par Hitler et commandé par Goebbels, a été réalisé par Leni Riefenstahl, sur les Jeux olympiques de Berlin. L'autre lauréat était sans surprise le film italien *Luciano Serra, pilote*. Cette glorification du fascisme était inadmissible et entraîna la démission du jury des Américains et des Anglais. L'occasion était belle d'une contre-Mostra à créer en France, que Jean Zay, ministre de l'Éducation nationale et des Beaux-Arts, encouragea vivement, et que le gouvernement Daladier entérina en mai 1939. La nature politique de cette décision est évidente : l'Allemagne hitlérienne venait d'annexer la Tchécoslovaquie ; et l'Italie, l'Albanie. Avant la guerre elle-même, les démocraties avaient relevé le gant de la guerre culturelle avec les États fascistes.

Cannes a été choisie, plutôt que Biarritz qui postulait aussi, en raison de l'action efficace des hôteliers de la Croisette, et particulièrement du propriétaire du Grand Hôtel, Henri Gendre, père de l'acteur Louis Jourdan, qui acquit le soutien de la municipalité. La date de la première manifestation était prévue du 1er au 20 septembre. Les débuts de la guerre l'annulèrent[1]. Le projet est donc repris en 1946, grâce à la ténacité de Philippe Erlanger, président de l'Association française d'action artistique (AFAA), à l'appui du gouvernement et à l'engagement de la ville de Cannes. Ce premier festival est inauguré à un moment où le cinéma est devenu le premier loisir des Français.

Les accords Blum-Byrnes

Les Français ont envie de cinéma. Une vraie fringale du samedi soir ! Patienter à la porte des salles, pendant une heure parfois, ne les rebute pas. L'habitude est prise : on fait la queue au cinéma comme on la fait devant la boulangerie ou les commerces d'alimentation. Piétiner, faire le pied de grue, c'est le lot de tous les amoureux de la toile. Brusquement, le débarquement en Normandie et la Libération ont fait surgir les films américains en attente ; ils ne sont pas de la dernière couvée. Les salles annoncent comme nouveaux des films créés cinq ou six ans plus tôt, parfois davantage, tel *Drame à Manhattan* de Van Dyke, vieux, lui, de dix ans. Certains sont des réussites, comme *Le Long Voyage* de John Ford, datant de cinq ans. Les plus récents sont des films de guerre, c'est-à-dire des films de propagande, conformistes, mais certains atteignent un niveau artistique et technique qui les classe au plus haut niveau. Tel est le cas d'*Air Force*, d'Howard Hawks, tourné en 1943, qui raconte l'histoire d'une forteresse volante et de son équipage dans les mers du Pacifique.

Les fans du cinéma américain doivent attendre encore un peu l'arrivée des vrais chefs-d'œuvre. Les amateurs d'images peuvent lire, à partir d'octobre 1945, *Cinévie* et, en 1946, *Cinémonde*. Moins rigoureux que *L'Écran français* ou *La Revue du cinéma*, ce sont des hebdomadaires destinés à un large public, en quête de nouveaux visages : « Nous nous endormons en 1939 au temps des Robert Taylor, des Cary Grant, nous nous réveillons en 1945 avec un immense Bing Crosby qui subjugue l'Amérique et dont nous n'avions jamais entendu parler. » On offre à admirer les jambes des starlettes en passe de devenir des stars (« Avec cette photo, Martha

1. Olivier Loubes, « 1939, faux départ pour le festival de Cannes », *L'Histoire*, n° 423, mai 2016.

Vickers a voulu apprendre aux Français ce qu'est une *pin-up girl* »). Le *hit-parade* des vedettes américaines nous est révélé : en tête Ingrid Bergman, suivie par Bette Davis, Judy Garland, Humphrey Bogart, Greer Garson, Bing Crosby et Cary Grant.

Les films américains vont accomplir une percée puissante en 1946, d'abord grâce au festival de Cannes en septembre, puis par les effets des accords Blum-Byrnes qui vont largement ouvrir les frontières françaises à la production hollywoodienne.

Dans ses « réflexions sur le festival de Cannes », André Bazin, appelé à devenir le critique de cinéma qui fait autorité, se livre à quelques observations d'intérêt général sur le cinéma américain. Il montre que ce dernier est fait pour ne pas inquiéter, qu'il est délibérément optimiste. Les drames se terminent toujours par un *happy end.* C'est aussi un cinéma pudique et moral : « L'Office Hays-Johnston est en train de tuer le cinéma américain dans l'œuf, c'est-à-dire dans le scénario. On sait que cette auguste institution est une censure privée que les producteurs se sont infligée à eux-mêmes, et qui, contre la garantie que les films ne seraient interdits dans aucun des États américains, se charge d'éliminer de toute production ce qui pourrait être de nature à choquer de larges fractions du public. » C'est ainsi que l'on ne doit pas voir un homme et une femme dans un même lit ; même les couples réguliers, mariés selon la loi, doivent dormir dans des lits jumeaux. Et puis, il faut appliquer l'adage selon lequel « le crime ne paie pas » : les méchants, les gangsters, les assassins doivent tous être punis, et ils n'ont pas le droit de se suicider. Trop facile ! Et si, comme chez Fritz Lang, le scénario raconte une sombre histoire, comme dans *La Femme au portrait*, le réalisateur se sent tenu de transformer le récit réel d'une déchéance en cauchemar dont on sort : « La rétroactivité du rêve sur l'action la rend acceptable aux censeurs en la déclarant imaginaire. »

La force du cinéma américain est sauvegardée grâce à la « perfection formelle », à laquelle chaque réalisateur s'évertue, avec son art propre, dans un perpétuel souci de création. Ils sont épaulés par des opérateurs hautement professionnels, aidés par de merveilleux acteurs, dont le groupe se renouvelle : « Les anciens n'ont jamais si bien joué et les nouveaux révèlent des personnalités étonnantes, sinon, comme Ingrid Bergman, extraordinaires. »

À Cannes, on applaudit une brochette de réalisations américaines de premier ordre : *Citizen Kane* d'Orson Welles, qui fait sensation ; *Les Enchaînés* d'Alfred Hitchcock, avec Cary Grant et Ingrid Bergman, couple emblématique ; *La Vipère* de William Wyler et, du même, *Le Cavalier du désert*, somptueux western qui s'écarte des thèmes habituels du genre, avec Gary Cooper ; *Assurance sur la mort* de Billy Wilder, tiré d'un roman de James Cain, mis en scène de manière dépouillée, dont la vedette féminine Barbara Stanwyck subjugue la salle du Casino, et, du même Billy Wilder, *Le Poison*, l'histoire d'un alcoolique régénéré, incarné par Ray Milland, qui obtiendra le prix d'interprétation masculine. Enfin, *La Femme au portrait* de Fritz Lang, film gâché par les cinq dernières minutes de convention.

Le festival a donc ouvert ses portes quelques mois après la signature des accords Blum-Byrnes du 28 mai 1946. On sait que le cinéma n'était qu'une partie marginale de la négociation, avant tout destinée à régler le contentieux financier franco-américain. On a pu dire, du reste, que Léon Blum, peu amateur de cinéma, d'une génération pour laquelle rien n'était au-dessus du théâtre, avait bradé les intérêts des studios français, peu de chose au regard des avantages financiers d'un accord qui soulageait une économie française à bout de souffle. Cependant, cette contrepartie sur le cinéma provoqua d'emblée une critique à la fois professionnelle et politique qui ne cessa de s'amplifier. Les Américains avaient voulu en revenir au traité de commerce signé en 1936 qui admettait l'importation en France de 150 films *made in USA* par an. Vichy avait abrogé cet accord et, durant l'Occupation, les films américains avaient disparu des écrans français – alors que 2 000 films étaient produits outre-Atlantique entre 1940 et 1944. Si les compagnies américaines avaient besoin d'étendre leur marché, le cinéma français, lui, avait besoin de protection, ce qui était contradictoire. L'accord final trouva un compromis : au cours d'un trimestre, quatre semaines seraient réservées exclusivement aux films français, qui affronteraient la concurrence des films états-uniens le reste du temps. Ce contingentement, d'abord repoussé par Washington, avait finalement été accepté. L'« invasion » comprenait une première vague de 124 grands films, doublés en langue française.

La VO était réservée aux ciné-clubs, dont l'expansion reflétait la hausse du statut intellectuel du septième art.

Les milieux professionnels réagirent ; il fallait craindre de voir le cinéma national étouffé par ces importations massives ; ils furent épaulés par le PCF qui accusa Blum d'avoir bradé la création française pour mieux favoriser la pénétration de l'impérialisme idéologique et culturel des Américains. « Il y a déjà trop de jeunes Français qui connaissent très bien Gary Cooper mais qui ignorent totalement ce que fut Guynemer. » Ce dernier nom valait surtout pour la rime. Le 15 juin, l'immense Louis Jouvet, au nom des acteurs, prit position dans *Le Monde* : « Ces accords remettent en question la survivance même de l'art dramatique. L'altération du goût serait irrémédiable et mortelle. Faits au vin de Bordeaux, nos estomacs devront s'accoutumer au Coca-Cola. Cela revient en somme à proprement abdiquer sa qualité de Français[2]. » Grand débat promis à un vaste avenir.

Les accords Blum-Byrnes sur le cinéma sont appliqués à partir du 1er juillet 1946. La pénétration des films américains s'est sensiblement renforcée, les importations passent à 256 films en 1947 et représentent alors 60 % des films projetés en France. Sur ces deux années, cependant, le nombre des films français augmente de 82 à 92 – ce n'était pas l'effondrement annoncé. Toutefois, la concurrence américaine pèse sur une industrie nationale du film vétuste, aux moyens matériels déficients. En décembre 1947, la profession, derrière Jacques Becker et Marcel Carné, se dote d'un organisme de résistance, le Comité de défense du cinéma français. Dans le nouveau contexte de la guerre froide, le PCF redouble de véhémence contre les accords scélérats et l'impérialisme « yankee ». En 1948, cependant, un nouvel accord franco-américain limitera à 121 le maximum des films américains projetés annuellement en France (soit 25 % de moins que prévu) ; de plus, le nombre des semaines monopolisées par les productions nationales passera de quatre à cinq par trimestre. Après ce nouvel accord, le mouvement de protestation s'atténuera, d'autant que l'Assemblée nationale aura la bonne idée de voter une loi d'aide substantielle au cinéma français. Maîtrisée, encadrée, la production américaine importée satis-

2. Cité par Jacques Portes, « Les origines de la légende noire des accords Blum-Byrnes sur le cinéma », *Revue d'histoire moderne et contemporaine*, 33-2, 1986.

fait les directeurs de salle tout en stimulant la production française qui va connaître un nouvel âge d'or[3].

Résistance du cinéma français

Dans la clientèle des salles obscures, rares sont ceux qui viennent voir un film sur le nom du réalisateur. Ce sont les actrices et les acteurs qui identifient chaque production et qui déclenchent le succès, tandis que les metteurs en scène restent dans l'ombre, sauf pour les cinéphiles qui ne sont pas le grand nombre. Quelles sont les stars de l'heure ? Chez les femmes, le nom qui domine alors, en France, est certainement celui de Danielle Darrieux, comme l'atteste le *hit-parade* de *Cinévie* du 16 janvier 1946, qui lui consacre du reste sa une. Elle a alors vingt-huit ans et déjà vingt-huit films à son actif, ayant commencé à tourner à quatorze ans. Pour l'heure, elle participe à la réalisation du film de Raymond Bernard, *Adieu chérie.* Très sollicitée, elle a travaillé sous le regard de quelques fameux réalisateurs comme Billy Wilder, Maurice Tourneur et surtout Henri Decoin. Son joli visage est connu et apprécié, on aime son caractère frondeur, espiègle, sa gaieté ; elle semble représenter la jeune Française telle qu'on l'idéalise, élégante, mutine et capricieuse, pleine d'allant. Plus fascinante, Michèle Morgan, de trois ans sa cadette, s'impose comme sa grande rivale dans le cœur des Français qui n'ont pas oublié le célèbre « T'as d'beaux yeux, tu sais ! » de Gabin, dans *Quai des brumes*, sorti en 1938, avec des dialogues de Jacques Prévert. Les yeux de Morgan ! Ils ne sont pas encore en couleurs, mais le noir et blanc leur donne déjà une puissance de séduction unique. Elle a passé la guerre en Amérique, où elle a épousé William Marshall avec lequel elle a eu un fils. En 1946, elle vit encore aux États-Unis, lorsque, en septembre, le festival de Cannes lui attribue le grand prix d'interprétation féminine dans *La Symphonie pastorale*, film de Jean Delannoy tiré du récit d'André Gide. « Sans doute, lit-on dans *Cinémonde*,

3. Notons sur ce point la divergence d'appréciation entre les historiens du cinéma. Pour certains, ils furent une « catastrophe » (Philippe d'Hugues, dans Claude Beylie, *Une histoire du cinéma français*, Paris, Larousse, 2005). Un point de vue contesté par Jean-Pierre Jeancolas (*Histoire du cinéma français*, Paris, A. Colin, 2009).

Michèle Morgan se trouve-t-elle actuellement en Amérique ; sans doute est-elle mariée à un Américain ! Elle n'en reste pas moins une vedette française. C'est *La Symphonie pastorale*, film français, qui l'a fait proclamer l'actrice numéro un à Cannes et c'est, sans aucun doute, grâce à elle que ce film a obtenu le prix international. Bientôt Michèle Morgan va revenir en France pour être l'interprète d'un nouveau film de Jean Delannoy, *Jeanne de France*. Il n'y a donc aucun doute, elle reste actrice de France. Nous ne pourrions d'ailleurs pas nous résigner facilement à ce qu'il en fût autrement. » Dans son compte rendu du « très beau film » qu'est *La Symphonie pastorale*, André Bazin ne peut retenir ce cri d'admiration : « Ah, Michèle Morgan ! »

Côté hommes, Raimu passe pour le plus grand des acteurs français. De son vrai nom Jules Muraire, né en 1883 à Toulon, d'un père tapissier, Raimu a été un mauvais élève mais un enfant précocement attiré par le théâtre. Il est passé par toutes les étapes, plus ou moins ingrates, avant de réaliser son rêve, devenir un acteur de cinéma. C'est en 1931 que Marcel Pagnol lui donne, dans *Marius*, le rôle qui l'élève au premier rang. Par la suite il jouera dans de multiples longs métrages, y compris des navets, mais son nom reste associé à quelques réalisations mémorables : la suite de la trilogie de Pagnol, *Fanny* et *César*, *L'Étrange Monsieur Victor* de Jean Grémillon, *La Femme du boulanger* de Pagnol toujours, dans lequel il se montre bouleversant et qui obtient un grand succès aux États-Unis ; sous l'Occupation, *Les Inconnus dans la maison* d'Henri Decoin, *Monsieur La Souris* de Georges Lacombe. En 1946, il vient d'achever le tournage de *L'Homme au chapeau rond* de Pierre Billon, tiré de la nouvelle de Dostoïevski *L'Éternel Mari*. C'est alors qu'il meurt, d'une crise cardiaque, à l'hôpital américain de Neuilly, au moment du festival de Cannes. Les hommages pleuvent. On le décrit comme un bourru, un râleur, un rouspéteur, mais un prodigieux acteur d'une sensibilité extrême, que son accent méridional rendait plus évidente. L'oraison funèbre écrite par Jacques Lemarchand dans *Combat* ne manque pas de piquant : « Il y avait entre Raimu, acteur de théâtre ou de cinéma, et le public, une entente établie une fois pour toutes, et grâce à quoi nous admettions de lui ce que nous eussions difficilement admis de bien d'autres. Je veux dire exactement : l'insolence, la vulgarité, la grossièreté ; en échange de quoi il nous donnait le métier le plus solide, la passion des planches, l'honnêteté – et cette "présence" qui est sans doute ce que les gens assis dans le noir attendent par-dessus tout de ceux qui s'agitent, pour leur plaire, à la lumière. »

Autre monstre sacré, Louis Jouvet peut se prévaloir d'une carrière cinématographique éclatante depuis *Topaze*, son premier film, en 1932, *Knock ou le Triomphe de la médecine* en 1933, *La Kermesse héroïque* de Jacques Feyder en 1935, *Drôle de drame* de Marcel Carné en 1937, précédant, l'année suivante, *Hôtel du Nord* du même réalisateur, avec l'inimitable Arletty. En 1946, il tourne successivement *Copie conforme*, de Jean Dréville, et *Un revenant*, de Christian-Jaque. La voix traînante de Jouvet résonne dans toutes les oreilles ; il peut jouer cynique, sarcastique, hautain ; il peut figurer les voyous ou les inspecteurs de police, mais sous la carapace on perçoit la tendresse – comme dans le rôle de ce maquereau d'*Hôtel du Nord* qui flanque des torgnolles à sa respectueuse mais tombe amoureux comme un béjaune d'une jeune innocente.

Et que dire de Jean Gabin ? En 1946, à quarante-deux ans, il fait son grand retour en France dans *Martin Roumagnac* de Georges Lacombe, avec son illustre compagne Marlene Dietrich. Après avoir été sans doute le premier acteur français avant la guerre, notamment grâce à *La Grande Illusion*, de Jean Renoir, à *Pépé le Moko*, de Julien Duvivier, à *La Bête humaine* de Renoir encore, à *Quai des brumes* et *Le jour se lève*, de Carné, il a gagné les États-Unis pendant le conflit, s'est engagé dans les Forces combattantes où il a combattu au premier rang ; il revient en héros, un peu épaissi, il n'est certes plus un jeune premier, mais Gabin est déjà une légende et n'est pas près de mourir dans le cœur des Français.

Et combien d'autres faudrait-il encore citer, Pierre Fresnay, Pierre Brasseur, Pierre Blanchar, Jean-Louis Barrault, Fernandel, Jean-Pierre Aumont, sans oublier les seconds rôles, dont le cinéma français est prodigue, Raymond Bussières, l'inoubliable Titi de *Bataillon du ciel*, Saturnin Fabre, Louis Salou, Noël Roquevert, André Gabriello, Jean Carmet qui débutait… Et la jeune classe qui pousse derrière : Michel Auclair, Daniel Gélin, Jean Marais et le plus prometteur, peut-être, Gérard Philipe, qu'on a rencontré dans les combats de la Libération.

Le cinéma français d'après guerre fait une large place aux films de la Résistance, mais peu s'imposent au regard de la postérité. Deux, surtout, sont à signaler. D'abord *La Bataille du rail*, de

René Clément, qui narre l'épopée résistante des cheminots contre l'occupant et qui va obtenir le grand prix international au festival de Cannes. Un film à la parole rare, qui veut tout dire par la prise de vue, mais riche de détails et de trouvailles qui transcendent l'anecdote. Le film est en partie documentaire ; il a été subventionné par les cheminots eux-mêmes. Autre film de René Clément, mais en collaboration avec Noël-Noël, *Le Père tranquille*, qui raconte l'histoire d'une famille française sous l'Occupation, dont le papa, pépère en apparence, est en réalité le chef d'un réseau de résistance. L'histoire est contée par une série de sketches, non sans humour, qui dédramatisent la guerre.

Peu après la Libération, deux films, tournés pendant la guerre, vont retenir l'attention, *Les Visiteurs du soir* et *L'Éternel Retour*. Le premier, de Marcel Carné, avec Jules Berry et Arletty, paraît à la critique terriblement moyenâgeux avec ses décors de carton-pâte, mais il est plébiscité par le public, en quête de poésie et de troubadours. Le second, nouvelle version du mythe de Tristan et Iseult, de Delannoy, laisse une impression de manqué. Au printemps de 1945, sort *Carmen*, de Christian-Jaque, que commente ainsi Jean Lacroix dans *Esprit* : « Ni la poitrine abondamment révélée de Viviane Romance, dont on voyait, jadis, plutôt les jambes, ni le jeu plutôt sec d'un Jean Marais assez peu espagnol, [...] ni les tentatives visibles de fabriquer une Espagne romantique, poussiéreuse, brûlée d'ardeur et de soleil, n'arrivent à recréer cette atmosphère de passion qu'il y a chez Mérimée. » Décidément, les critiques de cinéma peinent à s'enthousiasmer, jusqu'à l'arrivée de quelques réussites à la fin de 1945. On applaudit *C'est arrivé demain*, de René Clair, mais il s'agit encore d'un film tourné à Hollywood. On se réjouit surtout de *La Cage aux rossignols*, de Jean Dréville, dont la fraîcheur, l'humour, le jeu de Noël-Noël et des Petits Chanteurs à la croix de bois séduisent un large public. Les cinéphiles, eux, apprécient *Les Dames du bois de Boulogne*, de Robert Bresson, inspiré d'un épisode de *Jacques le Fataliste* de Diderot et interprété par Maria Casarès, Élina Labourdette et Paul Bernard. On regarde également *Boule de suif* de Christian-Jaque, surtout pour le jeu de Micheline Presle, en prostituée patriote fière et délurée.

Le sacre de Cannes

Le festival est ouvert le 20 septembre 1946 dans une atmosphère de fête. Le soir, sur la Croisette, les chars défilent dans une joyeuse bataille de fleurs. Chaque nation participante veut le sien. Le plus remarqué, peut-être, est celui de l'URSS, affichant le mot « Paix » en lettres d'or fixées sur une banderole rouge, et d'où s'envolent des colombes. La fin du défilé est couronnée par un immense feu d'artifice. Là-dessus, le gratin de 2 000 VIP se déplace jusqu'au Grand Hôtel où la municipalité donne une réception qui va durer jusqu'à l'aube. Après une *Marseillaise* entonnée par la chanteuse américaine Grace Moore, « les invités, narre Denis Marion dans *Combat*, se ruèrent sur le buffet en rangs si serrés qu'il eût fallu le tank et le lance-flammes pour s'y frayer un passage ». Par la suite, le festival proprement dit se déroule dans le hall du casino municipal, transformé en salle de projection, où sont présentés en moyenne six films par jour. Mais le véritable spectacle pour les badauds et ceux qu'on n'appelle pas encore les paparazzis est ailleurs, sur la Croisette, sur la plage du Carlton, à Eden Roc, où l'on traque vedettes et starlettes son Kodak à la main. « La densité de beauté physique, écrit André Bazin, est ici infiniment plus élevée qu'elle ne l'est en moyenne sur les 500 000 kilomètres carrés de territoire français. C'est que la beauté est un luxe, comme les voitures américaines et les palaces qu'on peut voir sur la Croisette. » Un paradis factice mais fascinant, qui trouve d'emblée sa formule et forge son mythe.

La première journée du festival commence par un ratage de première. On présente un documentaire soviétique, *Berlin*, montage fort bien réalisé d'actualités de guerre par Youli Raizman. On y entend le général Weidling, chargé de la défense de Berlin, décrire la dernière entrevue qu'il eut avec Hitler, le 29 avril 1945 : « Son aspect m'a bouleversé. Il était effondré dans un fauteuil, ses mains posées sur une carte tremblaient nerveusement, sa voix était à peine intelligible ; c'était un homme fini. » Rideau ! Tout à coup, la projection s'arrête. Panne technique ! Vient-elle de l'appareil américain de projection ou de la pellicule soviétique ? Toujours est-il qu'il faut promettre aux Russes une nouvelle projection. Promesse tenue. *Berlin* obtiendra le prix du documentaire. Le long métrage du jour, c'est d'abord *César et Cléopâtre*, film anglais de Gabriel Pascal, d'après George Bernard Shaw, réalisé en couleurs, ce qui n'était pas encore très répandu. Hélas ! comme le déplore le critique de *Combat*, ce film était « du plus mauvais des metteurs en scène, et un texte indiscutable ne lui sert que de paravent derrière lequel cacher sa propre incompétence ». Quand arrive le tour de *Notorious* (*Les Enchaînés*), d'Alfred Hitchcock, on s'aperçoit au bout d'une demi-heure que le projectionniste s'est trompé de bobine ! Il faut tout recommencer.

Malgré ces incidents techniques, que l'on mit au compte du rodage, le festival continue son cours, culturel et festif, dans la bonne humeur. Au total, quarante-neuf grands films sont présentés ainsi que quatre-vingt-six courts métrages, le tout en seize jours et dans quatorze langues différentes sans sous-titres. Le grand prix du meilleur film est attribué à *La Bataille du rail*, qui remporte aussi le grand prix international de la mise en scène. Michèle Morgan reçoit le grand prix d'interprétation féminine dans *La Symphonie pastorale*, et Ray Milland celui de l'interprétation masculine dans *The Lost Week-End* (*Le Poison*) de Billy Wilder. Les Soviétiques obtiennent leurs récompenses aussi : outre *Berlin*, grand prix international du film documentaire, ils reçoivent le prix du cinéma en couleurs pour le poétique *La Fleur de pierre* d'Alexandre Ptouchko. Le prix du premier compositeur de musique tombe dans l'escarcelle du Français Georges Auric, auteur de trois partitions musicales (*César et Cléopâtre*, *La Symphonie pastorale* et *La Belle et la Bête*). Afin de faire plaisir à tout le monde, les prix nationaux sont inventés pour récompenser le meilleur film présenté par chaque pays. Pour les Américains, ce fut *The Lost Week-End* ; pour les Anglais, *Brève rencontre* ; pour les Italiens, l'admirable *Rome, ville ouverte*, de Rossellini ; pour l'Union soviétique, *Le Tournant décisif*, évoquant la bataille de Leningrad, de Fridrikh Ermler… Pour la France, on distingue évidemment *La Symphonie pastorale*. Le film valait par le travail de Delannoy, le jeu de Michèle Morgan, mais aussi par l'adaptation intelligente du récit de Gide par Jean Aurenche et les dialogues de Pierre Bost. On n'en dit pas autant de Pierre Blanchar, jugé par le critique de *Combat* « encore plus mauvais que d'habitude ».

L'une des leçons tirées de ce premier festival de Cannes fut que la couleur allait prochainement triompher. « D'ici cinq ans, dit-on, le film en couleurs aura pris au film en noir et blanc au moins la moitié de sa place. » Les Français avaient du retard en la matière. Les festivaliers furent invités à la Victorine, près de Nice, où se tournait *Le Mariage de Ramuntcho*, opus oublié de Max de Vaucorbeil, avec Gaby Sylvia et André Dassary ; c'était pourtant le premier film en couleurs français.

En marge, *Farrebique*, de Georges Rouquier, grand morceau de sociologie paysanne, qui n'avait pourtant pas été retenu par la sélection officielle, reçut l'hommage du festival. René Clair, de son côté, de retour en France après son séjour aux États-Unis pendant la guerre, entame sa nouvelle carrière en tournant *Le Silence est d'or*. Au fond, le cinéma national ne se porte pas si mal.

L'année 1947 le confirme ; *Antoine et Antoinette*, de Jacques Becker, obtient le prix du film dramatique au deuxième festival de Cannes. *Le Monde illustré*, établissant la liste des meilleurs films de l'année, se flatte des « signes d'une extraordinaire maturité artistique et technique du cinéma français », où brillent également les réalisations des René Clair (*Le Silence est d'or*), René Clément (*Les Maudits*), Henri-Georges Clouzot (*Quai des Orfèvres*), Nicole Vedrès (*Paris 1900*), Claude Autant-Lara (*Le Diable au corps*)... La toile fascine. Sartre lui-même écrit le scénario des *Jeux sont faits*, tourné par Jean Delannoy.

Art populaire, le cinéma permet aux Français de s'arracher à leur morosité quotidienne. Tout devient possible dans la salle obscure : rêver une autre vie, s'identifier aux *stars*. Le ciné soigne la solitude, il invite au voyage, à la découverte des pays lointains, il pourvoit en héroïsme les pantouflards et les pleutres, il offre pêle-mêle la beauté, le suspens, le mystère, l'émotion, sans oublier le rire qui cautérise parfois les plaies de la vie. On en a bien besoin dans ces lendemains de guerre sans horizon.

17

La plaie coloniale

Le 29 mars 1947, le gouvernement tripartite présidé depuis janvier par le socialiste Paul Ramadier, premier président du Conseil officiel de la IVe République, doit faire face à une insurrection déclenchée à Madagascar. Comme d'habitude, les responsables politiques réagissent au plus pressé, à leurs yeux le maintien de l'ordre. La question clé de la colonisation, de ses méthodes, de sa légitimité, n'est pas posée. Urgence de la répression, urgence de l'ordre à rétablir ! Les trois députés malgaches de l'Assemblée nationale, Ravoahangy, Raseta et Rabemananjara, membres du Mouvement démocratique de la rénovation malgache (MDRM), parti nationaliste fondé en 1946, sont accusés d'avoir fomenté la révolte qui s'étend dans l'est du pays. Leur revendication portait pourtant sur un objet de négociation raisonnable, l'indépendance « dans le cadre de l'Union française ». Mais le parti est noyauté par un groupe plus radical, une société secrète, la Jina (jeunesse nationaliste), qui n'hésite pas à prôner la violence contre la domination française. On saura que la Jina a été à l'origine de l'insurrection du 29 mars.

Cependant, le mouvement est mal organisé ; on chercherait en vain un commandement général, une ligne directrice. Reste qu'il s'agit d'un mouvement qui explose simultanément en plusieurs endroits. Deux jours plus tôt, le Bureau politique du MDRM, animé par Ravoahangy et Rabemananjara, a lancé un appel au calme. Raseta, lui, a des liens étroits avec la Jina qui prône toujours la révolte et bénéficie d'une forte audience dans certaines parties de l'île. Les insurgés, des paysans armés de sagaies et de coupe-coupe, se lancent contre des villes côtières, attaquent des casernes, des postes de gendarmerie, des bâtiments administratifs, des concessions coloniales et s'en prennent à ceux de leurs compatriotes accusés de faire le jeu des colonialistes. Les forces de l'ordre ne sont pas en mesure de briser les émeutes ; elles s'occupent surtout d'arrêter des militants du MDRM. Le 12 avril, Ravoahangy et Rabemananjara sont écroués malgré leur immunité parlementaire. Le troisième député, Raseta, alors en France, verra la sienne levée le 10 juin ; entre-temps, le MDRM a été dissous.

L'ordre règne à Tananarive

La brutalité des événements dissimule la racine du mal, c'est-à-dire l'état dégradé de l'économie et de la société malgaches. Le docteur Ravoahangy était venu en février exposer au président de la République, Vincent Auriol, la situation délabrée de la grande île[1]. De nombreux incidents avaient eu lieu ici et là en 1946, frisant l'émeute, des grèves souvent violentes, une agitation endémique. Mais le gouvernement, déjà confronté aux débuts de la guerre d'Indochine, craint surtout la contagion anticolonialiste. La tendance à la répression domine, notamment dans l'esprit de Marius Moutet, le ministre de la France d'outre-mer. Il est appuyé par Pierre-Henri Teitgen, le garde des Sceaux, celui-ci souhaitant une « action musclée » contre la jeunesse nationaliste du MDRM, qualifiée carrément de « formation fasciste[2] ». Le 22 mars, à l'Assemblée, le député UDSR de Madagascar Jules Castellani, planteur de profession, a mis en garde ses collègues : « Je reviens de Madagascar où, je dois le dire, on suit les événements d'Indochine avec une grande attention. Il se crée actuellement dans ce pays un véritable parti, calqué sur celui du Viêt-minh, qui n'aspire en somme qu'à enlever aux Français leurs positions dans l'île. »

Le 30 mars, l'insurrection a échoué dans son dessein d'un soulèvement général. Mais, circonscrite, étouffée, elle s'étend néanmoins à partir de ses foyers de Manakara et Moramanga. La répression

1. Vincent Auriol, *Journal du septennat 1947-1954*, t. 1, *1947*, Paris, A. Colin, 1970, p. 70.

2. Voir Marc Michel, « L'Empire colonial dans les débats parlementaires », dans Serge Berstein et Pierre Milza (dir.), *L'Année 1947*, Paris, Presses de Sciences Po, 2000, p. 202.

coloniale contribue à mettre le feu aux poudres. À Moramanga, le 6 mai 1947, des cadres du MDRM, emprisonnés dans des wagons, sont mitraillés. Environ cent cinquante d'entre eux sont tués. À Mananjary, entre le 15 avril et le 12 mai, c'est une centaine de Malgaches qui tombent, victimes des fusillades. Certains d'entre eux sont jetés d'avion[3]. La peur entraîne une paranoïa collective qui provoque des massacres aveugles. Le gouvernement français expédie des renforts – principalement des légionnaires, des troupes nord-africaines et des tirailleurs sénégalais. Une dizaine de bataillons entament la reconquête des places tenues par les insurgés. La lutte devient inégale pour eux, pauvrement armés, face à des adversaires qui disposent d'un armement moderne et de l'aviation. Les combats ne durent réellement que jusqu'en juin. Quelques bastions demeurent, le dernier tombera en novembre 1948. Cette année-là s'ouvre un grand procès à Tananarive pour juger les responsables. Les accusés sont les trois parlementaires malgaches et l'état-major du MDRM. Si Raseta a une part de responsabilité dans l'insurrection, ce n'est pas le cas des deux autres députés ni d'une grande partie des prévenus. Au contraire, le MDRM n'a cessé, depuis sa fondation, d'en appeler au calme. Alors que le 30 mars il lançait une proclamation réprouvant l'insurrection, Radio-Tananarive lui attribuait la responsabilité du soulèvement ! La justice militaire et la justice civile tranchent l'une et l'autre. Près de 6 000 Malgaches sont condamnés, dont 865 par les militaires. Sur 44 peines capitales prononcées par les tribunaux militaires, 8 sont exécutées, et 16 sur les 129 prononcées par la justice civile. Une volonté d'apaisement est alors manifeste. Ravoahangy et Raseta sont condamnés à mort, mais leur peine sera commuée en détention à perpétuité, à l'instar du troisième député, l'écrivain Rabemananjara.

Dans *Combat*, Roger Stéphane dénonce la répression policière et la torture : « C'est en pesant mes mots que je déclare que des procédés dignes de la Gestapo ont été utilisés[4]... » L'article est repris dans *Une semaine dans le monde*, l'hebdomadaire lancé par Hubert Beuve-Méry.

3. Jean Fremigacci, « La vérité sur la grande révolte de Madagascar », *L'Histoire*, n° 318, mars 2007.

4. *Combat*, 2, 3 et 4 août 1947.

L'insurrection a mis au jour les fragilités de la domination française, l'aspiration à l'indépendance de la majorité des colonisés et la peur des colonisateurs, désormais sur le qui-vive. Pour bien montrer le caractère effrayant de cette guerre, qui a été aussi une guerre civile, on a avancé des chiffres amplifiés des victimes. Pierre de Chevigné, devenu haut-commissaire à Tananarive en 1948, estime que les affrontements sanglants ont causé la mort de 80 000 à 100 000 habitants, attribuant la plus grosse part du désastre aux violences perpétrées contre les « petits serviteurs » loyaux à la France et à la famine causée par l'action des rebelles[5]. Les militants de la lutte anticolonialiste reprendront ces chiffres pour fustiger les responsables gouvernementaux et les gros colons de la grande île. Assurément, des crimes ont été commis par les forces de l'ordre, souvent des crimes de guerre, conjuguant des exécutions sommaires avec des sévices de toutes sortes. La torture a été largement employée. Les historiens ont révisé à la baisse le chiffre des victimes, qu'ils estiment entre 30 000 et 40 000, le plus grand nombre ayant péri de « mort physiologique », selon la terminologie de l'époque, bien plus que dans les combats ou à la suite d'autres violences – environ une dizaine de milliers. Mais nul n'est besoin d'exagérer les chiffres pour comprendre le caractère intenable de la situation. L'ordre a été rétabli, certes, mais à quel prix ! Et la société malgache sera tenue désormais sous haute surveillance. Peu de responsables français, cependant, mesurent le fond de la question. Les débats parlementaires tournent en rond autour du problème de la sécurité. Les hommes politiques les plus responsables n'ont voulu voir dans les causes du drame que le complot d'une minorité, la minorité hova, « raciste dans l'âme », dit Castellani. Au-delà des instances politiques métropolitaines, l'opinion est largement indifférente à ce qui se passe à des milliers de kilomètres de l'Hexagone. Les Français ont d'autres chats à fouetter, y compris en politique, puisque la crise malgache survient quelques semaines avant la rupture entre le gouvernement et le parti communiste : la guerre froide, en ses débuts, requiert plus d'attention que ces troubles lointains et mystérieux, attribués à des « sauvages » minoritaires qui refusent les bienfaits de la puissance

5. M. Michel, « L'Empire colonial dans les débats parlementaires », dans S. Berstein et P. Milza (dir.), *L'Année 1947*, *op. cit.*, p. 205.

française. La tragédie coloniale résulte d'abord d'une méconnaissance abyssale des colonies !

L'illusoire Union française

La participation de l'Empire français aux combats de la France libre, qui y trouva sa base territoriale arrachée à Vichy et ses réserves de soldats, appelait un profond changement dans les rapports de la France métropolitaine avec ses colonies. D'autant que, en raison de la défaite militaire de 1940, la « Grande Nation » avait été profondément atteinte dans son prestige et devait compter avec des revendications nationalistes renforcées. Le général de Gaulle n'était pas le dernier à en être convaincu. Le 30 janvier 1944, à Brazzaville, ouvrant la conférence des territoires français d'Afrique, il affirmait cette nécessité, que la guerre précipitait. « Il n'y aurait, disait-il, aucun progrès qui soit un progrès, si les hommes, sur leur terre natale, n'en profitaient pas moralement et matériellement, s'ils ne pouvaient s'élever peu à peu jusqu'au niveau où ils seront capables de participer chez eux à la gestion de leurs propres affaires. » Cette évolution se ferait par étapes, mais les « réformes impériales de structure » ne devaient pas être retardées.

La vision du Général n'était pas anticolonialiste, loin s'en faut. L'« indépendance », à ce moment-là, n'entre pas dans ses visées. Il parlait seulement d'intégrer dans la « communauté française » les populations colonisées « avec leur personnalité, leurs intérêts, leurs aspirations, leur avenir ». Le discours restait vague et pouvait décevoir les aspirations nationalistes. Du moins, en pleine guerre, le chef de la France libre donnait-il le signal d'un changement d'attitude de la part du colonisateur. L'Empire de papa aurait à laisser sa place à l'Union française.

Il revint aux constituants de la IVᵉ République de mettre en œuvre le changement. C'est ainsi que le titre IV de la nouvelle Constitution, comprenant vingt-deux articles, définit l'Union française, « formée, d'une part, de la République française qui comprend la France métropolitaine, les départements et territoires d'outre-mer, d'autre part, des territoires et États associés ». Les organes centraux en sont la présidence (qui échoit au président de la République), le Haut Conseil et l'Assemblée. Celle-ci devait être composée, par moitié, de membres représentant la France métropolitaine et, par moitié, de membres représentant les départements et territoires d'outre-mer et États associés. Le président la convoque à la demande de la moitié de ses membres. C'est à la fin de 1947 qu'elle se met en place, même si ses attributions demeurent imprécises. Il s'agit d'un organe consultatif, mais consultable obligatoirement sur tous les projets de loi relatifs à l'outre-mer. L'Assemblée peut aussi présenter des recommandations au gouvernement.

Les quelque deux cent trente membres qui la composent – les « conseillers de l'Union française » – sont élus par les Assemblées territoriales, à raison de soixante-quinze représentants des DOM et des TOM et vingt-sept des États associés. Cent vingt-neuf représentants étaient élus par les deux Chambres à Paris, étant entendu que le cumul des mandats n'était pas autorisé.

Le 10 décembre 1947, se tient en grande pompe sa première réunion sous la présidence du radical Albert Sarraut, en présence du président Vincent Auriol, accompagné des trois présidents des Chambres, Édouard Herriot, Gaston Monnerville et Léon Jouhaux (président du Conseil économique et social). La rhétorique parlementaire ne fait pas défaut à l'ancien gouverneur général de l'Indochine : « Jamais, en aucun temps, en aucun pays au monde, on ne vit se constituer, par-delà les mers et à travers les continents, pareille union des nations et des peuples. »

Avec le recul, on peut ironiser sur cette berlue. L'Union française, comme l'écrit Marc Michel, était « volontairement reléguée dans un rôle subalterne de protestations et de commémorations ».

En cette année charnière 1947, tandis qu'en divers points de l'Empire se manifeste, parfois de façon violente, la volonté des peuples à s'émanciper de la tutelle coloniale, la classe politique – tout comme l'opinion – ne s'intéresse pas vraiment aux questions d'outre-mer. On chercherait en vain dans les débats et écrits de l'époque l'expression d'un projet cohérent, une ligne directrice, un plan de réformes structurelles, une doctrine. On imputera aux problèmes de l'heure – l'immense tâche de la reconstruction, les controverses animées qui se sont succédé sur la nouvelle Constitution, les difficultés économiques et sociales, les débuts de la guerre froide – cette espèce d'indifférence qui est de règle en matière de colonisation. Plus largement, la domination coloniale n'est pas remise en cause. Le trauma de 1940, l'humiliation de la défaite ont ruiné le prestige international de la France. La possession coloniale de la France – l'étendue des territoires outre-mer qu'elle contrôle en fait le deuxième empire après l'Empire britannique – offre une compensation à son recul sur l'échiquier mondial. Elle nourrit l'illusion de la grandeur.

Dans l'esprit de l'époque, la colonisation n'est pas un crime. Les Français restent convaincus qu'ils ont apporté, et qu'ils apportent toujours, les lumières et les progrès de la civilisation à des peuples retardés. « Porteur des valeurs de la civilisation et de l'histoire, écrit ironiquement Albert Memmi dans son *Portait du colonisateur*, [celui-ci] a l'immense mérite d'éclairer les ténèbres infamantes du colonisé. » Cette bonne conscience se trouve renforcée par la participation des peuples coloniaux aux combats de la France libre : « C'est dans ces terres d'outre-mer, disait de Gaulle dans son discours de Brazzaville, dont toutes les populations, dans toutes les parties du monde, n'ont pas, une seule minute, altéré leur fidélité, qu'elle a trouvé son recours et la base de départ pour sa libération et qu'il y a désormais, de ce fait, entre la Métropole et l'Empire, un lien définitif. » Certes, la nature de ce lien doit être réadaptée, mais son caractère « définitif » a l'aspect d'un impératif catégorique, d'une vérité immuable, d'une évidence qui ne se discute pas. On verra des hommes courageux, qui ont risqué leur vie pendant la guerre pour combattre les ennemis de la liberté, se trouver dans l'incapacité d'éprouver la moindre empathie à l'égard des colonisés aspirant à cette même liberté. À quoi s'ajoute l'alibi de défendre l'Occident face au communisme.

En réalité, les beaux sentiments proclamés sont démentis sur le terrain. Car la colonisation porte en elle l'assurance d'une légitimité reposant sur un complexe de supériorité, traduit dans les faits par le racisme. Comme écrit encore Albert Memmi, la servitude est inscrite dans la nature du colonisé et la domination dans celle du colonisateur. « Le racisme apparaît ainsi, non comme un détail plus ou moins accidentel, mais comme un élément consubstantiel au colonialisme[6]. »

6. Albert Memmi, *Portrait du colonisé. Portrait du colonisateur*, Paris, Gallimard, coll. « Folio Actuel », 2002, p. 93.

Le malaise algérien

Après l'émeute sanglante du 8 mai 1945 (102 morts, 110 blessés et 10 femmes violées), suivie par une répression impitoyable qui a causé des milliers de morts[7], l'Algérie semble avoir retrouvé la paix, mais ce n'est qu'un leurre. La crainte s'est installée dans la population européenne, dix fois moins nombreuse que la population musulmane (environ 900 000 contre 9 millions). Les mouvements nationalistes sont de plus en plus entendus et intériorisés par la population algérienne. Aux élections municipales de 1945, les consignes d'abstention lancées par les nationalistes ont été largement suivies. Deux organisations rivalisent, le Parti du peuple algérien (PPA) clandestin de Messali Hadj, pionnier du nationalisme alors déporté au Gabon, et les Amis du manifeste et de la liberté (AML) du plus modéré Ferhat Abbas, tandis que le Parti communiste algérien (PCA), défenseur de la « personnalité algérienne », participe, lui, aux élections. Un courant, la Fédération des élus, défend le principe de l'intégration, le collège unique et un nombre de députés proportionnel à la population algérienne. Cette position, qu'on peut qualifier de modérée et qui deviendra par la suite, quand la guerre éclatera, celle des défenseurs de l'Algérie française, rencontre alors l'hostilité des Européens et de leurs journaux : « Qu'on le veuille ou non, il y a en Algérie deux peuples juxtaposés mais distincts, nettement différenciés, inassimilables l'un à l'autre, décidés de part et d'autre à ne pas fusionner. Le peuple musulman repousse l'assimilation et il a raison. Le peuple français d'Algérie le comprend et l'approuve. Lui aussi de toutes ses forces repousse l'assimilation[8]. »

Certes, les nationalistes n'en pensent pas moins, mais ce que cette déclaration anti-assimilationniste ne dit pas, c'est qu'entre ces deux « peuples » existe une effrayante inégalité de condition. Ce n'est pas seulement la religion – quelle que soit son importance – qui sépare,

7. Ni le chiffre officiel de 1 500, ni le chiffre avancé par l'État algérien de 45 000 ne sont acceptables. « L'historien en est réduit à parler de "milliers de morts" » (Guy Pervillé, « Sétif, enquête sur un massacre », *L'Histoire*, n° 318, mars 2007).

8. Cité par Charles-Robert Ageron, *Histoire de l'Algérie contemporaine*, t. 2, Paris, PUF, 1979, p. 604.

c'est le niveau de vie très bas de la majorité, c'est le fait que près de 90 % de la population musulmane est illettrée. Dans le divorce qui vient entrent enfin en ligne de compte les comportements de supériorité de la part des colons. Officiellement, administrativement, l'Algérie regroupe trois départements français, mais en réalité l'Algérie n'a jamais été la France ; elle est et demeure une terre coloniale. Sans doute la « mère patrie » y a apporté du progrès dans les différents aspects de la vie collective, les transports, l'hygiène et la santé, le développement économique... Mais ce développement s'est accompli aussi sur la base d'une spoliation foncière. En 1943, le manifeste lancé par Ferhat Abbas proclamait le droit du peuple algérien à disposer de soi. Cette année-là, à Constantine, de Gaulle avait affiché une volonté de réformes : « Le gouvernement, après un examen approfondi de ce qui est souhaitable et de ce qui est actuellement possible, vient de prendre, à l'égard de l'Algérie, d'importantes résolutions ; le Comité de la libération a décidé, d'abord, d'attribuer immédiatement à plusieurs dizaines de milliers de Français musulmans leurs droits entiers de citoyens, sans admettre que l'exercice de ces droits puisse être empêché, ni limité, par des objections fondées sur le statut personnel. En même temps, va être augmentée la proportion des Français musulmans dans les diverses assemblées qui traitent des intérêts locaux. Corrélativement, un certain nombre de postes administratifs seront rendus accessibles à ceux qui en auront la capacité. Mais, c'est aussi à l'amélioration absolue et relative des conditions de vie des masses algériennes que le gouvernement a résolu de s'attacher par un ensemble de mesures qu'il fera très prochainement connaître. »

De telles promesses ne pouvaient qu'être rejetées, aussi bien par les nationalistes que par les tenants de l'Algérie française, également opposés à l'assimilation vers laquelle tendaient ces mesures annoncées. Un commentaire du président de l'Association des oulémas résumait la position des élites musulmanes : « Les musulmans ne sollicitent pas d'être élevés à la citoyenneté française, ils se considèrent déjà comme très élevés par leur qualité de musulmans. »

L'idée nationale gagne du terrain. Le 14 mars 1944 est fondé le mouvement des Amis du manifeste et de la liberté (AML). Contrairement à la radicalité indépendantiste du PPA, il suggère d'emprunter la voie « d'une république autonome fédérée à une République française rénovée, anticoloniale et anti-impérialiste ».

Les AML rencontrent un grand succès dans la population, rivalisant avec un PPA en plein essor parallèle. Celui-ci, infiltrant et noyautant les AML, fait rejeter par leurs instances toute idée de fédéralisme. L'heure semble venue d'une insurrection générale, et ce fut le 8 mai 1945. Après l'échec, le PPA dénonce un « génocide », comparant les Français aux « criminels nazis ». Cette tentative manquée laisse derrière elle un fossé de haine et de peur.

Ferhat Abbas ne s'est pas encore rallié à Messali Hadj. Le 1er mai 1946, il lance un appel à la jeunesse algérienne et musulmane, où il se prononce contre l'« anachronisme d'un nationalisme musulman ». Ce qu'il prône, c'est un nationalisme algérien ouvert aux Européens « malgré le crime colonial ». « L'Algérien chrétien, israélite, doit être le frère de l'Algérien musulman, sans que celui-ci cherche à exclure l'autre ou que l'autre se croie obligé soit de l'assimiler, soit de le réduire à l'esclavage[9]. » Il fonde sur ce principe son nouveau parti, l'Union démocratique du manifeste algérien (UDMA). Ses députés à la seconde Constituante défendent la création d'une république algérienne autonome, unie par des liens fédératifs à l'Union française. En vain.

Cependant, après le retour de Messali Hadj en Algérie en octobre 1946, à la suite de l'amnistie générale, le PPA semble changer de ligne et, sous le label de Mouvement pour le triomphe des libertés démocratiques (MTLD), décide de participer aux élections générales. En son sein, les partisans de la rupture forment aussitôt une organisation clandestine, appuyée sur un organisme militaire secret. Élu aux législatives de 1946, le député Mohamed Khider intervient une seule fois, au cours d'un débat sur l'Indochine, pour affirmer : « Le peuple musulman algérien se refuse lui aussi à être considéré plus longtemps comme mineur dans sa propre patrie. » Le projet fédératif d'Abbas repoussé par Paris, l'indépendance complète, prônée par le PPA, devient un mot d'ordre de plus en plus répandu dans la jeunesse musulmane.

La IVe République installée, il revient à l'Assemblée nationale d'élaborer et de voter le statut de l'Algérie. Après des débats houleux, il est finalement adopté le 20 septembre 1947. Il crée une Assemblée algérienne de cent vingt membres (soixante par collège

9. *Ibid.*, p. 604.

électoral), renouvelable au suffrage universel tous les deux ans. L'Assemblée vote le budget de l'Algérie ; procède à l'examen des projets de loi votés par le Parlement ; ses décisions sont prises sous l'autorité d'un Conseil de gouvernement comprenant six membres, deux choisis par le gouverneur, quatre issus de l'Assemblée. Il prévoit l'enseignement de la langue arabe à tous les degrés et l'octroi du droit de vote aux femmes musulmanes. Ce statut est condamné aussi bien par les élus nationalistes algériens (« une caricature ») que par les journaux des Français d'Algérie. Léon Blum commente : « Les colons algériens ne renoncent pas à maintenir sur la terre algérienne ce qu'ils appellent la souveraineté française et qui n'est autre chose que leur propre domination. »

Le gouverneur Yves Chataigneau est remplacé en 1948 par le socialiste Marcel-Edmond Naegelen. D'emblée, celui-ci donne le ton de la fermeté à l'adresse de « ceux qui utiliseraient pour imposer leur volonté je ne sais quelle terreur ». Aux élections de 1948, il n'hésitera pas à truquer le scrutin pour parer à la montée des nationalistes. La fraude électorale, selon Charles-Robert Ageron, devait devenir « une institution d'État et le monde entier apprit que la IVe République française trichait ».

Un article prémonitoire d'André Mandouze, depuis un an professeur à la faculté des lettres d'Alger, paraît dans la revue *Esprit* en décembre 1947, sous le titre : « Prévenons la guerre d'Afrique du Nord ».

L'enlisement indochinois

Les occasions manquées de la décolonisation pacifique se retrouvent en Indochine. Durant la guerre, les Japonais ont occupé le pays, laissant au gouvernement de Vichy sa police, son armée et ses fonctionnaires. La présence française – sensiblement moindre qu'en Algérie (45 000 nationaux environ contre 900 000 Français d'Algérie) – est acquise au maréchal Pétain. La France libre, bien décidée à libérer la colonie, met en avant la lutte contre l'Axe afin de légitimer son action. Las ! les Japonais, supérieurs en armes et en hommes, tiennent les places. Le 9 mars 1945, l'empereur Hirohito dénonce les traités passés avec la France et proclame l'indépendance du Vietnam, du Cambodge et du Laos. Au lendemain d'Hiroshima, Hô Chi Minh, le leader nationaliste vietnamien, pousse ses pions et Giáp mobilise une armée de 5 000 hommes ; un Comité de libération du Vietnam dirige le mouvement, complètement aux mains des communistes. Bao Dai, l'ex-empereur remis en selle par les Japonais, doit laisser la place au « gouvernement républicain révolutionnaire ». Le 2 septembre, alors que les Japonais signent leur capitulation, la République indépendante du Vietnam est proclamée, au détriment de la France coloniale et de l'ancienne monarchie.

Le GPRF ne peut accepter le fait accompli. Le 24 mars 1945, il expose son projet de nouveau statut. Récusant l'indépendance accordée par les Japonais, le gouvernement réaffirme à la fois la division de l'Indochine en « cinq pays » (Tonkin, Annam, Cochinchine, Laos, Cambodge) et le caractère fédératif de leur union sous l'autorité d'un gouverneur général. Selon *Le Monde* : « L'évolution de plus en plus libérale de nos institutions doit permettre à la France de faire épanouir demain dans un ensemble harmonieux les magnifiques possibilités d'une communauté formée d'éléments présentant une telle diversité de races, de civilisations et de ressources économiques. » C'était ne pas comprendre l'immense frustration des nationalistes vietnamiens qui, comme l'avait parfaitement résumé *Combat*, « ne croyaient plus aux promesses ».

En attendant, la France envoie des troupes et de Gaulle désigne l'amiral Thierry d'Argenlieu comme haut-commissaire pour l'Indochine, avec comme « première mission de rétablir la souveraineté française dans l'Union indochinoise ». Mais, tandis qu'à Hanoï la révolution triomphe, à Saigon l'opération de police visant à investir les principaux bâtiments publics provoque des incidents sanglants et le massacre de 400 personnes – vite attribué au Viêtminh. L'arrivée du général Leclerc marque le commencement de la réinstallation française, appuyée sur la 2ᵉ DB. Les Japonais quittent définitivement l'Indochine en juin 1946. Les Français sont désormais théoriquement les maîtres au sud du 16ᵉ parallèle.

Quand de Gaulle quitte le pouvoir en janvier 1946, la libération de tous les territoires de souveraineté française reste incomplète, puisque manque tout le nord de l'Indochine, dirigé *de facto* par le gouvernement révolutionnaire qui prend les mesures adéquates pour se concilier la population. La tâche s'annonce rude, la famine menace, et la présence chinoise (de Tchang Kaï-chek) met le pays au pillage. Sainteny, représentant de la France pour le Nord-Vietnam, dirige une mission diplomatique qui se heurte à l'hostilité des nationalistes et à l'occupant chinois. Soutenu par Leclerc, il tente de conclure un compromis avec Hô Chi Minh. Sont en jeu la question de l'unité (l'unité des trois *ky*) et celle de l'indépendance. La situation intérieure et la conjoncture internationale portent alors Hô Chi Minh à l'entente avec la France. Le 6 mars 1946, le débarquement des troupes françaises à Haiphong par Leclerc met fin à la présence chinoise, tandis qu'à Hanoï un accord est enfin signé entre Sainteny et le chef du Viêt-minh.

« Le gouvernement français reconnaît la république du Vietnam comme un État libre ayant son gouvernement, son Parlement, son armée et ses finances, faisant partie de la Fédération indochinoise et de l'Union française. » Dans les articles qui suivent, l'« ouverture immédiate de négociations amicales et franches » est prévue, portant notamment sur le statut futur de l'Indochine. Hô Chi Minh a fait des concessions, mais il a surtout obtenu la reconnaissance de son gouvernement révolutionnaire. Tout reste encore à régler.

La conférence de Fontainebleau qui fait suite et s'ouvre le 6 juillet 1946 reste sans résultat. Le 1er juin, à l'instigation de l'amiral Thierry d'Argenlieu, la république de Cochinchine a été proclamée, dans la volonté d'empêcher la réunification sous l'égide du Viêt-minh. *In extremis*, Hô Chi Minh signe avec le ministre Marius Moutet un accord partiel, le 14 septembre 1946 : « Les deux gouvernements estiment le moment venu de marquer un nouveau progrès dans le développement des relations entre la France et le Vietnam, en attendant que les circonstances permettent de conclure un accord total et définitif. » Le *modus vivendi* met fin provisoirement aux combats. Cependant, à Hanoï, l'Assemblée nationale proclame la Constitution du Vietnam, où il n'est fait nulle allusion à la Fédération indochinoise ou à l'Union française, tout en intégrant sans préavis la Cochinchine dans le territoire national.

Giáp, sans illusions sur une solution négociée, prépare la reprise des combats et met sur pied une armée de 50 000 hommes. Les incidents se succèdent. Le 20 novembre, à Haiphong, on tire sur un bateau français, une fusillade s'ensuit. Les Français lancent un ultimatum avant de se rendre maîtres de la ville le 28. Une lutte à outrance est entamée. La solution négociée est remise *sine die* : dans l'immédiat, le rétablissement de l'ordre prime. Le 2 janvier

1947, Thierry d'Argenlieu déclare à *France-Soir* : « Il est désormais impossible que nous traitions avec Hô Chi Minh. Nous trouverons dans ce pays d'autres personnalités avec qui nous pourrons traiter, qui seront sans doute nationalistes aussi, mais ceux-là se sont disqualifiés[10]. »

Une autre personnalité ? C'est à l'ex-empereur Bao Dai, résidant alors à Hong Kong, que l'on songe. En attendant, Hanoï est reprise par les Français. Le 15 mai, le haut-commissaire proclame : « La France restera en Indochine et l'Indochine au sein de l'Union française. C'est le premier axiome de notre politique. » L'impasse est évidente. Mais quelque chose a changé en cette année 1947 avec le début de la guerre froide. Le Viêt-minh n'est plus seulement un mouvement nationaliste, il représente le communisme dans l'affrontement qui a commencé entre l'Est et l'Ouest. Les colonialistes français y trouvent une justification supplémentaire à leur intransigeance. En France, le PCF, libéré de ses obligations de solidarité gouvernementale après la fin du tripartisme, entame sa campagne contre la « sale guerre ». Le gouvernement français et son nouveau haut-commissaire Bollaert répètent qu'on ne traitera pas avec le Viêt-minh. Dans son rapport consécutif à sa mission en Indochine, le général Leclerc avait conclu : « Il s'agit de composer avec un nationalisme xénophobe qui s'éveille, de le canaliser afin de sauvegarder, au moins en partie, les droits de la France[11]. » Mais, le 28 novembre 1947, on apprenait que le chef légendaire de la 2e DB venait de mourir, victime d'un accident d'avion.

Décidément, la France s'empêtre dans la question coloniale. Il n'échappe pourtant pas à ses responsables, à ses ministres, à son gouvernement, que la vieille formule impériale est dépassée. Dans le texte du 21 septembre 1946 qui instaure l'Union française, on peut lire : « Fidèle à sa mission traditionnelle, la France entend conduire les peuples dont elle a pris la charge à la liberté de s'administrer eux-mêmes et de gérer démocratiquement leurs propres affaires ; écartant tout système de colonisation fondé sur l'arbitraire, elle garantit à tous l'égal accès aux fonctions publiques et l'exer-

---

10. Cité par Jacques Dalloz, *La Guerre d'Indochine (1945-1954)*, Paris, Seuil, coll. « Points-Histoire », 1987.

11. Dans V. Auriol, *Journal du septennat 1947-1954*, t. 1, *1947*, *op. cit.*, p. 664.

cice individuel ou collectif des droits proclamés [...]. » C'étaient de belles paroles et de forts principes. Derrière les mots comme dans les faits, se manifeste la volonté de maintenir la souveraineté française sur les peuples antérieurement conquis. Dans ce contexte, la guerre froide fournit un parfait alibi, la lutte contre le communisme international devient l'*ultima ratio* de l'intransigeance. La domination, fût-elle évolutive, devait rester l'« axiome » de la politique coloniale. À l'heure où les Britanniques accordent son indépendance à l'Inde, les dirigeants français ne sont pas près d'ouvrir les yeux.

Lucide et quelque peu désabusé, Raymond Aron, qui tient pour acquise la nécessité de la décolonisation, fera en 1957, en pleine guerre d'Algérie, le constat de cette défaillance historique : « Les grands coups d'épée pour la défense d'un empire auquel on ne croit plus guère dépassent la déraison que l'observateur retrouve dans la conduite des Français à travers les siècles[12]. »

12. Raymond Aron, *Espoir et peur du siècle*, Paris, Calmann-Lévy, 1957, p. 202.

18

RPF : le raz-de-marée gaulliste

Le samedi 1er février 1947, Claude Mauriac a une longue conversation à Colombey avec le général de Gaulle, dont il est devenu le secrétaire particulier depuis la Libération. Il neige. Les deux hommes commentent la situation du pays, les difficultés économiques, la médiocrité de la vie politique, le mauvais ravitaillement dont souffre Paris…

« Et tout à coup c'est la grande nouvelle :

— Je vais tenter un rassemblement… C'est le seul espoir[1]… »

Claude Mauriac s'émeut, s'inquiète, il met en garde le Général « contre l'interprétation de fascisme » que suscitera immanquablement sa tentative. Le 20 février, il écrit longuement à de Gaulle pour lui exprimer son appréhension, lui conseille d'attendre le moment favorable, qui viendra inévitablement : « Dans une France où les hommes sont si peu nombreux qu'un Doumergue a pu apparaître comme un sauveur, de quel pouvoir sera votre nom au moment venu ! Et d'autant plus que votre silence aura été plus grand et de plus en plus lourd le sentiment de votre absence. » Sauf que de Gaulle ne peut plus et ne veut plus attendre.

1. Claude Mauriac, *Aimer de Gaulle*, *Le Temps immobile*, 5, Paris, Bernard Grasset, 1978, p. 388.

Le projet du Général

En fait, le faux ermite de Colombey rumine cette idée depuis l'hiver 1946 ; il s'en est ouvert à Jacques Soustelle, au colonel Rémy, à Jacques Baumel, à Jean Bozel. Pour lui, il y a urgence à sortir de l'immobilisme. Il est convaincu que le Parlement actuel ne durera pas cinq ans et qu'il faut se tenir prêt pour la relève. La Constitution qui a été votée à ses dépens a ceci de bon qu'elle a repris le droit de dissolution, que la IIIe République, malgré les lois constitutionnelles de 1875, n'avait jamais mis en pratique depuis le fiasco Mac-Mahon. Le Conseil des ministres pouvait maintenant en décider après dix-huit mois de mandature Avec les nouvelles élections viendrait enfin l'heure de la révision constitutionnelle.

Le « rassemblement », l'« union », ce sont des termes que le Général n'a cessé de répéter pendant l'odyssée de la France libre : « Pour pouvoir saisir sa victoire et retrouver sa grandeur, la France doit se *rassembler.* » Ce n'est pas un parti de plus qu'il veut créer, car il est toujours l'adversaire du « système des partis » ; c'est un mouvement de masse au-dessus des partis. Du reste, pourront y adhérer les affiliés des autres organisations, selon le principe de la double appartenance. Le mouvement s'appellera Rassemblement du peuple français – le RPF. Successivement, deux discours, un communiqué et une conférence de presse vont donner l'élan.

À Bruneval, dans la Seine-Maritime, le 30 mars, entouré de Jacques Soustelle, de Thierry d'Argenlieu, du général de Larminat et d'Edmond Michelet, gaullistes de la première heure, du colonel Rémy et de Maurice Schumann, devant une foule de plusieurs dizaines de milliers de personnes, au cours d'une cérémonie mémorielle de la Résistance, il déclare : « Le jour va venir où, rejetant les jeux stériles et réformant le cadre mal bâti où s'égare la Nation et se disqualifie l'État, la masse immense des Français se rassemblera sur la France[2]. »

De Capdenac, où il est en déplacement, Ramadier met en garde : « Il n'est pas de sauveur suprême, ni César, ni tribun... En dehors de la République, de la démocratie, il ne peut y avoir que des

2. Charles de Gaulle, *Discours et messages*, t. 2, Paris, Plon, 1970, p. 45-46.

discordes, et tous ceux qui s'élèvent contre elles s'élèvent contre la France. »

Le 7 avril, à Strasbourg, où la veille il a célébré le deuxième anniversaire de la libération de l'Alsace, de Gaulle précise ses intentions depuis le balcon de l'hôtel de ville, où il est introduit par le maire, Charles Frey. Ses fidèles l'entourent, Baumel, Capitant, Catroux, Chaban, et surtout Malraux, qui fut son ministre de l'Information dans le gouvernement provisoire... mais en l'absence de Maurice Schumann, le président du MRP. Claude Mauriac est témoin : « Jamais je n'oublierai cette foule immense assemblée sur [la place] Broglie et cette ivresse que son ivresse provoquait, surtout au moment des rappels enthousiastes qui, à trois reprises, ramenèrent le Général sur le balcon. » Une nouvelle fois, de Gaulle condamne le jeu malsain des partis, pour en appeler au rassemblement qui, « dans le cadre des lois », va faire triompher la réforme profonde de l'État que les circonstances commandent.

Une semaine plus tard, le 14, un communiqué annonce la fondation du RPF : « Aujourd'hui est créé le Rassemblement du peuple français ; j'en prends la direction. Il a pour but de promouvoir et faire triompher, par-dessus nos divisions, l'union de notre peuple dans l'effort de rénovation et de réforme de l'État. J'invite à se joindre à moi dans le Rassemblement toutes les Françaises et tous les Français qui veulent s'unir pour le salut commun comme ils l'ont fait hier pour la libération et pour la victoire de la France. »

Enfin, le 24 avril, à Paris, l'homme du 18 Juin donne une conférence de presse, à la maison de la Résistance, rue François-Ier, devant cinq cents personnes entassées et une multitude de reporters venus des quatre coins du monde, sans compter les photographes et les cameramen. Pour le Général, c'est l'occasion de répéter que le RPF n'est pas un parti. Mais alors, lui objecte un journaliste, n'est-il pas appelé à devenir un parti unique ? « Permettez-moi de rire, dit de Gaulle. Le parti unique est une dictature. Nous voulons, nous, au contraire de la dictature et justement pour l'éviter, organiser la démocratie de manière différente dont elle l'est. Mais la force de tout pouvoir n'a jamais été, n'est, et ne sera jamais pour nous que la volonté du peuple s'exprimant par le suffrage universel et libre. » Des journalistes tels Claude Morgan, des *Lettres françaises*, ou Jean-Maurice Hermann, de *Franc-Tireur*, veulent le faire sortir de ses gonds, mais, aux yeux des témoins, de Gaulle réplique toujours avec aisance, ironie, et un à-propos souvent familier. Il n'empêche. Oubliant celui qui fut le chef de la Résistance, la gauche s'inquiète et convoque le spectre de Napoléon III et du général Boulanger. Le lendemain, 25 avril, grand titre de *L'Humanité* : « L'apprenti dictateur a renouvelé hier son défi à la démocratie : les partis ne valent rien. Place au POUVOIR PERSONNEL ! ».

Le lancement du RPF provoque des réactions contradictoires, mais dans la presse c'est une hostilité générale. Des journaux de gauche, cela va de soi, mais aussi des journaux modérés comme *Le Figaro*. En revanche, l'opinion est en partie séduite, comme l'attestent les sondages de l'IFOP. En mai, de Gaulle dispose d'une attention favorable de la part d'une minorité relative : 26 % des sondés se sentent proches de lui ; 13 % jugent qu'il s'agit d'un factieux contre lequel il faut se battre. Entre ces deux pôles de l'opinion, la majorité hésite. Ses critiques de la Constitution sont largement acceptées, mais le RPF paraît à beaucoup une aventure dangereuse. Cependant le Général est enhardi par les adhésions qui affluent. Chaque semaine, il s'installe à Paris avec son épouse à l'hôtel La Pérouse, où il reçoit, consulte, anime ses fidèles. Il décide dans la foulée de se lancer dans une grande tournée des départements, première étape de sa conquête pacifique de la France.

Le 5 mai, il est à Bordeaux, où 50 000 personnes l'ovationnent place des Quinconces. Le 29 juin, à Lille, à l'hippodrome des Flandres. Le 27 juillet, à Rennes, 60 000 auditeurs l'attendent plusieurs heures sous le soleil, en bras de chemise, un chapeau de papier journal sur la tête. Mais cette fois son discours résonne d'une tonalité nouvelle. Quelques semaines plus tôt, les ministres communistes ont été débarqués du gouvernement Ramadier. La guerre froide commence après l'échec de la conférence des quatre Grands à Moscou le 24 avril 1947 : au début de juillet, Staline refuse officiellement l'aide Marshall proposée par les États-Unis à l'URSS et à ses satellites. Le tripartisme n'y résiste pas. Du même coup, l'anticommunisme vient enrichir la thématique du discours gaullien qui fustige désormais les « séparatistes », ces hommes aux ordres d'une puissance étrangère et aux fins totalitaires. Il a une formule, une image frappante qui fera mouche, selon laquelle la frontière du bloc de l'Est « n'est séparée de la nôtre que par cinq cents kilomètres, soit à peine la longueur de deux étapes du tour de France cycliste ».

La tournée continue sous les vivats : Alençon, le 10 août, en présence du général Leclerc ; Bayonne, le 7 septembre, devant une foule record ; enfin, le 5 octobre, à l'hippodrome de Vincennes, où l'on estime son audience à 500 000 personnes. Progressivement, le RPF, derrière son chef légendaire, conquiert l'opinion. Un nouveau sondage de l'IFOP le précise en novembre. Sur dix propositions « gaullistes » avancées, cinq reçoivent l'approbation de la majorité absolue des Français, parmi lesquelles la politique étrangère, la politique sociale et l'anticommunisme. La dissolution du Parlement récolte 40 % (33 % des sondés sont contre). En revanche, sur deux thèmes les réponses sont négatives : la « lutte contre les partis politiques » (35 % pour, 40 % contre) et la création d'un « État fort avec pouvoirs étendus pour le général de Gaulle » (33 % pour, 46 % contre)[3] – où l'on voit que le Général a encore du chemin à parcourir.

Une menace fasciste ?

Il n'empêche, la progression du RPF est inquiétante pour le duopole unissant vaille que vaille le MRP et la SFIO. Le président de la République entré en fonction au début de l'année, le socialiste Vincent Auriol, y fait écho dans son journal. Un des premiers gestes du chef de l'État arrivé à l'Élysée a été d'inviter le couple de Gaulle « à venir pendre la crémaillère avec nous en famille ». Comme on peut s'en douter, celui-ci a décliné l'invitation. À ce moment-là, Auriol est convaincu de sa retraite de la vie politique. Mais dès février, son ami personnel Sérol, fonctionnaire aux Affaires étrangères, lui apprend le projet de « grand rassemblement ». Recevant Jacques Duclos le lendemain, Auriol, critiquant la volonté de De Gaulle de créer un « nouveau grand parti autour de sa personne », dit au chef communiste : « Faites comme lui, mais autour de la République, contre le pouvoir personnel qu'il s'efforce à constituer. » Le président a en tête le schéma de la

---

3. Cité par Jean Charlot, *Le Gaullisme d'opposition*, Paris, Fayard, 1983, p. 85-86.

Défense républicaine, quand Waldeck-Rousseau formait en 1899 un gouvernement d'union contre les ligues factieuses avec des parlementaires de gauche et de droite. Une bonne façon, du reste, pour incliner à la modération les « éléments excités de la CGT et du parti communiste[4] », comme de serrer les rangs de la majorité.

Cependant, les voyages du Général à travers la France, les applaudissements qu'il reçoit à Bruneval et à Strasbourg, au milieu des difficultés multiples qui assaillent le gouvernement Ramadier, deviennent une vraie menace. D'autant qu'une crise grave commence à saper le tripartisme. La conférence de Moscou qui doit décider du sort de l'Allemagne piétine ; la rupture entre les anciens alliés semble inévitable. « Pour en appeler au rassemblement des Français autour de lui, dit Auriol à Ramadier, il a choisi le bon moment, car l'homme ne manque pas d'habileté : la crise du ravitaillement, la gêne et l'inquiétude, l'attitude des communistes, l'agitation des partis politiques : tout cela facilite le rassemblement autour du "Sauveur" – comme les moutons, le jour d'orage, autour du berger. Il a commencé par rassembler les chefs des réseaux de la Résistance, il a fait l'éloge des FFI ; il crée ainsi le noyau de son mouvement. La droite et les factieux le rejoindront. Les cris de "De Gaulle au pouvoir ! de Gaulle à Paris !" ne peuvent nous tromper[5]. »

De son côté, c'est un François Mauriac pessimiste qui écrit le 5 août à son fils Jean : « La politique devient de plus en plus triste. Le discours du Général ne m'emballe pas autant que toi. Il s'éloigne chaque jour un peu plus de son rôle sublime d'incarnation de la France pour devenir le chef de la coalition anticommuniste. [...] Certes, le communisme est le mal, mais la tourbe cagoularde, fascisante, maurrassienne qui va maintenant considérer de Gaulle comme son chef est le mal aussi. [Il] n'est plus le garant de l'unité française. Il va de plus en plus vers la guerre civile[6]. »

Mauriac est alors l'une des grandes signatures du *Figaro*. En juillet 1947, Raymond Aron, quittant *Combat*, devient à son tour un des journalistes haut de gamme du quotidien de Pierre Brisson.

---

4. V. Auriol, *Journal du septennat 1947-1954*, t. 1, *1947*, *op. cit.*, p. 97.
5. *Ibid.*, p. 187.
6. François Mauriac, *Correspondance intime*, Paris, Robert Laffont, coll. « Bouquins », 2002, p. 517.

Celui-ci n'éprouve aucune sympathie pour de Gaulle. Présent à Londres au temps de la France libre, Aron a dénoncé la tonalité bonapartiste des idées gaulliennes, dans un article fameux de *France libre*. Pourtant, il adhère au RPF. L'homme, on l'a compris, n'est pas un gaulliste viscéral à la Malraux ou à la Romain Gary ; il est loin d'être en accord complet avec la politique préconisée par de Gaulle, mais il supporte mal les faiblesses de la IVe République, en particulier son instabilité qui répète en l'aggravant encore celle de la IIIe. D'esprit libéral, également opposé au communisme et à l'extrême droite, il souffre de la « décadence de la République et de la France » : « Je ne contredisais pas mes convictions permanentes en m'associant à une tentative de révision à froid[7] », assure-t-il dans ses *Mémoires*.

Peu à peu se constituent deux blocs antagonistes – les communistes et les gaullistes –, qui prennent en étau socialistes, radicaux, MRP et droite modérée. La République est aux abois. En mai, après les grèves chez Renault, les communistes, qui se désolidarisent de l'action gouvernementale, sont priés de quitter le ministère. Ramadier démissionne et recrée un nouveau cabinet sans eux. Après le discours de Rennes, à la fin de juillet, Auriol s'inquiète d'une autre manière : « Je me demande si ses attaques contre la République ne vont pas grouper autour des communistes une partie de la population. Aussi faudrait-il agir sur la classe ouvrière pour enlever la CGT à l'influence des communistes et grouper les républicains autour d'un programme hardi du gouvernement qui tendrait à jeter les bases à la démocratie sociale. » Un vœu pieux qui se heurte bientôt à un mouvement social de grande ampleur ; les grèves à partir de septembre se multiplient, souvent violentes. C'est dans cette situation mouvementée que se préparent les élections municipales.

Pendant ce temps, les adhésions au RPF progressent. Selon sa direction, les « compagnons », comme on les appelle – ce qui les distingue des « camarades » marxistes –, seraient à la fin de juin 750 000 et, au moment du discours de Rennes, atteindraient le million. On parlera même dans les semaines qui suivent d'un million et demi. Effectifs sensiblement gonflés, comme le veut la

7. Raymond Aron, *Mémoires*, Paris, Julliard, 1983, p. 236-237.

propagande de tous les partis. Au vrai, en 1947-1948, le total avoisine 400 000 adhérents[8]. C'est sensiblement plus que le nombre des militants du parti socialiste, mais moins que celui des militants du parti communiste, estimé à 600 000. En septembre, le siège du RPF est installé au 5, rue de Solferino, dans le quartier de l'Assemblée nationale. Qui adhère ? Les antigaullistes dénoncent un parti réactionnaire, un ramassis d'anciens collabos, un reclassement de toutes les extrêmes droites. Pourtant les dirigeants du RPF ont voulu parer à cette menace, en refusant les anciens miliciens et les ex-membres des « organisations antinationales » tels la LVF (Légion des volontaires français contre le bolchevisme), le RNP (Rassemblement national populaire de Marcel Déat), la Phalange africaine ou encore le SOL (Service d'ordre légionnaire). En réalité, les cartes du Rassemblement sont prises surtout par des citoyens qui n'ont jamais été engagés. En grande majorité des hommes, recrutés dans tout l'éventail socio-professionnel (avec notamment 20 % d'ouvriers).

Communistes et socialistes tirent sur le mouvement gaulliste, mais chacun de son côté, car ils se déchirent aussi entre eux à pleines dents. Contre cette résurgence d'un danger « fasciste » – selon bien des militants de gauche – un nouveau Front populaire devient désormais impossible. Le parti communiste, on l'a dit, fait cavalier seul. « Il ne cesse, écrit Auriol, de défendre la cause de la Russie, même quand elle est contraire aux intérêts de la France [...]. » Le Kominform vient d'être créé, regroupant huit partis communistes européens, six à l'Est et deux à l'Ouest, le Parti communiste français et le Parti communiste italien[9]. Dans sa déclaration finale, il affirme que « deux camps se sont formés dans le monde ; d'une part, le camp impérialiste et antidémocratique, qui a pour but essentiel l'établissement de la domination mondiale de l'impérialisme américain et l'écrasement de la démocratie, et, d'autre part, le camp anti-impérialiste et démocratique, dont le but essentiel consiste à saper l'impérialisme, à renforcer la démocratie, à liquider les restes du fascisme ». C'était, aux yeux des Occidentaux, la renaissance du Komintern que Staline avait aboli pendant la guerre, en 1943. Cette structuration des deux camps aggrave la

8. J. Charlot, *Le Gaullisme d'opposition*, *op. cit.*, p. 87-88.
9. Voir chapitre 21.

fracture entre communistes et socialistes. Au lendemain des élections municipales des 19 et 26 octobre, le gouvernement Ramadier se maintient, mais à une courte majorité : 300 voix contre 280.

Victoire électorale du RPF

Ces élections traduisent surtout l'envol du RPF. En raison de la règle de la double appartenance, les listes gaullistes comptent des candidats de divers partis. Dans les villes de moins de 9 000 habitants, celles-ci emportent 38,7 % des suffrages exprimés, là où les listes communistes obtiennent 28,9 %, la SFIO se contentant de 13,4 % et le MRP d'un petit 9,3. Pour l'ensemble des 38 000 communes, le RPF atteint 35 %, mais dans les cent dix villes de plus de 30 000 habitants, il totalise 41 % – un succès écrasant. Dans la foulée, un sondage de l'IFOP indique que 62 % des Français souhaitent le retour au pouvoir du général de Gaulle et la révision de la Constitution.

Cependant, les élections municipales ne sont pas en mesure de répondre à ces vœux ; pour y parvenir, de nouvelles élections législatives s'imposent, après dissolution de l'Assemblée. De Gaulle les réclame avec une insistance compréhensible : « Voilà condamné le régime de confusion et de division qui plonge l'État dans l'impuissance. En même temps les pouvoirs publics actuels se trouvent privés de la base légitime qu'est la confiance de la nation. Ces pouvoirs, en effet, procèdent d'une combinaison établie entre des partis dont il est clair qu'ils ne représentent ensemble qu'une faible minorité nationale. Dans cette situation, il n'y a pas d'autre devoir ni d'autre issue démocratique que de recourir au pays. C'est à la source légitime, c'est-à-dire dans le vote du peuple, qu'il faut puiser d'urgence l'autorité indispensable aux pouvoirs de la République. L'Assemblée nationale actuelle doit être dissoute au plus tôt, non sans qu'ait été institué un régime électoral directement majoritaire pour fournir au Parlement futur une majorité cohérente. »

« Les élections municipales ne sont pas des élections politiques », réplique le président Auriol, bien décidé à s'opposer aux prétentions du Général. Pour Paul Ramadier, qui se sent soutenu par l'Élysée, « il n'y a rien de changé. Seule compte la majorité de l'Assemblée souveraine ». À l'Assemblée, le président du Conseil réprouve une « agitation qui irait chercher ses mots d'ordre dans les vieilles défroques du boulangisme et du nationalisme ». Jacques Duclos surenchérit : « Les anciens agents de Pétain sont derrière le nouveau Boulanger, derrière l'homme qui rêve de reprendre la suite de Bonaparte. »

Minoritaire entre les communistes et les gaullistes, la IVe République va faire preuve d'une étonnante résistance face à cette attaque frontale. Constitutionnellement, la dissolution n'est possible que par le vote d'une majorité absolue des députés et des sénateurs, ou par une majorité des deux tiers des députés. Impossible ! Le 30 octobre, le secrétaire général de la SFIO, Guy Mollet, appelle à l'« union de tous les républicains d'obédience française ». En clair contre le PCF, d'obédience soviétique, et contre le RPF, qui n'est pas « républicain ». Pierre-Henri Teitgen, du MRP, proclame de son côté : « Si c'est le gaullisme qui commence, nous défendrons la République contre le gaullisme. » Edmond Michelet, autre MRP, mais fidèle à de Gaulle, est exclu, tout comme Jean-Paul Palewski, maire de Louveciennes, qui avait été élu député sous l'étiquette MRP. On appellera bientôt cette fédération des centres, à laquelle se joignent les radicaux et la droite modérée, la « Troisième Force ». Et pour le moment, elle est en mesure de soutenir le gouvernement Ramadier avec ses vingt voix de majorité.

La Troisième Force est née, mais a-t-elle un avenir ? Le cabinet est le siège de désaccords violents. Au sein même de la SFIO, le président du Conseil est contesté. La conjoncture sociale s'y prête : les grèves se succèdent, parfois violentes, animées par la majorité communiste de la CGT et par le PCF. Ramadier, dont la santé est dégradée, démissionne le 19 novembre. Auriol désigne Léon Blum pour lui succéder. Celui-ci est bien décidé à se battre sur les deux fronts, communiste et gaulliste, mais il n'obtient pas la majorité constitutionnelle, échouant de neuf voix. La Troisième Force ne serait-elle qu'un mot creux sans réalité au Palais-Bourbon, où les chicaneries, les ambitions opposées, les divergences idéologiques ont bien du mal à cimenter cette fameuse « défense républicaine » ? Auriol change alors son fusil d'épaule et appelle le MRP Robert Schuman qui, lui, est investi le 22.

Claude Mauriac confie à son journal qu'il se sent par moments « totalement de cœur » avec la Troisième Force. Certes, il a suivi de Gaulle au RPF, par admiration pour lui, par fidélité, mais il n'aime pas sa mutation partisane qu'il juge contraire à l'esprit de la France libre. À l'unisson de son père, qui écrit dans *Le Figaro* des chroniques qui ne sont guère favorables au « rassembleur ». En ce mois de novembre, le grand écrivain signe publiquement le manifeste de la Troisième Force.

À la fin de 1947, à la veille du premier anniversaire de la IVe République, le pays se révèle plus divisé que jamais. Non seulement le « grand schisme[10] » de la guerre froide approfondit l'entaille entre les communistes et leurs adversaires, mais, sur la question même des institutions qui n'ont été ratifiées que par un peu plus d'un tiers des électeurs inscrits, la poussée gaulliste déchire le camp des démocrates. En pleine reconstruction matérielle et morale, en proie à de permanentes difficultés économiques et à la contestation sociale, la France de l'après-guerre traîne encore sur ses pas l'ombre portée de ses affrontements séculaires.

De Gaulle et le RPF apportent-ils la solution ? L'erreur est peut-être d'être partis trop tôt ; il leur faut attendre les législatives de 1951, presque quatre ans, pour concrétiser l'essai triomphal des élections municipales. D'ici là, tout est possible.

10. En 1948, Aron publie *Le Grand Schisme*, un véritable traité de la guerre froide, où l'on relève la formule célèbre : « Paix impossible, guerre improbable. »

19

Le retour du Tour

Été 1947, retour du Tour de France, retour des géants de la route, retour de l'épopée cycliste lancée depuis le début du siècle. C'est le grand événement sportif, et plus que sportif, le Tour de France relancé enfin après sept années de clôture. La vie reprend donc son cours et avec lui cette épreuve de vérité qui magnifie l'endurance et l'esprit d'équipe, tout en offrant une magnifique vitrine sur la « doulce France » des terroirs. Le 25 juin, plusieurs centaines de milliers de Parisiens battent des mains devant les coureurs multicolores qui, à la veille de s'affronter, défilent à l'Arc de triomphe. Une embellie dans une France encore morose, où le pain est toujours rationné, le lait et le sucre contingentés, et où les grèves n'en finissent pas… Lors de la dernière année de la plus célèbre des compétitions cyclistes, en 1939, le Belge Sylvère Maes l'avait emporté. Les Français espèrent voir un de leurs compatriotes lui succéder. Une nouvelle génération de vaillants mollets rend familiers les noms de Lucien Teisseire, d'Édouard Fachleitner – dit « Fach », ou encore « le maçon de Manosque » –, Jean Robic, Louison Bobet, les frères Lazaridès, dont le plus connu se prénomme Jean-Apôtre, « Apo », poulain préféré d'un vieux de la vieille, un des rescapés de l'avant-guerre, le légendaire René Vietto, dit « le roi René », en souvenir peut-être du duc d'Anjou et comte de Provence car il était cannois, mais surtout parce que le public le vénère.

Le champion rouge

Or Vietto est communiste, ou communisant. Contrairement aux sportifs en général, lui ne cache pas ses sympathies, et *L'Humanité* l'appelle « notre camarade ». Il n'a jamais gagné le Tour, mais il l'aurait mérité, préfigurant Raymond Poulidor. Le plus beau de son histoire remonte à sa première « Grande Boucle », en 1934 ; il venait tout juste d'avoir vingt ans. Le « gosse » avait été sélectionné d'emblée dans l'équipe de France – à une époque où les coureurs étaient regroupés dans les formations nationales et régionales –, parce que ses exploits de « grimpeur ailé », comme disaient les gazettes, avaient sidéré les amoureux de la « petite reine ». En plus, il était beau, Vietto ! Se tenant bien droit sur sa machine, en bon élève du grand Alfredo Binda, les mâchoires serrées, sans oscillations du buste, sans contorsions des hanches. Une merveille à voir, les femmes ne s'y trompaient pas.

Donc, en 1934, ce gamin qui n'était pas encore un roi, mais tout juste un prince de la montagne, commence à faire parler de lui dès les premiers cols des Alpes. Vainqueur à Grenoble, vainqueur à Digne, il ne gravissait pas les lacets qui se tordent à dégoûter les hommes du plat pays : il les annulait. En redescendant les Alpes vers sa Côte d'Azur bien-aimée, il ne laissa pas échapper l'occasion d'arriver en vainqueur détaché à Cannes, déchaînant une tempête chez ses concitoyens qui le couronnaient déjà. Vinrent les Pyrénées. Vietto, souverain, passa en tête au col du Puymorens, mais dans la descente, le leader de l'équipe tricolore, Antonin Magne, vint à « crever ». René, aussi prompt dans la solidarité d'équipe que dans l'ascension des montagnes, lui céda sa roue, alors qu'il était encore quatrième au classement général. La magnanimité – le mot s'imposait – de Vietto fut d'autant plus célébrée que le lendemain, entre Ax-les-Thermes et Luchon, « Tonin » la poisse cassa cette fois sa chaîne. Que pensez-vous qu'il arriva ? Ce fut René qui lui offrit son vélo en entier, attendant lui-même la camionnette de secours qui tardait. C'était grand. Magne en pleura d'émotion. Vietto perdait des places au classement général dans la partie même où il était le plus fort : l'escalade. Il prit sa revanche le lendemain en avalant le Tourmalet, en se jouant de l'Aubisque et en arrivant bon premier à Pau – où décidément il devenait le roi René.

Celui qui, il y a peu encore, n'était qu'un modeste chasseur de l'hôtel Majestic était devenu en quelques étapes une star et un exemple. Malheureusement, le Tour lui passa toujours sous le nez. Son heure paraît donc venue en 1947, malgré ses « vieilles jambes », comme il disait (il avait trente-trois ans). Le forçat de la route a pour lui le cœur des sportifs français, et plus encore celui des lecteurs de *L'Humanité*, pour lesquels, à chaque étape, le prestigieux camarade commente sa course du jour – en « grande exclusivité ».

L'espoir

Contrairement à ses mauvaises habitudes d'avant la guerre, Vietto prend un départ tonitruant qui remplit d'aise ses fidèles. Dès la deuxième étape, il décroche le maillot jaune, après une échappée de cent trente kilomètres en solitaire et sous un soleil à faire fondre les bidons, battant les Belges chez eux, à Bruxelles. En arrivant au pied des Alpes, René, toujours en jaune, compte 1' 22" d'avance sur le deuxième au classement général, l'Italien Ronconi.

Les anticommunistes les plus farouches commencent à être agacés par la superbe de ce grimpeur, lorsque, entre Lyon et Grenoble, ils retrouvent le moral en découvrant avec émerveillement celui qui pourrait lui tenir la dragée haute. Ce rival espéré s'appelle Jean Robic, surnommé « Biquet » en raison de son mètre cinquante-sept qu'il porte fièrement sur une bicyclette qui paraît démesurée pour lui. Front immense, oreilles un peu décollées, mâchoire en granit armoricain, on le reconnaît surtout à ceci qu'il porte toujours un casque de pistard – à lanières de cuir – depuis qu'en 1946 une chute dans Paris-Roubaix lui a valu une fracture du crâne. Champion de France de cyclo-cross, Robic n'avait pas été jugé digne de l'équipe tricolore ; il piaffe à la tête de l'équipe régionale de l'Ouest. Passant en tête les deux derniers cols, il s'adjuge la septième étape à Grenoble et fait perdre à Vietto son maillot jaune au profit de Ronconi.

Est-ce la fin des espoirs des lecteurs de *L'Humanité* et de *Miroir-Sprint* (magazine sportif de la mouvance communiste, concurrent de *But et Club*, du groupe Amaury) ? Certes non. Vietto convainc son fidèle lieutenant Apo Lazaridès – président d'honneur d'un cercle de l'UJRF, c'est-à-dire des Jeunesses communistes – de frapper un grand coup dans l'étape Briançon-Digne. Apo attaque donc dans l'Izoard, poursuivi par Robic qui le coiffe au sommet, tandis que viennent derrière Vietto et l'Italien de Savoie, Brambilla, un costaud au menton en galoche, qui carbure de temps en temps au « gros rouge ». Dans la descente vers Barcelonnette, Robic et Brambilla « crèvent » coup sur coup. Le roi René et son Apôtre plongent dans la descente. Si Vietto est un formidable grimpeur, il est aussi un descendeur suicidaire. On disait : « à tombeau ouvert ». Bref, les deux complices arrivent à la ville-étape avec plus de quatre minutes d'avance sur Brambilla. C'est ainsi que Vietto reprend le maillot jaune. On s'extasie dans les chaumières.

Le Biquet du Morbihan, le cabochard de Radenac, de sept ans son cadet, n'a pourtant pas donné son dernier coup de pédale. Sa vocation ne le prédispose pas à la modestie. Le conquérant écrit tous les soirs à sa jeune épousée (ils se sont mariés la veille du départ) qu'il est en train de gagner le Tour, qu'il ne voit pas de rivaux à sa mesure, même s'il reste encore en retard au classement général. Les Pyrénées, de fait, élèvent Robic à la hauteur de l'Olympe. À Pau, il se permet d'arriver premier avec une dizaine de minutes d'avance. Il est vrai qu'il en concède encore plus de huit à Vietto au classement général. De sorte que celui-ci arrive encore tout en jaune au départ de l'antépénultième étape, Vannes-Saint-Brieuc – la terrible épreuve contre la montre, longue de cent trente-neuf kilomètres. Pour beaucoup, le Tour est joué, Vietto va enfin le gagner. Certes, il n'est pas ce qu'on appelle un « rouleur », mais tous les coureurs s'accordent à penser qu'il finira dans les cinq premiers et sauvera par là même sa première place. Tous, sauf Robic. Celui-ci, imperturbable, expose toujours dans les tendres lettres à sa bien-aimée que tout va pour le mieux. Vietto, de son côté, raconte dans *L'Humanité* que le Breton pratique la guerre des nerfs. Narquois, il lui lance en pleine course : « Je me promène », ou bien : « Je suis invincible ». Sur quoi le camarade, guère accessible à ces intimidations, ajoute que « ces petits trucs-là » le laissent « froid ».

Au bout du suspens

Sonne l'heure du dernier duel, celui qui laisse l'un des deux à terre. Les habitants de Cannes, les militants des Alpes-Maritimes et des autres départements, tous ceux qui chérissent le roi René, ce champion qui sait déposer son bouquet de vainqueur devant les monuments élevés à la mémoire des résistants martyrs, tous ceux-là vécurent, le vendredi 18 juillet 1947, un après-midi de chien. Guettant les résultats de l'étape, que l'on affiche aux vitrines des cafés et des marchands de cycles, ils apprennent l'impensable : Vietto est archibattu et cède en pleurant le maillot jaune à Brambilla. Robic, le farfadet, s'est épanoui sur les montagnes russes de sa Bretagne, arrivant deuxième derrière le Belge Impanis. Tout semble joué. Le lendemain, Vietto, courageux, reprend sa bécane, après avoir déclaré au quotidien communiste, qui le publia à la une : « Pour mon pays j'ai fait ce que j'ai pu. »

Mais va-t-on laisser « la Brambille », l'Italien « aux mâchoires proéminentes », fût-il installé en France, l'emporter ? L'instinct national frémit. Jusqu'au bout le Tour 1947 retient l'haleine des patriotes. La dernière étape, Caen-Paris, dite « d'apothéose », où l'on roule les mains en haut du guidon, devient, contrairement aux habitudes de jadis, une ultime bataille, acharnée, forcément « homérique ». René Vietto, le vaincu magnifique, a la consolation de lire en travers de la route des inscriptions monumentales :

« Fonce, René, cinq minutes, ce n'est rien ! » Non, pour lui c'est trop tard. Mais au kilomètre 131, dans la petite côte en lacets dite de Bon Secours située à la sortie de Rouen, le lutin Robic, qui entend couronner par un bouquet final son mariage interrompu, donne ce coup de reins décisif qui creuse l'écart et capitalise tout à trac les espoirs les plus fous. Las ! Brambilla « prend sa roue ». Fini ? C'est alors que Fachleitner surgi du diable vauvert, passe en trombe. Robic s'accroche, la mâchoire de Brambilla se tend... mais cent mètres plus loin ses jambes cèdent. Le maillot jaune est lâché. Jean Robic, le Rodomont de Bretagne, la tortue orgueilleuse, l'emporte finalement sur tous les lièvres. Le Midi rouge a été vaincu par le Massif armoricain démocrate-chrétien.

Un peu plus tard, revenu dans sa ville d'Annecy, « la Brambille », la mort dans l'âme, creusa un trou au fond de son jardin pour enterrer son vélo. Cette scène digne de Sophocle ou de Shakespeare nous suggère que la France de 1947, aux prises avec ses démons quotidiens – la hausse des prix, la lutte des classes, les lenteurs de la reconstruction, les cartes d'alimentation… –, demeure la terre des dieux et des héros. Ce Tour de France, incertain jusqu'en ses derniers kilomètres, aura de bout en bout été exaltant. Un Français l'avait gagné « à l'arraché », et sans l'aide du général Marshall.

20

Le périple de l'*Exodus*

Au cours de leur treizième étape, entre Montpellier et Carcassonne, les coureurs et la caravane du Tour de France ont ignoré qu'ils mettaient en retard d'une heure un bien étrange convoi et croisaient une incroyable aventure, qu'on allait bientôt connaître sous le nom d'*Exodus*. Des milliers de Juifs, la plupart rescapés des camps de la mort, arrivaient d'Allemagne pour s'embarquer à Sète en direction de la Palestine.

Genèse

La grande émigration sioniste avait commencé depuis longtemps. La déclaration Balfour, en 1917, préconisant l'installation d'un « foyer national pour le peuple juif » en Palestine l'avait encouragée dans les années de l'entre-deux-guerres. En 1939, cependant, le Royaume-Uni, qui s'était vu attribuer le mandat sur la Palestine par le traité de Sèvres, en 1920, avait, sous le gouvernement de Neville Chamberlain, radicalement changé de politique : c'est un État à majorité arabe qui était prévu en place du mandat britannique. Dans cette perspective, la minorité juive ne pourrait excéder le tiers de la population, et les Juifs ne pourraient acquérir de nouvelles terres. La décision unilatérale de Londres était contestée par la SDN, mais la guerre renvoya à plus tard toute solution du problème juif et palestinien. Avant que l'ONU s'en saisisse, un conflit s'est installé en 1945 entre les organisations sionistes (le Mossad, la Haganah), désireuses de permettre aux rescapés de la

Solution finale de gagner le Proche-Orient, et le gouvernement de Londres et son ministre des Affaires étrangères Ernest Bevin, bien décidés à empêcher de nouvelles migrations. Leur politique arabe, à l'odeur de pétrole, devient absolument opposée à la création d'un État juif. Le cabinet travailliste dirigé par Attlee décide notamment de maintenir un strict droit d'entrée. Forcer ce blocus et faire émigrer tous les Juifs qui le désirent et qui, pour l'heure, sont, pour les plus nombreux, cantonnés dans les camps des personnes déplacées en Allemagne, tel est le but du Mossad et des diverses organisations juives. Pour parer à l'émigration clandestine, les autorités mandataires décident d'enfermer les candidats au départ sur l'île de Chypre, colonie de la couronne britannique, d'où le transport pour la Palestine est rigoureusement contingenté.

C'est pour répliquer à ces mesures draconiennes et pour accélérer la formation d'un État à eux, que les organisations sionistes s'avisent d'utiliser un grand navire, capable de convoyer 4 500 émigrants décidés à résister à l'interdiction des Anglais. Le choix se porte sur un vieux steamer fluvial américain, le *President Warfield*, mis pendant la guerre à la disposition de l'allié britannique, avant de revenir aux États-Unis où il fut mis en vente en 1946. C'est ainsi que l'organisation sioniste put l'acquérir et qu'elle le transforma en navire pour émigrants, d'abord dans le port italien de Portovenere proche de La Spezia. La menace d'intervention des autorités italiennes convainc cependant l'armateur de gagner les côtes françaises. À Port-de-Bouc, l'équipement du bateau est mené à son terme. Le Mossad, qui télécommande l'opération, se prononce pour un embarquement rapide des réfugiés depuis la France.

La question se pose bientôt au gouvernement français de Paul Ramadier, dont le ministre des Affaires étrangères, Georges Bidault, anglophile, et le ministre de l'Intérieur, Édouard Depreux, ne sont pas d'accord sur l'attitude officielle à prendre vis-à-vis des injonctions du gouvernement Attlee. Celui-ci déplore que Paris n'ait rien entrepris pour mettre fin au trafic des émigrants clandestins qui s'embarquent, sur de modestes bateaux, de la France vers la Palestine : « Le gouvernement de Sa Majesté invite le gouvernement français à prendre sans délai des mesures efficaces à effet immédiat pour empêcher de nouveaux départs d'immigrants illégaux des ports français. » Ramadier avertit les Anglais que la

France ne refoulera pas les Juifs entrés clandestinement sur son territoire. Inquiets cependant, les dirigeants du Mossad font repartir le *President Warfield* de Port-de-Bouc vers l'Italie. Ce n'est qu'un aller-retour. Jules Moch conseille au délégué du Mossad d'utiliser le port de Sète, dont il est député. Afin de légaliser l'opération, le Mossad bénéficie de la complaisance du consul de Colombie à Marseille, qui accepte de délivrer des visas d'entrée (cinq dollars chacun) dans son pays pour 4 500 autorisations individuelles. Il est entendu, par un engagement sur l'honneur, que les titulaires de ces visas n'entreront pas en Colombie.

Un port d'appareillage, un bateau désormais équipé, des visas bidon : il n'y a plus qu'à attendre les candidats au voyage dont la majorité réside en Allemagne et en Autriche. Il faut, en une semaine, procéder de nuit à l'évacuation des camps où résident les volontaires et les transférer en France, jusqu'à Sète. Les uns accompliront le trajet dans des camions, où ils se dissimulent sous des bâches. D'autres pourront officiellement emprunter deux trains spéciaux en direction de Strasbourg, à partir de la zone d'occupation américaine. Des centres de rassemblement sont organisés pour accueillir les émigrants avant leur embarquement, d'où cent soixante-douze camions doivent les emmener au port. Mais voici que surgit un obstacle inattendu : la France connaît une vague de grèves qui atteint les transporteurs routiers. Il faut alors négocier avec la CGT ; une somme d'un million de francs lui est alors opportunément versée pour la caisse de solidarité des grévistes. Ce qui permet d'obtenir des laissez-passer pour franchir les piquets de grève[1]. Le 10 juillet 1947, l'embarquement commence dans la nuit. Il faudra plus de six heures pour faire monter sur le bateau les 4 500 passagers, hommes, femmes et enfants, avec leur barda, et les répartir sur les trois ponts étagés où chacun doit trouver sa place. Le soleil devient brûlant dès les premières heures de la matinée, et la chaleur accablante va peser pendant toute la traversée.

Les Britanniques pressent Georges Bidault d'intervenir. Jules Moch les assure de la régularité de cet embarquement prévu pour la Colombie. Le 10 juillet, l'Inspection de la navigation signe l'autorisation du départ. Pour faire sortir le bateau du chenal étroit du port, il faut un pilote ; on le cherche, on le trouve au prix d'une

1. Jacques Derogy, *Histoire de l'*Exodus, Paris, Fayard, 1969, p. 129.

rémunération élevée. Finalement, il ne sera pas au rendez-vous. On se passera de lui ; le *President Warfield*, non sans mal, parvient à gagner la haute mer.

La grande traversée

À bord, on entend parler toutes les langues, le yiddish, le hongrois, le polonais, l'hébreu aussi, que certains se mettront à apprendre au cours du périple. Toutes les nationalités se côtoient, Juifs de Russie, de Pologne, de Tchécoslovaquie, de Bulgarie, de Roumanie, de Hongrie, d'Allemagne, d'Autriche, de Suède, de Hollande, d'Angleterre, d'Afrique du Nord, de France… Une nation prend corps dans les drames partagés de l'épreuve qui s'annonce. Il y a, en minorité, les orthodoxes à barbe et papillotes, à côté des libres penseurs, des socialistes, des croyants et des athées, mais tous ne sont animés que d'un fol espoir : parvenir en Palestine, créer leur État. La vie à bord s'organise. Un journal mural quotidien est édité en trois langues (yiddish, roumain, hongrois). Un programme radiophonique est mis en place, donne des nouvelles et émet de la musique. On apprend ainsi l'arrivée d'un passager de plus : une femme vient d'accoucher, l'événement est salué par l'hymne sioniste (l'*Hatikvah* – « L'Espoir » –, écrit en Ukraine en 1878). La mer peut être houleuse et bien des passagers tombent malades. Le 15 juillet, une malheureuse meurt en couches.

Les Britanniques ont tôt fait de comprendre que le bateau ne file pas vers l'Amérique du Sud, mais de toute façon ils n'étaient pas dupes. Un destroyer puis un second le suivent ; deux avions le survolent à basse altitude. Au large de la Crète, la discussion est entamée à bord pour donner un autre nom, plus symbolique, au bâtiment. Finalement, on l'appelle *Exodus 47*, en hébreu *Yetziath Europa 5707* (« Exode d'Europe de l'an 5707 »). Les deux noms figureront sur la coque. On fabrique des drapeaux blanc et bleu frappés de l'étoile de David. Le 16 juillet, le croiseur *Ajax* lance un message à plusieurs reprises : « Nous comprenons vos sentiments. Rendez-vous avant 5 heures demain matin et il ne vous sera fait aucun mal. Si vous acceptez de nous suivre, nous vous accorderons les secours médicaux dont vous avez besoin. Sinon, nous serons forcés de vous arraisonner dès que vous franchirez les eaux territoriales palestiniennes. » Le message réitéré en plusieurs langues est couvert par les clameurs des passagers. On s'apprête à la résistance ; on entasse toutes les munitions possibles : boîtes de conserve, bouteilles vides, boulons, matraques fabriquées avec le bois des rampes d'escalier… On compte aussi, pour résister à l'abordage, sur les jets de vapeur et les tuyaux d'huile sous pression. La radio du bord transmet la résolution collective et résume la situation :

« Sur ce navire de la Haganah, il y a 1 600 hommes, 1 282 femmes, 1 017 jeunes et 655 enfants. La flotte britannique a repéré le bateau : nous sommes encerclés par six bâtiments de guerre, à cent kilomètres des côtes du pays, mais nous approchons de minute en minute. Ce bateau a quitté Baltimore en février et les Anglais ont multiplié les embûches pour lui faire manquer sa mission : le 25 avril en Italie, le 13 juin en France. Cinq minutes avant le départ prévu, ils ont fait pression sur les autorités françaises, et le 11 juillet, à 5 heures du matin, nous avons dû nous enfuir du port par nos propres moyens, en rompant nos amarres et sans pilote. Nous avons eu deux naissances pendant la traversée, mais une mère est morte en couches. On nous accuse, nous les organisateurs, d'exploiter les souffrances de nos frères d'Europe, alors qu'il s'agit pour nous de tenter le sauvetage des rescapés du massacre de 6 millions de Juifs. En ce temps-là, il n'y avait ni avions ni bateaux pour les sauver. Et maintenant on trouve beaucoup d'avions et de bateaux pour leur faire la chasse. Notre équipage, qualifié de profiteur par la propagande britannique, est constitué de volontaires bénévoles de notre peuple. Rien n'empêchera le courant de l'immigration de grossir. Rien n'empêchera ces Juifs sans patrie de monter en Israël[2]. »

Soudain, parti d'un navire britannique, un message menaçant est reçu par l'*Exodus* : *« Stop your ship ! You are in Palestinian waters ! »* Interdiction de jeter l'ancre. Réplique aux Anglais : « Il n'est pas question pour nous de reconnaître une loi interdisant aux Juifs de regagner leur patrie. » L'abordage est lancé par un commando de fusiliers-marins, matraque en main. Mais les passagers résistent, repoussent l'envahisseur, plusieurs soldats tombent à l'eau. Deux

2. *Ibid.*, p. 194.

destroyers se rapprochent et prennent l'*Exodus* en étau ; les coups d'étrave se succèdent. La bataille se poursuit à bord dans la fumée des grenades lacrymogènes ; les blessés se multiplient ; un Juif est même tué. Malgré l'occupation du pont supérieur par une quarantaine de fusiliers-marins, le bateau très endommagé et prenant l'eau continue sa route en direction d'Haïfa. Finalement, après l'accostage, les passagers qui comptent alors trois morts et plusieurs blessés graves doivent se résigner à l'évacuation du navire. À peine à terre, ils sont répartis dans trois bateaux-prisons et embarqués en direction de Chypre. En fait, les Britanniques veulent imposer un retour sur les côtes françaises, leur point de départ. La France fait alors savoir qu'elle ne manquera pas à son devoir d'hospitalité mais qu'en aucun cas elle ne recourra à la violence pour débarquer des émigrants contre leur volonté. Londres se cabre. La Haganah diffuse le contenu d'un message lancé d'un des bateaux-cages : « Nous, les 4 500 rescapés juifs de la mort nazie, avons ramé de toutes nos forces pour arriver en Palestine. Les Anglais nous ont transbordés de force sur trois de leurs navires alors que nous touchions la Terre sainte. Le bruit court parmi nous qu'il est possible qu'on nous ramène en France. Le sang coulera, mais nul ne descendra ! Dès à présent, nous faisons appel au peuple français et à la conscience de tous les peuples libres. Nous faisons confiance au monde et particulièrement à la France démocratique. »

L'éternel retour

L'aventure de l'*Exodus* et l'attitude britannique sont désormais connues, la presse s'empare du sujet. Le 25 juillet, la Sûreté nationale fixe le lieu du débarquement à Port-de-Bouc, à une heure de route de Marseille. Édouard Depreux met les choses au point : « Il a donc été entendu que les intéressés pourraient débarquer ou rester à leur gré sur leur bateau. Le ravitaillement leur sera assuré et, s'ils veulent descendre à terre, l'hospitalité leur sera offerte. » La neutralité bienveillante des Français exaspère Bevin et le gouvernement britannique. En approchant des eaux territoriales françaises, les passagers brandissent des banderoles devant les journalistes et les photographes parvenus jusqu'à eux à bord de petites vedettes : « Vive la France libre ! Vive la Palestine juive ! » ; « Bevin = Hitler » ; « Libérés d'Auschwitz, internés dans des camps flottants ». À Port-de-Bouc, arrive de Paris la commission gouvernementale, tandis que nombre de manifestants juifs se pressent. Les représentants des émigrés disent leur résolution. Ils remercient la France de son hospitalité, mais ils ne descendront vivants qu'en Palestine. Au total, on n'enregistrera que vingt-neuf descentes, dont treize pour des raisons de santé graves. Un message parvient de l'un des bateaux : « Nous tiendrons. Ici, l'odeur est atroce. Le système sanitaire consiste en quatre toilettes qui se trouvent sur le pont. Les gardes sont nerveux. Nous touchons des rations de famine. Nous demandons plus de nourriture et surtout de l'eau pour les femmes enceintes. Il faut qu'un délégué de la Croix-Rouge nous accompagne. » Les Anglais comptent sur la chaleur et les mauvaises conditions d'existence à bord pour amener les passagers à résipiscence. Le 30 juillet, les députés du Palais-Bourbon votent une résolution à l'unanimité : « L'Assemblée nationale félicite le gouvernement français de son action libérale dans la tragique affaire de l'*Exodus*. Elle lui demande de faire connaître d'urgence au gouvernement britannique les sentiments d'émotion qui l'animent et son espoir de voir intervenir le plus rapidement possible une solution conforme au devoir d'humanité. » Le ton monte entre les deux gouvernements, le Royaume-Uni exigeant une « collaboration effective au débarquement des réfugiés ». En diverses villes de Grande-Bretagne ont lieu des manifestations antisémites, tandis que sur le continent des mobilisations de solidarité avec les émigrants juifs se multiplient. En France, une pétition d'intellectuels réunissant de multiples signatures lance un appel au peuple britannique. Mais le *Times* déplore l'absence de coopération de l'allié français. Dans les bateaux-cages, comme on appelle les prisons flottantes, au bout de trois semaines la résolution de ne pas descendre ne faiblit pas. Une grève de la faim est largement suivie. Londres décide alors, le 22 août, que les trois bateaux britanniques appareilleront pour la zone anglaise d'Allemagne. Destination : Hambourg. En même temps, les autorités britanniques demandent une nouvelle fois à la France si elle ferait obstacle au retour de ces immigrants partis illégalement pour la Palestine. La réponse est claire : la France ne change pas de position, elle acceptera de donner asile aux passagers de l'*Exodus* qui voudraient s'y rendre. Débarqués à Hambourg le 6 septembre, les migrants juifs sont répartis entre les camps d'Amstau et de Poppendorf. Après une ultime résistance, ce retour tragique à la case départ indigne Galtier-Boissière : « Effroyable hypocrisie des gouvernements qui, hier, ameutaient l'opinion mondiale contre les ignobles traitements que les nazis infligeaient aux Juifs. Aujourd'hui, les infortunés passagers de l'*Exodus* qui tentaient de gagner la Terre promise sont ramenés de force en Allemagne, descendus du bateau maudit à coups de matraque et replacés derrière les barbelés des camps boches dont ils avaient été libérés il y a deux ans[3]. » Bevin pouvait se réjouir en câblant au commandement du Proche-Orient : « Le débarquement des Juifs à Hambourg s'est bien passé et la résistance fanatique de ceux qui étaient à bord du *Runnymede Park* a été particulièrement bien maîtrisée. [...] Veuillez transmettre mes félicitations à toutes les personnes intéressées quand elles reviendront chez vous. »

L'aventure de l'*Exodus* ne s'arrête pas sur cet échec. Connue dans le monde entier, elle s'impose comme un symbole vivant de la volonté des rescapés du génocide de construire leur État. L'Assemblée générale des Nations unies, dont la session s'ouvre le 16 septembre à Lake Success, a mis à son ordre du jour la question palestinienne. Plusieurs solutions sont en vue. Celle de la partition en deux États, l'un arabe et l'autre juif, emporte l'adhésion des États-Unis, qui comptent une forte minorité juive influente, et de l'URSS, politique antibritannique de Staline oblige, contre l'opposition du Royaume-Uni et des puissances arabes. Le 29 novembre, le vote de la résolution est acquis par trente-trois voix contre treize et dix abstentions. Ces dix non-votants permettent d'atteindre la majorité des deux tiers nécessaire. L'ONU met fin au mandat britannique sur la Palestine où elle institue deux États qui accéderont à l'indépendance en août 1948. Les Juifs du monde entier reçoivent la nouvelle avec un enthousiasme difficile à décrire. Les réprouvés de l'*Exodus* peuvent repartir vers la Terre promise. L'avenir n'est pourtant pas sans nuages. La Ligue arabe refuse la partition et la guerre menace entre Juifs et Arabes : « La décision de l'ONU est pour nous sans valeur. Soyons prêts à la lutte. Pour fonder leur État, il faudra que les Juifs posent les premières pierres sur les corps de leurs propres morts. » Bon nombre des réfugiés de

3. J. Galtier-Boissière, *Journal 1940-1950*, *op. cit.*, p. 895.

l'*Exodus* feront partie de l'armée israélienne destinée à repousser les combattants arabes qui vont envahir les anciens territoires du mandat britannique. L'un des commandants de cette armée à faire ses preuves dans la bataille du Neguev est Mordechaï Rojzman qui, en meneur, avait été battu à la descente de Hambourg par les policiers britanniques et emprisonné.

Malgré ses profondes divisions politiques, la France a su trouver une forme d'unanimité pour la fondation de l'État d'Israël. Son action à l'ONU en faveur des deux États a été décisive, car elle a entraîné l'adhésion d'un certain nombre de pays hésitants et permis ainsi au vote d'atteindre les deux tiers imposés par le règlement des Nations unies[4].

Le drame de l'*Exodus* se transfigure en mythe au moment de la fondation d'Israël, l'aboutissement d'un rêve séculaire que la barbarie nazie a rendu possible. L'espoir de l'hymne sioniste se réalisait en faveur des survivants couverts de cendre.

---

4. En 1960, le cinéaste Otto Preminger s'attellera à une reconstitution historique des pérégrinations du navire (*Exodus*, avec Paul Newman), scellant par l'image la transmutation de l'épreuve en épopée emblématique.

21

Les débuts de la guerre froide

La fondation du RPF s'est produite dans un contexte de crise politique qui a vu la fin du tripartisme, le 4 mai 1947, quand Paul Ramadier a procédé à l'exclusion des ministres communistes de son gouvernement. Les raisons d'un conflit entre celui-ci et le PCF n'ont pas manqué depuis plusieurs mois. La politique menée dans le cadre de l'Union française a provoqué une faille : ni les débuts de la guerre d'Indochine ni la répression du soulèvement malgache ne pouvaient recevoir l'aval des communistes. Le 20 mars, leurs députés ont annoncé qu'ils ne voteraient pas les crédits militaires pour l'Indochine. La crise aurait pu se produire à ce moment-là, mais les ministres du PCF restaient solidaires du gouvernement : « Considérant que le vote à émettre par le groupe parlementaire ne saurait en aucune façon mettre en cause les autres aspects de la politique générale du gouvernement, le Bureau politique décide qu'il n'y a pas lieu pour les ministres communistes de rompre la solidarité ministérielle. » Or, trois semaines plus tard, le 16 avril, ceux-ci quittent pour de bon le Conseil des ministres, alors que celui-ci débat du problème de Madagascar. Le lendemain, le Bureau politique du PCF condamne la politique coloniale du gouvernement. Pourtant, c'est sur un autre terrain que va se produire la rupture définitive.

La fin du tripartisme

Le PCF ne pouvait paraître indifférent aux revendications de sa base électorale, directement touchée par la politique restrictive des salaires et des prix du gouvernement. Les conditions de vie et de travail en ce troisième printemps d'après la Libération se sont lourdement aggravées. Tout manque. Les tickets d'alimentation et les bons en tout genre sont exigés comme sous l'Occupation. La hausse des produits alimentaires est nettement plus rapide que celle des salaires. Le pouvoir d'achat du salaire hebdomadaire ne représente que 60 % de celui de 1938 en avril 1945, et seulement 69 % en octobre 1947[1]. Dans ce contexte, une grève est déclenchée aux usines Renault par un groupe trotskiste soutenu par la base, malgré l'opposition initiale des instances du PCF. La CGT, débordée, s'avise au bout de quatre jours de prendre la direction du mouvement en faisant sienne la revendication d'une augmentation de dix francs par heure de travail. Le Bureau politique déclare dans la foulée son soutien à la grève. Le 30 avril, en conseil de cabinet, les ministres communistes retirent leur soutien à la politique de blocage des salaires. Lors des manifestations du 1er Mai, les socialistes, à commencer par Daniel Mayer, ministre du Travail, sont hués par la foule tandis que les « camarades » sont applaudis. Ramadier, qui refuse toute augmentation des salaires si elle n'est pas accompagnée d'une augmentation de la production, décide de poser la question de confiance pour le 4 mai, afin de mettre ses « partenaires » au pied du mur. Le vote hostile des cent quatre-vingt-six députés communistes et apparentés l'entraîne alors à retirer leur délégation de pouvoir aux ministres communistes qui se trouvent ainsi *ipso facto* évincés du gouvernement : « [Leurs fonctions] sont considérées comme ayant pris fin à la suite du vote qu'ils ont émis à l'Assemblée nationale le 4 mai 1947 », confirme le *Journal officiel* du 5 mai.

Cette décision est parfaitement constitutionnelle, mais elle jette la zizanie au sein du parti socialiste dont le Conseil national est convoqué dare-dare. La gauche, derrière le secrétaire général Guy

1. Hubert Bonin, *Histoire économique de la IVe République*, Paris, Economica, 1999, p. 114.

Mollet, veut ménager l'accord avec le PCF, tandis que le centre et la droite du parti, avec Léon Blum, appuient Ramadier. Une courte majorité se dégage en faveur du maintien du gouvernement sans les communistes, par 2 529 mandats contre 2 125.

De son côté, le PCF ne renonce nullement au tripartisme : la nouvelle ligne, celle de la guerre froide, n'est pas encore impulsée de Moscou. Jacques Duclos l'affirme dans les *Cahiers du communisme* : « Il importe pour les communistes de tout mettre en œuvre afin que l'unité d'action avec les camarades socialistes se réalise partout et il importe de ne rien négliger afin que partout se rassemblent les forces ouvrières et démocratiques. » Le 31 mai, l'hebdomadaire *France nouvelle* titre : « Tous les démocrates exigent LE RETOUR DES COMMUNISTES au gouvernement de la République ». Le 28 juin, se tient le 11e congrès du PCF, au cours duquel Maurice Thorez reprend le thème de l'unité : « Il s'agit d'unir tous les communistes et socialistes, tous les travailleurs, tous les républicains croyants ou non croyants dans le combat contre la réaction afin d'assurer à notre pays des lendemains qui chantent. » À l'entendre, leur départ n'est qu'un épisode, une péripétie, le fruit d'un désaccord provisoire.

Cependant, la vague de grèves s'amplifie, atteignant en juin les chemins de fer, les banques, les grands magasins, l'industrie automobile… En octobre, le tour est venu des transports parisiens et de la marine marchande. En novembre, le mouvement repart de plus belle. Entre-temps, les conditions politiques du conflit ont radicalement changé.

Le fait nouveau est l'entrée définitive du monde dans la guerre froide. Les Américains accusent les Soviétiques de vouloir bolcheviser toute l'Europe ; les Soviétiques accusent les Américains de préparer une troisième guerre mondiale. Qui a commencé ? Pour certains, c'est l'administration Truman qui est largement responsable du désaccord entre les anciens alliés. Pour d'autres, c'est Staline qui a tout manigancé. En réalité, la logique des deux blocs en formation était latente dès les premiers indices de la défaite hitlérienne. Vainqueurs, les deux puissances – qu'on allait appeler les « deux supergrands » – devenues arbitres de la scène internationale ne pouvaient régler les problèmes en suspens que dans l'optique de leurs intérêts respectifs. Une compétition s'engagerait nécessairement entre deux systèmes politiques et idéologiques radicalement opposés. Les Britanniques, solidaires des Américains, avaient dénoncé dès le 5 mars 1946, par la voix de Churchill, à Fulton, aux États-Unis, le « rideau de fer » qui s'abattait sur l'Europe. Le 12 mars 1947, Truman, constatant la formation de « régimes totalitaires » à l'Est, avait exposé sa célèbre théorie du *containment* visant à limiter par tous les moyens l'expansion du marxisme-léninisme.

Staline, dans l'immédiat, entendait toucher le plus vite possible, sous la forme de gains territoriaux, les dividendes d'un effort de guerre écrasant, dont 20 millions de Soviétiques avaient été victimes. Ces deux volontés contradictoires se heurtent de plein fouet en 1947, rendant impossible toute entente sur le sort de l'Allemagne. La conférence des Trois (Bevin, Molotov, Bidault), sur la situation internationale, s'achève au début de juillet sur un désaccord qui ne laisse plus d'espoir. Raymond Aron appelle à la lucidité dans un article du *Figaro* du 5 juillet : « L'échec de la conférence de Paris ne modifie pas l'état de fait en Europe, il le consacre. Il n'apporte aucune révélation sur les arrière-pensées soviétiques ou les intentions américaines, mais il interdit les illusions que d'aucuns s'obstinent à garder, et, au moins provisoirement, les espoirs de rapprochement[2]. » Jusqu'à présent, la France refusait la séparation et, de compromis en esquives, voulait maintenir sa position. C'est fini. Du même coup, les conditions de la vie politique intérieure française vont se trouver sensiblement modifiées.

Traduction sur l'échiquier politique de l'entente défunte, le tripartisme se trouve *de facto* condamné. Quel est l'objectif le plus immédiat de Staline ? Non pas la révolution mondiale, alors même que la guerre civile déchire la Grèce et la Chine. L'important pour lui est l'établissement de *marches* à l'ouest de ses frontières. Car, pour les Russes, le danger vient toujours de l'Ouest ; il s'est matérialisé cette fois sous l'uniforme allemand ; il peut revenir sous un autre habit : cette menace doit être définitivement écartée. Grâce aux avancées de l'Armée rouge pendant la guerre, Staline a étendu son autorité sur la moitié de l'Europe. Son idée est de transformer les pays qu'il occupe en un « glacis » de protection durable. En 1947, les jeux ne sont pas faits. Soucieux dans un premier temps de ménager les susceptibilités de ses alliés, le maître du Kremlin a feint de respecter les formes démocratiques, tout en noyautant

2. Raymond Aron, « La fin des illusions », *Le Figaro*, 5 juillet 1947.

les États convoités par les communistes nationaux. Or, dans ce patient travail d'annexion subreptice, Moscou va se heurter à une initiative américaine redoutable.

Les conseillers du président Truman, convaincus du danger de bolchevisation qui pèse sur l'Europe, conçoivent l'idée d'un plan d'aide massive dont le double avantage serait économique (l'industrie américaine retrouverait un marché tombé en décrépitude) et stratégique (la pluie de dollars fertiliserait une zone tombant nécessairement dans l'orbite politique des États-Unis). Le 5 juin 1947, le général Marshall, secrétaire d'État, dans un discours à Harvard, rend officielle l'offre américaine, dont les Soviétiques pourraient eux-mêmes – clause de pure forme – bénéficier s'ils le désirent. Une conférence des États intéressés est prévue à Paris le 12 juillet. L'URSS a déjà fait savoir, à Londres, en juin, qu'elle n'accepte pas une proposition dont la finalité consacre l'ingérence américaine dans les affaires intérieures des pays européens. Pologne, Yougoslavie, Roumanie, Hongrie déclinent à leur tour l'invitation. Cependant, le 9 juillet, la Tchécoslovaquie, qui n'est pas encore satellisée, fait savoir son acceptation. Staline convoque incontinent le ministre tchèque des Affaires étrangères à Moscou et l'oblige, le 12 juillet, à annoncer que la Tchécoslovaquie s'est finalement ravisée et ne sera pas représentée à la conférence de Paris. Le même jour, un traité de commerce est signé entre Prague et Moscou. Le rideau de fer est tiré pour un demi-siècle.

Les communistes français n'ont pas encore, à ce moment-là, changé de ligne. Le 24 juillet, Maurice Thorez parle de l'« aide de nos amis américains » avec « satisfaction ». Jusqu'en septembre 1947, la presse du parti communiste appelle de ses vœux la formation d'un nouveau gouvernement, auquel des ministres communistes participeraient aux côtés des socialistes. Tout change en octobre, lors de la campagne pour les élections municipales. Les socialistes sont assimilés désormais au « parti américain », lequel – air nouveau – est devenu le « parti de la guerre ». Le plan Marshall est dénoncé dorénavant comme un « instrument d'asservissement aux mains des milliardaires américains qui veulent écraser les peuples sous leur talon de fer », comme on lit dans *France nouvelle* le 15 novembre. Que s'est-il passé ?

La création du Kominform

Le changement de la ligne communiste s'est décidé concrètement en Pologne, dans la petite ville de Szklarska Poręba, près de Wrocław. Là s'est constitué, du 22 au 27 septembre, sous la houlette de Jdanov, représentant Staline, et en présence des délégués des partis communistes de l'« Est » (à l'exception de l'Albanie) et des deux principaux partis frères occidentaux, l'Italie et la France, un Bureau d'information – le Kominform –, un avatar du Komintern visant à resserrer les rangs du mouvement communiste international contre l'ennemi américain. Accusés de sombrer dans la mollesse, les deux grands partis de l'Ouest sont invités à se mobiliser contre le principal danger de l'heure, le plan Marshall. La stratégie de Staline est alors au point. Dans le contexte de rupture qu'il assume pleinement, il va accélérer la monopolisation du pouvoir par ses sous-ordres dans les pays qui sont sous son contrôle. Il s'agira d'une action politique et non militaire : par toutes les techniques du noyautage, du trucage électoral, par la méthode du « salami » (l'éviction des partis concurrents par tranches) et moyennant, certes, la présence des forces armées soviétiques, la Hongrie puis la Tchécoslovaquie deviendront, comme la Pologne, la Bulgarie ou la Roumanie, des « démocraties populaires » : le « coup de Prague » en sera le point d'orgue en 1948.

Dans les pays échappant à sa zone d'influence directe, Moscou va utiliser les partis communistes pour faire pièce au plan Marshall, entretenir une situation de trouble qui fera diversion et miner de l'intérieur un bloc occidental en voie de construction. Thorez et Togliatti ne doivent pas avoir pour objectif la révolution ; la finalité de leur action est « internationaliste », on le leur rappelle : défendre et renforcer la « patrie du socialisme » doit rester le but. L'ennemi est désigné : c'est le parti de la guerre, autrement dit Washington et ses satellites soi-disant démocratiques. Les communistes vont dès lors mettre en avant les objectifs principaux de leur lutte pour la « paix » et pour l'« indépendance nationale ». Dans cette perspective, les socialistes qui acceptent le plan Marshall sont taxés de « fauteurs de guerre » et d'« instruments de l'impérialisme américain ». Les partis occidentaux, français et italien, sont fustigés, rappelés à l'ordre, dénoncés pour leur « crétinisme parlementaire ». Duclos, tout contrit, fait son *mea culpa* et agrée sans ciller la nouvelle doxa.

Les 29 et 30 octobre, aux assises du Comité central du PCF, Maurice Thorez reprend la déclaration des neuf partis communistes du Kominform. Fidèle à lui-même, il exalte le « glorieux parti bolchevique, qui, une fois de plus, a apporté une contribution décisive à l'examen et à la solution des problèmes posés devant les travailleurs de tous les pays ». L'antiaméricanisme et l'antisocialisme deviennent la règle. L'« impérialisme américain » est devenu le danger principal et l'on doit combattre ses alliés en France, au premier chef les socialistes, redevenus « sociaux-traîtres ».

Le PCF a désormais deux ennemis qu'il confond dans une même réprobation : le RPF, qui remporte les municipales en octobre, et la Troisième Force, qui se constitue sur les ruines du tripartisme. Son isolement devient manifeste, mais sa puissance continue à s'appuyer sur un mouvement social qu'il soutient désormais sans hésitation ni regret.

Marseille donne le signal. Les événements dont la ville méditerranéenne devient le théâtre à dater du 12 novembre tiennent à la fois de la situation générale et de la spécificité locale. Les élections municipales d'octobre ont fait perdre la mairie aux communistes, qui l'avaient occupée un an plus tôt, sans qu'une majorité absolue puisse s'imposer : le maire RPF, Michel Carlini, a été élu par vingt-cinq voix contre vingt-quatre à l'ancien maire communiste Jean Cristofol, tandis que Gaston Defferre recueille quatorze voix de ses amis socialistes et du MRP. Politiquement, la cité phocéenne reflète la fragilité de la Troisième Force naissante ; à ceci près qu'ultraminoritaire au conseil municipal de la deuxième ville de France, elle n'en garde pas moins la majorité à l'Assemblée nationale issue des élections de 1946. La défaite des communistes à Marseille illustre une réalité nationale : ils ont aussi perdu les municipalités de Béziers, de Sète, de Toulon, de Lens, de Nantes, de Villeurbanne, ainsi que quarante des soixante mairies qu'ils contrôlaient dans le département de la Seine.

Devant le piètre état de ses finances, la nouvelle municipalité phocéenne s'avise d'augmenter le tarif des tramways. Ceux-ci jouent un rôle capital dans une ville très étendue et à une époque où les moyens de transport individuels étaient encore réservés à une minorité de privilégiés. Cette hausse était sans doute nécessaire, d'autant que la municipalité précédente l'avait différée, sans s'interdire d'augmenter les salaires des traminots avant l'échéance électorale. La CGT riposte et déclenche au début de novembre un mouvement de grève et de boycott. Certains militants ou sympathisants communistes bloquent les tramways. Le 10 novembre, quatre jeunes ouvriers métallurgistes des Aciéries du Nord, usine largement dominée par les hommes du PCF, sont arrêtés. Ils passent en jugement le 12 ; trois d'entre eux sont maintenus en détention, le quatrième doit son salut à sa qualité d'ancien déporté.

Le verdict agit comme un détonateur. Une foule mobilisée enveloppe les gendarmes qui reconduisent les prisonniers, libère deux de ceux-ci et saccage le palais de justice. Sur l'intervention d'élus communistes, le président du tribunal accepte de procéder à la libération des inculpés. Or, le même jour, se tient à la mairie une séance du conseil municipal. La discussion sur les tarifs du tramway dégénère. Les élus gaullistes, aidés par les gardes du corps présents dans le public, s'en prennent aux conseillers communistes. Les militants du PCF, accourus du palais, retournent en force la situation. Dans la confusion générale, le maire (Carlini) aurait été menacé de défenestration ou, selon une autre version, promis à un bain forcé dans le Vieux-Port. Son rival, Cristofol, annonce au balcon de l'hôtel de ville, pure invention destinée à apaiser la rue, la démission de l'édile gaulliste.

La fin de l'après-midi tourne en vrai drame. Dans leur élan, les jeunes communistes et les sympathisants, forts des batailles remportées au palais et à la mairie, se lancent dans une expédition punitive contre les bars et les boîtes de nuit du quartier de l'Opéra. Les rues chaudes de Marseille, fréquentées, entre autres, par les profiteurs de guerre, les nantis du marché noir et la pègre, apparaissent aux ouvriers comme scandaleusement symboliques de l'inégalité sociale et judiciaire. Des bris de vitrines et autres dégâts s'ensuivent. Mais, venant du Colibri, une des boîtes visées, plusieurs coups de feu partent, qui blessent mortellement un jeune ouvrier des Aciéries du Nord.

La grève de Marseille, lancée avant le mot d'ordre général de la CGT, se fond ensuite dans le mouvement national. L'une des conséquences de ces incidents est la dissolution de deux compagnies républicaines de sécurité (ces CRS créées en 1944), taxées de noyautage par le parti communiste et accusées de complicité avec les manifestants. La psychose d'un complot rouge s'étend avec la montée aux extrêmes des grèves « insurrectionnelles » qui touchent en un mois l'ensemble du territoire métropolitain, particulièrement le bassin du Nord-Pas-de-Calais, la région parisienne, Saint-Étienne, Valence. Dans cette dernière ville, un ouvrier de vingt ans, Vincent Voulant, membre des Jeunesses communistes, a été tué dans les affrontements avec les forces de l'ordre. Le 14 novembre, le PCF lui fera des funérailles solennelles.

Les troubles que la France connaît du 12 novembre au 10 décembre 1947 sont ressentis par beaucoup, et au premier chef par le président de la République, Vincent Auriol, comme autant de signes ou de preuves d'une stratégie insurrectionnelle de la part du PCF. Un rapport du ministre de l'Intérieur alarme le chef de l'État :

« [Le parti communiste] veut décourager l'appui financier des États-Unis, c'est pourquoi ils prolongeront les grèves, il a décidé même de les généraliser et de les faire se succéder sans interruption. [...] Après quoi, après avoir désorganisé l'économie, il préparera une sorte de mainmise sur le pouvoir par les troupes de choc communistes, les communications, les chemins de fer, les routes, les centres, la radio, les PTT ; ils ont déjà établi des liaisons avec les communistes belges et les communistes allemands[3]. »

Si certains ont cru vivre les prodromes d'un mouvement révolutionnaire, la direction du PCF, fidèle à la ligne stalinienne (Thorez est du reste à Moscou du 31 octobre au 29 novembre), ne vise, via la CGT, que la lutte contre le plan Marshall et l'affaiblissement des États occidentaux dans la guerre des blocs.

Ces grèves impressionnantes, mobilisant à la fin de novembre 3 millions de travailleurs, laissent découvrir des oppositions internes graves. De nombreux ouvriers refusent de suivre, d'où résultent des violences *ad hominem* contre les « jaunes », des menaces contre leurs femmes et leurs enfants. Selon *L'Année politique*, « des groupes mobiles de grévistes circulent en camions, attaquent les positions clés, font irruption dans les bureaux de poste, arrêtent les trains, basculent les feux des locomotives, envahissent les dépôts, obligent les camarades à cesser le travail, les brutalisent s'ils refusent ». Des affrontements avec la police prennent un tour dangereux.

3. V. Auriol, *Journal du septennat 1947-1954*, t. 1, *1947*, *op. cit.*, p. 568.

Le 3 décembre, les grévistes de chez Renault tentent l'assaut des usines Salmson occupées par la police. Le 4, trois manifestants qui participent à l'assaut de la gare de Valence sont tués par des forces de l'ordre en sous-effectifs. Inégal selon les départements, moins visible à Paris, où les métros continuent à rouler, que dans le Nord ou dans le Midi, le mouvement paraît d'autant plus redoutable qu'il est scandé par des appels de la CGT et du PCF, laissant redouter l'insurrection.

Le gouvernement Ramadier, de plus en plus contesté par le MRP, démissionne le 19 novembre. Après un tour de piste parcouru par Léon Blum sans succès, la présidence du Conseil échoit à un démocrate-chrétien, qui détenait le portefeuille des Finances dans le dernier cabinet, Robert Schuman. Le 22 novembre, se présentant à l'Assemblée, il dit son souci majeur : « sauver la République ». Favorable aux réformes sociales, il se déclare néanmoins décidé à parer au plus urgent : maintenir l'ordre ou le rétablir, réaffirmer l'autorité de l'État. L'hostilité violente des communistes lui assure par contrecoup une large majorité. Ce pieux catholique né d'une mère luxembourgeoise et d'un père mosellan, vieux garçon d'apparence placide, au visage parcheminé, va se révéler dans la tourmente un homme d'État. Confirmant une initiative du précédent gouvernement, il décrète le rappel sous les drapeaux de 80 000 réservistes ; surmontant les tensions internes de son gouvernement composite, il présente à l'Assemblée une série de « mesures de défense républicaine » et pour la liberté du travail, immédiatement taxées de « lois scélérates » par les communistes. Le droit de grève se trouve notamment remis en cause. Les socialistes les votent la mort dans l'âme, leur portée étant limitée à deux mois.

La discussion de ces mesures va occuper l'Assemblée du 29 novembre au 4 décembre. Un extraordinaire parcours du combattant pour le président du Conseil pressenti, un marathon de palabres, un torrent d'invectives, dus aux manœuvres d'obstruction développées par le groupe communiste. Robert Schuman qui, né en 1886, avait mené sa carrière dans une Lorraine paternelle et allemande jusqu'en 1918 (il avait été incorporé dans le service militaire de la Reichswehr jusqu'en juillet 1915), est traité de « Boche » et de « casque à pointe » par Jacques Duclos. Un tract circule : « Fidèle à sa tradition de serviteur de l'étranger et de tueur de Français, il veut faire couler le sang de nos travailleurs sur l'ordre des trusts américains. » À ces attaques, des députés d'Alsace et de Lorraine ripostent par une proclamation lapidaire : « Les populations d'Alsace et de Lorraine ont déjà subi beaucoup d'affronts, mais jamais une attaque plus vile n'a été lancée contre elles, jamais outrage plus grossier ne leur a été fait qu'au cours de la séance de l'Assemblée nationale du 29 novembre. Des représentants d'un parti politique ont osé proférer contre le président du Conseil Robert Schuman, député de Moselle, des injures qui, à travers sa personne, touchent tous les Français des trois départements du Haut-Rhin, du Bas-Rhin et de la Moselle. » Dans l'hémicycle, on s'apostrophe comme des voyous, chacun s'apprêtant au pugilat, telle Rachel Lempereur, députée socialiste du Nord, qui ne lâche pas des mains son trousseau de clés pour faire le coup de poing, prête à toute éventualité. Édouard Daladier, dénonçant le caractère politique de la grève, compare l'attitude des communistes en 1939, au lendemain du pacte germano-soviétique, avec celle d'aujourd'hui, fustigeant dans les deux cas la même obéissance aux oukases de Moscou. Il déchaîne une nouvelle tempête d'apostrophes. Le communiste Florimond Bonte évoque le sang ouvrier versé dans notre histoire, ce qui dresse debout tous ses collègues d'extrême gauche qui entonnent l'hymne *Gloire au 17e*[4]. Les deux tiers de l'Assemblée répliquent par *La Marseillaise*. Le président Herriot fait évacuer la salle.

Le parti communiste hors du jeu

Finalement, quand le texte est voté au petit matin du 4 décembre, il ne reste plus grand-chose du projet initial, raturé par les amendements. Du moins Schuman est-il resté stoïque face aux assauts, aux injures et aux manœuvres de ses adversaires. Dans les jours qui suivent, la fermeté du nouveau gouvernement, dans lequel il a confié l'Intérieur au socialiste Jules Moch, va se révéler payante. Homme de sang-froid et de détermination, bientôt haï par les grévistes, Jules Moch va tout au long de la crise faire preuve d'une énergie sans

---

4. Chant du répertoire révolutionnaire rendant hommage aux soldats du 17e régiment d'infanterie de Béziers qui avaient refusé de marcher contre les viticulteurs du Midi révoltés au cours de la crise de 1906.

faiblesse. Il constate qu'il n'est pas en face d'une grève générale, mais d'une série de grèves d'importance variable selon les départements. De ce fait, contrairement à Vincent Auriol et à bien des hommes politiques affolés, il ne croit pas à une tentative de prise de pouvoir par les communistes, même si c'est leur objectif à long terme. Cette conviction s'appuie aussi sur les rapports des Renseignements généraux qui estiment que le but du PCF est toujours de compromettre le plan Marshall ; comme le prouve le fait qu'il n'a pas utilisé son appareil paramilitaire. D'autre part, Moch est renseigné sur les intentions de la direction communiste par un informateur au sein même du Bureau politique, il le dira dans ses Mémoires, en gardant le secret sur son identité. Arqué sur le principe de la liberté du travail, il la défend partout avec vigueur – ne faisant intervenir l'armée que dans une fonction de garde statique ; elle doit demeurer à ses yeux un ultime recours. Les failles des forces de l'ordre sont pourtant manifestes : insuffisance des effectifs, absence de mobilité, manque de moyens de transmission, tenues inadéquates... Pour la première fois, CRS et gardes républicains font usage des grenades lacrymogènes, mais leur efficacité est très relative[5]. Le ministre de l'Intérieur s'emploie à dégager les zones d'agitation, particulièrement les bassins miniers, en faisant preuve d'une « détermination sereine », convaincu « qu'une majorité de travailleurs est restée hostile à la grève »[6].

Pour maints observateurs, un véritable projet d'insurrection était pourtant réalisable, vu les déficiences des forces de l'ordre. Or Thorez, au Comité central des 22 et 23 décembre, condamne les quelques manifestations « de caractère putschiste » qui se sont exprimées dans le parti et martèle que « l'objectif immédiat consiste à s'opposer au plan Marshall par un combat de longue durée avec un type d'action approprié, ni trop faible ni trop fort »[7].

Dans la nuit du 2 au 3 décembre, le train express Paris-Lille-Tourcoing déraille non loin d'Arras ; on compte seize morts et une trentaine de blessés. Les accusations s'entrecroisent : « C'est

5. Éric Méchoulan, « Le pouvoir face aux grèves "insurrectionnelles" de novembre et de décembre », dans Serge Berstein et Pierre Milza (dir.), *L'Année 1947*, Paris, Presses de Sciences Po, 2000, p. 389-408.

6. *Ibid.* p. 398. Voir aussi Éric Kocher-Marbœuf, « Le maintien de l'ordre public lors des grèves de 1947 », *ibid.*, p. 373-388.

7. Marc Lazar, « Communisme français et communisme international », *ibid.*, p. 368.

un coup des communistes ! » ; « C'est une provocation du gouvernement fasciste ». En 1964, quatre militants du PCF reconnaîtront avoir participé, sur ordre, aux sabotages commis à proximité du dépôt de Longueau-Amiens[8]. D'autres, sans effet meurtrier, sont perpétrés par les grévistes, notamment sur les voies ferrées. Sur les 1 375 arrestations opérées au cours et au lendemain des événements, 112 le seront pour sabotage (1 113 pour entrave à la liberté du travail). Comme si toute cette violence avait atteint son paroxysme, l'essoufflement des grèves est visible à partir du 7 décembre. Le mardi 9, le comité national de grève lance le mot d'ordre de « repli général ». Le gouvernement a fait quelques concessions, notamment l'octroi d'une indemnité de vie chère de 1 500 francs par mois et l'augmentation des allocations familiales de 22 %. Les grèves cessent l'une après l'autre dans les jours suivants. La crise est finie, mais les traces qu'elle laisse sont indélébiles.

La plus importante a été une nouvelle scission syndicale. Réunifiée en 1936, la CGT, conquise entre-temps par les communistes, ne peut empêcher la rupture de la minorité « Force ouvrière », décidée lors d'une conférence nationale les 17 et 18 décembre 1947. Non que son leader, Léon Jouhaux, ancien syndicaliste révolutionnaire et secrétaire général de la Centrale avec Benoît Frachon, l'ait souhaitée. Il savait quel affaiblissement du mouvement ouvrier français provoquerait ce divorce. Il en a admis finalement la nécessité, dira-t-il, sur la pression de sa base. Partisans et adversaires des grèves se sont violemment heurtés, les partisans de la reprise du travail ont été menacés, brimés, molestés ; une haine insurmontable en est résultée entre camarades d'hier : la CGT-FO gardera des conditions de sa naissance un anticommunisme sans faille. D'autres ont poussé au schisme : l'influence américaine en la matière est incontestable. En particulier les fonds nécessaires au démarrage du nouveau syndicat ont été apportés par des syndicats américains adhérant à l'AFL (American Federation of Labor), résolument anticommuniste. Jay Lovestone, David Dubinsky et Irving Brown ont été, en France, les incitateurs et les bailleurs de fonds de la scission. Dans sa lutte contre le bloc soviétique, la CIA était prête à soutenir tous les mouvements qui étaient décidés à combattre

8. G. Elgey, *Histoire de la IVe République*, t. 1, *La République des illusions*, *op. cit.*, p. 365.

l'hégémonie stalinienne[9]. Chacun va devoir choisir son camp. Le « neutralisme », auquel bon nombre d'intellectuels de gauche vont se raccrocher comme à une bouée de sauvetage, ne sera qu'une idée morale sans bataillon derrière elle.

La IVe République, construite sur l'accord entre les trois grands partis issus de la Résistance, le PCF, la SFIO et le MRP, prise désormais en étau entre les communistes et les gaullistes, vient de franchir sa première grande épreuve et a révélé sa capacité de survie. Les quatre composantes de la nouvelle majorité – socialistes, républicains populaires, radicaux et modérés – n'ont qu'un ciment d'union, l'anticommunisme. Pour l'heure, on assiste bien à une fin de cycle : l'« esprit de la Libération » a fait faillite.

9. Cf. le témoignage de Thomas Braden, ancien assistant d'Allen Dulles à la direction de la CIA, publié par *Le Monde*, 9 mai 1967.

22

Les intellectuels et le communisme

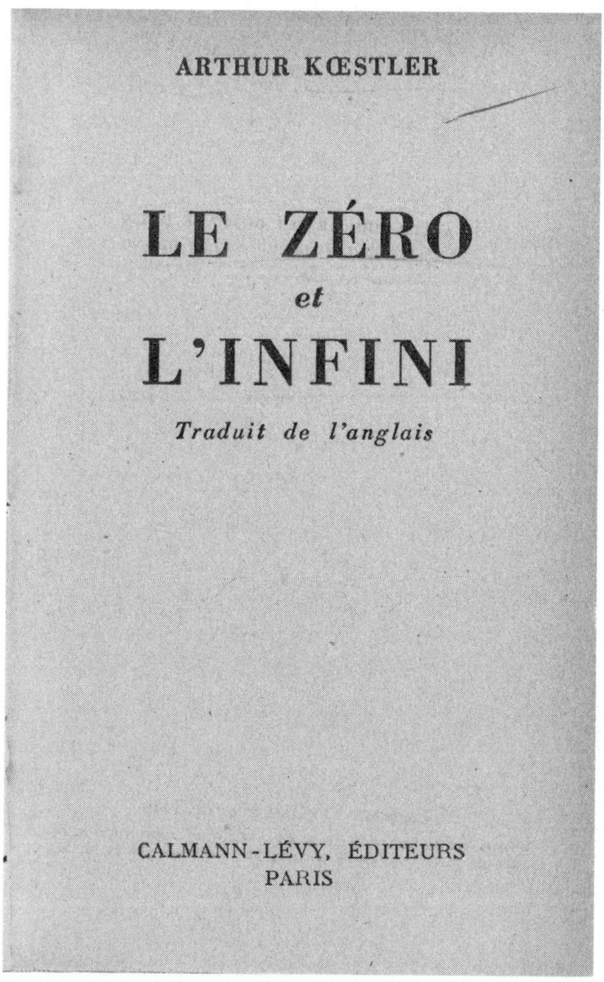
ARTHUR KŒSTLER

LE ZÉRO
et
L'INFINI

Traduit de l'anglais

CALMANN-LÉVY, ÉDITEURS
PARIS

Dans son journal, *Aimer de Gaulle*, Claude Mauriac note à plusieurs reprises que le Général, en 1947, a la conviction qu'une nouvelle guerre est inévitable. L'échec de la conférence de Moscou en mars-avril a été confirmé en novembre par celui de la conférence de Londres : les anciens alliés n'ont pu se mettre d'accord sur le sort de l'Allemagne. Serait-elle réunifiée, resterait-elle coupée en deux ? À quel groupe de puissances serait-elle intégrée ? Passerait-elle sous influence américaine ou sous influence russe ? Si elle restait divisée, verrait-on une Allemagne occidentale opposée à une Allemagne orientale sous contrôle soviétique ? Et que deviendrait Berlin, la capitale, géographiquement située dans la zone russe ?

Derrière le nœud gordien allemand, la création du Kominform en septembre a cristallisé la formation des deux « blocs ». Le plan Marshall, aux yeux de Staline, est le fer de lance de l'impérialisme américain. Pour lui, on l'a dit, il importe avant tout de renforcer sa domination sur l'Europe « orientale ». Le grand schisme conduit au réalignement des partis frères. C'est la fin de la politique de Front populaire – la ligne générale d'union des gauches qui avait été remise en vigueur en 1941 au moment de l'invasion de l'URSS par l'Allemagne. Le mot d'ordre, désormais, est celui du Front unique avec les futures démocraties populaires.

Dans ce climat d'extrême tension, la crainte d'une troisième guerre mondiale se répand dans les esprits. Un bon témoin en est le *Journal* de Roger Martin du Gard. « On ressent, écrit-il le 31 août, le même étouffement que dans les années 1937 et 1938, quand on se sentait inexorablement glisser vers la guerre. » Pour lui, on n'y échappera que par miracle. « L'Amérique et la Russie s'affrontent dans tous les domaines, dans tous les problèmes internationaux, dans tous les coins du monde. » Il envisage l'explosion : « Dans les quinze premiers jours, les armées russes occuperaient toute l'Europe, Berlin, Rome, Paris. Et alors commencerait la guerre, la riposte américaine ; et une lutte effroyable, peut-être longue, dont l'issue finirait *peut-être*, après des années, par le triomphe de l'industrie américaine sur l'idéologie russe… Mais cette issue, peu d'Européens seront là pour la voir. » L'auteur des *Thibault* prophétise aussi la guerre civile se greffant sur la guerre générale : « Chaque État européen serait le théâtre d'une “guerre de religion” impitoyable, qui ne laisserait rien debout nulle part, et qui provoquerait des massacres massifs de population. » Le 7 septembre, le diariste confirme ses craintes : « Entre le *capitalisme démocratique* anglo-saxon et le *communisme* de Moscou commence une guerre sans trêve, sans merci, une guerre d'extermination où toutes les violences, toutes les haines dont l'homme est capable vont pouvoir se déchaîner, et qui va plonger pour longtemps le monde dans l'horreur et le sang. » En octobre 1947, l'éditorial de la revue *Esprit* s'intitule « Contre une mauvaise guerre » : « Septembre 1938-septembre 1947. Bruits d'armes, bruits de voix. Tout se passe comme si se dessinait la troisième phase de la Deuxième Guerre mondiale… »

Avec le recul, nous avons appris que Staline ne voulait pas la guerre. Ce pragmatique cynique savait fort bien que dans un affrontement armé avec les États-Unis, il avait tout à perdre. L'Union soviétique, contrairement à son antagoniste, ne dispose pas encore de l'arme nucléaire. La ligne de l'homme de fer est *défensive* : il s'agit de construire et de fortifier le glacis des démocraties populaires. Parallèlement, les partis communistes en Occident ont la tâche de faire diversion par une propagande pacifiste sans relâche, en entretenant les mouvements sociaux contre le « parti américain ». Les grandes grèves de 1947 ont pu faire illusion et entretenir la grande peur du Grand Soir. En réalité, tout a été calculé et contrôlé depuis Moscou.

Dissidences

Chez les intellectuels, la question du communisme devient l'objet principal des grands débats qui font rage. Nombreux sont ceux qui, après la bataille de Stalingrad et l'effondrement du nazisme, ont fait de l'Union soviétique une terre promise, à la fois en raison de la vaillance de son armée et de sa construction revendiquée d'une société sans classes. Le débat vire à la guerre de clan : « La guerre froide, écrit Edgar Morin dans son *Autocritique*, entraîna la ségrégation politique, morale, idéologique, intellectuelle. Aux amicales querelles, aux disputes courtoises, aux rencontres et commensalités succédèrent les polémiques aigres, violentes, irrémédiables. Les idées cessèrent de circuler. L'embouteillage fixa chacun sur place. Les tabous répandirent leur ombre sur toute idéologie[1]. »

Certains, qui ne sont pas communistes, refusent cependant l'alignement. Un Mounier peut écrire dans sa revue *Esprit* en octobre 1947 : « Nous souhaitons chez nous, en Europe, malgré toutes nos réserves, des partis communistes forts, car ils sont actuellement la seule garantie solide contre un retour du fascisme. » Mais, ajoute-t-il, « par son exclusivisme renaissant, véritable maladie infantile, le communisme est en train, une seconde fois, de jeter au fascisme des masses qu'il déçoit, indigne ou exaspère par son incapacité durable à concevoir que collaborer, c'est être plusieurs, et qu'on ne prend pas plus les cœurs que les intérêts avec des potences ». Cette dernière allusion à la potence a son actualité : la pendaison à l'issue d'un procès inique de Nikola Petkov, chef du parti agrarien bulgare, accusé de complot contre l'État socialiste, vient de jeter un froid sur le bloc soviétique en formation.

Au printemps a été publiée en France la traduction du livre de Viktor Kravchenko, *J'ai choisi la liberté*. C'est le témoignage d'un haut fonctionnaire soviétique qui, transfuge, révèle les cruelles réalités de la politique stalinienne, en particulier l'existence d'un système pénitentiaire abominable. La presse communiste s'est efforcée de crier au faux. Le 13 novembre 1947, sous la signature de Sim Thomas (pseudonyme américain d'André Ulmann), *Les Lettres françaises* accusent Kravchenko d'être un agent des États-Unis.

1. Edgar Morin, *Autocritique*, Paris, René Julliard, 1959, p. 82.

C'est à la demande des services « yankees » qu'il a commencé à rédiger son brulôt : « En plusieurs mois il a écrit une soixantaine de pages, à peu près illisibles et pratiquement inutilisables. » Dès lors, le commanditaire aurait fait écrire le livre par des mencheviks : « On fit dire ensuite que Kravchenko ne pouvait pas se montrer parce que sa vie était en danger. C'est plutôt parce qu'il n'était pas l'homme de son bouquin et que les plus grands imbéciles auraient fini par s'en apercevoir. » À la suite de cet article, Kravchenko porte plainte contre l'hebdomadaire dirigé par les communistes. En attendant le procès (qui aura lieu en 1949), *J'ai choisi la liberté* alimente les premiers grands débats sur les camps soviétiques (le Goulag), sur leur réalité, leur nature, leur dimension.

Un autre dénonciateur du stalinisme, un écrivain celui-là, Arthur Koestler, défraye la chronique, après les traductions successives de ses deux ouvrages, un roman, *Le Zéro et l'Infini*, en 1945, et un recueil d'essais, *Le Yogi et le Commissaire*, en 1947. Né en Hongrie en 1905, Koestler était un ancien journaliste, membre du parti communiste, qui avait participé à la guerre d'Espagne, au cours de laquelle il avait été fait prisonnier par les franquistes – ce qu'il raconte dans son ouvrage *Un testament espagnol*, paru en 1938, la même année où il rompait avec le communisme. En 1940, il publiait d'abord en Angleterre, sa patrie d'adoption, le roman qui serait traduit en français en 1945, *Le Zéro et l'Infini*. Il y dépeignait l'histoire des derniers jours d'un condamné à mort, Roubachof, une des anciennes têtes du Parti communiste de l'Union soviétique, qui n'était plus dans la ligne. L'URSS et Staline ne sont pas désignés : l'une s'appelle « là-bas » et l'autre « le numéro un ». L'auteur s'inspire des grands procès de Moscou des années 1936-1938, ceux de Zinoviev et Kamenev, de Rykov, de Boukharine, pour répondre à la question : pourquoi les accusés politiques reconnaissent-ils tous avoir « désobéi », voire « trahi » le Parti, ce qui légitime leur condamnation à mort ? Membre de l'opposition, profondément déçu par la politique du grand chef, mais le caractère moulé par les directives et les pratiques du Parti, Roubachof – mi-Zinoviev mi-Boukharine – en arrive à accepter d'être victime de la loi qu'il a lui-même appliquée et qui veut que « la seule règle possible est le vieil adage selon lequel la fin justifie les moyens ». Nul n'a le droit de décider subjectivement de la bonne marche de l'Histoire. C'est le Parti et lui seul qui en a la mission, et le Parti a toujours raison. Au cours de ses interrogatoires, Roubachof expérimente à ses dépens la réalité du système totalitaire. Avant Orwell dans *1984*, il évoque la nécessité pour le Parti de maîtriser non seulement le présent et l'avenir, mais aussi le passé : « Les vieux livres d'histoire étaient remplacés par de nouveaux livres d'histoire, les anciens mémoires des chefs révolutionnaires décédés étaient remplacés par de nouveaux mémoires du même défunt auteur. Roubachof fit remarquer à Arlova qu'il ne restait plus qu'à publier une nouvelle édition revue et corrigée de la collection complète de tous les journaux. »

Roubachof prend peu à peu la mesure de son subjectivisme condamnable : « Et après tout, si le numéro un avait raison ? S'il était en train de jeter ici, dans la crasse, le sang et le mensonge, les grandioses fondations de l'avenir ? » L'habileté de son juge d'instruction est d'exclure la violence physique et d'amener son prisonnier, par sa propre logique, à se condamner lui-même. Il y a deux morales entre lesquelles il faut choisir, lui rappelle son geôlier : la morale chrétienne et humanitaire qui déclare l'individu sacré et celle qui part du principe fondamental qu'« une fin collective justifie tous les moyens, et non seulement permet, mais exige que l'individu soit en toute façon subordonné et sacrifié à la communauté ». Roubachof se défend : la fin du socialisme autorise-t-elle les millions de morts de la collectivisation des terres, les millions de personnes déportées « dans les régions arctiques et dans les forêts orientales » ? « Nous menons, dit-il, à coups de fouet les masses gémissantes vers un bonheur futur et théorique que nous sommes les seuls à entrevoir. » Ivanof, l'instructeur, le traite de « vieille fille ». « Chaque année plusieurs millions d'humains sont tués sans aucune utilité par des épidémies et autres catastrophes naturelles. Et nous reculerions devant le sacrifice de quelques centaines de mille pour l'expérience la plus prometteuse de l'histoire ? »

D'interrogatoire en interrogatoire, la fermeté de Roubachof vacille, car il intériorise le raisonnement de son bourreau qui a du reste été le sien pendant des années. Le seul critère moral est celui de l'utilité sociale. Aussi « le désaveu public de ses convictions afin de rester dans les rangs du Parti est évidemment plus honorable que le donquichottisme que serait la prolongation d'une lutte sans espoir ». Il se décide enfin à confirmer, à assumer, à accepter toutes les accusations qui pèsent sur lui, y compris l'invention des pires turpitudes comme celle d'avoir fomenté un complot contre la vie du numéro un. « Je ferai tout ce qui pourra servir le Parti. » Il n'y arrive que progressivement, mais en vertu d'une logique implacable. Au début, il ne peut admettre d'avouer des crimes qu'il n'a pas commis. Mais il comprend ensuite que ces accusations mensongères peuvent être utiles au Parti, car celui-ci, lui explique le juge, a besoin de boucs émissaires. Gletkin, l'inquisiteur, qui a succédé à Ivanof, lui rappelle cette réalité que pour la première fois dans l'Histoire une révolution a gardé le pouvoir qu'elle avait conquis : « Nous avons fait de notre pays un bastion de l'ère nouvelle. Il recouvre le sixième de la surface du globe et renferme le dixième de la population du monde. » Garder le bastion, ne pas périr, tenir le rempart, c'est le but, et c'est pourquoi la politique de l'Internationale a dû être subordonnée aux intérêts de la Russie soviétique. Pas d'opposition possible ! Pas d'opposition acceptable !

La démonstration implacable de Koestler vise à montrer comment on peut liquider les communistes sincères mais « déviants » autrement que par la torture. Certes, Roubachof souffre du manque de sommeil, avec ces interrogatoires imposés en pleine nuit, de l'épuisement physique, mais l'auteur éclaire ce qui paraît incompréhensible aux Occidentaux : pourquoi, au long de leurs procès, les communistes accusés reconnaissent leurs fautes, y compris celles qu'ils n'ont pas commises. Un mécanisme psychologique et idéologique inflexible les pousse à devenir coupables au nom du Parti, au nom de leur fidélité au Parti, au nom de tous ces préceptes qu'ils ont eux-mêmes enseignés et auxquels ils croient toujours. Le Parti a toujours raison.

Koestler avait écrit son livre en allemand, l'avait traduit en anglais et publié à Londres ; c'est de cette traduction anglaise que la version française était issue. Paru dans les mois de l'épuration, au moment où la puissance du parti communiste paraissait sans rivale, *Le Zéro et l'Infini* connut un énorme succès, se vendant à plus de 200 000 exemplaires[2]. Les communistes tentèrent d'intimider l'éditeur Calmann-Lévy afin qu'il renonce à la publication, mais en vain. « La force de l'intimidation, écrit Koestler, apparaît dans le fait que le traducteur français jugea utile de se dissimu-

2. Dans *Hiéroglyphes*, son autobiographie, Koestler avance le chiffre de 400 000, ce qui paraît exagéré.

ler sous un pseudonyme, puis retira même le pseudonyme de la couverture, de sorte qu'aucune mention du traducteur n'apparaît dans les dernières éditions[3]. »

Le Yogi et le Commissaire

En 1946, dans son nouveau livre, *Le Yogi et le Commissaire*, Koestler expose les deux théories qui dominent le monde : celle du communiste (le commissaire), qui prétend sauver l'humanité par la révolution, et celle du yogi, qui en appelle à la vie intérieure et spirituelle comme seule issue. Mais pour l'auteur, les deux ont fait faillite : la révolution bolchevique a ouvert le siècle à la terreur de masse et le spiritualisme sombre dans l'indifférence aux maux de l'humanité. L'ouvrage sonne comme une nouvelle charge contre le stalinisme, au moment où les communistes français se revendiquent fièrement comme des « staliniens ».

Dans ce recueil d'essais, Koestler procède à une déconstruction de la mythologie soviétique, comparant la propagande reprise par la presse et l'édition aux réalités de l'URSS. Il dénonce la formation là-bas d'une nouvelle classe dirigeante : « Une caste héréditaire de fonctionnaires, une société de classes d'un nouveau type, fondée non plus sur la propriété privée des moyens de production, mais sur le contrôle des leviers de l'État... » Il montre les inégalités sociales effarantes, l'abolition des droits élémentaires, la bureaucratie, le travail forcé des déportés (des « déportations en masse sur une échelle jusqu'ici inconnue dans l'Histoire »), les famines et les épidémies, dont il a été témoin en Ukraine dans les années 1930. Il montre, chiffres à l'appui, que les grands procès de Moscou des années 1936-1938 n'ont pas décimé seulement des dirigeants politiques, mais des militants et des citoyens ; véritable entreprise de terreur de masse, au bénéfice d'un nouveau parti communiste entièrement dévoué à Staline. Le bilan est sans appel : « La Russie soviétique est une autocratie totalitaire où fonctionne un capitalisme d'État. Elle est progressiste quant à sa structure économique et rétrograde sous tous les autres aspects. Politiquement, culturelle-

3. Arthur Koestler, *Hiéroglyphes*, 2 [1955], Paris, Le Livre de Poche, coll. « Pluriel », 1978, p. 378-379.

ment, dans ses rapports entre les gouvernants et les gouvernés, elle est réactionnaire par comparaison avec la plupart des démocraties capitalistes. Elle poursuit une politique d'expansion qui, tout en opérant selon de nouvelles méthodes, reflète les anciennes ambitions de la Russie impériale. » Koestler décortique les composantes du mythe soviétique en s'attachant aux facteurs psychologiques de son succès en Occident. Le livre était neuf, percutant, démonstratif.

André Gide, qui a éprouvé la désillusion sur le communisme en 1936, dont il avait rendu compte dans son *Retour de l'URSS*, lut tour à tour en anglais et en français l'ouvrage : « Il me paraît que rien n'a été écrit de mieux, de plus probant, sur (ou plutôt : contre) la Russie stalinienne. C'est d'une extraordinaire éloquence et force de persuasion et par la simple exposition des faits, présentés avec une honnêteté parfaite. » Gide n'était pas rancunier car Koestler ne l'avait pas ménagé dans *Le Yogi et le Commissaire* : « À tout ce qu'il dit, mon approbation est trop vive pour ne point me laisser croire que tous deux nous aurions réagi de même devant les mêmes incitations ; il n'y a pas là, je m'en persuade, malentendu foncier, mais seulement occasionnel, de sorte que je passe outre et ne laisse subsister que ma sympathie, dont sans doute il n'a que faire, mais peu m'importe[4] ! »

Ni ni

Les communistes continuèrent à flétrir Koestler, mais aucune réaction critique ne fut à la hauteur des articles que Maurice Merleau-Ponty publia dans *Les Temps modernes* avant de les reprendre en livre, à la fin de 1947, sous le titre *Humanisme et terreur*. L'intérêt de ce texte, qui provoqua à son tour une volée de polémiques, a été de situer la position de ces intellectuels français qui refusaient simultanément le libéralisme américain et le communisme stalinien. « Nous nous trouvons donc dans une situation inextricable, écrivait-il dans la préface de son essai. La critique marxiste du capitalisme reste valable et il est clair que l'antisoviétisme rassemble aujourd'hui la brutalité, l'orgueil, le vertige

4. André Gide, *Journal*, II, Paris, Gallimard, coll. « Bibliothèque de la Pléiade », 1997, p. 2031.

et l'angoisse qui ont trouvé déjà leur expression dans le fascisme. D'un autre côté, la révolution s'est immobilisée sur une position de repli : elle maintient et aggrave l'appareil dictatorial tout en renonçant à la liberté révolutionnaire du prolétariat dans ses soviets et dans son parti et à l'appropriation humaine de l'État. On ne peut pas être anticommuniste, on ne peut pas être communiste. »

Merleau-Ponty décline l'alternative de Koestler : « Est-il vrai que nous ayons à choisir d'être commissaire – c'est-à-dire d'agir pour les hommes du dehors et en les traitant comme des instruments – ou d'être yogi – c'est-à-dire d'inviter les hommes à une réforme toute intérieure ? » Il ne peut accepter les deux seules attitudes possibles : « société absolue ou trahison ». Merleau-Ponty refuse le divorce de la spiritualité et de l'action historique. Cependant, c'est d'un point de vue marxiste qu'il critique Koestler aussi bien que Roubachof, et sa compréhension à l'égard du communisme (« définir, envers le communisme, une attitude pratique de compréhension sans adhésion et de libre examen sans dénigrement »), l'assimilation qu'il opère entre l'anticommunisme et la contre-révolution donnent des verges pour le faire battre à tous ceux qui, avec les débuts de la guerre froide, flétrissent l'URSS et le PCF. On dénonce Merleau-Ponty comme un défenseur des procès de Moscou et de la terreur stalinienne. Reste à savoir si l'usage qu'il fait d'un marxisme authentique n'est pas une nouvelle illusion. Le « dérapage » stalinien n'indemnisait peut-être pas le marxisme de Marx lui-même, pourfendeur de l'« utopie », de l'« idéalisme », du « moralisme », et propice au cynisme, à cette philosophie des « fins » justifiant les « moyens ».

Le *ninisme* de Merleau-Ponty (ni les Russes ni les Américains) constituait sans doute une posture confortable. Jdanov, dans la réunion de Pologne qui avait présidé à la formation du Kominform, avait énoncé la théorie des deux camps ; il fallait choisir le sien. Mais le philosophe, comme bien d'autres, s'y refuse. « Nous ne pouvons confondre notre avenir avec celui de l'URSS ni avec celui de l'empire américain. » L'humanisme occidental était une autre mystification : bien haut étaient proclamées les libertés, mais, sur le terrain, dans les colonies comme dans les usines, ces beaux slogans n'étaient qu'une parure. La tendance portait ainsi à mettre dans le même panier les « excès » de la dictature stalinienne et les méfaits des démocraties hypocrites.

Contrairement aux rumeurs dominantes, Merleau-Ponty ne croyait nullement en une guerre prochaine entre l'Est et l'Ouest – ce qui explique pour une large part son attitude. « Nous ne sommes pas en état de guerre. […] Stratégiquement, l'URSS et les communistes sont sur la défensive. » Néanmoins cette défensive avait une dimension offensive : mettre au pas les démocraties populaires en construction, la Tchécoslovaquie serait le dernier pays à en faire les frais en 1948. Staline se construisait sa propre ligne Maginot, autrement bétonnée que celle des Français. D'un autre côté, l'Ouest courrait trop de dangers en s'attaquant à l'Union soviétique. « Pour faire la guerre à l'URSS, un gouvernement français devrait commencer par faire taire un tiers des électeurs et des élus français, et le plus grand nombre des représentants de la classe ouvrière. » À sa façon, Merleau-Ponty élucidait la nature de la guerre froide en marche, que Raymond Aron définira l'année suivante d'une formule fameuse : « Paix impossible, guerre improbable. »

Merleau-Ponty ne manque pas de soutien. Simone de Beauvoir, dans ses *Mémoires*, lui rend hommage : « En 1936, dans l'URSS isolée, menacée, qui ne pouvait sauver sa révolution qu'au prix d'une rigueur monolithique, le visage objectif de l'opposition c'était la trahison. Merleau-Ponty rappelait aux Russes qu'inversement les traîtres n'étaient que des opposants. Il subordonnait la morale à l'histoire, beaucoup plus résolument qu'aucun existentialiste ne l'avait jamais fait. Nous sautâmes ce pas avec lui, conscients – sans en être encore détachés – que le moralisme était la dernière citadelle de l'idéalisme bourgeois[5]. »

Intimes de Merleau-Ponty, Beauvoir et Sartre avaient aussi fait la connaissance d'Arthur Koestler venu à Paris pour la création de sa pièce *Bar du crépuscule*. Le portrait qu'en dresse la mémorialiste ne manque pas de sel. « D'un ton péremptoire, qu'adoucissait un sourire presque féminin, Koestler déclara à Sartre : "Vous êtes un meilleur romancier que moi, mais un moins bon philosophe." Il était en train d'écrire une somme philosophique dont il nous exposa les grandes lignes : il voulait assurer à l'homme une marge de liberté, sans s'écarter du matérialisme physiologique. […] Je me dis que K. était certainement meilleur romancier que philosophe. […]

5. Simone de Beauvoir, *Mémoires*, I, Paris, Gallimard, coll. « Bibliothèque de la Pléiade », 2018, p. 1048.

Nous fûmes gênés, ce jour-là, par sa pédanterie d'autodidacte, par l'assurance doctrinale et le scientisme qu'il tenait d'une médiocre formation marxiste. [...] Le succès lui était monté à la tête : il avait de la vanité et de l'importance. Mais il avait aussi beaucoup de chaleur, de vie et de curiosité ; il apportait dans les discussions une passion infatigable ; il était toujours prêt, à n'importe quelle heure du jour et de la nuit, à remuer n'importe quelle question. Généreux de son temps et de lui-même, il l'était aussi de son argent ; il n'aimait pas le faste, mais quand on sortait avec lui, il voulait toujours payer et dépensait sans compter. » Avec Camus, il avait créé une amitié. Tous deux partageaient l'idée que la gauche devait s'écarter du mythe soviétique et, pour résister au totalitarisme communiste, amener ses espérances sur la refondation d'un socialisme démocratique et offensif. Cependant, la « frénésie de son anticommunisme », selon l'expression de Beauvoir, provoqua la rupture entre Koestler et les sartriens. La question communiste était décidément au cœur des relations entre les intellectuels. Elle devait longtemps rester la pierre de touche des amitiés entre les uns et les autres. Il faudrait bientôt choisir son camp, comme disait Jdanov.

En fait, quatre attitudes politiques concurrentes rivalisent chez les intellectuels. En premier, les communistes « intégraux », sous la houlette d'Aragon, avec Éluard, Garaudy, Kanapa, Joliot-Curie... À côté d'eux, les compagnons de route, dont l'avant-garde – Claude Aveline, Jean Cassou, André Chamson, Georges Friedmann, Louis Martin-Chauffier et Vercors – publie un manifeste, *L'Heure du choix*, aux éditions de Minuit, à la fin de l'année 1947. Pour eux, le régime soviétique n'est pas parfait, mais il représente toujours l'espoir des déshérités : « Ce qui aide encore les hommes à vivre, au sein de ce monde misérable où les intérêts du grand capital ne cachent même plus combien ils sont à la fois démesurés et sordides, combien ils se moquent à la fois de l'avenir des peuples et de la vie humaine, c'est de savoir que ce n'est pas immuable, qu'une terre déjà témoigne que ces intérêts peuvent disparaître » (Vercors). Plus éloignés sont les neutralistes, partisans du *ninisme* – ni Staline ni l'Oncle Sam ; on y compte donc Sartre, Beauvoir, Merleau-Ponty et, avec des réserves, Camus. Enfin, les écrivains libéraux, anticommunistes assumés, gaullistes et atlantistes, dont

Raymond Aron, leur chef de file, crée aux éditions Calmann-Lévy la collection « Liberté de l'esprit ». Ces quatre divisions ne resteront pas stables ; elles éclateront en 1956, l'année du rapport Khrouchtchev sur les crimes de Staline et celle de l'intervention soviétique en Hongrie, mais c'est bien ce quatuor discordant qui donne le la du débat d'idées en 1947. Sans doute, il y a tous les autres écrivains qui, tel un Paul Léautaud, refusent toute espèce d'engagement politique, mais il s'agit souvent d'un désengagement d'opportunité pour les vaincus de la Libération, les anciens collaborateurs, dont beaucoup, fuyant la France, se sont exilés, tels Céline ou Paul Morand. Mais aucun homme de plume, comme l'écrit Sartre, n'échappe alors aux injonctions de la politique : « De gré ou de force, vous êtes engagé. »

Épilogue

Le rideau se dresse

L'année 1947 s'impose comme une date clé dans l'histoire de la France contemporaine. Elle a vu s'établir officiellement la IVe République : le 16 janvier, le socialiste Vincent Auriol était élu président de la République par le Congrès réunissant l'Assemblée nationale et le Conseil de la République, nouveau nom du Sénat. La Constitution, toutefois, laborieusement écrite par l'Assemblée constituante, n'avait été ratifiée que par 36 % des électeurs inscrits. Beaucoup y virent la simple reconduction de la IIIe République, consacrant la souveraineté parlementaire au détriment d'un exécutif à sa merci. L'adoption du scrutin proportionnel condamnait l'Assemblée à soutenir des gouvernements de coalition instable. Cependant, dans les premiers mois de la nouvelle République, le tripartisme, c'est-à-dire l'entente entre les trois principales forces politiques du pays – le parti communiste, le parti socialiste SFIO et le MRP démocrate-chrétien –, a été la règle, offrant un répit salutaire jusqu'au moment où, on l'a vu, le début de la guerre froide a coupé le parti communiste, le plus puissant des trois, des deux autres. Coopératif depuis l'Assemblée consultative, le PCF devient dès lors un contre-pouvoir de nuisance.

La ligne de fracture ainsi tracée provoque la redistribution des cartes parlementaires. La rupture interdit désormais toute possibilité d'une majorité de gauche comme elle a mis fin au tripartisme. Simultanément, la fondation du RPF par le général de Gaulle, qui gagne haut la main les élections municipales de l'automne, met le nouveau régime au défi. Il s'ensuit l'entente par défaut des partis modérés de gauche et de droite qui constituent la Troisième Force, nouvel axe gouvernemental de la IVe République. Les divergences entre les différentes composantes de cette coalition ne disparaissent pas pour autant ; elles accroissent une instabilité quasi structurelle.

Ce sont ces gouvernements précaires qui doivent affronter les multiples difficultés de la période : la reconstruction du pays, les aléas du ravitaillement, les grèves multiples, l'inflation et, lourds de tous les dangers futurs, les troubles coloniaux. Après les émeutes de Sétif en 1945, les débuts de la guerre d'Indochine, l'écrasement de la rébellion de Madagascar, peu d'esprits sont encore décidés à juger nécessaire et urgente une politique d'émancipation qui devrait conduire à l'indépendance des « joyaux » de l'Empire. Un nouveau statut de l'Algérie est péniblement voté en septembre 1947. Mais l'Assemblée algérienne qui en résulte sera élue par deux collèges distincts, maintenant ainsi la séparation entre Français d'origine et musulmans. Le mouvement nationaliste – le MTLD de Messali Hadj, l'UDMA de Ferhat Abbas – progresse, épaulé par le parti communiste. Face à cette progression des indépendantistes, les élections de 1948 seront délibérément truquées, avec la complicité du gouverneur général socialiste, Marcel-Edmond Naegelen. L'avenir est inquiétant, mais la domination coloniale reste aveugle.

Ces erreurs, ces déconvenues, ces divisions et ces fragilités politiques sont-elles compensées par le reste des activités publiques ? En un sens, oui. Le pays se redresse. Le recensement de mars 1946 a révélé que la France a perdu en dix ans 1,4 million d'habitants, passant de 41,9 à 40,5 millions. Cependant, les taux de la natalité et de la fécondité se sont vigoureusement redressés : on compte désormais presque trois enfants par femme en moyenne. À titre de comparaison, les Français en 1947 mettent au monde 860 000 enfants alors qu'en 2018, malgré une population globale atteignant 67 millions d'habitants, le nombre des naissances atteindra seulement 758 000.

Sur le plan économique, le renouveau est lent à porter ses fruits, mais la grande nouveauté réside dans l'intervention massive de l'État, consacrant le dirigisme aux dépens du libéralisme économique d'avant la guerre. Outre les nationalisations effectuées dès les lendemains de la Libération et le blocage des prix, les bases d'une planification régulière sont mises en place. En janvier 1946 a été créé le Commissariat général au Plan, rattaché directement au gouvernement, et à la tête duquel préside Jean Monnet. Il s'agit d'une œuvre collective rassemblant hauts fonctionnaires, membres du patronat et dirigeants syndicaux, participant à dix-huit commissions. Un premier plan de modernisation et d'équipement est conçu pour les années 1947-1953. Le 16 janvier 1947, sa mise en œuvre est décrétée. Le plan Monnet vise de concert le relèvement du niveau de vie de la population, la modernisation des équipements industriels et agricoles, la reconstruction, le développement des exportations. Un nouvel esprit, dynamique, est insufflé auprès des chefs d'entreprise. Le barrage de Génissiat (le deuxième d'Europe après celui de Dnieprostroï), dont la mise en service est prévue à la fin de l'année 1947, a valeur de symbole de ce nouvel élan. Le plan, ambitieux, est indicatif, mais vise à atteindre en quatre ans des objectifs prioritaires dans tous les domaines de la production : charbon, acier, électricité, ciment, transports ferroviaires et fluviaux, machinisme agricole, carburants et engrais.

Sa réalisation, cependant, n'est possible qu'avec l'aide américaine. Le plan Marshall y contribuera activement, offrant une manne de 2,6 milliards de dollars – ce qui enracine d'autant la place de la France dans le camp occidental. Avant sa mise en place, il est précédé par des aides intérimaires qui sont des ballons d'oxygène pour une économie sur laquelle pèse lourdement le coût des importations.

Les Français connaissent encore des temps difficiles. Certes, le plein-emploi est à peu près réalisé, le pays manque même de bras pour l'œuvre de reconstruction et doit faire appel à l'immigration. On travaille beaucoup : quarante-cinq heures en moyenne par semaine. Mais les salaires ne suivent pas le mouvement de l'inflation et le niveau de vie baisse. Restent les grands apports de la Libération, à commencer par la Sécurité sociale, le retour de la gratuité dans l'enseignement secondaire, l'ordonnance sur les comités d'entreprise, la loi sur les délégués du personnel... Malgré les conflits sociaux de 1947, le schisme syndical et les divisions de la classe ouvrière, les incertitudes politiques, la peur d'une nouvelle guerre mondiale, l'avenir garde ses promesses, comme en témoigne le rajeunissement de la population.

La musique et les chansons apportent à la dureté du moment des parenthèses de gaieté. Charles Trenet se réjouit de « revoir Paris ». L'orchestre de Ray Ventura fait rêver de *Maria de Bahia*. Édith

Piaf chante *La Vie en rose* et, après avoir propulsé Yves Montand, lance les Compagnons de la Chanson. Maurice Chevalier fait son grand retour au music-hall après avoir joué dans le film de René Clair *Le Silence est d'or* ; il chante avec son entrain habituel *Fleur de Paris*, qu'on prend pour l'hymne de la Libération. Luis Mariano fait revivre l'opérette et André Dassary a mis sur toutes les lèvres *Ramuntcho*. Ce sont aussi des années de jazz, à Saint-Germain-des-Prés, où Claude Luter et Boris Vian font danser la jeunesse, tandis que Django Reinhardt, le génial guitariste, est de retour d'exil. Pour parodier Hemingway, Paris reste une fête.

S'il y avait un nom de poète à citer qui incarnerait bien ces années d'après guerre, ce serait sans conteste Jacques Prévert, qui publie ses *Paroles* en 1946. *Rappelle-toi, Barbara*, que chante Yves Montand, est l'une des chansons qui évoquent le mieux les ruines de la guerre :

Oh Barbara
Il pleut sans cesse sur Brest
Comme il pleuvait avant
Mais ce n'est plus pareil et tout est abîmé
C'est une pluie de deuil terrible et désolée
Ce n'est même plus l'orage
De fer d'acier de sang
Tout simplement des nuages
Qui crèvent comme des chiens
Des chiens qui disparaissent
Au fil de l'eau sur Brest
Et vont pourrir au loin
Au loin très loin de Brest
Dont il ne reste rien.

À Avignon, dans le palais des Papes, Jean Vilar, aidé par la ville, crée trois œuvres théâtrales, *La Tragédie du roi Richard II*, de Shakespeare, *L'Histoire de Tobie et de Sara*, de Claudel, et *La Terrasse du Midi*, d'un inconnu nommé Maurice Clavel. C'est un triomphe.

Les images, les mots et les sons de ces années d'après guerre ne laissent pas l'impression d'un peuple malheureux ou d'une période calamiteuse. Contrairement au mythe, ce ne sont pas encore les « Trente Glorieuses » : il faudra attendre. Mais la culture populaire n'a jamais été triste. Même un sympathisant communiste comme Yves Montand ne chante pas les ouvriers comme des damnés de la terre : le travail est dur, « mais cela ne m'empêche pas de chanter », dit l'ouvrier de Puteaux dans *Luna Park*.

Le prestige de la mode française est reparti au plus haut grâce à un ancien marchand de tableaux, nouveau couturier, Christian Dior. À quarante-deux ans, il lance sa première collection, qui fait fureur, sous le nom que lui accole une journaliste américaine : la mode *new look*. Soutenu par Marcel Boussac, le « roi du coton » en France, Dior, sans payer de mine sous son allure d'homme d'affaires ordinaire, sans relief, sans fantaisie, a présenté en février 1947 une collection qui bouleverse les modèles reçus : une taille très cintrée, des jupes et des robes qui descendent vers la cheville, des robes du soir qui mettent la poitrine en valeur... Le *new look* déclenche une bataille aux États-Unis où, en dépit des intérêts des puissants confectionneurs et de leurs attaques moralisantes et véhémentes, le « Dior-look » finit par l'emporter, point de départ de l'essor extraordinaire de la maison Dior en France comme à l'étranger. Grâce à ce créateur génial, Paris restait Paris, et la balance du commerce extérieur en profitait.

Parallèlement à la haute couture, la littérature reste reine de la haute culture et l'apanage de la « Grande Nation ». En 1947, le prix Goncourt est disputé entre deux excellents ouvrages : Jean-Louis Curtis, dont *Les Forêts de la nuit* – une chronique sans complaisance d'un village pyrénéen sous l'Occupation – devance *Le Caporal épinglé* – qui relate la vie des prisonniers en Allemagne – de Jacques Perret. En 1947 toujours, le prix Nobel est attribué à André Gide « pour l'importance et la valeur artistique d'une œuvre dans laquelle il a exposé les problèmes de la vie humaine avec un intrépide amour de la vérité et une grande pénétration psychologique ». C'est à Neuchâtel, où il séjourne auprès de sa fille Catherine, que le lauréat apprend la nouvelle. « Les sentiments que j'éprouve aujourd'hui, déclare-t-il, n'ont nul besoin d'être commentés. Chacun les comprendra : les lettres françaises viennent de recevoir un grand honneur. » À un journaliste américain qui lui demande quels sont les livres de son œuvre qu'il préfère, Gide répond *Les Faux-Monnayeurs*, pour le roman, et les deux essais qu'il a écrits en 1936 après son retour de l'URSS : « J'étais parti pour Moscou plein d'enthousiasme. J'en suis revenu plein de tristesse. J'ai cette peur affreuse de voir le monde soumis à un régime totalitaire. Je suis farouchement individualiste et, pour moi, les dictatures, qu'elles soient noires, blanches ou rouges, sont également détestables. »

L'Humanité, qui n'avait jamais digéré son *Retour de l'URSS*, annonça l'attribution du prix Nobel à André Gide par un court entrefilet rageur. Littérature et politique étaient devenues inséparables.

Un régime politique bancal, mis à mal par les communistes et les gaullistes, une économie encore à la traîne, des salaires qui ne suivent pas l'inflation, une politique extérieure dépendante du parapluie et du dollar américain, la crainte d'un nouveau conflit international, de gros nuages noirs au-dessus des terres colonisées : tout prêterait au pessimisme. Pourtant, en se plongeant dans les dits, écrits et chantés de la période, on découvre une espérance ancrée de meilleurs lendemains. Une certaine joie de vivre, malgré tout, est perceptible, qui dresse une digue contre la morosité ambiante. La 4 CV Renault lancée en grande série fait rêver à de nouveaux horizons. L'avenir existe encore. « C'est la vie qui recommence », assure Charles Trenet, le fou chantant.

Aperçus biographiques

Vincent Auriol

Né à Revel (Haute-Garonne) le 27 août 1884, mort à Paris le 1er janvier 1966. Devenu borgne à trois ans à la suite d'un accident, il a fait ses études de droit à Toulouse et devient avocat au barreau de la même ville. Adhérant au parti socialiste, il est élu en 1914 député de la Haute-Garonne, circonscription de Muret, où il sera réélu en 1919, 1924, 1932 et 1936. Au congrès de Tours de 1920, il suit Léon Blum. Ministre des Finances dans le premier gouvernement du Front populaire, puis ministre de la Justice dans le gouvernement Chautemps, il est, le 10 juillet 1940, des quatre-vingts parlementaires qui refusent de voter les pleins pouvoirs à Pétain. Arrêté à Muret en septembre 1940, interné à Pellevoisin, transféré à Vals-les-Bains en Ardèche, il est libéré en avril 1941 pour raison de santé et maintenu en résidence surveillée à son domicile. Entre dans la clandestinité en octobre 1942, rejoint Londres en octobre 1943, puis Alger. Membre de l'Assemblée consultative, il devient président des deux Assemblées constituantes (octobre 1945 et juin 1946). Ministre d'État du général de Gaulle. Élu député de la Haute-Garonne le 10 novembre 1946 et le 3 décembre président de l'Assemblée. Le 16 janvier 1947 il est élu président de la République, au premier tour, par 452 voix sur 883 votants. Il a laissé un précieux *Journal du septennat*, rédigé à partir des enregistrements quotidiens au magnétophone faits à l'insu de ses interlocuteurs.

Georges Bidault

Né à Moulins le 5 octobre 1899. Reçu premier à l'agrégation d'histoire en 1925. Professeur au lycée Louis-le-Grand à Paris à partir de 1931. Issu des Jeunesses catholiques, il entre au Parti démocrate populaire puis devient un collaborateur régulier de *L'Aube* à partir de 1934. Antimunichois, il s'engage volontairement en 1940 et part au front comme sergent d'infanterie. Fait prisonnier, il est libéré en juillet 1941. Professeur au lycée du Parc à Lyon, il devient une des têtes du mouvement de résistance Combat, avant de présider le CNR le 30 août 1943 après la mort de Jean Moulin. Devenu une des têtes du MRP, ministre de la Guerre du général de Gaulle, il devient président du gouvernement provisoire de juin à décembre 1946. En 1947, il hérite des Affaires étrangères dans les gouvernements Ramadier et Schuman.

Brocardé par la presse satirique pour son goût pour l'alcool, il se montre aussi peu « bourgeois » que possible, trop souvent humilié par de Gaulle et trop hanté par lui pour ne pas avoir besoin de revanche. On le peint souvent comme dévoré d'ambition et devenu très anticommuniste à la suite de l'échec de la conférence de Moscou. Il poursuivra sa carrière de ministre tout au long de la IVe République, avant de s'illustrer dans la défense de l'« Algérie française » contre de Gaulle, devenant chef du directoire national de l'OAS après l'arrestation du général Salan. Il pourra revenir en France après la loi d'amnistie de 1968. Il est mort le 26 janvier 1983.

Jacques Duclos

Né à Louey (Hautes-Pyrénées), le 2 octobre 1896, fils d'un artisan charpentier et d'une couturière. Son seul diplôme est le certificat d'études. Après son apprentissage, il devient pâtissier dans les grands hôtels parisiens. Mobilisé en 1915, il est blessé à Verdun et fait prisonnier. Socialiste, il adhère le 31 décembre 1920 au nouveau Parti communiste français, dont il devient un « permanent » à partir de 1925. Député du XXe arrondissement en 1926, réélu en 1928, il devient le numéro deux du PCF derrière Maurice Thorez en 1931. Battu aux élections de 1932, il est réélu en 1936 et s'impose comme une des figures clés du Front populaire, dont il se montre un des meilleurs orateurs. Réfugié en Belgique après le pacte germano-soviétique, qu'il n'a pas désavoué, rentré clandestinement en France, il engage des pourparlers avec l'occupant pour la reconnaissance officielle du PCF, ce qui lui sera durablement reproché. Durant la guerre, il est le chef du parti communiste clandestin en France, le porte-parole et l'exécutant fidèle de l'Union soviétique en l'absence de Thorez. Après la Libération, il est membre de l'Assemblée consultative, puis membre des Assemblées constituantes en 1945 et 1946. Il participe à la constitution du Kominform en Pologne en 1947. S'honorant d'être un « stalinien », il demeure une des personnalités les plus importantes du PCF, remplaçant en 1950 au secrétariat général Thorez qui, frappé d'hémiplégie, est parti en URSS pour se faire soigner. En 1969, il sera le candidat du PCF à l'élection présidentielle, où il obtient plus de 21 % des voix. Il est mort le 25 avril 1975. Par ses qualités d'orateur, sa gouaille populaire, son accent pyrénéen, son activité inlassable et ses provocations dans les assemblées parlementaires, Jacques Duclos aura été l'une des figures les plus mémorables du communisme français.

Francisque Gay

Né à Roanne le 8 mai 1885. Cofondateur des éditions Bloud et Gay en 1911. Réformé en 1914. Il milite au Sillon avec Marc Sangnier de 1924 à 1938. Fondateur en 1924 de *La Vie catholique*, adversaire de l'Action française, puis, avec Gaston Tessier, secrétaire général de la CFTC, du quotidien démocrate-chrétien *L'Aube*, qu'il dirige jusqu'en 1948 (cesse de paraître pendant la guerre). Gay participe à la fondation du MRP et est élu à l'Assemblée constituante. Ministre d'État dans le gouvernement provisoire du général de Gaulle, puis vice-président du Conseil dans le cabinet Félix Gouin, il sera encore ministre dans le gouvernement Bidault, élu dans la seconde Assemblée constituante puis à l'Assemblée nationale de la IVe République. Il a consacré l'un de ses ouvrages aux *Démocrates d'inspiration chrétienne à l'épreuve du pouvoir*. Grande figure de la presse catholique et de la démocratie chrétienne en France. Il meurt le 22 octobre 1963.

Félix Gouin

Né à Peypin (Bouches-du-Rhône) le 4 octobre 1884. Adhère au parti socialiste en 1902. Avocat de 1907 à 1953. Ancien combattant 1914-1918. Maire d'Istres de 1923 à 1958 (sauf pendant l'Occupation). Élu député socialiste des Bouches-du-Rhône en 1924, 1928, 1932 et 1936, année où il exerce des responsabilités importantes aux côtés de Léon Blum. En 1938, il est du courant pacifiste animé par Paul Faure au sein de la SFIO. En juillet 1940, il fait partie des quatre-vingts parlementaires qui ont refusé les pleins pouvoirs à Pétain. Défenseur de Léon Blum, dont il est l'ami intime, au procès de Riom (février-avril 1942), il a rejoint la France libre en Angleterre. Le 10 novembre 1943, il est élu président de l'Assemblée consultative d'Alger, et en octobre 1944 il préside l'Assemblée provisoire à Paris. Élu à la première Assemblée constituante d'octobre 1945, il en devient le président, avant de succéder, après sa démission en janvier 1946, au général de Gaulle comme chef du gouvernement provisoire. Il sera élu à la seconde Constituante et occupera des postes ministériels dans les gouvernements Bidault, Blum et Ramadier. Son nom a été lié par la presse à l'affaire du « scandale des vins », qui vit le directeur du service des boissons, au ministère du Ravitaillement, relevé de ses fonctions. Félix Gouin, cependant, fut mis hors de cause par une commission d'enquête parlementaire, tandis que le tribunal correctionnel de Paris condamna l'ancien ministre du Ravitaillement Yves Farge au franc symbolique de réparation pour diffamation publique. Félix Gouin est mort le 25 octobre 1977.

Pierre Mendès France

Né à Paris le 11 janvier 1907, ce surdoué cumule diplômes et distinctions : docteur en droit (thèse sur la politique financière de Poincaré), diplômé de l'École libre des sciences politiques, avocat au barreau de Louviers. Initié à la franc-maçonnerie en 1928, il est élu député radical-socialiste en 1932, réélu en 1936. Maire de Louviers en 1935 et, en 1937, conseiller général de l'Eure, il fait partie du bref cabinet Blum de 1938, comme sous-secrétaire d'État au Trésor. Mobilisé en septembre 1939, lieutenant dans l'armée de l'air, il s'embarque en juin 1940 avec vingt-sept autres parlementaires sur le *Massilia* en vue de continuer la lutte contre l'Allemagne. Arrêté à Casablanca le 31 août 1940, il est condamné à six ans de prison pour désertion. Incarcéré à Clermont-Ferrand, il s'évade le 21 juin 1941 et rejoint l'Angleterre pour combattre dans les Forces aériennes libres. En juillet 1944, il est chef de la délégation française à la conférence monétaire internationale de

Bretton Woods. En septembre de la même année, il entre dans le gouvernement provisoire du général de Gaulle, dont il devient ministre de l'Économie nationale ; il en démissionne en avril 1945, n'ayant pu faire accepter son plan de redressement économique. Il n'occupera plus de poste ministériel avant le mois de juin 1954, date à laquelle il devient chef du gouvernement et acquiert une grande popularité avec la signature de la fin de la guerre d'Indochine à la conférence de Genève. Menant une politique dynamique dans nombre de secteurs, il accumule des opposants à l'Assemblée qui le poussent à la démission le 6 février 1955. Le mouvement d'opinion qu'il entraîne, le « mendésisme », restera une référence politique pour la gauche non communiste, mais ne survivra pas au retour du général de Gaulle au pouvoir en 1958. « PMF », comme on l'appelait, a opposé un refus radical aux institutions de la Ve République, ce qui fut la cause de son effacement. Il est mort le 18 octobre 1982.

Jean Monnet

Né à Cognac le 9 novembre 1888. Négociant en cognac, ce grand voyageur est un très bon connaisseur du Royaume-Uni. Chargé de mission à plusieurs reprises par le gouvernement français, il occupe un poste important à la SDN. En 1932, il participe à la réorganisation des chemins de fer chinois comme conseiller de Tchang Kaï-chek. Conseiller financier de plusieurs États de l'Europe de l'Est, il est envoyé en 1938 en mission secrète par le gouvernement Daladier aux États-Unis, où il obtient de Roosevelt la promesse de fournir à la France et à l'Angleterre 2 000 avions de combat. En juin 1940, il est de ceux qui tentent la fusion de la France et de l'Angleterre rejetée par le maréchal Pétain. En février 1943, il rejoint Alger où il est nommé commissaire à l'Armement, au Ravitaillement et à la Reconstruction, dans le Comité français de libération nationale (CFLN). Initiateur de la politique française de planification, il devient, par décret du général de Gaulle, commissaire général au Plan (plan de modernisation et d'équipement de la France, dit plan Monnet). Il deviendra l'un des grands noms fondateurs de l'Europe, inspirant en 1950 le plan Schuman qui instituera en 1951 le traité de la Communauté européenne du charbon et de l'acier, base du futur Marché commun. Son nom est plus largement attaché à tous les projets et à toutes les initiatives de construction européenne. C'est sur ce terrain, et par son atlantisme, qu'il s'est démarqué du général de Gaulle, jusqu'à voter pour François Mitterrand au second tour de l'élection présidentielle de 1965. Jean Monnet est mort le 16 mars 1979.

René Pleven

Né à Rennes le 15 avril 1901. Docteur en droit, diplômé de l'École libre des sciences politiques, il fait d'abord carrière dans le privé. En 1938, il s'oppose à la capitulation de Munich et organise à Londres une conférence de soutien à l'Espagne républicaine. En 1939, il est mobilisé dans l'aviation. Dès le 19 juin 1940, il rejoint Londres et le général de Gaulle. Celui-ci l'envoie avec le général Leclerc au Tchad pour rallier la colonie à la France libre. Membre du Comité national français en septembre 1941, il est chargé des affaires financières et économiques et des territoires d'outre-mer. Ministre des Colonies dans le gouvernement provisoire, il préside à ce titre en février 1944 la conférence de Brazzaville. Ministre des Finances du 14 novembre 1944 au 20 janvier 1946, il se heurte sur la politique financière et économique à Pierre Mendès France, ministre de l'Économie, qui doit démissionner. Député des Côtes-du-Nord à la première Assemblée constituante, battu à la seconde, réélu à la première Assemblée nationale de la IVe République. Fondateur de l'UDSR qu'il préside de mai 1947 à novembre 1953. Il devient plusieurs fois ministre et président du Conseil du 12 juillet 1950 au 10 mars 1951, puis du 11 août 1951 à janvier 1952. D'esprit centriste et de conviction européenne, il défendra notamment le projet de la CED (Communauté européenne de défense). Dirigeant d'un certain nombre de formations centristes successives, il sera partisan du non au référendum de 1969 qui provoquera la démission du général de Gaulle. Il sera néanmoins garde des Sceaux dans les cabinets successifs de Chaban-Delmas et de Messmer (1969-1973). Retiré de la vie politique en 1976, il meurt le 13 janvier 1993.

Paul Ramadier

Né à La Rochelle le 17 mars 1888. Docteur en droit et licencié ès lettres, il adhère dès sa fondation à la SFIO en 1905. De 1912 à 1936, il est avocat à la cour d'appel de Paris. Initié en 1913 à la franc-maçonnerie. Blessé de guerre en 1916. Demeure à la SFIO après la scission communiste de décembre 1920. De 1928 à 1936, il est élu et réélu député de Villefranche-de-Rouergue. En 1933, lors de la scission « néo » de la SFIO, il suit Adrien Marquet au Parti de l'union socialiste et républicaine. Sous-secrétaire d'État aux Travaux publics et aux Mines dans le gouvernement Blum de 1936. Ayant fait partie le 10 juillet 1940 des quatre-vingts réfractaires aux pleins pouvoirs accordés au maréchal Pétain, il est révoqué dans ses fonctions de maire de Decazeville par le gouvernement de Vichy et se retire de la vie politique. En octobre 1944, il siège à l'Assemblée consultative provisoire avec les autres parlementaires résistants. Ministre du Ravitaillement dans le gouvernement du général de Gaulle de novembre 1944 au 30 mai 1945. Cette responsabilité ingrate lui vaut le surnom de « Ramadan ». Il est régulièrement député dans les Assemblées qui suivent la première Constituante. Ramadier est chargé par le nouveau président de la République, Vincent Auriol, de former le premier gouvernement officiel de la IVe République. Il assume en mai 1947 de se séparer des ministres communistes, mettant fin à la séquence politique du tripartisme. Les troubles sociaux de l'automne 1947 provoquent sa démission. Cet homme aura été le chef d'un gouvernement fragile dans une année de tempêtes, assumant une politique ingrate sans aucun souci de popularité, obstiné, bourreau de travail ; son nom reste attaché aux débuts de la guerre froide en France. Il meurt à Rodez le 14 octobre 1961.

Robert Schuman

Né au Luxembourg le 29 juin 1886, d'un père lorrain et d'une mère luxembourgeoise, il suit ses études juridiques dans les universités allemandes et devient, après sa thèse de droit, avocat-conseil à Metz. Profondément chrétien, il a songé un moment, après la mort de sa mère, à entrer dans les ordres. Quand la Première Guerre mondiale éclate, il n'est pas mobilisable, ayant été réformé pour raisons médicales. Il est affecté à une unité non combattante, attaché aux écritures. Cette appartenance à l'armée allemande lui vaudra des attaques de la presse francophone de Lorraine en 1919, avant d'être instrumentalisée par les communistes en 1947. Schuman est élu député de la Moselle en 1919 et sera réélu jusqu'à la fin de la IIIe République. En 1931, il adhère au Parti démocrate populaire (démocrate-chrétien). Il est sous-secrétaire d'État dans le gouvernement Reynaud puis dans le gouvernement Pétain, auquel il vote les pleins pouvoirs le 10 juillet. Revenu en Lorraine, il est arrêté par la Gestapo le 14 septembre 1940. Évadé en août 1942, il se réfugie à Lyon chez des religieux. Relevé par le général de Gaulle de son inéligibilité, il est élu aux deux Assemblées constituantes sous les couleurs du MRP, avant de devenir ministre des Finances en 1946 et 1947 dans les gouvernements Bidault puis Ramadier. Président du Conseil du 24 novembre 1947 au 25 juillet 1948, il se révèle, face aux grèves dites « insurrectionnelles » de 1947, un homme d'État par sa fermeté et sa volonté de « sauver la République ». Grande figure du MRP et de la IVe République au cours de laquelle il est plusieurs fois ministre (des Affaires étrangères dans huit gouvernements successifs) et président du Conseil, il est aussi un militant du projet européen. À l'origine de la CECA, signée en avril 1951, il échoue à faire voter en 1954 le projet sur la CED. Il meurt le 4 septembre 1963.

Maurice Thorez

Né à Noyelles-Godault (Pas-de-Calais) le 28 avril 1900. Enfant naturel, il fut reconnu par l'homme qui épousa sa mère, le mineur Louis Thorez, qui lui donna son nom. Il travaille dans les charbonnages de Dourges, devient militant syndicaliste à la CGT en 1919 et adhère au parti socialiste, dont il suit la majorité favorable à l'Internationale communiste au congrès de Tours. En 1923, il est secrétaire de la Fédération communiste du Pas-de-Calais et devient membre du Comité central du Parti l'année suivante, puis membre du Bureau politique en 1925. Condamné en 1929 pour avoir milité contre la guerre du Rif et pour d'autres actions subversives. Incarcéré, il enrichit sa culture marxiste. Libéré en juin 1930, il devient secrétaire général du PCF en juillet de la même année ; il le restera pendant trente-quatre ans. Sous sa direction, le PCF devient une section disciplinée du Komintern, que cornaque le conseiller secret Eugen Fried. Il assume ainsi le changement de ligne du Parti en juin 1934 pour signer un pacte d'unité d'action avec la SFIO et constituer bientôt le Rassemblement populaire, vainqueur des élections de 1936. Il engage le PCF contre les accords de Munich mais lui fait approuver le pacte germano-soviétique d'août 1939. Mobilisé en septembre, il déserte en octobre, passe en Suisse, avant de rejoindre l'URSS où il séjournera pendant tout le reste de la guerre.

Amnistié le 7 novembre 1944, toujours fidèle à Staline, il pousse le PCF à abandonner toute velléité d'insurrection et à participer aux gouvernements successifs de la France libérée. Il sera même ministre d'État du général de Gaulle. Kominternien, kominformien, stalinien aligné et zélé, il sera opposé à la déstalinisation entamée en 1956 par le « rapport Khrouchtchev » au XXe congrès de l'URSS. Il contribuera ainsi à l'encroûtement du PCF. Tribun populaire, patriotique et ouvriériste, sans la verve de Jacques Duclos, son numéro deux, « Maurice » a été un autodidacte appliqué, ami des peintres et des écrivains qui ont prêté leur concours au culte de la personnalité dont il a été l'objet en France – comme Staline dans le monde. Marié en secondes noces à Jeannette Vermeersch, tisserande, membre du Bureau politique du PCF, en septembre 1947. Par deux fois, avant et après la guerre, il a écrit son autoportrait – avec la plume du « nègre » Fréville –, *Fils du peuple*, édité en 1937 puis en 1960, et diffusé à des centaines de milliers d'exemplaires par les militants communistes. Maurice Thorez est mort brusquement d'une embolie en mer Noire le 11 juillet 1964.

Chronologie

1944

Juin

6 juin	Débarquement en Normandie.
8 juin	Bayeux première ville française libérée.
10 juin	Massacre d'Oradour-sur-Glane.
13 juin	Premiers V1 allemands sur l'Angleterre.
14 juin	De Gaulle à Bayeux. Installe dans ses fonctions le premier commissaire de la République, François Coulet.
16 juin	Marc Bloch fusillé par les Allemands.
20 juin	Assassinat de Jean Zay par la Milice dans l'Allier.
24 juin	*Le Malentendu* de Camus créé au théâtre des Mathurins.
26 juin	Libération de Cherbourg.
	Création des cours de justice par le gouvernement provisoire.
28 juin	Assassinat de Philippe Henriot, secrétaire d'État à l'Information, par un groupe de résistants.

Juillet

1er juillet	Ouverture de la conférence monétaire de Bretton Woods. Création du FMI et de la Banque mondiale.
7 juillet	Assassinat de Georges Mandel par la Milice en forêt de Fontainebleau.
9 juillet	Libération de Caen.
12 juillet	Au lendemain de la rencontre Roosevelt-de Gaulle à Washington, reconnaissance du GPRF par les États-Unis.

20 juillet	Échec de l'attentat contre Hitler.
21-23 juillet	Drame du Vercors.
22 juillet	André Malraux (colonel Berger) est arrêté à Gramat et emprisonné à Toulouse.
27 juillet	Abolition de la Charte du travail, reconstitution des syndicats.
31 juillet	Disparition de Saint-Exupéry en Méditerranée.

Août

1er août	Jean Prévost fusillé par les Allemands.
9 août	Ordonnance du GPRF rétablissant la légalité républicaine, tous les actes du gouvernement de Vichy sont déclarés nuls et non avenus.
15 août	Débarquement en Provence.
	La police parisienne se met en grève.
16 août	Trente-cinq jeunes résistants sont fusillés à la cascade du bois de Boulogne.
17 août	Dernier convoi de déportés de Drancy pour l'Allemagne.
18 août	Appel à la grève générale à Paris.
	Appel à la mobilisation générale par les FTP et les FFI.
19 août	Début de l'insurrection parisienne.
20 août	L'Hôtel de Ville occupé par les FFI.
21 août	Les journaux de la Résistance paraissent au grand jour.
24 août	Les premiers éléments de la 2e DB du général Leclerc atteignent Paris.
	Malraux, libéré à Toulouse, crée la brigade Alsace-Lorraine.
25 août	Capitulation de von Choltitz, le gouverneur allemand de Paris.
	De Gaulle au ministère de la Guerre puis à l'Hôtel de Ville.
26 août	De Gaulle sur les Champs-Élysées puis à Notre-Dame.
27 août	Libération de Toulon.
28 août	Achèvement de la libération de Marseille.

Septembre

3 septembre	Le GPRF s'installe à Paris.
7 septembre	Pétain et Laval partent pour Sigmaringen.

9 septembre	De Gaulle remanie le gouvernement aux fins d'« unanimité nationale ».
12 septembre	Discours du général de Gaulle au palais de Chaillot.
15 septembre	Ordonnance du ministre de la Justice instituant les cours spéciales de justice à la place des tribunaux populaires.
18 septembre	Liste noire du Comité national des écrivains.
23 septembre	Incorporation des FFI dans l'armée régulière.
27 septembre	Le principe de la nationalisation des Houillères du Nord et du Pas-de-Calais approuvé en Conseil des ministres.
29 septembre	Création de l'ONU.

Octobre

2 octobre	Reddition des insurgés de Varsovie.
4 octobre	Picasso annonce son adhésion au parti communiste.
5 octobre	Ordonnance donnant le droit de vote aux femmes.
6 octobre	Le Salon d'Automne (Braque, Chagall, Léger, Miró, Rouault, Picasso).
14 octobre	Suicide du maréchal Rommel, impliqué dans la tentative d'attentat contre Hitler.
23 octobre	Les États-Unis, l'URSS et le Royaume-Uni reconnaissent *de jure* le gouvernement provisoire de la République française.
28 octobre	Dissolution des milices patriotiques. Campagne communiste contre cette décision.

Novembre

3 novembre	Lancement de l'« emprunt de la Libération ».
5 novembre	Exécution de Georges Suarez, condamné à mort le 23 octobre.
7 novembre	Quatrième élection de F. Roosevelt.
8 novembre	Le socialiste Félix Gouin élu président de l'Assemblée consultative.
10 novembre	Churchill à Paris se déclare favorable à une zone d'occupation française en Allemagne.
15 novembre	Confiscation des usines Renault par l'État.
18 novembre	Institution de la Haute Cour de justice.
23 novembre	Libération de Strasbourg.
24 novembre	Départ du général de Gaulle pour l'URSS. Un traité d'alliance et d'assistance mutuelle sera signé le 10 décembre.

25-26 novembre	Congrès constitutif du Mouvement républicain populaire (MRP).
27 novembre	Retour de Maurice Thorez, amnistié, en France.
30 novembre	Thorez au Vél' d'Hiv expose les consignes de Staline.

Décembre

8 décembre	Création des CRS.
1er-27 décembre	Procès de la bande Bonny-Lafont.
16-26 décembre	Bataille des Ardennes. Contre-attaque allemande de von Rundstedt.
18 décembre	Premier numéro du *Monde*.
26 décembre	Ordonnance instituant la peine d'indignité nationale.
30 décembre	Mort à Vézelay de Romain Rolland.

1945

Janvier

3 janvier	Rétablissement de la gratuité de l'enseignement secondaire.
13 janvier	Henri Béraud, condamné à mort, est gracié.
17 janvier	Libération de Varsovie par les Soviétiques.
18 janvier	Le gouvernement dissout la direction des FFI.
19 janvier	Condamnation à mort de Robert Brasillach (exécuté le 6 février).
21-23 janvier	Comité central du PCF : Thorez se prononce pour la fin des milices patriotiques.
23-28 janvier	Le congrès du MLN repousse la fusion avec le Front national.
27 janvier	Libération du camp d'Auschwitz par les Soviétiques. Découverte horrifiée des camps de la mort.
30 janvier	Charles Maurras condamné à la réclusion criminelle à perpétuité.

Février

2 février	La 1re armée du général de Lattre de Tassigny prend Colmar.
4-11 février	Conférence de Yalta ; la France n'y est pas invitée. Une zone d'occupation en Allemagne lui sera attribuée. La Corée sera partagée en deux zones d'influence.

13 février	L'Armée rouge à Budapest.
	Bombardement de Dresde (entre 35 000 et 60 000 morts).
22 février	Institution des comités d'entreprise.
23 février	Mort de Jacques Doriot.

Mars

9 mars	Les Japonais attaquent les garnisons françaises d'Indochine et s'emparent de tous les pouvoirs.
10 mars	Bombardement de Tokyo par les Américains.
	Suppression des subventions à l'enseignement privé.
16 mars	Suicide de Drieu la Rochelle.
24 mars	Nouveau statut de l'Indochine prévu par le GPRF : une Fédération indochinoise dans le cadre de la future Union française. Solution rejetée par les nationalistes vietnamiens.
31 mars	La 1re armée française traverse le Rhin.

Avril

5 avril	Mendès France, en désaccord avec Pleven, démissionne du ministère de l'Économie nationale.
8-10 avril	Congrès de la CGT dominé par les communistes.
12 avril	Mort de F. Roosevelt, le vice-président Harry Truman lui succède.
	Les Soviétiques à Vienne.
25 avril	Pétain interné au fort de Montrouge.
	Ouverture de la conférence des Nations unies à San Francisco, qui élabore la Charte des Nations unies.
27 avril	L'indépendance de l'Autriche est proclamée.
28 avril	Mussolini exécuté.
29 avril	Premier tour des élections municipales, les femmes votent pour la première fois.
30 avril	Suicide de Hitler et d'Eva Braun dans leur bunker.
	Libération du camp de Ravensbrück.

Mai

2-4 mai	Berlin investi.
5 mai	Libération du camp de Mauthausen.
7-9 mai	Capitulation allemande à Reims le 7, qui prend effet le 8 mai. Une seconde signature a lieu à Berlin le 9.
	L'Armée rouge à Prague.
8 mai	Émeutes à Sétif et à Guelma.

15 mai	La France devient membre permanent du Conseil de sécurité à l'ONU.
23 mai	Suicide d'Himmler.
24 mai	De Gaulle annonce la prochaine nationalisation de la production d'acier et de charbon.
29 mai	Nationalisation de l'entreprise Gnome et Rhône.

Juin

4-15 juin	Échange des billets de banque. Le but est l'évaluation des fortunes en vue de l'impôt sur le capital et l'encouragement à l'achat des bons du Trésor et de la Libération.
12 juin	Suppression de la censure de guerre.
15 juin	Eisenhower acclamé à Paris.
19 juin	Marcel Déat condamné à mort par contumace.
22 juin	Création de l'ENA.
25 juin	La majorité du MLN fonde l'Union démocratique et socialiste de la Résistance (UDSR).

Juillet

2 juillet	Attribution du prix Goncourt à Elsa Triolet.
4 juillet	Abel Bonnard condamné à mort par contumace.
8 juillet	Premier numéro de *La Vie catholique illustrée*.
17-25 juillet	Conférence de Potsdam, sans la France.
20 juillet	Mort à Paris de Paul Valéry.
21 juillet	Thorez dans le Nord : « Produire, produire et encore produire, faire du charbon, c'est aujourd'hui la forme la plus élevée du devoir de classe. »
23 juillet	Ouverture du procès du maréchal Pétain. Il sera condamné à mort le 15 août, peine commuée en détention à perpétuité.
26 juillet	Victoire des travaillistes aux élections britanniques.
30 juillet	Adoption de l'impôt de solidarité nationale sur le capital.

Août

6 août	Bombe atomique américaine sur Hiroshima.
7 août	Hô Chi Minh à la tête du Comité de libération du peuple vietnamien. Il déclenche le 13 l'insurrection générale.
8 août	L'URSS déclare la guerre au Japon.
9 août	Bombardement nucléaire de Nagasaki.

15 août	Annonce de la capitulation japonaise. L'amiral Thierry d'Argenlieu nommé par de Gaulle haut-commissaire en Indochine a pour mission de « rétablir la souveraineté française dans l'Union indochinoise ».
19-25 août	Le Vietminh installe son pouvoir à Hanoï et à Hué, puis à Saigon.
29 août	Hô Chi Minh forme un gouvernement provisoire. Il proclame le 2 septembre l'indépendance de la République démocratique du Vietnam.

Septembre

8 septembre	MacArthur fait son entrée à Tokyo.
23-25 septembre	Les troupes françaises reprennent Saigon.

Octobre

4-19 octobre	Mise en place de la Sécurité sociale pour l'ensemble des salariés.
5 octobre	Le général Leclerc à Saigon.
8 octobre	Les Juifs de Palestine protestent contre les Britanniques décidés à restreindre l'immigration.
9 octobre	Condamnation à mort de Pierre Laval, exécuté le 15.
15 octobre	Premier numéro des *Temps modernes*.
18 octobre	Création du Commissariat à l'énergie atomique.
21 octobre	Double référendum constitutionnel et élections à la Constituante. Majorité absolue pour les partis de gauche à l'Assemblée.

Novembre

2 novembre	Réorganisation du CNRS.
13 novembre	Charles de Gaulle élu à l'unanimité chef du gouvernement par l'Assemblée constituante.
17-19 novembre	Conflit entre de Gaulle et les communistes sur l'attribution des portefeuilles ministériels.
19 novembre	L'Assemblée confirme le mandat du général de Gaulle. Les communistes s'abstiennent.
20 novembre	Ouverture du procès de Nuremberg.
21 novembre	Formation d'un gouvernement tripartite. Thorez ministre d'État et vice-président du Conseil.

23 novembre — Projet constitutionnel du PCF sur le modèle de la Convention.

Décembre

2 décembre — Nationalisation de la Banque de France et des grandes banques de dépôt.

5 décembre — Cinquante et un pays signataires de la Charte de l'ONU siègent en Assemblée générale.

13 décembre — Accord franco-britannique sur l'évacuation des troupes en Syrie et Liban.

18 décembre — Le préfet de police annonce la fermeture des maisons closes à Paris.

19 décembre — Les troupes françaises à Haiphong.

21 décembre — Création du Commissariat général au Plan, placé sous la direction de Jean Monnet.
Création du CNPF.

26-27 décembre — Dévaluation du franc de 66 %.
Approbation par l'Assemblée des accords de Bretton Woods.

1946

Janvier

1er janvier — Tensions sur les crédits militaires entre de Gaulle et les partis à l'Assemblée.

10 janvier — Première séance de l'Assemblée générale des Nations unies à Londres.

20 janvier — Démission du général de Gaulle du gouvernement : « Le régime des partis a reparu. Je le réprouve. »

22 janvier — Le MRP refuse de participer à un gouvernement dirigé par un communiste.

23 janvier — Le socialiste Félix Gouin élu président du Conseil.

31 janvier — Vincent Auriol devient président de l'Assemblée constituante.

Février

9 février — L'ONU refuse l'adhésion de l'Espagne.

21 février — L'Assemblée rétablit la loi des 40 heures hebdomadaires, majoration de 25 % des salaires au-delà de 48 heures, et de 50 % au-delà.

Mars

5 mars	Discours de Churchill à Fulton sur le « rideau de fer ».
18 mars	Le général Leclerc à Hanoï, où il rencontre Hô Chi Minh. L'État libre du Vietnam est reconnu dans le cadre de la future Union française.
19 mars	Guadeloupe, Guyane, Martinique et Réunion deviennent des départements français.
29 mars	Nationalisation du gaz et de l'électricité (EDF et GDF).

Avril

4 avril	Condamnation à mort du docteur Petiot.
6 avril	L'Assemblée adopte le scrutin proportionnel.
6-8 avril	Au congrès du Parti radical, exclusion des procommunistes Pierre Cot, Albert Bayet, Pierre Meunier et Robert Chambeiron. Fusion avec l'Alliance démocratique et le Parti socialiste démocratique de Paul Faure pour créer le Rassemblement des gauches (RGR).
11 avril	Loi Marthe Richard sur la fermeture des maisons closes.
17 avril	Fin de la présence française en Syrie.
19-20 avril	Le projet constitutionnel de Pierre Cot est adopté par la majorité de l'Assemblée. Opposition du MRP.
25 avril	Vote de la nationalisation des compagnies d'assurances sociales.
26-28 avril	Fondation du Parti républicain de la liberté (PRL).

Mai

5 mai	Référendum constitutionnel. Victoire du non.
15 mai	La Ligue arabe demande la dissolution de l'Agence juive qui encourage l'immigration en Palestine.
28 mai	Accords franco-américains Byrnes-Blum.

Juin

1er juin	À Saigon, sur l'initiative de l'amiral Thierry d'Argenlieu, est proclamée une république de Cochinchine. Protestation du gouvernement vietnamien d'Hanoï.
2 juin	Nouvelles élections à l'Assemblée constituante. Le MRP en tête.

16 juin	Discours de Bayeux du général de Gaulle.
26 juin	Formation du gouvernement Georges Bidault.

Juillet

6 juillet-14 sept.	Conférence de Fontainebleau sur l'Indochine.
16 juillet	Suppression par décret de l'abattement de 10 % sur le salaire des femmes. Toute discrimination fondée explicitement sur le sexe devient illégale.

Août

3 août	Les salaires des fonctionnaires augmentés de 25 %.
14 août	En Haute Cour est jugé le sabordage de la flotte de Toulon en novembre 1942. L'amiral Auphan condamné par contumace aux travaux forcés à perpétuité.
29 août	Ouverture au palais du Luxembourg à Paris de la conférence de la paix, elle accueille vingt et une représentations nationales.
	Ouverture du 38ᵉ congrès de la SFIO. Guy Mollet nouveau secrétaire général.
31 août	L'armée française quitte le Liban.

Septembre

11 septembre	Vote sur la loi de l'assurance vieillesse.
20 septembre	Grève des fonctionnaires en raison du refus d'une nouvelle augmentation de leurs salaires.
21 septembre	Préparation d'un texte constituant la nouvelle Union française : « La France forme avec les peuples d'outre-mer une Union fondée sur l'égalité des droits et des devoirs, sans distinction de race ni de religion. […] Fidèle à sa mission traditionnelle, la France entend conduire les peuples dont elle a pris la charge à la liberté de s'administrer eux-mêmes et de gérer démocratiquement leurs propres affaires ; écartant tout système de colonisation fondé sur l'arbitraire, elle garantit à tous l'égal accès aux fonctions publiques et l'exercice individuel ou collectif des droits et libertés proclamés ci-dessus. »
29 septembre	Adoption par l'Assemblée constituante du projet de Constitution présenté par Coste-Floret.
	À Épinal, de Gaulle condamne le projet. Rupture avec le MRP.

Octobre

3 octobre	Réouverture du Salon de l'automobile. Renault présente la 4 CV.
13 octobre	Référendum constitutionnel. Le nouveau projet est adopté par 36 % des inscrits (31 % d'abstentions).
15 octobre	Fin de la conférence de la paix à Paris. Accords sur l'Italie, la Roumanie, la Hongrie, la Finlande et la Bulgarie (partiellement).
19 octobre	Loi sur le statut des fonctionnaires. Création de la grille unique de rémunération.
23 octobre	Fondation par Messali Hadj du MTLD en Algérie.

Novembre

1er novembre	De Gaulle se prononce contre la Constitution.
10 novembre	Élections législatives. Le PCF revient en tête, recul sensible de la SFIO.
17 novembre	Procès de l'équipe de l'hebdomadaire fasciste et proallemand *Je suis partout.*
18 novembre	Entretien du *Times* avec Maurice Thorez.
20-23 novembre	Bombardement de Haiphong par la flotte française : 6 000 morts.

Décembre

4 décembre	Échec de Thorez candidat à la présidence du Conseil.
8 décembre	Second tour électoral du Conseil de la République (ancien Sénat). MRP et PCF dominent devant la SFIO.
12 décembre	Formation d'un gouvernement socialiste homogène de transition sous la présidence de Léon Blum.
19 décembre	Combats à Hanoï. Hô Chi Minh quitte la ville et passe à la lutte ouverte. La guerre d'Indochine va durer jusqu'en 1954.
23 décembre	Rétablissement des conventions collectives, créées par le Front populaire.
24 décembre	Séance inaugurale du Conseil de la République.
25 décembre	Le général Leclerc repart pour l'Indochine.

1947

Janvier

2 janvier	Diminution des prix de 5 % par décret.
7 janvier	Adoption du plan Monnet (1947-1951).
16 janvier	Vincent Auriol élu président de la République.
21 janvier	Édouard Herriot élu président de l'Assemblée nationale.
22 janvier	Formation du gouvernement Ramadier.
28 janvier	Investiture de Paul Ramadier par l'Assemblée.

Février

11 février	Début des grèves dans la presse parisienne.
12 février	Présentation de la première collection de Christian Dior avenue Montaigne.
24 février	Ramadier décrète une deuxième baisse des prix de 5 %.

Mars

4 mars	Bidault et Bevin signent à Dunkerque le traité d'amitié et d'assistance mutuelle franco-britannique.
5 mars	En Indochine, le haut-commissaire Thierry d'Argenlieu est remplacé par Émile Bollaert.
7 mars	Fernand de Brinon condamné à mort. Il sera fusillé le 15 avril.
10 mars	Ouverture de la conférence de Moscou entre l'URSS, les États-Unis, le Royaume-Uni et la France.
18 mars	Gaston Monnerville élu président du Conseil de la République.
22 mars	Les députés communistes refusent de voter les crédits militaires pour l'Indochine, tandis que les ministres du PCF restent solidaires du gouvernement.
29 mars	Début de l'insurrection à Madagascar.
30 mars	À Bruneval, de Gaulle réaffirme son hostilité au « régime des partis ».
31 mars	Création du minimum vital, le futur SMIG.

Avril

2 avril	Les trois députés de Madagascar sont emprisonnés, le MDRM dissous.

7 avril	De Gaulle à Strasbourg appelle à un « rassemblement du peuple français ».
14 avril	Lancement du RPF.
24 avril	Échec de la conférence de Moscou. Désaccord complet entre l'URSS et les Anglo-Saxons. La France se range aux côtés des États-Unis et du Royaume-Uni.
25 avril-16 mai	Grève chez Renault, que la CGT soutiendra à partir du 29 avril.
27 avril	Le MRP interdit à ses membres l'adhésion au RPF.
28 avril	Ouverture de la session extraordinaire de l'ONU consacrée à la question palestinienne.

Mai

1er mai	Manifestations syndicales.
	Thorez, vice-président du Conseil, se désolidarise du gouvernement sur la politique des salaires et des prix.
4 mai	Ramadier révoque les ministres communistes.
6 mai	Soutien de la SFIO au gouvernement Ramadier.
25-26 mai	Premier congrès de l'UDSR présidé par René Pleven.

Juin

2 juin	Début de la grève des cheminots.
5 juin	Discours de George Marshall à Harvard sur la reconstruction de l'Europe.
6 juin	Tous les transports en commun entrent en grève.
13 juin	Les fonctionnaires des banques et les employés des grands magasins en grève.
17 juin	La France et le Royaume-Uni acceptent l'aide Marshall.
29 juin	La commission d'enquête de l'ONU condamne à l'unanimité le terrorisme sioniste.

Juillet

12 juillet	Conférence de Paris sur l'aide Marshall que seize pays ont acceptée.
18 juillet	L'*Exodus* est arraisonné par les Britanniques ; les immigrés juifs forcés de retourner en France, d'où ils se sont embarqués.
27 juillet	Discours anticommuniste du général de Gaulle à Rennes.

Août

21 août	Massacres au Pendjab entre hindous et musulmans.
15 août	Proclamation de l'indépendance de l'Inde et du Pakistan.
20 août	Un groupe RPF se constitue à l'Assemblée.
27 août	La ration de pain réduite à 200 g.

Septembre

1er septembre	Les États arabes refusent le plan de partage décidé par l'ONU.
20 septembre	Nouveau statut de l'Algérie adopté par l'Assemblée nationale.
22-27 septembre	Réunion des partis communistes européens en Pologne. Fondation du Kominform.

Octobre

2 octobre	L'Agence juive accepte officiellement le plan de partage de la Palestine de l'ONU.
14-21 octobre	Nouvelle grève des transports parisiens.
16 octobre	Léon Blum définit la « Troisième Force ».
26 octobre	Second tour des élections municipales dominé par le RPF.
28 octobre	« Aide intérimaire d'urgence » des États-Unis à la France.
30 octobre	Ramadier reste au pouvoir grâce à vingt voix de majorité.

Novembre

8 novembre	La tendance Force ouvrière de la CGT se dresse contre la majorité communiste.
10-15 novembre	Grèves et incidents violents à Marseille.
17 novembre	Grève dans la métallurgie.
19 novembre	Démission de Paul Ramadier.
19-20 novembre	Le gouvernement fait évacuer les usines Citroën. 80 % des ouvriers votent à bulletins secrets la reprise du travail. Xavier Vallat, ancien commissaire aux Questions juives à Vichy, est condamné à dix ans de prison. Son successeur, Darquier de Pellepoix, est condamné à mort par contumace.

22 novembre	Extension de la grève malgré l'opposition de la CFTC et des groupes Force ouvrière.
24 novembre	Formation du gouvernement Robert Schuman.
25 novembre	La CGT des cheminots lance un mot d'ordre de grève générale.
28 novembre	Mort accidentelle du général Leclerc. Création d'un Comité central de grève.
29 novembre	L'Assemblée générale de l'ONU adopte le plan de partage de la Palestine.
30 novembre	L'Assemblée adopte le projet de loi sur la « défense de la République », 80 000 hommes appelés sous les drapeaux.

Décembre

3 décembre	Affrontements entre Arabes et Juifs en Palestine. Déraillement du train Paris-Lille près d'Arras, œuvre d'un sabotage d'origine communiste : seize morts et quarante blessés. Émeutes à Marseille, Béziers, Valence, Rennes et Grenoble.
4 décembre	Adoption par l'Assemblée de la loi sur la liberté du travail.
7 décembre	Violents incidents à Valence.
10 décembre	Le Comité central de grève donne l'ordre de la reprise du travail.
15 décembre	Clôture et échec de la conférence des quatre ouverte à Londres le 15 novembre.
18-19 décembre	Scission de Force ouvrière. Léon Jouhaux démissionne du bureau confédéral de la CGT.

Arts et lettres

1944

Livres : Roger Peyrefitte, *Les Amitiés particulières* ; Simone de Beauvoir, *Pyrrhus et Cinéas* ; Louis Aragon, *Aurélien* ; Paul Éluard, *Au rendez-vous allemand.* Marcel Mouloudji reçoit le prix de la Pléiade pour son roman *Enrico.* Vercors, *Le Silence de la mer*, best-seller de la Libération.

Théâtre : *Antigone*, de Jean Anouilh ; *Le Malentendu*, d'Albert Camus ; *Les Fiancés du Havre*, d'Armand Salacrou.

Films : *Le ciel est à vous*, de Jean Grémillon ; *Le Carrefour des enfants perdus*, de Léo Joannon ; *Le Bossu*, de Jean Delannoy.

1945

Livres : Julien Gracq, *Un beau ténébreux* ; René Char, *Seuls demeurent* ; Philippe Viannay, *Nous sommes des rebelles* ; Romain Rolland, *Péguy* ; Georges Bataille, *Sur Nietzsche* ; Henri Queffélec, *Le Recteur de l'île de Sein* ; Henri Michaux, *Labyrinthes* ; Maurice Nadeau, *Histoire du surréalisme* ; Henri de Lubac, *Le Drame de l'humanisme athée* ; Gustave Cohen, *La Grande Clarté du Moyen Âge* ; Roger Vailland, *Drôle de jeu* ; Julien Benda, *La France byzantine* ; Simone de Beauvoir, *Le Sang des autres* ; Maurice Merleau-Ponty, *Physiologie de la perception* ; Jean-Louis Bory, *Mon village à l'heure allemande* ; Albert Camus, *Lettres à un ami allemand* ; Jean-Paul Sartre, *Les Chemins de la liberté* (t. 1 et 2) ; André Breton, *Arcane 17* ; Benjamin Péret, *Le Déshonneur des poètes* ; Louis Aragon, *La Diane française* ; Bertrand de Jouvenel, *Du pouvoir* ; Romain Gary, *Éducation européenne* ; Jacques Prévert, *Paroles.*

Théâtre : Jean Cocteau, *Les Parents terribles* ; François Mauriac, *Les Mal-aimés* ; Albert Camus, *Caligula* ; Simone de Beauvoir, *Les Bouches inutiles* ; Jean Cocteau, *La Machine à écrire* ; Jean Giraudoux, *La Folle de Chaillot* (Giraudoux est mort à Paris le 31 janvier 1944).

Films : Marcel Carné, *Les Enfants du paradis* ; André Malraux, *Sierra de Terruel* (prix Deluc) ; Jacques Becker, *Falbalas* ; Maurice Cloche, *L'Invité de la onzième heure* ; André Berthomieu, *J'ai dix-sept ans* ; Robert Bresson, *Les Dames du bois de Boulogne* ; Jean Dréville, *La Cage aux rossignols* ; Christian-Jaque, *Boule de suif* ; Jean Delannoy, *La Part de l'ombre.*

1946

Livres : Jean-Paul Sartre, *L'existentialisme est un humanisme* ; René Char, *Feuillets d'Hypnos* ; Joseph Kessel, *L'Armée des ombres* ; Georges Simenon, *Je me souviens* ; Marc Bloch, *L'Étrange Défaite* ; David Rousset, *L'Univers concentrationnaire* ; Georges Bernanos, *Monsieur Ouine* ; Roger Caillois, *Vocabulaire esthétique* ; Henry de Montherlant, *Malatesta* ; Raymond Aron, *L'Homme contre les tyrans* ; Edgar Morin, *L'An zéro de l'Allemagne* ; Jean-Paul Sartre, *Réflexions sur la question juive* ; Charles Morazé, *La France bourgeoise* ; André Pieyre de Mandiargues, *Le Musée noir* ; Paul Valéry, *Monsieur Teste* ; Louis Aragon, *L'Homme communiste* ; Simone de Beauvoir, *Tous les hommes sont mortels* ; V. Sullivan (Boris Vian), *J'irai cracher sur vos tombes* ; Paul Claudel, *L'Œil écoute* ; Arthur Koestler, *Le Zéro et l'Infini*, *Le Yogi et le Commissaire.*

Théâtre : Maurice Clavel, *Les Incendiaires* ; Marcel Achard, *Auprès de ma blonde* ; Paul Claudel, *Le Père humilié* ; Henry Bernstein, *Le Secret* ; Jean Cocteau, *L'Aigle à deux têtes* ; Arthur

Koestler, *Le Bar du crépuscule* ; Jean-Paul Sartre, *Morts sans sépulture* ; Armand Salacrou, *Les Nuits de la colère* ; Roger Vitrac, *Victor, ou les Enfants au pouvoir* ; Jean Anouilh, *Roméo et Jeannette.*

Films : Raymond Bernard, *Un ami viendra ce soir* ; René Clément, *La Bataille du rail* ; André Cayatte, *Roger la Honte* ; Yves Allégret, *Les Démons de l'aube* ; Henri Decoin, *La Fille du diable* ; Georges Lampin, *L'Idiot* ; Julien Duvivier, *Obsessions* ; Jean Delannoy, *La Symphonie pastorale* ; Marcel L'Herbier, *L'Affaire du collier de la reine* ; Jean Cocteau, *La Belle et la Bête* ; Marcel Blistène, *Macadam* ; Marcel Carné, *Les Portes de la nuit* ; Jean Renoir, *Une partie de campagne.*

1947

Livres : Georges Bernanos, *La France contre les robots* ; Antonin Artaud, *Lettres écrites de Rodez* ; Claude Mauriac, *André Malraux, ou le Mal du héros* ; Jean-Paul Sartre, *Baudelaire* ; Emmanuel Mounier, *Introduction aux existentialismes* ; Pierre Klossowski, *Sade, mon prochain* ; Raymond Queneau, *Exercices de style* ; Boris Vian, *L'Écume des jours* ; Claude Simon, *La Corde raide* ; Robert Antelme, *L'Espèce humaine* ; Simone de Beauvoir, *Pour une morale de l'ambiguïté* ; Julien Gracq, *André Breton* ; Albert Camus, *La Peste* ; Maurice Merleau-Ponty, *Humanisme et terreur* ; Jean Giono, *Un roi sans divertissement* ; André Malraux, *Le Musée imaginaire.*

Théâtre : Jean Anouilh, *Eurydice* ; Jules Romains, *L'An mil* ; Henry Becque, *La Parisienne* ; Jean Genet, *Les Bonnes* ; Jacques Audiberti, *Le Mal court* ; Marcel Achard, *Savez-vous planter les choux ?* ; Armand Salacrou, *L'Archipel Lenoir* ; François Mauriac, *Passage du malin* ; Henri Pichette, *Les Épiphanies.*

Films : Julien Duvivier, *Panique* ; Henri Calef, *Les Chouans* ; Georges Rouquier, *Farrebique* ; René Clément, *Les Maudits* ; Henri-Georges Clouzot, *Quai des Orfèvres* ; Pierre Billon, *Ruy Blas* ; Paul Mesnier, *La Kermesse rouge* ; René Clair, *Le Silence est d'or* ; Pierre Prévert, *Voyage-surprise* ; Jean Delannoy, *Les jeux sont faits* ; Claude

Autant-Lara, *Le Diable au corps* ; Jean Sacha, *Fantômas* ; Jacques Becker, *Antoine et Antoinette* ; Maurice Cloche, *Monsieur Vincent.*

Œuvres étrangères en France (1944-1947)

Livres : Virginia Woolf, *La Maison hantée* ; Joseph Conrad, *Lord Jim* ; Ernest Hemingway, *En avoir ou pas* ; John Dos Passos, *La Grosse Galette* ; Arthur Koestler, *Le Zéro et l'Infini* ; Arthur Koestler, *Le Yogi et le Commissaire* ; Henry Miller, *Tropique du Capricorne* ; Henry Miller, *Le Printemps noir* ; William Faulkner, *Pylône* ; Alberto Moravia, *Agostino* ; Curzio Malaparte, *Kaputt* ; John Steinbeck, *Les Raisins de la colère* ; Richard Wright, *Un enfant du pays* ; Franz Kafka, *L'Amérique* ; Viktor A. Kravchenko, *J'ai choisi la liberté* ; Peter Cheyney, *La Môme vert-de-gris.*

Théâtre : Sigurd Christiansen, *Un voyage dans la nuit* ; John Millington Synge, *Les Noces du rétameur* ; Ernest Hemingway, *La Cinquième Colonne* ; Thomas S. Eliot, *Meurtre dans la cathédrale* ; Federico García Lorca, *La Maison de Bernarda* ; Ramón María del Valle-Inclàn, *Divines paroles* ; Thornton Wilder, *Notre petite ville* ; John Steinbeck, *Des souris et des hommes* ; Agatha Christie, *Dix petits nègres* ; August Strindberg, *Les Créanciers* ; Arthur Koestler, *Le Bar du crépuscule* ; James Burnham, *L'Ère des organisateurs* ; Oscar Wilde, *Le Crime de lord Arthur Savile* ; Tennessee Williams, *La Ménagerie de verre* ; Sean O'Casey, *L'Ombre d'un franc-tireur* ; Henrik Ibsen, *La Maison de poupée* ; George Bernard Shaw, *Le Véritable Blanco Posnet* ; Franz Kafka, *Le Procès* ; Luigi Pirandello, *Les Géants de la montagne.*

Films : Sergueï Eisenstein, *Ivan le Terrible* ; Roberto Rossellini, *Rome ville ouverte* ; Frank Capra, *Pourquoi nous combattons* ; Howard Hawks, *La Dame du vendredi* ; Howard Hawks, *Air Force* ; Charlie Chaplin, *Le Dictateur* [1940] ; Victor Fleming, *Autant en emporte le vent* ; Orson Welles, *Citizen Kane* ; Alfred Hitchcock, *L'Ombre d'un doute* ; Fritz Lang, *La Femme au portrait* ; Ernst Lubitsch, *Le Ciel peut attendre* ; Billy Wilder, *Assurance sur la mort* ; Walt Disney, *Fantasia* ; David Lean, *Brève rencontre* ; Frank Capra, *Arsenic et vieilles dentelles* ; George Cukor, *Hantise* ; Vittorio De Sica, *Scius-*

cia ; Billy Wilder, *Le Poison* ; John Ford, *La Poursuite infernale* ; Ernst Lubitsch, *Jeux dangereux* ; Howard Hawks, *Le Grand Sommeil* ; Raoul Walsh, *La Charge fantastique* ; Elia Kazan, *Boomerang* ; Orson Welles, *La Dame de Shanghai.*

Orientation bibliographique

Ouvrages généraux sur la période

AZÉMA, Jean-Pierre, et BÉDARIDA, François (dir.), *La France des années noires*, 2 vol., Paris, Seuil, 1993.

AZÉMA, Jean-Pierre, et WIEVIORKA, Olivier, *Les Libérations de la France*, Paris, La Martinière 1993.

BERSTEIN, Serge, et MILZA, Pierre (dir.), *L'Année 1947*, Paris, Presses de Sciences Po, 2000.

BERSTEIN, Serge, et WINOCK, Michel (dir.), *La République recommencée. De 1914 à nos jours*, t. 4, *Histoire de la France politique*, Paris, Seuil, 2004.

BLOCH-LAINÉ, François, et BOUVIER, Jean, *La France restaurée (1944-1954)*, Paris, Fayard, 1986.

BUTON, Philippe, *La Joie douloureuse. La Libération de la France*, Bruxelles, Éditions Complexe, 2004.

DALLOZ, Jacques, *La France de la Libération* 1944-1946, Paris, PUF, coll. « Que sais-je ? », 1983.

DUPEUX, Georges, *La France de 1945 à 1965*, Paris, A. Colin, 1969.

ELGEY, Georgette, *Histoire de la IVe République*, t. 1, *La République des illusions, 1945-1951*, Paris, Fayard, 1965.

JULLIARD, Jacques, *Naissance et mort de la IVe République*, Paris, Calmann-Lévy, 1968.

KASPI, André (dir.), *La Libération de la France, 1944-1946*, Paris, Perrin, 1995.

RAFLIK, Jenny, *La IVe République, 1946-1958*, Paris, Seuil, coll. « Points-Histoire », 2018.

RIOUX, Jean-Pierre, *La France de la Quatrième République*, 1. *L'ardeur et la nécessité, 1944-1952*, Paris, Seuil, coll. « Points-Histoire », 1980.

WERTH, Alexander, *La France depuis la guerre (1944-1957)*, Paris, Gallimard, 1957.

Sur l'économie et la société

ANDRIEU, Claire, *et al.* (dir.), *Les Nationalisations de la Libération*, Paris, Presses de la FNSP, 1987.

BERGOUNIOUX, Alain, *Force ouvrière*, Paris, Seuil, 1975.

BLOCH-LAINÉ, François, et BOUVIER, Jean, *La France restaurée (1944-1954)*, Paris, Fayard, 1986.

BONIN, Hubert, *Histoire économique de la IVe République*, Paris, Economica, 1999.

BRAUDEL, Fernand, et LABROUSSE, Ernest, *Histoire économique et sociale de la France*, t. IV, vol. 2 (1914-1950), Paris, PUF, 1980.

CARON, François, *Histoire économique de la France XIXe-XXe siècle*, Paris, A. Colin, 1981.

DREYFUS, Michel, *Histoire de la CGT*, Bruxelles, Éditions Complexe, 1995.

FOURASTIÉ, Jean, *Les Trente Glorieuses*, Paris, Hachette, 2000.

GIRAULT, René, et LÉVY-LEBOYER, Maurice (dir.), *Le Plan Marshall et le relèvement économique de l'Europe*, Paris, Comité pour l'histoire économique et financière de la France, 1993.

GUILLEMINAULT, Gilbert (dir.), *Le Roman vrai de la IVe République. Les lendemains qui ne chantaient pas, 1944-1947*, Paris, Le Livre de Poche, 1949.

JEANNENEY, Jean-Marcel, *Forces et faiblesses de l'économie française (1945-1959)*, Paris, A. Colin, 1959.

LÉVY-LEBOYER, Maurice, *Histoire de la France industrielle*, Paris, Larousse, 1996.

LOUBET, Jean-Louis, *L'Industrie automobile, 1905-1971*, Genève, Droz, 1998.

MIOCHE, Philippe, *Le Plan Monnet : genèse et élaboration (1941-1947)*, Paris, Publications de la Sorbonne, 1987.

Mouvement économique en France de 1938 à 1948, Paris, Imprimerie nationale et PUF, 1950.

SIROT, Stéphane, *La Grève en France : une histoire sociale*, Paris, Odile Jacob, 2002.

Sur la vie politique

BECKER, Jean-Jacques, *Le Parti communiste français veut-il prendre le pouvoir ? La stratégie du PCF de 1930 à nos jours*, Paris, Seuil, 1981.

BERSTEIN, Serge, *Histoire du gaullisme*, Paris, Perrin, 2002.

BUTON, Philippe, *Les Lendemains qui déchantent : le Parti communiste français à la Libération*, Paris, Presses de Sciences Po, 1993.

CALLOT, Émile-François, *Le Mouvement républicain populaire*, Paris, Marcel Rivière, 1978.

CHAPSAL, Jacques, *La Vie politique en France de 1940 à 1958*, Paris, PUF, 1984.

CHARLOT, Jean, *Le Gaullisme d'opposition, 1946-1958*, Paris, Fayard, 1983.

COURTOIS, Stéphane, et LAZAR, Marc, *Histoire du Parti communiste français*, Paris, PUF, 1995.

DESANTI, Dominique, *L'Année où le monde a tremblé, 1947*, Paris, Albin Michel, 1976.

DROZ, Jacques (dir.), *Histoire générale du socialisme*, t. 4, *De 1944 à nos jours*, Paris, PUF, 1978.

GAULLE, Charles de, *Mémoires*, Paris, Gallimard, coll. « Bibliothèque de la Pléiade », 2000.

GOGUEL, François, *Chroniques électorales. Les scrutins politiques en France de 1945 à nos jours*, vol. 1, *La Quatrième République*, Paris, Presses de la FNSP, 1983.

GUILLAUME, Sylvie, *Le Centrisme en France aux XIXe et XXe siècles : un échec ?*, Bordeaux, MSHA, 2005.

KASPI, André, *La Libération de la France, juin 1944-janvier 1946*, Paris, Perrin, 1995.

KRIEGEL, Annie, *Les Communistes français*, Paris, Seuil, 1985.

LA GORCE, Paul-Marie de, *L'Après-Guerre*, Paris, Grasset, 1978.

NOVICK, Peter, *L'Épuration française, 1944-1949*, Paris, Seuil, 1991.

QUILLIOT, Roger, *Les Socialistes et l'exercice du pouvoir, 1944-1958*, Paris, Fayard, 1972.

RIOUX, Jean-Pierre, *Les Centristes : de Mirabeau à Bayrou*, Paris, Fayard, 2011.

SANTAMARIA, Yves, *Histoire du Parti communiste français*, Paris, La Découverte, 1999.

SIRINELLI, Jean-François (dir.), *Histoire des droites en France*, 3 vol., Paris, Gallimard, 1992.

WILLIAMS, Philip, *La Vie politique sous la IVe République*, Paris, A. Colin, 1954.

Biographies politiques

BERSTEIN, Serge, *Édouard Herriot, ou la République en personne*, Paris, Presses de la FNSP, 1985.
—, *Léon Blum*, Paris, Fayard, 2006.
DALLOZ, Jacques, *Georges Bidault*, Paris, L'Harmattan, 1993.
GALSTER, Ingrid (dir.), *La Naissance du « phénomène Sartre ». Raisons d'un succès, 1938-1945*, Paris, Seuil, 2001.
—, *Beauvoir dans tous ses états*, Paris, Tallandier, 2007.
JACKSON, Julian, *De Gaulle. Une certaine idée de la France*, Paris, Seuil, 2019.
LACOUTURE, Jean, *De Gaulle*, 3 vol., Paris, Seuil, 1984-1986.
LEFEBVRE, Denis, *Guy Mollet : le mal-aimé*, Paris, Plon, 1992.
POITEVIN, Raymond, *Robert Schuman, homme d'État, 1886-1963*, Paris, Imprimerie Nationale, 1986.
ROBRIEUX, Philippe, *Thorez. Vie secrète et vie publique*, Paris, Fayard, 1975.
ROUSSEL, Éric, *Jean Monnet*, Paris, Fayard, 1996.
—, *Pierre Mendès France*, Paris, Gallimard, 2007.
—, *Charles de Gaulle*, Paris, Perrin, coll. « Tempus », 2020.
WIEVIORKA, Annette, *Maurice et Jeannette. Biographie du couple Thorez*, Paris, Fayard, 2010.
WINOCK, Michel, *Charles de Gaulle. Un rebelle habité par l'Histoire*, Paris, Gallimard, 2019.

Information, culture, religion

ARON, Raymond, *L'Opium des intellectuels*, Paris, Calmann-Lévy, 1955.
ASSOULINE, Pierre, *Gaston Gallimard. Un demi-siècle d'édition française*, Paris, Balland, 1984.
BAVEREZ, Nicolas, *Raymond Aron, un idéaliste au temps des idéologues*, Paris, Flammarion, 2005.
BEAUVOIR, Simone de, *Mémoires*, Paris, Gallimard, coll. « Bibliothèque de la Pléiade », 2 vol., 2018.
BELLANGER, Claude, *et al.* (dir.), *Histoire générale de la presse française*, t. 4, *De 1940 à 1958*, Paris, PUF, 1975.
BOSCHETTI, Anna, *Sartre et les Temps modernes*, Paris, Éditions de Minuit, 1985.
BOUDIC, Goulven, *Esprit 1944-1982*, Saint-Germain-la-Blanche-Herbe, Éditions de l'IMEC, 2005.

BURNIER, Michel-Antoine, *Les Existentialismes et la politique*, Paris, Gallimard, 1966.

CAMUS, Albert, *Actuelles, 1944-1948*, Paris, Gallimard, 1950.

CHATELAIN, Abel, *« Le Monde » et ses lecteurs sous la IVe République*, Paris, A. Colin, 1962.

COHEN-SOLAL, Annie, *Sartre, 1905-1980*, Paris, Gallimard, 1985.

FOREST, Philippe, *Aragon*, Paris, Gallimard, 2015.

GALTIER-BOISSIÈRE, Jean, *Journal 1940-1950*, Paris, Quai Voltaire, 1992.

GIDE, André, *Journal*, t. 2, *1926-1950*, Paris, Gallimard, coll. « Bibliothèque de la Pléiade », 1997.

JEANNENEY, Jean-Noël, *Les Grandes Heures de la presse qui ont fait l'histoire*, Paris, Flammarion, 2013.

JEANNENEY, Jean-Noël, et JULLIARD, Jacques, *« Le Monde » de Beuve-Méry, ou le Métier d'Alceste*, Paris, Seuil, 1979.

KOESTLER, Arthur, *Le Yogi et le Commissaire*, Paris, Charlot, 1946 ; Presses Pocket, 1988.

LACOUTURE, Jean, *Paul Flamand : la grande aventure des éditions du Seuil*, Paris, Les Arènes, 2010.

LÉAUTAUD, Paul, *Journal littéraire*, t. 3, *Février 1940-février 1956*, Paris, Mercure de France, 1986.

LEBRUN, François (dir.), *Histoire des catholiques en France*, Toulouse, Privat, 1980.

MARTIN DU GARD, Roger, *Journal*, III, *1937-1949*, Paris, Gallimard, 1993.

MAURIAC, François, *Journal. Mémoires politiques*, Paris, Robert Laffont, coll. « Bouquins », 2008.

MORIN, Edgar, *Autocritique*, Paris, Seuil, 1970.

MOUNIER, Emmanuel, *Introduction aux existentialismes*, Paris, Denoël, 1946.

ORY, Pascal, et SIRINELLI, Jean-François, *Les Intellectuels en France de l'affaire Dreyfus à nos jours*, Paris, Perrin, coll. « Tempus », 2004.

RÉMOND, René, *Forces religieuses et attitudes politiques dans la France depuis 1945*, Paris, A. Colin, 1965.

TODD, Olivier, *Albert Camus, une vie*, Paris, Gallimard, 1996.

VERDÈS-LEROUX, Jeannine, *Au service du Parti. Le parti communiste, les intellectuels et la culture*, Paris, Fayard, 1983.

WINOCK, Michel, *Histoire politique de la revue « Esprit », 1930-1950*, Paris, Seuil, 1975 ; rééd. dans la coll. « Points-Histoire » sous le titre : *« Esprit », des intellectuels dans la cité 1930-1950*, 1996.

—, *Le Siècle des intellectuels*, Paris, Seuil, 1997.

Index

Table des illustrations

Table

Achevé d'imprimer en juin 2021
dans les ateliers de Normandie Roto Impression s.a.s.
61250 Lonrai
N° d'impression : 2102585
Imprimé en France